Erduin Julius Koch

Grundriss einer Geschichte der Sprache und Literatur der Deutschen von den ältesten Zeiten bis auf Lessings Tod

Zweites Band

Erduin Julius Koch

Grundriss einer Geschichte der Sprache und Literatur der Deutschen von den ältesten Zeiten bis auf Lessings Tod
Zweites Band

ISBN/EAN: 9783741174063

Hergestellt in Europa, USA, Kanada, Australien, Japan

Cover: Foto ©Andreas Hilbeck / pixelio.de

Manufactured and distributed by brebook publishing software (www.brebook.com)

Erduin Julius Koch

Grundriss einer Geschichte der Sprache und Literatur der Deutschen von den ältesten Zeiten bis auf Lessings Tod

Grundriſs

einer Geſchichte

der

Sprache und Literatur
der Deutſchen

von den älteſten Zeiten bis auf Leſſings Tod

von

Erduin Julius Koch,

Doctor der Philoſophie und Prediger an der Marien-Kirche
zu Berlin.

Zweiter Band.

Nebſt neuen Zuſätzen zu dem erſten Bande.

Berlin,
im Verlage der Königl. Realſchul-Buchhandlung.
Oſtermeſſe 1798.

Sr. Erzbifchöflichen Gnaden

Herrn Karl Theodor Anton Maria Freyherrn von Dalberg

Coadjuter des hohen Erzftifts und Kurfürftenthums Mainz, des Hochftifts Worms und des Hochftifts Conftanz, wie auch Erzbifchof zu Tarfus und Statthalter zu Erfurt,

dem

gründlichen Kenner und thätigen Beförderer

der Deutfchen Sprache und Literatur

mit der aufrichtigften Hochachtung gewidmet

vom Verfaffer.

Vorrede.

Daſs dieſer zweyte Band meiner Geſchichte der Deutſchen Sprache und Literatur im Grundriſſe erſt acht Jahre nach Herausgabe des erſten erſcheint, iſt eben ſo wenig meine Schuld, als ſie es ſeyn wird, wenn auch die folgenden Bände das *nonum premantur in annum* erfahren müſſen. Die Verlagshandlung hat dieſen Verzug jetzt und in der Folge allein zu verantworten. Wenn ſie es will, ſo wird das Ganze in ſechs mäſsigen Bänden, wie der gegenwärtige, bald geſchloſſen ſeyn können. Der gegenwärtige zweyte Band beſchlieſst die Gefchichte der Deutfchen Poefie. Der nächft folgende foll die Gefchichte der Deutfchen Beredfamkeit umfaffen, und fo die erfte Abtheilung des Ganzen fchliefsen, welche die Gefchichte der fchönen Wiffenfchaften, oder, wie man diefe richtiger nennen follte, der fchönen Rede-Künfte, enthalten foll.

Den aufrichtigften Dank fage ich meinem innigverehrten Freunde, dem Herrn Pred. M. Kinderling zu Calbe an der Saale, für feine mir zu der zweyten Ausgabe des erften Bandes mitgetheilten Zufätze und Berichtigungen, vorzüglich für die Nachträge zu den alten Deutfchen Stadtrechten, welche Ihm allein angehören.

Nicht geringern Dank bin ich dem hiefigen Herrn Pred. Schmidt und dem Herrn Geh. Legations-Rath Oelrichs für die Unterftützung fchuldig, welche Sie mir auch diefes Mahl aus Ihren fchätzbaren Bibliotheken zu Theil werden liefssen. Auch haben sich zwey meiner ehmaligen Zuhörer um mich und mein Lieblingsstudium verdient gemacht. Herr Kammergerichtsreferendar Wackenroder, Verfasser der vortreflichen Herzensergiesungen eines Kunstliebenden Klosterbruders, (Berl. 797. 8.) welcher im Januar 1798 seiner verehrungswürdigen Familie, der Deutschen Literatur und der schönen Kunst durch einen frühen Tod entrissen wurde, hat bey seinen Besuchen der vorzüglichsten Bibliotheken Deutschlandes zu meinen Collegienheften über die Deutsche Sprach- und Literaturgeschichte sehr viele Nachträge und Berichtigungen gesammelt, deren Benutzung bey der Bearbeitung des gegenwärtigen Bandes mir äuserst wichtig seyn muste. Und der hiesige Kammerreferendar Herr Uhde hat mir mit einem rastlosen Eifer und mit einer beyfallswürdigen Auswahl einen so ansehnlichen Vorrath altdeutscher Drucke und anderer literarischen Seltenheiten verschaft, daß ich durch diesen allein in den Stand gesetzt werden konnte, meinem Werke die Vollständigkeit und Vollkommenheit zu geben, welche ich ihm zutraue. Nie werde ich mich dieses Zuwachses meiner Kenntnisse erfreuen, ohne an die liebenswürdigen Urheber und Beförderer desselben mit dem lebhaftesten Dankgefühle zu denken.

Unter den Druckfehlern, welche unter einem dreymahligen Wechsel der Setzer und Correctoren von ungleichem Werthe sich eingeschlichen haben, sind die vorzüglichsten folgende:

S. 12. No. 44. Empfaug für Empfaung
S. 14. No. 46. Eph. für Cph.
S. 68. N. 129. Weimnarische für Weimarische.
S. 75. N. 132. *Kauffugense* für *Kauffängense*.
S. 83. Z. 4. v. u. wurde für wurden.
S. 134. No. 61. Lieder für Elegien.
S. 146. N. 6. Erst für Ernst.
S. 151. N. 5. Friedrich für Wilhelm.
S. 159. Z. 22. v. o. Palingensie für Palingenesie.
S. 167. Z. 9. v. u. Gattungsarten für Hauptarten.
S. 214. N. 6. cepische für epische.
S. 216. Z. 13. v. o. Chararaktere für Charaktere.
S. 224 b) *Michaelis* für *Michaeleri*.
S. 266 cc) 1777 für 1717.

Berlin, im May 1798.

           E. J. Koch.

X. Lyrische Poesie.

1 Lieder-Dichtung.

a) Ernsthaftes Lied.
(Geistliches; religiöses; moralisches; Kirchen-Lied.)

1) Die im 1sten Bande dieses Werkes S. 27. 2te Ausg. angeführten Kirchenlieder in Fränkischer Sprache aus dem 10ten Jahrhunderte.

2) Benno, geb. 1010 unweit Goslar, starb 1106 als Bischof zu Meissen, verdient als Verfasser des Liedes: *Dies est latitiæ* und als erster Verbesserer des Kirchengesanges in Deutschland hier genannt zu werden. s. Olearii Ev. Lieder-Schatz, I, S. 59-64. und Wetzels Lebensbeschreibung der Lieder-Dichter I, S. 108. Ueber seine Lebensumstände s. Hier. Emseri vita Bennonis Lps. 522. fol. und Mart. Heidenreichii Benno redivivus Dresd. Lips. 694, 8.

3) Walther von der Vogelweide, s. Bd. 1, S. 145. Unter seinen vielen Liedern, welche in der Manessischen Sammlung, Th. 1, S. 101 — 142. ohne die mindeste Ordnung abgedruckt stehen, befinden sich mehrere, welche durchaus religiösen und moralischen Inhalts sind, oder doch am Ende eine solche Richtung nehmen. Mit Uebergehung derjenigen Strophen, welche entweder Ueberreste eines verloren gegangenen Ganzen, oder vom Verfasser selbst unvollendet gelassene Ausbrüche der Empfindungen sind, führe ich folgende, durch ein unverkenn-

bares Empfindungs-Ganze fich auszeichnende, Lieder
auf:

a) Gebet an Gott und an die Jungfrau Maria um Beyftand bey damaliger Verwirrung der chriftlichen Kirche in 187 Reimen; in der Maneffifchen Sammlung I, 101 — 102. beträgt es 143 gedruckte Zeilen.

b) Religiöfe Empfindungen beym Anblicke des heiligen Landes und bey der Erinnerung an die dort von Jefu verlebten Schickfale, in 56 Reimen; in der Maneffifchen Samml. I, 104—105. find fie in 8 Strophen enthalten. Die drey Strophen, durch welche diefes Lied unterbrochen wird, und welche mit den Worten: Jn das lant anfangen, und mit: ender hie fchliefsen, haben keinen fchicklichen Zufammenhang mit dem Ganzen.

c) Ein moralifches Lied über die Bezähmung der Sinnlichkeit, welches aus 5 Strophen befteht und in der Maneffifchen Sammlung I, 106. anfängt: Nieman kan mit gerten.

d) Ein Kreuzzugs-Lied, welches Bitten um göttlichen Beyftand zur Eroberung des heil. Landes und religiöfe Ermunterungen für die Kreuzfahrer enthält; es befteht aus 78 Reimen, und in der Maneffifchen Samml. I, 125. 126 aus 4 Strophen.

e) Ein myftifches Lied über die Erkenntnifs des Verdienftes Chrifti aus den vier Elementen, in 75 Reimen; in der Maneffifchen Samml. I, 134. beträgt es 5 Strophen, von denen die beyden erften eigentlich nur eine Strophe ausmachen, und daher im Drucke nicht von einander hätten gerückt werden follen.

4) Bruder Werner (Werner der Pfaff) f. Bd. I, S. 122. 123. Seine hieher gehörenden moralifchen Lieder ftehen in der Maneff. Samml. II, 159 — 166. und in der Myllerfchen Samml. II, Liefer. 5, S. 1 — 5.

5) Der Hardegger; feine 15 hieher gehörenden Strophen ftehen in der Maneff. Samml. II, 120 — 122.

6) Meifter Sigeher lebte in der erften Hälfte des dreizehnten Jahrhunderts, wie aus feinen Gedichten bewie-

fen werden kann. Außer einigen Zeilen religiöfen Inhaltes gehöret von feinen Gedichten hieher: ein für jenes Zeitalter fehr vorzügliches Loblied auf die Jungfrau Maria, aus 70 Reimen beftehend und abgedruckt in der Maneff. Samml. II, 219. 220.

7) Meifter Gotfrid von Strasburg, f. Bd. 1, S. 101. und *Prox de poetis Alfatiæ eroticis*, p. 13—21.

    a) Ein Loblied auf die Liebe gegen Gott, in welchem der Dichter zugleich feine eigene Entfernung von diefer Tugend mit einer edeln Offenmüthigkeit bekennt; es befteht aus 111 Reimen und ift abgedruckt in der Maneff. Samml. II, 183. 184.

    b) Vortheile der Armuth und Nachtheile des Reichthums, ein moralifches Lied in 104 Reimen abgedruckt, ebend. S. 184. 185.

8) Reinmar von Zweter, ein Sohn des berühmten Reimars des Alten; von feinen übrigen Lebensumftänden weifs ich nichts weiter, als was er in der Maneff. Samml. II, 145. in folgenden Zeilen von fich felbft fagt:

    Von Rine fo bin ich geboren
    Jn Oefteriche erwahfen,
    Beheim han ich mir erkorn
    Mer dur den herren danne dur das lant.

Seinen Charakter hat der alte Dichter Marner in 17 Zeilen gezeichnet, welche in der Maneff. Samml. II, 169. ftehen. Vergl. Wiedeburgs Nachricht S. 63. 64. Mit Uebergehung feiner vielen moralifchen und religiöfen Fragmente führe ich nur folgende feiner hieher gehörigen Gedichte an:

    a) Ermunterung zur Tugend, in 43 Reimen abgedruckt, in der Maneff. Samml. II, 136. wofelbft es 3 Strophen hat.

    b) Gebet an die heil. Dreieinigkeit, in 87 Reimen. Ebend. II, S. 138. 139.

    c) Loblied auf die Jungfrau Maria. Ebend. II, 139. 140.

    d) Ein Lied von der Bedeutfamkeit eines jeden Buchftaben im Namen: Maria, in 69 Reimen. Ebend. II, 154. 155.

9) Herr Hawart, von deſſen Lebensumſtänden ich bis jetzt nicht das Mindeſte weiſs, hinterliels uns:
 a) Ein Gebet an Jeſum Chriſtum um Entfernung der damaligen Verwirrung in Religion und Politik, in 40 Zeilen abgedruckt; in der Maneſſ. Samml. II, 1 LI.
 b) Ein ähnliches Gebet an Gott den Vater, die Jungfrau Maria und den heil. Geiſt, in 44 Reimen. Ebend. II, 111. 112.

10) Bruder Eberhard von Sax, ein Brediger, außer dieſer Angabe ſeines Geſchlechts und Ordens weiſs ich nichts von ihm; ſein Lobgedicht auf die Jungfrau Maria in 240 Reimen ſteht in der Maneſſiſchen Samml. I, 28 — 30.

11) Schynnenberger; mir völlig unbekannt; von ſeinen eilf kurzen gnomenartigen Gedichten, welche aus dem Jenaer Codex in der Myllerſchen Samml. II, S. 59. 60. 2te Lieferung abgedruckt ſtehen, gehören 10 hieher. Ob er mit Friedr. v. Sonnenburg, ſ. unten No. 20 eine Perſon ſey, verdient Unterſuchung, ſ. Wiedeburgs Nachricht S. 27. 28.

12) Meiſter Kelyn; ebenfalls unbekannt; von ihm hat die ebengenannte Sammlung, Bd. II, S. 51—54. derſelben Lieferung, 431 Verſe, unter welchen ſich einige hieher gehörige Stücke von geringem Werthe befinden, Vergl. Wiedeburg, S. 18. 19.

13) Boppo gleichzeitig dem berühmtern Conr. v. Würzburg, welchen er noch überlebte. Die Maneſſiſche Sammlung hat Th. II, 230 — 37. von ihm 40 und der Jenaiſche Codex 18 Strophen, ſ. Wiedeburg, S. 51—53. Unter den hier befindlichen kleinern religiöſen und moraliſchen Gedichten iſt das Lob der Wohlthätigkeit, in 36 Reimen, in der Maneſſ. Samml. II, 231. eins der beſten.

14) Meiſter Stolle; der jüngere genannt, zum Unterſchiede von einem frühern Dichter dieſes Namens, welcher mit Walther von der Vogelweide in heftiger Uneinigkeit lebte. Des gegenwärtigen iſt ſchon im 1ſten Bde. dieſes Werks S. 145 gedacht worden. Er reimte in der

Periode von 1256 — 1280. f. Wiedeburg, S. 12 — 14. In der Myllerschen Sammlung II, Liefer. 1. 145 — 50 stehen 367 Zeilen von ihm, unter welchen religiöse Stellen und auch moralische Gnomen von geringem Gehalte vorkommen.

15) Der Tanhuſer; aus dem freiherrlichen Geschlechte der von Thanhauſen in Salzburg und Baiern; lebte um das J. 1265; ein vielgewanderter Mann und rastloſer Reimer; in der Maneſſiſchen Samml. II, 58 — 70. stehen verschiedene weltliche, und in der Myllerschen Samml. II, S. 7 Lieferung 5. vier kleine christliche Gedichte von ihm. Vergl. Wiedeburg, S. 31 — 33.

16) Meiſter Walther von Priſach; (Breiſach;) ſ. *Prox de poet crot. Alſat. med. ævi*, p. 23. Die Maneſſ. Samml. II, 95 — 97. enthält von ihm 3 hieher gehörige kleine Gedichte.

17) Meiſter Conrad v. Würzburg; ſ. Bd. I, S. 102. Seine lyriſchen Gedichte stehen in der Maneſſiſchen Samml. II, 198 — 207. und im Jenaer Codex finden ſich ohne dieſe noch 65 Strophen und 34 Randstrophen von ihm; ſ. Wiedeburg, 48 — 57. So viel ich weiß, iſt von denjenigen Gedichten, welche die Jenaer Sammlung ausschließend enthält, noch nichts gedruckt worden. Im Maneſſiſchen Drucke befinden ſich ein größeres, und mehrere kleinere Gedichte, religiöſen und moraliſchen Inhalts, von ihm.

18) Der ältere Meiſsner; (der alt Miſner) ein Zeitgenoſſe des vorhergehenden Dichters, und nicht minder berühmt als dieſer; ſ. Wiedeburg, S. 25. und 43 — 45. Die Myllerſche Sammlung, Bd. II, Lieferung 5, S. 31 — 48 hat, einzelne fragmentariſche Zeilen nicht gerechnet, 116 Strophen, und die Maneſſiſche Sammlung II. 157, drey dort nicht befindliche Strophen von ihm. Unter dieſen zeichnen ſich einige moraliſche und religiöſe Stücke zu ihrem Vortheile aus. Z. B. das Gedicht an die Freundſchaft, in 32 Reimen, in der Maneſſiſchen Sammlung am angeführten Orte.

19) Der Marner; in der Maneſſ. Samml. II, 173. nennt er Walther von der Vogelweide als ſeinen Lehrer.

Meister Rumelant preiset ihn, als den besten diudi-
schen Singer, Den man nu lebendig weiſs, ſ.
Myllerſche Samml. II, Liefer. 5, S. 10, Str. 25, und Herman Damen gedenkt ſeines Todes; ſ. Wiedeburg, S. 45.
Dieſes iſt Alles, was ich von ſeinen Lebensumſtänden
weiſs. Unter ſeinen lyriſchen Gedichten, welche in der
Maneſſ. Samml. II, 166—77 ſtehen, gehören auſser mehrern gnomenartigen Stücken vorzüglich hieher: 4 Loblieder auf die Jungfrau Maria, 2 Lieder von Jeſu Menſch-
werdung und Leiden, und ein Lied zum Lobe der
Schamhaftigkeit.

20) Meiſter Friedrich von Sonnenburg; (Sun-
nenburg;) von ſeinen Lebensumſtänden weiſs ich
nichts weiter, als daſs er viele Reiſen gemacht, vorzüglich ſich in Baiern aufgehalten habe, und von Herm.
Damen, als ein vorzüglich berühmter und damals ſchon
verſtorbener Dichter genannt worden ſey; ſ. Myllerſche
Samml. Bd. II, Liefer. 4, S. 62, Col. 1. und Wiedeburg, S. 40—42. In dem Jenaer Codex befinden ſich
von ihm 92 Strophen, welche in der Myllerſchen Samml.
Bd. II, Liefer. 5, S. 20—31 abgedruckt ſtehen und zuſammen 1174 Zeilen betragen, und die Maneſſ. Samml.
Bd. II, S. 209.—13, enthält 26 Strophen ſeiner lyriſchen Reimerey. In beiden Sammlungen finden ſich
mehrere Stücke, welche für dieſen Abſchnitt unſerer Geſchichte gehören.

21) Der Unverzagte; ein Zeitgenöſſe Conrads von
Würzburg, und des ältern Meiſsners; ſ. Wiedeburg,
S. 25 u. 29. 30; der Jenaer Codex hat von ihm 22 Strophen, welche in der Myllerſchen Samml. Bd. II. Liefer.
6, S. 33—36 ſtehen, und 206 Zeilen betragen. Woher
er den angeführten bedeutenden Namen erhalten
habe, und welcher ſein eigentlicher Geſchlechts-Name
geweſen ſey, weiſs ich bis jerzt nicht. Daſſelbe gilt von
mehrern noch folgenden Dichtern dieſer und der übrigen Gattungen, welche durch ſolcherley Namen ausgezeichnet worden ſind.

22) Meiſter Rumland; (Rumsland;) in der Jenaer
Handſchrift wird Schwaben ausdrücklich als ſein Vaterland angegeben; ſ. Wiedeburg S. 37—39; aus der

Jenaischen Handschrift sind 92 Strophen von ihm in der Myllerschen Samml. II, Lief. 5. S. 7 — 19 abgedruckt, und 25 Str. stehen in der Maness. Samml. II, 223 — 26.

23) Meister Gervelyn; völlig unbekannt; in der Myllerschen Sammlung Bd. II, Lief. 2. S. 56 — 58. stehen von ihm 18 Strophen, in deren letzter er sich selbst als einen Zeitgenossen des Marner und Meisner angiebt.

24) Der Kanzler; nach Herrn Adelungs Muthmaßung, Magaz. II, 3. S. 80. ist unter diesem Namen Heinr. v. Klingenberg verborgen, welcher Kaiser Rudolphs Canzler und 1293 Bischof zu Costnitz wurde. Die Maness. Samml. II, S. 238 — 48. enthält von ihm 77 Strophen, unter welchen sich einige moralische Lieder befinden.

25) Sueskint, der Jude von Trimberg; so viel man aus seinen Gedichten muthmasen kann, ein der Arzney Beflissener. Einzelne Stücke, moralischen Inhaltes, befinden sich unter seinen 12 Strophen in der Manessischen Samml. II, 177 — 79.

26) Der Urenheimer; s. Wiedeburg S. 26. 27. Die von ihm allein noch übrigen 3 Strophen, stehen in der Myllerschen Samml. Bd. II, Liefer. 2. S. 58. 59.

27) Spervogil; von diesem mir völlig unbekannten Dichter hat der Jen. Codex 13 Strophen; s. Wiedeburg S. 23, von welchen 6 abgedruckt stehen in der Myllerschen Samml. Bd. II, Liefer. 5. S. 5 und 6. Die Manessische Samml. Bd. II, S. 226 — 30. hat 54 Strophen von ihm, unter welchen die mehresten moralischen und religiösen Inhaltes sind.

28) Meister Alexander; (auch der Wilde genannt;) s. Wiedeburg 20. 21. Die Jen. Handschrift hat von ihm 47 Strophen, von welchen in der Myllerschen Samml. Bd. II, Liefer. 1. S. 142 — 145. nur 36 in 437 Versen stehen. In der Maness. Samml. II, S. 222 — 23. finden sich 13 Strophen, von welchen nur wenige hieher gehören.

29) Herr Dietmar, der Setzer; von ihm haben wir in der Maness. Samml. II, 119. 20. nur 4 Strophen moralischen Inhaltes.

30) Der Gutere wird in der Jenaischen Handschrift an zwey besondern Stellen aufgeführet, daher es noch unentschieden ist, ob unter diesem Namen nur ein oder zwey verschiedene Dichter verstanden werden müssen; s. Wiedeburg S. 28 und 34. In der Myllerschen Samml. Bd. II, Liefer. 4 S. 68. sind unter diesem Namen 8 und ebend. Lief. 5. S. 1. noch 3 Strophen abgedruckt worden.

31) Herman Damen; er giebt sich selbst als einen Zeitgenossen des Conr. v. Würzburg und des ältern Meissner an; s. Wiedeburg S. 45. u. 53—55. Der Jen. Codex hat von ihm 40 Strophen, welche abgedruckt stehen in der Myllerschen Samml. II, Liefer. 4. S. 60-66.

32) Meister Rudinger; von ihm haben wir ein Lied auf die Menschwerdung Jesu in 3 Strophen, abgedruckt in der Myllerschen Samml. II, Lief. 2. S. 55. 56.

33) Der Lietsrouwere; (Lietschauer;) aus seinem Lobliede auf die Sachsen (s. Wiedeburg S. 31.) sollte man fast auf sein Geburts-Land schliessen. In der Jenaer Handschrift stehen 6 Strophen von ihm, welche daher abgedruckt worden in der Myllerschen Samml. II, Lief. 5. S. 4. Die Maness. Samml. II, 237. 38. hat eben so viele Strophen. Hieher gehören nur einzelne Stellen moralischen Inhaltes.

34) Meister Elias von Leine; ein zwar unbekannter, aber nicht gemeiner Dichter. Leider haben wir von ihm nur 7 Strophen, welche aus der Jen. Handschrift abgedruckt stehen in der Myllerschen Samml. II, Liefer. 2. S. 54. 55.

35) Reinold von der Lippe; seine 6 geistliche Strophen stehen in der Myllerschen Samml. II, Liefer. 4. S. 67.

36) a) In das Ende des 13ten u. den Anfang des 14ten Jahrhunderts gehören diejenigen ungenannten Dichter, deren religiöse und moralische Gedichte der so oft genannte Jenaische Codex enthält. Diese sämmtlich anonymischen Gedichte betragen dort 176 Strophen und sind grossen Theils von nicht geringem Werthe. Vergl. Wiedeburg S. 25. 39. 42. 45. 47. In eben diesen Zeitpunct setze ich, aber nur muthmasslich, die ge-

reimte freie Ueberſetzung oder vielmehr Bearbeitung
des Salomoniſchen hohen Liedes, deren ich im erſten
Theile meines gegenwärtigen Werkes S. 43. gedacht
habe. Von den beyden dort nachgewieſenen zweien
Ueberſetzungen, welche der Geraiſche Kaufmann
Schöber zuerſt heraus gab, kann aber nur die erſte
wegen einiger Originalität in das Gebiet des geiſtlichen
Liedes gezogen werden. Herr P. Auguſtin Wiedenbauer, im R. Stift Nereshcim in Schwaben,
fand in der dortigen Bibliothek eine Handſchrift dieſer
Ueberſetzung, von welcher er mir viele ſehr intereſ-
ſante Proben mittheilte und darauf vier derſelben in
Gräters Braga, I, 1. S 176 — 78 abdrucken ließ.
Der Titel iſt: dis ſint Salomons Gedichte von
der Heydin wegen.

b) Der ganze Zeitraum, von der Mitte des 14ten Jahrhunderts bis auf die letzten Vorſpiele der kirchlichen
und politiſchen Reformation Luthers, iſt, wie in allen
übrigen Dichtungsgattungen, alſo auch in der ernſt-
hatt-lyriſchen, vorzüglich arm und roh. Alt-
katholiſche Kirchengeſänge, moraliſche Allegorien u.
Loblieder auf Heilige, in Lateiniſcher Sprache,
ſpielen hier ein auffallendes Uebergewicht über die in
Deutſcher Sprache für dieſe lyriſche Untergattung
verfertigten Gedichte. So kenne ich aus dem 14ten
Jahrhunderte nur ein einziges eigentliches Kirchenlied
in Deutſcher Sprache; es ſteht in Gregor. Cor-
neri großem Catholiſchen Geſangbuche, Wien 631.
8. mit der Aufſchrift: der Lentz unter den Oſter-
geſängen, und fängt an: Du Lentze gut des
Jares theures Quarte; der Verfaſſer deſſelben
iſt Conrad von Queinfurt, Pfarrer zu Stein-
bach am Queiß, welcher 1382 zu Löwenberg in Schleſien ſtarb. S. unſchuldige Nachrichten vom Jahre
1726. S. 883. Die mehreſten dieſer erbaulichen Producte ſind noch ungedruckt, und werden dieſes wahrſcheinlich ewig bleiben, ob ſie gleich für jeden hiſtoriſchen Erforſcher der Cultur des Menſchengeſchlechts
ſtets die reichhaltigſten und ſicherſten Quellen der
Krankheitsgeſchichte jenes Zeitalters ſeyn werden.

II. Th. Scientifischer Grundriſs

Bloſs in Beziehung auf Deutſche Sprachgeſchichte gedenke ich hier der unpoetiſchen Laiſen, (Lieſen,) (Geſänge; ſ. Leſſings Leben, Th. III. S. 101.) der Geiſsel-Brüder, welche um die Mitte des 14ten Jahrhunderts Deutſchland überſchwemmten, nachdem man ſeit 1260 ihnen den Eingang und Einfluſs in und auf unſer Vaterland zu erſchweren geſucht hatte. Ihre Geſänge ſelbſt ſtehen in Chrſtn. Schoeltgenii commentat. de Secta flagellantium, p. 32—40. (Lipſ. 711. 8.) Höchſt wahrſcheinlich wirkten dieſe Schwärmer um jenen Zeitpunct auch in Deutſchland der Cultur der Poeſie ſo entgegen, wie ſie dieſes vorher ſchon in Italien nach folgendem Zeugniſſe des Monachus S. Juſtinæ Paduanus beym Urſtiſius, T. I. gethan hatten: *Siluerunt tunc temporis omnia muſica inſtrumenta & amatoriæ cantilenæ. Sola cantio poenitentis lugubris audiebatur ubique tam in civitatibus, quam in villis, ad cuius flebilem modulationem corda ſaxea movebantur & obſtinatorum oculi ſe lacrimis non poterant continere.* Zwar weiſs ich bis jetzt keine dieſes beſtätigende Beweisſtelle eines glaubwürdigen Geſchichtſchreibers über Deutſchland; allein das, was Schöttgen in ſeiner angeführten Schrift über die Geſetze dieſer Schwärmer aus namhaften Quellen geſammlet hat, macht jene Muthmaſsung ziemlich wahrſcheinlich. Vergl. Leſſings Leben, Th. III. S. 78. und Boileau hiſtoria flagellantium, Par. 700. 12. Franz. Amſt. 701. 8. Vorzüglich Tilmann Adam Emmels Limburgiſche Chronik in Hontheims prodremus hiſt. Trevir. p. 1042—1084. Königshofens Elſaſſiſche Chronik, S 297. nach Schilters Ausgabe. Cramers Pommerſche Kirchenhiſtorie, S. 67.

c) Unterſucht zu werden verdiente es, wie viele hieher gehörige Gedichte enthalten ſind: in den beyden Handſchriften von Meiſtergeſängen aus dem 14ten und 15ten Jahrhundert, welche ſich in der Herzoglichen Bibliothek zu Weimar unter den Nummern D. a. 4. 20. c. und D. a. 4. 20. d. befinden; ferner in dem 1790 entdeckten Culmariſchen Codex; und in den beyden von Hrn. Prof. Rüdiger aufgefundenen Handſchriften. S. Bd. I. dieſes Werkes, S. 37.

37) Jo. v. Habsburg; verfertigte in seiner drittehalbjährigen Gefangenschaft auf dem Thurme Wellenberg, aus welcher er im Julius 1352 nach dem Friedensschlusse der Zürcher mit Albert von Oesterreich befreiet wurde, das Lied: ich weiß ein blauwes Blümelein; s. Crusii Annal. P. III, l. IV. p. 260. Ein Ungenannter in Gräters Braga, l. 1. S. 181 fragt, ob dieses Lied nicht Vorbild des bekannten Kirchenliedes: ich weiß ein Blümlein hübsch und fein, sey.

38) Schöne geistliche Liedlein aus dem 15ten Jahrhunderte; diese fand ich im J. 1792 auf der Nürnberger Stadtbibliothek in einer papiernen Handschrift, welche die Legende der h. Katharina enthält. Das erste Lied an die Jungfr. Maria vom J. 1421, fängt an: O, Maria fein, Piz mir gehewer &c.

39) Der Psalter Mariä, d. h. Passions-Lieder im J. 1420, von einem Meistersänger, Namens Puchsbaum, in Herzog Ernst's Ton gesungen, erschienen gedruckt zu Erfurt von Hans Sporer, 1493. 4. (Auf der Leipziger Universitätsbibliothek.)

40) Peter von Dresden; (Petrus Dresdensis). Geboren zu Tauskow ob der Miß. Das Jahr seiner Geburt ist unbekannt; hielt sich bis 1409 als ein eifriger Hussit in Prag auf und verwaltete nachher mehrere Schulämter in seinem Vaterlande, bis er aus diesem deswegen vertrieben wurde, weil man ihn der Waldenser Ketzerei verdächtig glaubte. Er starb zu Prag 1440. Er ist deswegen vorzüglich merkwürdig, daß er durch seine Lateinisch-Deutschen Kirchenlieder dem rein-Deutschen Kirchengesange Eingang zu verschaffen suchte. Vergl. Wetzels Lebensbeschr. der Liederdichter, I, 181—93. und dessen Analecta hymnica Bd. I, St. 4. S. 23—28. Chr. Thomasii diss. de Petro Dresdensi. Daß er aber nicht der erste gewesen, welcher Lateinisch-Deutsche Lieder verfertigt, beweiset schon Hugo von Trimberg in seinem Renner v. 1194.—1216. (nach einer Wolfenbüttler Handschrift), wo er diese Zwitter-Poesie dem Marner und dem Conrad von Würzburg ebenfalls zuschreibt.

41) Hans Rosenplut; f. Bd. I, S. 127. verfertigte von 1431 - 60 auch eigentliche moralische und religiöse Gedichte.

42) Conr. Celtes; f. Bd. I, S. 107. Er ist der einzige Deutsche Dichter des 15ten Jahrhunderts dessen für die gegenwärtige lyrische Untergattung gehörige Lateinische Gedichte mit Ehren aufgeführt werden können. Diese stehen in seinen Carm. Argent 513. 4

43) Hierinne stönd ettlich tewtsch *ymni* oder lobgesänge mit versen, stücken vnd gesatzen von ettlichen dingen, die do zu bereitung vnd betrachtung der baicht ainem yeden not feynd. Getruckt von *Heynrico knoblötzer* zu Haidelberg 1494 4to. Den Verfasser oder den Sammler dieser Lieder kenne ich bis jetzt nicht. Eine nähere Beschreibung giebt Schwindel (Sincerus) in seinen Nachrichten, T. I. S. 3 und in seinen neuen Nachrichten, S. 182. Vergl. Riederers Abhandl. von der Einführung des Kirchengesanges &c. Vorr.

44) Hieron. Schenk von Sumawe; von diesem, mir übrigens völlig unbekannten, Dichter haben wir:

a) Von Mariä reiner empfaug &c. Würzburg 503. 4.

b) Ein Salve regina jn ein Carmen gemacht vnd mit bewerten schriften gezirt vnd erleucht, ibid. 504. 4.

Beyde Gedichte besitzt die im altdeutschen Fache so vorzügliche Bibliothek der Cistercienser-Abtei Langheim in Franken.

45) Passio Christi von *Martino Millio in Wengen zu Vlm gaiflichen Chorherrn*, gebracht vnnd gemacht nach der gerümpten Musica als man die Hymnus gewont zebrauche. Am Ende: getruckt vnd vollend in kosten des erbern Joannis Haselbergs, auss der reichen ow Costentzer bistumbs, 517. 4.

Diese mit Melodien versehenen Deutschen Passionslieder befinden sich in der Schwarzischen Samm-

lung. zu Altdorf. S. Panzers Annalen, S. 402.
Vorzüglich Schellhorns Ergötzlichkeiten aus der
Kirchenhistorie und Literatur, Bd. I. S. 55.

46) Martin Luther; f. Bd. I, S. 74. geb. 10. Nov. 1483
zu Eisleben und starb ebendaselbst 18. Febr. 1546.

Auch Er verstand der Lieder - Spiele,
Er schlug die Harfe selbst, und sang
Ins Herz des Deutschen göttliche Gefühle,
Daß weit umher ihr Hall erklang.

Als Reformator des Deutschen Kirchengesanges verewigte sich dieser grosse Mann dadurch, daß er theils eigene Lieder voll Wahrheit und Würde dichtete, theils die in Deutscher Sprache schon vorhandenen umbildete, theils die Lateinischen so übersetzte, daß man in ihnen das Gepräge seines originellen Geistes nicht verkennen kann. Die erste Ausgabe seiner Kirchenlieder erschien unter dem Titel:

Etlich geistliche Lider Lobgesang und Psalm dem reinen Wort Gottes gemeß, aus der heyligen Schrifft durch mancherley hochgelehr. gemacht, in der Kirchen zu singen, wie es dann zum Tayl berayt zu Wittenberg in Uebung ist. Wittenb. 524. 8.

Diese Sammlung besteht aus 8 Liedern, welche Luther schon früher auf einzelne Blätter drucken und unentgeldlich unter das Volk austheilen ließ. Sowohl diese als die folgenden Ausgaben sind öfter nachgedruckt worden. Z. B. zu Nürnberg 1524. 8. von Friedrich Peypus, unter dem Titel: Pfalter teutsch zu singen. Die 2te Ausgabe erschien 1525 mit 8 neuen vermehrt und in demselben Jahre die 3te Ausgabe, mit Lazar. Spenglers und Paul Sperati Beyträgen, war schon 40 Lieder stark. Eine neue splendide Ausgabe erschien Leipzig bey Val. Bapst 545. 8. sie ist 197 Blätter und 89 Lieder stark. In demselben Jahre besorgte derselbe Drucker eine kleinere Sammlung von 40 dort nicht befindlichen Liedern unter dem Titel: Pfalmen und geistliche Lieder, welche von frommen Christen

gemacht und zusammen gelesen sind. Im
J. 1546 existirten schon 47 Lutherische Gesangbücher,
welche aus 63 Liedern bestanden. S. Jo. Barth. Riederers Abhandl. von Einführung des Teutschen Kirchengesanges in der Lutherischen Kirche S. 292 und 305.
Im J. 1565 erschien eine vermehrte Ausgabe, 400 Lieder stark. Die neueste Ausgabe des eigentlich Lutherischen Gesangbuches desorgte Jo. Eph. Olearius unter
dem Titel: Jubilirende Liederfreude, Arnstadt
717. 8. zu Ehren des 2ten Jubiläums der Lutherischen
Reformation. Von Luther selbst haben wir 38 Lieder erhalten. S. Wetzels Lebensbeschr. II, S. 106—42.
dessen Analecta II, St. 4. S. 571—76. Dav. Gottfr.
Schöbers Beytrag zur Liederhistorie betreffend die Evangelischen Gesangbücher, welche bey Lebzeiten Lutheri
zum Druck befördert worden, Lpz. 759. 8. Heerwagens Literaturgeschichte der evangel. Kirchenlieder,
Th. I, S. 1—8.

47) Lazarus Spengler; geb. 1479 zu Nürnberg; erster Rathschreiber daselbst; verdienstvoller Mitarbeiter
an Luthers Reformation; starb 1534. s. Wetzels Lebensbeschr. III, 241—50. Feddersen Nachrichten von
dem Leben und Ende gutgesinnter Menschen, Th I.
S. 347. Ein Lied von ihm steht zuerst in den No. 46
angegebenen Lutherischen Gesangbüchern.

48) Paul Speratus; geb. 1484. aus dem adelichen Geschlechte von Spretten in Schwaben. Sein Geburtsort ist unbekannt. Nach vielen Verfolgungen wegen seines Lutheranismus wurde er Bischof zu Liebmühl in
Preussen und starb 1554. S. Wetzels Lebensbeschr. III,
244—50.
Die von ihm verfassten 5 Lieder stehen zuerst in den
vorher genannten Lutherischen Gesangbüchern.

49) Jo. Poliander; (Gramann oder Graumann;) geb.
1487 zu Neustadt in Baiern; war seit 1524 erster Luthe-
rischer Prediger zu Königsberg in Preussen; starb 1541
daselbst. S. Preuß. Zehenden, Bd. II. S. 650. Wetzels
Lebensbeschr. II. 310—12.
Unter seinen geistlichen Liedern, deren wegen er der
Preussische Orpheus genannt wurde," ist das

vorzüglichſte: Nun lob' meine Seele den Herrn.

50) Hans Sachs; ſ. Bd. I. S. 131.
  a) Seine chriſtliche Gedichte, 107 an der Zahl, ſtehen in den dort genannten Ausgaben ſeiner Werke. Viele derſelben ſind noch ungedruckt.
  h) Ueber ſein im eigentlichſten Verſtande weltberühmtes Lied: Warum betrübſt du dich mein Herz, ſ. Olearii Liederſchatz, Th. IV. S. 10 — 22. Wetzels Lebensbeſchr. III. 8 — 14. und Raniſchens Lebensbeſchr. Hans Sachſens, Altenb. 765. 8. woſelbſt auch die Ueberſetzungen deſſelben in die vorzüglichſten Europäiſchen Sprachen abgedruckt worden ſind.

51) Als das vorzüglichſte katholiſche Geſangbuch dieſes Zeitpunctes nenne ich hier nur:
  Alle Kirchengeſang vnd geboth des ganzen iars durch *Chriſtoph Flurheim von Kitzingen*, Leipz. 529. 8.
  Es befindet ſich auf Pergament gedruckt in der Bibliothek der Ciſtercienſer-Abtei Langheim in Franken.

52) Valentin Voigt; ſ. Bd. I. S. 249. auf der Univerſitäts-Bibliothek zu Jena befinden ſich von ihm handſchriftlich:
  a) Das irſte buch Moſe in Meiſtergeſangk geſetzt; ſ. Wiedeburgs Nachr. S. 142. 143.
  b) Die poſtill in geſangs weiſſ; ſ. ebend. S. 145.
  c) Der gantze Pſalter in Meiſtergeſang geſetzt; ſ. ebend. S. 146.

53) Nicolaus Decius; ein nach ſeinen Lebensumſtänden wenig bekannter Dichter; Anfangs war er Propſt im Kloſter Stetterburg; ging zur proteſtantiſchen Kirche über; wurde hierauf Schullehrer zu Braunſchweig, und lebte noch 1524 als Prediger zu Stettin in Pommern. S. Phil. Jul. Rehtmeyers Braunſchweigiſche Kirchenhiſtorie, Th. 3. S. 19.
  Ueber ſeine beiden Lieder: Allein Gott in der Höh' &c. und O, Lamm Gottes unſchul-

dig &c. f. Wetzels Lebensbefchr. IV. S. 98—100 und Joh. Vogts Unterfuchung über das erftgenannte Lied, Stade 723. 4.

54) Jo. Heffe; geb. zu Nürnberg 1461. (nach Einigen 1487 und nach Andern 1490 f. Wetzel um a. O. Nach dem er viele Reifen gemacht und verfchiedene geiftliche Aemter und Würden in der katholifchen Kirche erhalten hatte, predigte er 1522 in feiner Vaterftadt öffentlich den Proteftantismus und wurde im J. 1523 als der erfte proteftantifche Prediger nach Breslau berufen. In diefem Amte ftarb er 1547. Vergl. Wetzels Lebensbefchr. I. 420—29. und über feine beyden geiftlichen Lieder: Wetzel, Schamelii Lieder - Commentar S. 663. Rühls Liederdicht. S. 22. und Grifchow's Nachr. von Liederverfaffern S. 21. 22. nach Kirchners Ausgabe, Halle 771. 8.

55) Wolfgang Mufculus; (Mofel;) geb. 1497 zu Dieuze in Lothringen; Anfangs Diakonus zu Strasburg; dann Prediger zu Dosna, unweit Strasburg; ferner Prediger zu Augsburg; zuletzt Profeffor der Theologie zu Bern in der Schweiz. ftarb 1563.
Man legt ihm bey 560 geiftliche Lieder, welche zu Nürnberg 1601. 8. erfchienen. Vergl. Schamelii Lieder - Commentar S. 108. und Wetzels Lebensbefchr. II. 187—89.

56) Adam Reufsner; geb. 1471; fein Geburtsort ift mir unbekannt; war ein würdiger Schüler Reuchlins; lebte lange am Hofe und in Gerichts-Aemtern; ftarb 1563 als Privat- Mann zu Frankfurt am Main. Aus feiner Befchreibung der Stadt Jerufalem (Frkf. a. M. 3 Theile, F.) in deren 3ten Theil er 20 Pfalme erklärt hat, ift fein bekanntes Lied: In dich hab' ich gehoffet Herr, genommen S. Olearii Liederfchatz IV. 30—42 Schamelii Lieder-Commentar S. 116. Wimmers Lieder- Erklärung Th. II S. 574. Wetzels Lebensbefchr. II. 328.

57) Michael Weifs; Zeit und Ort feiner Geburt find unbekannt; nur fo viel wiffen wir, dafs er um das J. 1539 Prediger zu Landscron und Füllneck in Böhmen war. Er verbefferte nicht blofs die fchon vorhandenen
Kir-

Kirchengesänge der Böhmischen Brüder, sondern verfertigte auch selbst 17 eigene, welche in den unten verzeichneten Gesangbüchern der Böhmischen Brüder stehen. Vergl. Olearii Liederschatz I. 17—42. Wetzels Lebensbeschreibb. III. 402—5. Grischow's Nachr. von Liederverf. S. 52. Bey dieser Gelegenheit gedenke ich wohl am Schicklichsten der verschiedenen Ausgaben der Böhmischen Brüder-Gesangbücher in Deutscher Sprache, welche durch den Verfolgungsgeist ihres Zeitalters so selten geworden sind, und doch in Absicht auf Sprache und Manier die Aufmerksamkeit des literarischen Forschers so sehr verdienen. 1) Ausgaben mit Mich. Weisens Vorrede: Jungbunzel 531. 8. Ulm 535. 8. ib. 538. in breit Octav mit Noten. ib. eod. in klein breit Quart mit Noten. ib. 539. in demselben Formate, enthalten 173 Lieder. 2) Ausgaben mit Jo. Horns Vorrede, sämmtlich zu Nürnberg gedruckt und mit Noten versehen: s. a. 8. 544. 8. enthalten 180 Lieder. Nachdrücke nach Horns Tode: 560. 8. Der Titel dieser vorzüglich seltenen Ausgabe, welche Hr. Pred. Schmid hieselbst besitzt, ist: "Ein Gesangbuch der Brüder im Behemen vnd Merherrn die man auß hass. vnd aeyd Pickharden Waldenses &c. nennet. Von jnen auff ein newes gebessert vnd etliche schöne newe Gesäng hinzu gethan;„ 561. 8. 564. 8. 572. 8. 575. 8. 582. 8. 590. 8. 596. 8. 611. 8. 612. 8. 3) Ausgaben mit einer Vorrede der Gemeinde-Aeltesten, und mit Anmerkungen und Schriftstellen am Rande: 566. s. a. 4. der Druckort ist wahrscheinlich Nürnberg; enthält 246 Brüder-Gesänge und 77 Blätter mit Luthers und seiner Nachfolger Liedern angefüllt. Nürnb. 580. 4. Der Titel dieser seltenen Ausgabe, welche der hiesige Hr. Pr. Schmid gleichfalls besitzt, ist: „Kirchengeseng, darinnen die Hauptartikel des Christlichen glaubens kurtz gefasset vnd aussgeleget sind." Nach dem Sinne der Reformirten sind die beyden nächstfolgenden geändert: die in Mähren ohne Angabe des Orts, 606. 4. erschienene, welche 377 Brüder-Lieder und 132 andere Gesänge enthält; und die zu Lissa 639. 4. gedruckte, 360 Brüder-Gesänge und 155 andere Gesänge stark, und in der schätzbaren Bibliothek des hie-

II. Th. Scientifischer Grundrifs

figen Hrn. Pr. Schmid befindlich. 4) Ausgaben mit einer Vorrede der Aelteften der reformirtgefinnten Böhmen, Amft. 661. 8. Liffa 694. 8. Berl. 731. 8. Liffa 760. 8. In der Vorrede zu der zulerztgenannten Ausgabe und im Anhange zu Friedr. Wilh. Krafts neuer theologifcher Bibliothek, St. 5. (135.) S. 443—446. ftehen ausführliche und genaue hieher gehörige Notizen, mit welchen Wetzels *Analecta hymnica* Bd. I. St. 2. S. 72—75. verglichen zu werden verdienen. Ueber die Gefangbücher der Herrnhuter Brüder-Gemeinen, deren ich meinem Entwurfe und Zwecke gemäfs hier nur ganz beyläufig gedenken kann, f. Wetzels *Anal. hymn.* Bd. II. St. 3. S. 390—404. Die wahre Geftalt der Herrnhutifchen Gefangbücher von N. N. (d. i. Dav. Gottfr. Schöber, Kaufmann zu Gera) Lpz. 760. 8; und des Grafen Zinzendorf eignen bedauernswürdigen Bericht in der Vorr. zum achten Anhange der dritten Ausgabe feines Gefangbuchs vom J. 1741. S. 1132: „Vielleicht wird fichs die Nachwelt gefagt feyn laffen, dafs die (nur in diefem Anhange über die Helfte) von Bauern und Bäuerinnen verfafsten Lieder doch etwas haben, das vor den Heiland beugen und eine confeffion erpreffen können, wie Matt. am XI fteht. Denn fie haben es doch nicht von ihnen felbft, auch nicht durch die Vortheile ihrer Erziehung" u. f. w.

58) Jo. Matthefius; geb. 1504 zu Rothlitz in Meifsen; ging 1529 zum Lutheranismus über; wurde 1532 Rector zu Joachimsthal, 1541 Diakonus, und 1545 Paftor dafelbft; in diefem Amte ftarb er 1568. (nach Andern 1565.) Vergl. fein Leben von Jo. Balth. Matthefius, Dresd. 705. 8. Im Iten Bde. meines gegenwärtigen Werkes S. 229 ift feiner auch fchon kürzlich gedacht worden.

Ueber feine 6 geiftlichen Lieder, f. Wetzels Lebensbefchreibb. II. 150—57.

59) Nicolaus Herrmann; war zur Zeit des Vorhergenannten Cantor zu Joachimsthal, und ftarb dafelbft 1561. Seine geiftlichen Lieder, von welchen eine befondere Sammlung, Schwabach 693. 12. erfchien, ftehen urfprünglich in feinen Sonntags-Evangelien, Nürnb. 559.

8. und in feinen Hiſtorien des A. T. Wittenb. 560. 8. Vergl. Wetzels Lebensbeſchreib. I. 413 — 18.

60) **Herrmann Bonnus**; geb. 1504 zu Osnabrück; anfänglich Prediger zu Stralſund; dann zu Greifswalde; dann Rector zu Lübeck; ſeit 1531 der erſte Lutheriſche Superintendent zu Lübeck; ſtarb 1548 daſelbſt. Vergl. Caſp. Heinr. Starkens Lebensbeſchreibung der Lübeckiſchen Superindenten, Th. I.

Er machte ſich um die Verbeſſerung des Niederdeutſchen Kirchengeſanges in ſeiner Art eben ſo verdient, als Luther um die des Oberdeutſchen. Sein Geſangbuch erſchien ein Jahr vor ſeinem Tode unter dem Titel: Geiſtlike Geſenge und Leder, de nicht in dem Wittembergeſchen Sangbökeſchen ſtan, corrigeret dorch Magiſtrum Herimannum Bonnum Superattendenten tho Lübeck 1547. Parchim dorch Jochim Löw, 12. Ueber ſeine eigene Lieder, ſ Wetzels Lebensbeſchreibb. I. 124 27. Deſſ. Anal. hymn. I. St. 2. S. 78. 79.

Auſſer dieſem und dem No. 64 angeführten des Herm. Veſpaſius, ſind mir bis jetzt nur noch folgende in der ſogenannten plattdeutſchen Sprache abgefaſten Geſangbücher bekannt geworden:

a) Geyſtlicke Leder vnd Pſalmen vppet nye gebetert, Magdeb. 540. 8. Dieſe Sammlung hat auch noch folgenden Titel: dyth ſind twee Geſangk Böckelin vnd mit velen andern geſengen denn thovören vermeret vnde gebetert &c. Das erſte Geſangbuch, 57 Lieder ſtark, endigt mit dem Liede: Vam himmel hoch dar kame ick her und ſchlieſſt mit den Worten: Ende des Wittembergeſchen Sanckbökelins. Das darauf folgende zweite Geſangbuch führt den Titel: Geyſtliker Geſenge vnde Leder (wo itzundes Gade tho lave nicht allene yn deſſen löveliken Seeſteden, ſondern ock yn hochdüdeſchen vnde andern landen geſungen werden) ein wolgeordenet Bökelin &c. Die Anzahl der Lieder beläuft ſich auf 68. alsdann folget ein Anhang von 11 Liedern mit der Auffſchrift: Nu volgen Etlike ſchöne nye leder vnde Hymnus, welcke vörhen yn nenen Geſank Bökelin gedrücket ſynt, vnde deſſe nye leder

B 2

vnde Hymnus thom erſten yn dyth Bökelin gedrücket
Anno 1540. In der Vorrede zum zweiten Geſangbuche
gibt ſich Joach. Slüter, Pfarrer zu Roſtock, als Urheber dieſer Sammlung und Verfaſſer mehrerer Lieder in
derſelben an; da dieſer nun ſchon 1532 zu Roſtock
ſtarb (ſ. Groſchii Vertheidiguug der Evangeliſchen
Kirche, S. 234 u. 235.) ſo muſs ſchon vor dem zuletzt genannten Jahre eine Ausgabe dieſes Werkes erſchienen ſeyn. Von der unſrigen findet man die beſte
Nachricht in G. D. Schöbers Beytrag zur Liederhiſtorie
S. 67—81. demſelben Verfaſſer zufolge S. 93. ſoll
dieſe Magdeburger Sammlung auch 1543 zu Roſtock
nachgedruckt worden ſeyn.

b) Pſalme geiſtlicke Lede vnd Geſänge van D. Martino
Luthero: Ock velen anderen Chriſtliken Leerern vndt
Godtſeligen Mennern geſtellet &c. Gedrückt tho Ol-
den Stettin dorch Andream Kellner 577. (576) fünf
Theile in 8. In dieſer Sammlung ſtehen unter andern
Geſänge von folgenden nicht ſehr bekannten Dichtern:
Andr. Knöpken; Ludw. Oeler; Jo. Freder;
Jo. Magdeburgius; Seb. Heiden; Jo. Pla-
cotomus; &c.

c) Enchiridon geiſtliker Leder vnde Pſalmen vpt nye gebetert D. Mart. Luther, Wittenb. 580. 12. rep. Magdeburg 589. 8. (ſ. Feuerlins Bibl. Symb. ed. Riederer
I, 331. n. 270.) und ib. 596. 8. ſ. Wetzels Anal.
hymn. St. 1. S. 13.

d) *Cantica Sacra partim ex Sacris literis deſumta partim
ab orthodoxis patribus & piis ecclesia doctoribus com-
poſita atque ad duodecim modos ex doctrina Glareani
accomodata & edita ab Francisco Elero Ulyſſeo. Ac-
ceſſerunt in fine Pſalmi Lutheri & aliorum ejus ſeculi
Doctorum itidem modis applicati*, Hamb. 588. gr. 8.
Der erſte Theil enthält nur wenige Geſänge in Niederdeutſcher Sprache; dagegen beſteht der Anhang oder
der zweite Theil dieſer Sammlung allein aus ſolcherley
Liedern. Unter den Verfaſſern werden Friedrich,
König zu Dännemark; Joh. Sanffdörper; Caspar
Hackrodt und andere weniger bekannte Dichter
mit ihren Liedern aufgeführt.

61) **Paul Eberus**; geb. 1511 zu Kitzingen in Franken; Anfangs Melanchthons Famulus; dann Professor und zuletzt Superintendent zu Wittenberg; starb 1569 daselbst. Vergl. Crusii Homilias hymnodicas p. 341. Ueber seine Lieder, s. Wetzels Lebensbeschreibb. I, 195—200.

62) **Hans Gamersfelder**; Bürger und Meisterfänger zu Burckhausen in Baiern; seine übrigen Lebensumstände sind mir unbekannt. Von ihm ist:

Der ganz Pfalter Davids in gsangs weyse gestelt. Mit sambt andern Geystlichen Liedern vnd Gesangen. Nürnb. 542. 8. Eine ausführliche Beschreibung nebst Proben von diesem seltenen Werke giebt Riederer in seinen Nachrichten zur Kirchen- Gelehrten- und Bücher-Geschichte, Bd. I. S. 20—32.

63) **Ambrosius Lobwasser**; geb. 1515 zu Schneeberg; nach vielen Reisen wurde er endlich Professor der Rechte zu Königsberg in Preußen, woselbst er 1585 starb. S. *Melch. Adami vitt. Ictorum*, p. 121.

Seine Psalmen-Lieder erschienen Leipz. 573. 8. und sind in der Folge häufig herausgegeben worden. S. Wetzels Lebensbeschr. II, 79—82.

64) **Nye christlike Gesenge vnde Leder vp allerley ardt Melodien der besten olden düdescher Leder. Allen framen Christen tho nütte nu erstlik gemaket vnde in den Drück gegeven dörch Hern Vespasium Prediger tho Stade. Lübeck dörch Paul Knoblauch 571. 8.**

Von dieser Sammlung hat Herr M. Kinderling in Gräters Braga II, 1. S. 21—26 nähere Nachrichten und Proben mitgetheilt.

65) **Ludwig Helmbold**; geb. 1532 zu Mühlhausen; 1561 Rector und 1586 Superintendent daselbst; starb 1598. Seine Celebrität als Liederdichter war so groß, daß man ihn den Deutschen Assaph nannte. Von ihm haben wir:

a) dreifsig geiftliche Lieder auf die Fefte durchs ganze Jahr, in Melodien gebracht von Joachim von Burk, Cantor zu Mühlhaufen. Mühlh. 504. 8.
b) Schöne geiftliche Lieder über alle Evangelia, 1fter Th. Ebend. 615. 2ter Th. Erf. eod. 8.
c) *Crepundia facra*, d. i. chriftliche Lieder S. *Gregorii*. Mühlh. 620. 8.
d) Vom heiligen Eheftande 40 Liedlein. Ebend. 505. 8. Ueber denfelben Gegenftand 41 Liedlein ebend. 596. 8.
e) Vierzig teutfche chriftliche Liedlein. Ebend. 500. 8.
Vergl. Olearii Liederfchatz II, 118. Wetzels Lebensbefchr. I, 451—50. Deffen *Analecta* II, N. 3. S. 272—75.

66) Bartholomäus Ringwaldt; war um das Jahr 1578 Prediger zu Langfeld in der Churmark. S. fein Leben von Fr. Jac. Wippel, Berl. 751. 4.
a) Zuftand des Himmels und der Höllen, Hamb. 591. 12. u. 597. 8.
b) Handbüchlein geiftlicher Lieder, Nürnb. 598. 12.
Vergl. Wetzels Lebensbefchreib. II, 346—58.

67) Nicolaus Selneccer; geb. 1532 zu Herspruck im Nürnbergifchen Stadtgebiete; 1557 Prediger zu Dresden; 1561 Profeffor der Theologie zu Jena; 1568 daffelbe zu Leipzig; 1570 General-Superintendent zu Wolfenbüttel; 1577 Superintendent zu Leipzig; 1589 feiner Aemter entfetzt; 1592 wurde er reftituirt und ftarb noch in demfelben Jahre. Vergl. *Adami vitt. Theol.* p. 315. *Zeumeri vitt. Profeff. theol. Jenenf.* p. 63.
Seine geiftlichen Lieder ftehen in feinen chriftlichen Pfalmen, Lpz. 587. 4. S. Wetzels Lebensbefchreib. III, 210—18.

68) Kaspar Meliffander; (Bienenmann) geb. 1540 (nach Andern 1542) zu Nürnberg; nach vielen Reifen, Aemtern und Verfolgungen ftarb er 1591 als General-Superintendent zu Altenburg. Vergl. fein Leben von Jo. Heinr. Acker, Jen. 718. 4. *rep. ib.* 719. 4. und vor Meliffanders Ehebüchlein, Rudolft. 710. 12.

Seine geiftlichen Lieder ftehen in feinen chriftlichen Reimgebeten, Erf 589. 12. S. Wetzels Lebensbefchreibungen II, 167—73.

69) Philipp Nikolai; geb. 1556 zu Menrichhaufen im Waldeckifchen; ftarb, nachdem er viele andere Aemter vorher bekleidet hatte, 1608 als Pfarrer an der Katharinen-Kirche zu Hamburg.

Seine Lieder ftehen in feinem Freudenfpiegel des ewigen Lebens, Frankf. 594 u. 607. 4. S. Wetzels Lebensbefchreib. II, 241—45.

70) Martin-Schalling; geb. 1532 zu Strafsburg; bekleidete mehrere geiftliche Aemter nach einander, und ftarb 1608 als Prediger zu U. L. F. in Nürnberg. Vergl. *Zeltneri vitt. Theol. Altorff.* p. 49.

Ueber feine wenigen, aber vorzüglichen Lieder f. Wetzels Lebensbefchr. II, 31—35.

71) Jo. Pappus; geb. 1549 zu Lindau am Bodenfee; nach vielen Reifen und mehrern Aemtern ftarb er 1610 als Profeffor der Theologie und Prediger zu Strasburg. Vergl. *Adami vitt. Theol.* p. 808. und *Rollii biblioth. nobil. Theol.* p. 187.

Ueber feinen bekannten Meiftergefang: Jch hab' meine Sache Gott heimgeftellt f. Wetzels Lebensbefchr. III, 280. 81.

72) Jo. Arndt; (f. Bd. I. S. 83.) geb. 1555 zu Ballenftädt im Anhältifchen; ftarb 1621 als General-Superintendent zu Zelle, nachdem er vorher mehrere andere Aemter nach einander bekleidet hatte.

Ueber feine Lieder f. Wetzels Lebensbefchr. I, 66—71.

73) Daniel Sudermann; ich fetze ihn nur muthmafslich hieher, weil in der unten angeführten Berliner Handfchrift feiner Gedichte die Jahre 1576 und 1588 als die Zeit feiner Jugend angegeben werden. Von feinen Lebensumftänden ift mir nur folgendes bekannt: fein Geburtsort war Lüttich; in feiner Jugend hielt er fich bey Fürften und Herren zu Cöln und Strasburg, wie er in der genannten Handfchrift felbft fagt; er war ein eifriger Schwenkfeldianer und hat viele myfti-

sche Schriften in Prosa und Versen verfasst, von welchen ein grosser Theil noch ungedruckt ist. Die hiesige Königl. Bibliothek besitzt in einer starken papiernen Handschrift (*cl. G. 25. fol.*) viele Gedichte von ihm, unter denen sich auch mehrere geistliche Lieder befinden. In seinen **geistlichen und mystischen Sinnbildern und Gedichten** S. l. et a. Fol. sind viele geistliche Lieder enthalten. Vergl. Arnolds Kirchen- und Ketzerhistorie, P. IV. S. 766.

74) **Cornelius Becker**; geb. 1561 zu Leipzig; war zuletzt Professor und Prediger zu Leipzig; wurde 1601 seines Amtes entsetzt und starb 1604.

Ueber seinen **Psalter Davids Gesangsweise** Leipz. 602. *rep. ib.* 620. 12. Hal. 626. 8. Dresd. 661. F. Saalf. 688. 12. s. Wetzels Lebensbeschr. I, 97—102.

75) **Jo. Heermann**, s. Bd. I, S. 212 und sein Leben von Jo. Lav. Herrmann, Glogau 759. 8.

Als einen ganz vorzüglichen Liederdichter bewährte er sich durch seine **Haus- und Herzens-Musik** Lpz. 644 u. 663. 12. , Bresl. 650. 12. S. Wetzels Lebensbeschr. I, 385—403.

76) **Geo. Rud. Weckherlin**, s. Bd. I, S. 212.

Ausser seinen Psalmen haben wir noch 5 andere geistliche Gedichte von ihm in seinen **Gaistlichen und Weltlichen Gedichten** S. 1—354. (Amst. 648. 12.)

77) **Martin Opitz**; s. Bd. I, S. 212. 13. und 229—31.

Seine Psalmen erschienen besonders Leipz. 634. 12. Ausserdem stehen sie nebst seinen Liedern über die Sonntagsepisteln in den dort angegebenen Ausgaben. Vergl. Wetzel II, 271—75.

78) **Justus Gesenius**; geb. 1601 zu Essbeck im Fürstenthum Calenberg; war zuletzt General-Superintendent zu Hannover und starb 1671 daselbst. Vergl. Uhsens Leben der berühmten Kirchenlehrer. S. 663.

Seine 14 Lieder stehen zuerst im Hannöverschen Gesangbuche, welches er 1648 und 1661 herausgab. S. Wetzels Lebensbeschr. I, 323. dess. *Anal. hymn.* III.

1stes St. S. 18. Schamelii Lieder-Commentar I,
88. II, 398. Rühls Nachr. von den Tichtern der
Lieder, S. 17. Hörners Nachr. von Lieder-Dichtern
S. 98.

79) Simon Dach; f. Bd. I, S. 269.

Seine vortrefflichen geistlichen Lieder, welche fast in
alle Gesangbücher aufgenommen worden sind, stehen
gröfsten Theils in Heinr. Alberti's geistlichen
Arien; f. den ersten Band meines Werkes, S. 142.
Vergl. Wetzels Lebensbeschr. I, 160—65. dessen
Anal. hymn. I, 4tes St. S. 13—19. und die dort angeführten Hülfsbücher.

80) Paul Flemming, f. Bd. I. S. 215.

Ueber sein herrliches Lied: Jn allen meinen Thaten, f. Werzels Lebensbeschr. I, 242—44. Deff.
Anual. hymn. I, St. 5. S. 39. 40. Das erste Buch
seiner poetischen Wälder enthält aufser 7 Bufspsalmen
noch 11 andere geistliche Gedichte, und im ersten
Buche seiner Oden stehen 9 geistliche Lieder, unter
welchen sich auch das schon genannte befindet. Seine
sämmtlichen Deutschen Gedichte erschienen Lübeck
641. 8. Jena 652. 8. Ebend. (Naumburg) 656. 8.

81) Paul Gerhard; geb. 1606 zu Gräfenhaynichen in
Meifsen; wurde 1651 Propst zu Mittenwalde in der Mark;
dann 1657 Diakonus an der Nikolaikirche zu Berlin;
wurde 1666 bey entstandenen Religionsunruhen seines
Amtes entsetzt; erhielt dagegen vom Herzoge Christian
zu Merseburg eine Pension, bis er 1669 Archidiakonus
zu Lübben wurde, woselbst er 1676 starb.

Er hat durch seine gedankenreichen und herzlichen Lieder allen gleichzeitigen Dichtern dieser Gattung den
Rang abgewonnen. Auch sind selbst bey den neuesten und strengsten Musterungen des Kirchengesanges
von seinen Liedern die mehresten des Beybehaltens
würdig gefunden worden. Ihre Anzahl beläuft sich
auf 120. Zuerst erschienen sie unter dem Titel:
Haus- und Kirchenlieder, Berlin mit 6 Stimmen 1667 F. (1666) rep. zu Frankf. a. d. O 16**.
rep. Berlin 1676. 24. in Basilii Förtsches neuvermehr-

ter geiſtlicher Waſſerquelle S. 409 bis zu Ende. rep. Nürnb 683. 8. rep. Eisleben 700. 12. fehlerhafte Ausgabe. Die letzte und beſte Ausgabe nach Gerhards eigenem durchgeſehenen und verbeſſerten Handexemplare erſchien Zerbſt 707. 12. mit Feuſtkings Vorrede rep. Wittenb. 723. lang 12. Vergl. Wetzels Lebensbeſchr. I, 311—22. und eines Ungenannten erklärte Kirchenlieder S. 70—83. (Hamb. 761. 4.)

82) Ernſt Chriſtoph Homburg; ſ. Bd. I. S. 216.

Seine Geiſtlichen Lieder, Jen. 659. 2 Theile, 8. belaufen ſich auf 148. S. Olearii Liederſchatz II, 88. Wetzels Lebensbeſchr. I, 454—60.

83) Jo. Riſt; ſ. Band I, S. 269.

Von ihm haben wir 609 geiſtliche Lieder von ſehr ungleichem Werthe, welche in ſeinen folgenden Werken ſtehen:

a) Himmliſche Lieder; Lüneb. 644 u. 652. 8.
b) Paſſions-Andachten, Hamb. 648. 654. 664. 8.
c) Himmliſcher Lieder ſonderbares Buch, Lüneb. 651. 8.
d) Sabbathſche Seelenluſt, ebend. 651. 8.
e) Alltägliche Haus-Muſik, ebend. 654. 8.
f) Muſikaliſche Feſt-Andachten, ebend. 655. 8.
g) Muſikaliſche Katechismus-Andachten, ebend. 656. 8.
h) Muſikaliſche Kreuz, Troſt, Lob und Dankſchule, ebend. 659. 8.
i) Muſikaliſches Seelen-Paradieſs, ebend. 660. 662. 2 Th. 8. Vergl. Wetzels Lebensbeſchr. II, 358—92.

84) Heinr. Alberti, ſ. Bd. I, 142.

In dem von ihm herausgegebenen Poëtiſch muſikaliſchen Luſtwäldlein, Königsb. 652. F. und Lpz. 657. 8. ſtehen auch ſeine eigenen Lieder. S. Wetzels Lebensbeſchr. I, 33—35. Hörners Nachr. von Liederdichtern 49. Schamelii Lieder-Commentarius 71.

85) Ger. Philipp Harsdörfer; ſ. Bd. I, S. 253.

Seine geiſtlichen Lieder ſtehen in ſeinen herzbeweglichen Sonntags-Andachten nach den

der Deutschen Literat. u. Sprachgesch.

Evangelien, Nürnb. 649. 8. und in seinen Andachten nach den Episteln, ebend. 651. 8. Vergl. Wetzels Lebensbeschr. I, 369—72.

86) Andreas Heinrich Buchholz; geb. 1607 zu Schöningen; starb, nachdem er vorher einige andere Aemter bekleidet hatte, als Oberhofprediger und Superintendent zu Braunschweig im Jahr 1671.

Seine geistlichen teutschen Gedichte erschienen Brschw. 651. 12. und seine christlichen Hausandachten ebend. 663. 12. Vergl. Wetzels Lebensbeschr. I, 132. 33.

87) Johann Olearius; geb. 1611 zu Halle in Sachsen; war zuletzt General-Superintendent zu Weissenfels, und starb daselbst 1684. S. Dreyhaupts Beschreib. des Saalkreises II, 683. *Pipping memor. theol. Dec. I, p. 17.*

Seine geistlichen Lieder, welche in viele Gesangbücher aufgenommen worden sind, stehen zuerst in seiner geistlichen Singkunst, Lpz. 671. 8. und 672. 12. und in seinem evangelischen Gedenkring bey der geistlichen Gedenkkunst, 3te Aufl. Halle 677. 8. Vergl. Wetzels Lebensbeschreib. II, 252—61.

88) Andreas Gryphius; s. Bd. I, 216. und *Leubscheri schediasma de claris Gryphiis*, No. 29.

Ueber seine in seinen teutschen Gedichten, in Jo. Cundisii geistlichem Perlen-Schmucke, Nürnb. 713. 8. und in verschiedenen Gesangbüchern stehende geistliche Lieder, s. Wetzels Lebensbeschr. I, 355. 56.

89) Christian Hofm. v. Hofmannswaldau; s. Bd. I. S. 216.

Seine geistlichen Oden erschienen Bresl. 689. 8. S. Wetzels Lebensbeschr. I, 446—60.

90) Johann Preuss; geb. 1620 zu Guben in der Niederlausnitz; wurde wegen seines Socinianismus eingekerkert, irrte lange in Deutschland umher; hielt sich einige Zeit in Berlin und Frankfurt an der Oder auf; und flüchtete endlich nach Polen, wo er wahrscheinlich sein Leben beschloss. Vergl. Arnolds Kirchen- und Ketzerhistorie

P. II, p. 540. Unschuldige Nachrichten J. 1713. S.580 und Rambachs Einleitung in die Religionsstreitigkeiten der Luth. Kirche mit den Socinianern Th. I, S. 228.

a) Sein Hertzliches Saiten-Spiel oder geistreiche und schriftmäfsige Lieder, Frkf. a.d. O. 657. 8. hat sich aus leicht begreiflichen Gründen sehr selten gemacht. Wetzel *Analecta hymn.* II, 613. 619 macht 192 dieser Socinianischen Lieder namhaft, welche, wie er sich ausdruckt, „sich nicht nur in andere neue Gesangbücher, sondern auch in den Himmlischen Zeitvertreib, Lauban 720. 8. eingeschlichen."

b) Geistlicher Wayhrauch, S. l. 662. 8.

c) Fastenspeise kranke Gewissen damit zu erquicken von einem wohlerfahrnen bekehrten Sünder vor busfertige und zerknirschte Herzen zubereitet und auff freyen Tisch getragen. S. l. Im Jahr ALs ChrIstI GnaDen ThVre Denen BVssfertIgen SVnDern offen VVar (1678) 8. Ueber die Seltenheit dieses schätzbaren Werkes, welches ich aus der hiesigen Hrn. Prediger Schmids Bibliothek in Händen habe, s. *Vogtii catal. libr. rar.* p. 555. *Baueri bibl. libr. rar.* III. 250. *Salthenii Catal.* 532. No. 2672. Es besteht aus 26 Gesängen, welche wegen des darin herrschenden reinpraktischen Christenthums noch in unsern Zeiten lesenswerth sind. Zwey derselben sind authentische Quellen zu den wenig bekannten Lebensumständen ihres Verfassers; nemlich No. 23, welchen er im Gefängnisse schrieb und mit den Worten schliefst:

Vergieb es dennoch Jesu meinen Feinden,
Und mache sämmtlich sie zu deinen Freunden,
Damit auch wir uns, friedlich dir zu dienen,
Einmahl verführen.

Und No. 26. ein Abschieds-Lied an seine Freunde und Feinde, als Priester-Cabale ihn aus seinem Vaterlande verstiefs.

91) Caspar Ziegler; geb. 1621 zu Leipzig; starb 1690 als Professor der Rechte und Consistorial-Rath zu Witten-

berg. S. Dan. Nettelbladts Hallische Beyträge zu der juristischen Gelehrten-Historie, Bd. I, S. 483.

Zwanzig seiner geistlichen Lieder wurden besonders zu Leipzig 1648. 8 gedruckt. S. *Bibl. Carpzov.* P. II, p. 272. Vergl. Wetzels Lebensbeschr. III, 464—69.

92) Jo. Christoph Arnschwanger; geb. 1625 zu Nürnberg; Mitglied der fruchtbringenden Gesellschaft unter dem Namen des Unschuldigen; war zuletzt Schaffner zu Nürnberg und starb 1696 daselbst. Von ihm haben wir:

a) Evangelische Spruch- und Gebet-Reimen, Nürnberg, 653. 12.

b) Lieder und Gesänge, ebend. 659. 2 Theile, 8. rep. ebend. 711. 8.

c) Heilige Psalmen und christliche Psalmen, ebend. 680. 8.

S. Wetzels Lebensbeschr. I, 86—93.

93) Siegm. v. Bircken; s. Bd. I, 270. Von ihm gehören hieher:

a) Geistlicher Weihrauch, Nürnb. 652. 12.

b) Passions-Andachten, ebend. 653. 12.

c) Andächtige Gotteslieder, Nördl. 658.

S. Wetzel an a. O. I, 112—16.

94) Geo. Neumark, s. Bd. I, S. 293.

a) Poetischer Lustwald, Jen. 657. 8.

b) Geistliche Arien, Weim. 675. 8.

S. Wetzel am a. O. II, 220—25.

95) Jo. Frank; geb. 1618 zu Guben in der Nieder-Lausnitz, starb 1677 als Bürgermeister in seiner Vaterstadt.

Sein geistliches Sion, Guben 674. 8. enthält 110 Lieder, von welchen viele in unsern Gesangbüchern stehen. S. Wetzel am a. O. I, 264—75.

96) Erasmus Francisci; hieß eigentlich Finx; geb. 1627 zu Lübeck; starb, ohne je ein öffentliches Amt verwaltet zu haben, als Schriftsteller von Profession 1694 zu Nürnberg.

Wir haben von ihm 114 geiſtliche Lieder, welche in ſeinen vielen Schriften und in mehrern Geſangbüchern ſtehen. S. Wetzel am a. O. I, 127 — 33. Deſſ. *Anal. hymn.* I, 5. S. 32.

97) Chriſtian Scriver; geb. 1629 zu Flensburg in Hollſtein; war zuletzt Oberhofprediger zu Quedlinburg und ſtarb 1693 daſelbſt. S. ſein Leben von Chriſt. Otto Weinſchenk, Magdb. Lpz. 729. 4

Ueber ſeine 5 geiſtlichen Lieder ſ. Wetzels Lebensbeſchr. III, 147 — 53.

98) Louiſe Henriette, älteſte Tochter Friedrich Heinrichs, Prinzen von Oranien; geb. im Haag am 17. Nov. 1627; ſeit dem 27. Nov. 1646 die erſte Gemahlin des groſsen Churfürſten Friedrich Wilhelm von Brandenburg; ſtarb zu Cölln an der Spree am 8. Junius 1667.

Von ihr haben wir zwar nur vier, aber vortreffliche Lieder, deren Authentie Kirchner in ſeinen Schluſsanmerkungen zu Griſchows Nachricht von ältern und neuern Liederverfaſſern zu beweiſen verſucht hat; indeſſen verdient der Zweifel noch einige Achtung, ob eine geborne Holländerinn es in der Hochdeutſchen Sprache je ſo weit habe bringen können, um in derſelben ſolche Lieder zu dichten.

99) Anton Ulrich; geb. 1633; regierender Herzog zu Braunſchweig; Mitglied der fruchtbringenden Geſellſchaft unter dem Namen des Siegprangenden; ſtarb 1714.

In ſeinem Churfürſtlichen Davids Harpfen-Spiele, Nürnb. 667. 8. ſtehen 61 geiſtliche Lieder von ihm. S. Wetzel am a. O. I, 61 — 66.

100) Philipp Jacob Spener; geb. 1635 zu Rappoltsweiler im Ober-Elſaſs; war zuletzt Propſt zu St. Nicolai in Berlin und ſtarb daſelbſt 1705. S. ſein Leben von Canſtein, vermehrt von Lange, Halle 740. 8. Geo. Chriſt. Knapps Abhandlung über P. J. Speners Leben, Verdienſte und Streitigkeiten, in den Halliſchen wöchentlichen Anzeigen 1783. No. X — XII, S. 145 — 183.

Ueber seine geistreichen Gesänge s. Wetzel am a. O. III, 233—41.

101) Joachim Neander; (Neumann) geb. 16** zu Bremen; starb 1680 als Prediger in seiner Vaterstadt. S. Jo. Heinr. Reitzens Historie der Wiedergebornen, Th. 4. S. 42.

Seine 72 geistliche Lieder erschienen zuerst unter dem Titel: Bundeslieder, Bremen 679 Wesel 692 8. Frankf 712. Thurnau 716. 12. S. Wetzel am a. O. II, 211—14.

102) Johann Angelus; hiefs eigentlich Scheffler; geb. 16** zu Breslau; Doct. Med. und Leibarzt Kaisers Ferdinand III, verließ die Lutherische Religionspartei und starb 1677 im Kloster St. Matthiæ zu Breslau. S. *Geo. Sculteti Hymnop. Silef.* p. 8.

Er gehört zu den vorzüglichsten Liederdichtern dieses Zeitpuncts. Allein es wurden ihm viele Lieder mit Unrecht und oft bloß wegen der Unterschrift *J. A.*, welche eben so gut *Incertus Auctor* oder *Ignotus Auctor* heisen kann, zugeschrieben. Die ihm erweislich angehörende belaufen sich auf 206 und stehen in seiner Heiligen Seelenlust oder geistlichen Seelen-Liedern der in ihren Jesum verliebten Psyche, Bresl. 657 u. 697 8. rep. unter dem Titel: Geistliche Hirtenlieder, Berl. 702. 12. S. Wetzels Lebensbeschr. I, 57—61. Dess. *Anal. hymn.* I, 1. S. 24—40.

103) Ludamilia Elisabeth; Gräfinn von Schwarzburg-Rudolstadt; Tochter des Grafen Ludwig Günther; geb. 1640; starb 1672 als Braut. S. Jo. Friedr. Treibers Geschlechts- und Landesbeschreibung des Hauses Schwarzburg, S. 60.

Wir haben von ihr 207 geistlicheLieder in ihrer Stimme der Freundin, Rudolst. 687. 12. S. Wetzels Lebensbeschr. II, 92—102.

104) Jo. Jak. Schütz; geb. 1640 zu Frankfurt am M.; war Advocat und Rath verschiedener Reichsstände; starb 1690 daselbst.

Er gehört hieher als Verfasser des vortrefflichen Liedes:
Sey Lob und Ehr dem höchsten-Gut. S.
Hörners Nachrichten von Liederdichtern S. 228.
Kirchners Anmerk. zu Grischows Nachr. S. 44.

105) Christian Weise; s. Bd. I, 179.

a) Tugendlieder, Budißin 719. 8. (enthält 44 Lieder)

b) Trost- und Sterbeandachten, ebend. 720. 8. (hier stehen 63 Lieder.).

c) Buß- und Zeit-Andächten, ebend. 720. 8. (hat 108 neue Lieder.)

S. Wetzel am a. O. III, 379—90.

106) Hans Aßmann, Freiherr von Abschatz; geb. 1646 zu Wörbitz in Schlesien; starb 1699 als Landesbestellter im Fürstenthum Liegnitz.

Seine geistlichen Gedichte stehen unter dem Namen: Himmelschlüssel hinter seinen Poet. Uebersetzungen und Gedichten, Lpz. u. Bresl. 704. 2 Theile, 8. Vergl. Wetzel *Anal. hymn.* I, 1. 43. 44. und Neumeisters *diss.* p. 4 u. 5.

107) Johann Wilhelm Petersen, geb. 1649 zu Osnabrück; war seit 1677 Professor der Dichtkunst zu Rostock; dann Pastor zu Hannover; ferner Superintendent zu Eutin; endlich 1688 Superintendent zu Lüneburg; wurde 1692 dieses Amtes wegen seines Chiliasmus entsetzt; flüchtete nach dem Magdeburgischen, erhielt sich hier von einer jährlichen Pension, welche ihm der Brandenburgische Hof gab; und starb 1727 auf seinem Gute Thymer bey Zerbst. S. sein Leben von ihm selbst beschrieben, 717. 8. und Jo. Geo. Bertrams Lüneb. Kirchenhistorie, S. 256 ff. (Brschw. 719. 4.)

Seine geistlichen Lieder zeichnen sich durch Originalität der Gedanken und des Ausdruckes aus. Viele von ihnen sind für jenes Zeitalter meisterhaft gearbeitet. S. Leſſings Briefe die Literatur betreffend, Th. I, S. 40—44. Sie sind enthalten in seinen Stimmen aus Zion, 2te Ausgabe S. l. (Halle?) 698. zwey Theile in 8. in den neuen Stimmen aus Zion S. l. 701 8. In Allem 300 Psalme.

der Deutſchen Literat. u. Sprachgeſch. 33

Pſalme. S. Wetzel Lebensbeſchr. II. 283 — 92. Jahns Verzeichniſs ſeltener Bücher, Bd. I. Abſchn. 1. S. 1162.

108) Samuel Rodigaſt; geb. 1649 zu Greben, einem Dorfe im Fürſtenthume Altenburg; ſtarb als Rector des Berliniſchen Gymnaſiums 1708. S. A. F. Büſchings Geſchichte des Berl. Gymn. im grauen Kloſter, S. 42. (Berl. 774. 4.)

Ueber ſein berühmtes Lied: Was Gott thut, das iſt wohlgethan; ſ. Wetzel am a. O. II. 393 — 98.

109) Quirinus Kuhlmann; geb. 1651 zu Breslau; bekleidete nie ein öffentliches Amt; Anhänger Jak. Böhmens, Geiſterſeher und Prophet; durchwanderte Holland, Engelland, Frankreich, die Türkey, Preuſſen, Liefland; wurde endlich 1689 wegen ſeiner Schwärmerey zu Moſcau lebendig verbrannt. Sein Leben und Bildniſs ſ. in den Unſchuldigen Nachrichten, J. 1709. p. 755. ff.

Ueber ſeinen Kühlpſalter, 1ſter Th. Amſt. 684. 2ter Th. 685. 3ter Th. 686. 12.; ſ. Wetzel am a. O. IV. 293 — 99. Baumgartens Nachr. von einer Hall. Bibl. VIII. Bd. 295. S. und Freytags *Analecta p.* 504.

110) Fr. Rnd. Ludw. v. Canitz; ſ. Bd. I. 178. 79.

Ueber ſeine geiſtlichen Lieder, welche in ſeinen oben angegebenen Gedichten ſtehen, ſ. Wetzel *Analecta hymn.* I. 2. S. 26 — 29.

111) Johann Reinhard Hedinger; geb. 1664 in der Schweitz; war zuletzt Conſiſtorial-Rath und Hofprediger zu Stuttgard und ſtarb daſelbſt 1704.

Seine Lieder ſtehen in ſeinem Andächtigen Herzensklange in dem Heiligthume Gottes, Stuttg. 713. 12. S. Wetzels Lebensbeſchr. I. 380 — 85. deſſ. *Anal. hymn.* II. 259 — 62.

112) Benj. Neukirch; ſ. Bd. I. 184.

Seine geiſtlichen Lieder ſtehen zerſtreut in der Hofmanswaldauiſchen Sammlung, in Hankens moral. Gedichten, Schweidnitz 723. 8. und in Lackmanns geiſtreichen Gedichten oder Sammlungen der berühmteſten

Poeten, Hamb. 735. 8. S. Wetzels *Anal. hymn.* II. 373—76.

113) Johann Caspar Schade; geb. 1666 zu Kühndorf im Hennebergifchen; feit 1691 Diakonus an der Nikolai-Kirche zu Berlin; ftarb 1698 dafelbft. S. fein Leben vor dem erften Bande feiner geiftreichen Schriften, Frkf. Lpz. 720. 5 Bde 8.; Vergl. Gottfr. Arnolds Leben der Gläubigen, S. 111. im Anhange, und Jo. Heinr. Reitzens Hiftorie der Wiedergebornen, S. 238.

Sein *Fafciculus Cantionum*, das ift, zufammengetragene geiftliche Lieder eines in Chrifto feeligen Lehrers und Seelen-Hirten, Cüftrin 699. 12., enthält 44 Lieder. S. Wetzels Lebensbefchr. III. 22—29.

114) Erdmann Neumeifter; geb. 1671 zu Uchteritz bey Weiffenfels; wurde, nachdem er vorher einige andere geiftliche Aemter bekleidet hatte, zuletzt 1715 Paftor zu St. Jacob in Hamburg und ftarb dafelbft 1756. S. Göttens jetzt leb. Europa, I. S. 84.

a) Der Zugang zum Gnadenftuhl Jefu, Weiffenfels 705. 707. 8., enthält 77 Lieder.

b) Evangelifcher Nachklang, Hamb. 718. 8., hat 88 Lieder.

c) Fünffache Kirchen-Andächten, Lpz. 716. 8. S. Wetzels Lebensbefchr. II. 225—38.

115) Benjamin Schmolk; geb. 1672 zu Brauchitfchdorf im Fürftenthume Liegnitz; ftarb 1737 als Paftor und Infpector zu Schweidnitz. S. fein Leben in Göttens gel. Eur. II. S. 289. und in der Vorrede zu feinen Schriften, Tüb. 740. 44. 2 Th. 8.

Einer der fruchtbarften und beliebteften Liederdichter diefes Zeitpunctes, welcher fich unverkennbare Verdienfte um feine Mitwelt blofs durch feine Lieder erwarb. Diefe ftehen in feinen folgenden Werken:

a) Heilige Flammen der himmlifch gefinnten Seele, in 50 Arien, Striegau 704. 12. Zweite mit 50 Liedern verm. Ausg. Eb. 705. 12. und 3te Ausg. mit 40 Liedern verm. Eb. 706. 12.

b) Luſtiger Sabbath in der Stille zu Zion, Jauer 712. 714. 12., enthält 112 Lieder.

c) Das in gebundenen Seufzern mit Gott verbundene andächtige Herz, Bresl. Liegn. 715. 12., hat 45 neue Lieder.

d) Eines andächtigen Herzens Schmuck und Aſche, Ebend. 716. 717. 12., enthält 94 Freuden- und Trauerlieder, von welchen einige ſchon in den vorgenannten Sammlungen ſtehen.

e) Geiſtlicher Wanderſtab des Siemitiſchen Pilgrims, Schweidn. Jauer 718. 12. Für diejenigen, welche damals in Schleſien oft zwei auch drei Meilen nach einer evangeliſchen Kirche reiſen mußten. Hier ſteht nur ein einziges neues Lied.

f) Eines andächtigen Chriſten heil. Andachtsflammen, Budiſſin 717. 12, Beſteht aus Sonn- und Feſttagsliedern

g) Freudenöl in Traurigkeit, Bresl. Liegn. 720. 12. Enthält Katechismuslieder und Leichengeſänge an der Zahl 43.

h) Saitenſpiel des Herzens am Tage des Herrn, Eb. eod. 12. Beſteht aus geiſtlichen Cantaten und 12 neuen Liedern.

i) Andächtiger Herzen Beth-Altar zur allerheil. Dreifaltigkeit, Hirſchberg eod. 12 Hat nur 2 neue Lieder.

k) Schöne Kleider für einen betrübten Geiſt, Bresl. Liegn. 723. 12. Enthält nebſt einigen Cantaten 46 neue Lieder.

Auſſer dieſen haben wir von ihm: Roſen nach den Dornen oder Begräbnißlieder; *Mara und Manna*, 101 Lieder ſtark|; Bochim und Elim, aus 105 Trauer- und Troſtliedern beſtehend; Klage und Reigen, 109 Freuden- und Trauerlieder enthaltend. S. Wetzels Lebensbeſchr. III. 83—115. Seilers gemeinnütz. Betracht. vom J. 1776. S. 183.

116) Gerhard Ernſt von Franckenau; geb. 1676 zu Heidelberg; nachdem er mehrere Däniſche Geſand-

schaftsämter verwaltet, wurde er Dänischer Justitzrath und starb 1749.

Von ihm haben wir die Sprüche Salomonis in 60 Liedern, Frkf. Lpz. 733. 8. Ueber diese und seine übrigen Lieder s. Wetzels *Analecta hymn.* I. St. 3 S. 44 — 52

117) Barthold Heinr. Brockes; l. Bd. I S. 232.

Seine hieher gehörenden Gedichte stehen in seinem Irdischen Vergnügen in Gott, welches zu Hamburg in 8. in folgenden Theilen und wiederholten Ausgaben erschien:

1ter Th. 721. 724. 726. 727. 732. 732.

2ter Th. 727. 730. 734.

3ter Th. 728. 730. 736.

4ter Th. 732. 735.

5ter Th. 736. 6ter Th. 740. 7ter Th. 743. 748. 8ter Th. 746 9ter Th. 748. Ein Abdruck der Hamburgischen Original-Ausgabe erschien Tübingen 753. 10 Theile 8. Vergl Wetzels *Anal. hymn.* I. 1. 56 — 68

118) Jo. Christ. Günther; s. Bd. 1. S. 183. 184.

Ueber seine geistlichen Gedichte, welche in seinen Gedichten S. 1 — 120 (nach der 5ten Ausg. von 1751) und in der Nachlese dazu S. 1 — 58 stehen; s. Wetzels *Anal. hymn.* I. 4. S. 66 — 75.

119) Jo. Jac. Rambach; geb. 1693 zu Halle; war zuletzt seit 1731 Professor der Theologie und erster Superintendent zu Giesen und starb 1735 daselbst.

a) Geistliche Poesien, Giesser. 735. 8.

b) Poetische Festgedanken, 4te Ausg. 726. 8.

c) Das Giessener Gesangbuch von ihm herausgegeben und mit 112 eigenen Liedern vermehrt, 735. 2 Th. 8. Vergl. Wetzels Lebensbeschr. IV. 402 — 4. Heerwagens Literaturgesch. Th. 1. S. 126 — 28

120) Jo. Anastasius Freylingshausen; geb. 1670 zu Gandersheim im Wolfenbüttelschen; starb als Pastor

und Director des Waisenhauses zu Halle 1739. S. sein Leben von Aug. Herrm. Niemeyer, Halle 786. 8.

In seinem Gesangbuche, Halle 704. 714. 2 Th. 8., stehen von ihm 41 Lieder. S. Wetzels Lebensbeschr. IV. 145-48.

121) Carl Friedrich Drollinger; geb. 1688 zu Durlach; starb daselbst 1742 als Hofrath und Archivar. S. *Tempe Helvetica* T. VI. S 141. und Spreng's Gedächtnifs·de vor den Drollingerischen Gedichten, Frkf. a. M. 745. 8.

In diesen stehen zwar nur wenige hieher gehörige Lieder, welche aber ganze Bände früherer Liederdichter aufwiegen.

122) Christ. Fürcht. Gellert; s. Bd. I. S. 234.

Seine hieher gehörigen Gedichte, 54 an der Zahl, erschienen unter dem Titel:

Geistliche Oden und Lieder, Lpz. 757. 8. Dänisch von Heilmann, 775. 8.

Gellert leistete für den Deutschen Kirchengesang das wirklich, was Luther und Paul Gerhard zu ihren Zeiten für denselben zu leisten glücklich versuchten. Er gab der Cultur desselben eine Vollendung, über welche hinaus keiner seiner Nachfolger bis jetzt gegangen ist. Ein Verzeichnifs seiner veränderten und singbar gemachten Lieder, so wie sie in den mehresten neuen Gesangbüchern stehen, befindet sich in Heerwagens Literatur-Geschichte, Th. I. S. 197—99.

123) Friedr. Gottlieb Klopstock; s. Bd. I. S. 113.

Von seinen geistlichen Liedern enthält der 1ste Theil (Kopenh. 758. 8.) 35 neue und 29 veränderte alte Lieder und der 2te Th. (Ebend. 769. 8.) 32 neue Lieder.

Diejenigen seiner Lieder, welche von Andern zu einer zweckmäfsigen Simplicität herabgestimmt und dadurch fafslicher gemacht worden sind, verzeichnet Herwagen am a. O. S. 202. 203.

124) Christian Samuel Ulber; geb. 1715 zu Landshut in Schlesien; war zuletzt seit 1757 Pastor zu St. Jacob in Hamburg und starb 1776 daselbst. S. über sein Leben die Hamburgischen Nachrichten aus dem Reiche der Gelehrsamkeit, J. 1762. S. 306.

> Seine Gott bittenden und lobenden Stimmen der Andacht, Hamb. 763. 8.; 2te Aufl. Ebend. 764. 8.; enthalten 91 Lieder, unter welchen einige von vorzüglichem Werthe sind. S. Heerwagen am a. O. S. 203 — 205.

125) Jo. Jac. von Moser; geb. 1701 zu Stuttgard; wurde 1720 Professor der Rechte zu Tübingen; bekleidete in der nach einander folgenden Zeit mehrere Aemter; und starb 1785 in seiner Vaterstadt als Dänischer Etats-Rath. S. sein Leben von ihm selbst beschrieben, f. l. 768. 8.

> Seiner gesammelten Lieder 1ter Band, Stuttg. 766. 8., enthält 590 Lieder; und der 2te Bd. (Ebend. 767. 8.) 568; viele von diesen sind auch einzeln und mehrere zum fünften Mahle gedruckt, und theils in ganzen Ballen an Prediger zur Vertheilung unter Arme und Kranke verschenkt, theils zu äusserst geringen Preisen verkauft und bis nach Amerika verführt worden. S. Heerwagen am a. O. S. 205—209.

126) Jo. Andr. Cramer; f. Bd. I. S. 236. und Heerwagen am a. O. 209 — 14.

> a) Andachten in Betrachtungen, Gebet und Liedern über Gott, Schlesw. 764. 65. 2 Th. 8. Die hier befindlichen 22 Lieder erschienen auch in seinen neuen geistlichen Oden und Liedern, Lübeck 766. 775. 8.
>
> b) Sämmtliche Gedichte, Lpz. 782. 83. 3 Theile 8. Die beyden ersten Theile enthalten 270 geistliche Lieder.

128) Jo. Friedr. v. Cronegk; f. Bd. I. S. 187.

> Hieher gehört von ihm das erste Buch seiner Oden und Lieder im 2ten Bande seiner Schriften. Acht geistli-

che Lieder von ihm ſtehen in Zollikofers und Anderer Licderſammlungen. Er gehört zu den glücklichſten Nachahmern Gellerts in dieſer Dichtungsgattung.

129) Juſt Friedr. Wilh. Zachariä; ſ. Bd. I. S. 116.

Unter ſeinen lyriſchen Gedichten befinden ſich nur wenige, aber vorzügliche, geiſtliche Lieder.

130) Benjamin Friedrich Köhler; geb. 1730 zu Döheln an der Mulde; ſeit 1774 iſt er erſter Regierungs-Secretair und Archivar zu Deſſau.

Von ſeinen geiſtlichen, moraliſchen und ſcherzhaften Oden und Liedern, Lpz. 763. 8., gehört das erſte Buch hicher. Sechs von dieſen ſtehen in Zollikofers Geſangbuch. Der Verfaſſer iſt ein unmittelbarer und würdiger Schüler Gellerts. S. Heerwagen am a. O. S. 267 — 69.

131) Jo Chriſtn. Krüger; ſ. Bd. I. S. 272.

Seine hieher gehörigen Gedichte ſtehen in ſeinen poet. Schriften S. 1 — 31.

132) Nicolaus Dietrich Gieſeke; ſ. Bd. I. S. 239.

Wir haben in ſeinen poetiſchen Werken zwar nur 3 geiſtliche Lieder, aber von vorzüglichem Werthe.

133) Jo. Pet. Uz; ſ. Bd. I. S. 118; er ſtarb am 12ten Mai 1796 als Anſpachiſcher Landesgerichts - Director. S. das Intelligenzblatt der Allg. Liter. Zeit. zu Jena 1796 No. 87.

Seine vortreflichen geiſtlichen Lieder, 17 an der Zahl, ſtehen im 6ten Buche ſeiner lyriſchen Gedichte. Auch ſtehen im Anſpacher Geſangbuche 1782. 8. viele von ihm verbeſſerte Lieder älterer Dichter. S. Heerwagen am a. O. S. 273 — 75.

134) Jo. Samuel Dieterich; geb. am 15ten Dec. 1721 zu Berlin; ſeit 1748 Prediger an hieſiger Marienkirche, und ſeit 1770 zugleich Ober - Conſiſtorialrath zu Berlin; ſtarb am 14ten Januar 1797. S. ſeinen Lebenslauf, Berl. 796. 8., und Jo. Friedr. Zöllners Gedächtnifspredigt, ib. 797. 8. Dieſer verehrungswürdige Greis hat nicht nur

das erste musterhafte Beyspiel zur Verbesserung der Kirchengesang-Bücher für die neuesten Zeiten gegeben, sondern sich auch als einen vorzüglich classischen Dichter dieser Gattung ausgezeichnet.

In den von ihm herausgegebenen Liedern für den öffentlichen Gottesdienst, Berl. 765. 8., sind 42 eigene Lieder und 26 Nachahmungen älterer Kirchengesänge enthalten. S. Heerwagen am a. O. S. 289 - 95.

135) Geo. Joach. Zollikofer; geb. 1730 zu St. Gallen in der Schweiz; seit 1758 Prediger bey der reformirten Gemeinde zu Leipzig; starb 1788 daselbst. S Waiz gelehrtes Sachsen, S. 287 C. Garve über den Charakter Zollikofers, Lpz. 788. 8.

Er gab mit C. F. Weisse heraus die Sammlung geistlicher Lieder und Gesänge zum Gebrauch der Christen und insbesondere Reformirter Confessions-Verwandten, Lpz. 766. 8. In dieser Sammlung stehen von ihm 5 eigene und mehrere sehr glücklich verbesserte Lieder. S. Heerwagen am a. O. S. 298. 299.

136) Christian Friedrich Neander; geb. 1723 zu Grätzhof in Curland; seit 1775 Propst des Dobblenischen Kreises in Curland.

Seine geistlichen Lieder, Riga Lpz. 766. 772. 2 Theile 8., belaufen sich auf 41 neue und 18 alte von ihm umgeänderte. S. Heerwagen am a. O. S. 219—21.

137) Christn. Felix Weisse; s. Bd. I. S. 273. und Waiz gelehrtes Sachsen, S. 267.

Ausser seinen Liedern für Kinder, welche den 3ten Band seiner kleinen lyrischen Gedichte (Lpz. 772. 3 Th. 8.) ausmachen, gehören hieher seine eigentlichen geistlichen Lieder, welche im Zollikoferischen Gesangbuche stehen, dessen Mitherausgabe er besorgt hat. S. Heerwagen am a. O. S. 275 — 77.

138) Christoph Christian Sturm; geb. 1740 zu Augsburg; wurde zuletzt Hauptpastor an der Petri-Kir-

che zu Hamburg; starb 1786 daselbst. S. sein Leben von J. C. Feddersen, Hamb. 786. 8.

a) **Lieder für das Herz**, Frkf. Lpz. 767. 8. Diese unvollkommenen 46 Lieder sind Nürnb. 787. 8. mit einem neuen Titelbogen wieder herausgekommen.

b) **Lieder und Kirchengesänge**, Hamb. 780. 8. Nach diesen 55 neuen Liedern muſs man eigentlich das Dichtertalent des Verfassers für diese Gattung beurtheilen.

139) Ehrenfried Liebich; geb. 1713 zu Probſthayn, einem Dorfe im Liegnitzischen; war seit 1742 Prediger zu Lomnitz und Erdmannsdorf, wo er 1780 starb.

Seine **geiſtlichen Oden und Lieder**, Hirſchberg Lpz. 768. 774. 2 Th. 8., belaufen sich auf 236 und sind gröſstentheils von nicht geringem Werthe. S. am a. O. S. 229—32.

140) Jo. Friedr. Löwen; ſ. Bd. I. S. 120.

Im 2ten Theile seiner poet. Werke (Hamb 761. 2 Th. 8.) stehen seine hieher gehörigen Gedichte, welche unter dem Titel: **Geiſtliche Lieder, nebſt einigen veränderten Kirchengeſängen**, Greifsw. 770. 8., besonders erschienen. Wir haben hier von ihm 16 eigene und 8 verbesserte Lieder älterer Verfasser.

141) Ludw. Heinr. Freiherr Bachof von Echt; geb. 1725 zu Gotha: Dänischer Geh. Rath und ehemaliger Gesandter an verschiedenen Höfen; privatisirt auf seinen Gütern zu Dabitschen bey Altenburg. Er gab anonymisch heraus:

Versuch in geiſtlichen Oden und Liedern, Altenb. 771. 8. Hier lieferte er 18 Lieder dieser Gattung. Von ihm haben wir auch: **Sechs Oden Davids**, 745. 8, und **Freymaurerlieder**, 775. 8. S. Heerwagen am a. O. S. 237. 238.

142) Balthasar Münter; geb. 1735 zu Lübeck; Doctor der Theologie, und Prediger an der Deutschen Petri-Kirche zu Copenhagen.

Seine geistlichen Lieder, Lpz. 772. 774. 2 Th. 8.,
belaufen sich auf 10, und sind grossen Theils in
viele neuere Gesangbücher aufgenommen worden. S.
Heerwagen am a. O. S. 240—44.

143) Jo. Caspar Lavater; f. Bd. I S. 313.

a) Hundert christliche Lieder, Zürch 776. 8. Die erste
Hälfte dieser Lieder erschien schon 1771.

b) Zweites Hundert christlicher Lieder, Ebend. 780. 8.

c) Neue Sammlung geistlicher Lieder in Reimen, Ebend.
782 8.

d) Poesien, Lpz. 781. 82. 2 Theile, 8.

e) Sechszig Katechismuslieder, 780. 8.

Ueber die Lavaterischen Lieder, welche in die neuen
Gesangbücher aufgenommen worden sind. S. Heerwagen am a O S 252—54.

144) Dan. Schiebeler; f. Bd. I. S. 138.

Neun geistliche Lieder von ihm stehen in seinen auserlesenen Gedichten, Hamb. 773. 8. S. Heerwagen am a O S. 277. 278.

145) Jo. Eph. Kraufeneck; geb. 1738; f. Bd. I. S.
120. und Meyers biographische Nachrichten von An-
spach-Bayreuth No. 179.

Seine geistlichen Lieder stehen in der 2ten Sammlung
seiner Gedichte, welche Bayreuth 776. 783. 2 Th.
8. erschienen.

146) Gottfried Benedikt Funk; geb. 1734 zu Hartenstein im Schönburgischen; Rector der Domschule und
Consistorial-Rath zu Magdeburg.

Zwölf geistliche Lieder von ihm stehen in Zollikofers
Sammlung, und einige in derjenigen, welche Jo.
Heinr. Rolle 1775 mit Noten herausgab. S. Heer-
wagen am a. O. S. 301. 302.

147) Jo. Joa. Eschenburg; f. Bd. I. S. 304., ist seit
kurzem auch Canonicus.

Seine geiſtlichen Lieder in der Zollikoferiſchen Sammlung, im Braunſchweigiſchen Geſangbuche und in Martinis Mannigfaltigkeiten (Berl. 773. ff.) verzeichnet Heerwagen am a. O. S. 300. 301. So klein ihre Zahl iſt, ſo groſs iſt ihr Werth.

148) Jac. Friedrich Fedderſen; geb. 1736 zu Schleſswig; ſtarb als Conſiſtorial-Rath und Hauptpaſtor zu Altona 1788.

Seine geiſtlichen Lieder ſtehen in ſeinen

a) **Andachten im Leiden und auf dem Sterbebette**, Magdeb. 772. 8.

b) Unterhaltungen mit Gott bey beſondern Fällen und Zeiten, Halle 774. 8.

149) Jo. Aug. Hermes; geb. 1736 zu Magdeburg; ſeit 1780 Ober-Prediger und Conſiſtorial-Rath zu Quedlinburg. S. ſein Leben von ihm ſelbſt beſchrieben in Beyers Magazin für Prediger, Bd. IV. St. 5. S. 562—75.

Seine drey Lieder, religiöſen Inhalts, ſtehen in ſeinem **Handbuche der Religion**, Berl. 779. 8.; 2te Ausg Ebend. 780. 8; 3te Ausg. Eb. 787. 8.; 4te Eb. 793. 8. Nachdruck Reutlingen 786. 8.

150) Wilh. Abrah. Teller; geb. 1734 zu Leipzig; ſeit 1767 Ober-Conſiſtorialrath und Propſt an der Petri-Kirche zu Berlin.

In dem **Geſangbuche zum gottesdienſtlichen Gebrauche in den Königl. Preuſs. Landen**, Berl. 780. 8., ſtehen von dieſem gründlichen und geſchmackvollen Gelehrten drey eigene Lieder, welche den beſten Producten dieſer Gattung zugezählt zu werden verdienen, und einige alte von ihm ſehr glücklich verbeſſerte Kirchengeſänge.

151) Ludw. Aug. Unzer; ſ. Bd. I, S. 220.

Von ihm haben wir: Zehn geiſtliche Geſänge, Lpz. 773. 8.

152) Klamor Eberh. Carl Schmidt; ſ. Bd. I, S. 245.

II. Th. Scientifischer Grundriſs

Seine Gesänge für Chriſten 773. 8. sind weniger der öffentlichen als der Privat-Andacht angemessen.

152) Jacob Friedrich Schmidt; geb. 1730 zu Blaſienzelle; ſtarb 1796 als Diakonus zu Gotha.

Sammlung einiger Kirchenlieder, Gotha 779. 8.

154) Chriſtn. Friedr. Dan. Schubart; ſ. Bd. I, S. 199. 200.

In seinen sämmtlichen Gedichten, Stuttg. 785. 86. 2 Th. 8. ſtehen mehrere hieher gehörige Lieder.

Anhang.

1) So wie theoretische und praktische Aufklärung in der Religion sich von Deutschland aus zuerst über die andern neuern Nationen verbreitete; eben so cultivirten Deutſche das religiöse und moralische Lied zuerſt und mit dem ausgezeichneteſten Erfolge bis auf die neueſten Zeiten. Vorzüglich iſt das so genannte geiſtliche Lied von den Deutſchen mit einem ſolchen Eifer bearbeitet worden, daſs der oben No. 116. genannte Franckenau schon um das erſte Viertheil dieſes Jahrhunderts eine Sammlung von 33712 Kirchen-Liedern in 300 Bänden veranſtalten konnte, welche ſich jetzt handſchriftlich auf der Univerſitäts-Bibliothek zu Copenhagen befindet. S. Malabariſche Nachrichten 4te Fortſetzung, S 642. Und Wetzel, der gröſseſte Liederkenner ſeiner Zeit, muſste schon im Jahr 1718 (ſ. deſſen Vorrede zum erſten Theile ſeiner Lebensbeſchr.) geſtehen, daſs die bloſse Regiſtrirung aller damals vorhandenen geiſtlichen Lieder kaum in einen ſtarken Folianten gezwungen werden könne. Etwas ſpäter, um das Jahr 1751, beſaſs der berühmte Jo. Jac. v. Moſer 250 Gesangbücher in verſchiedenen Sprachen und für verſchiedene Religionsverwandte, und ein geſchriebenes Regiſter über faſt 50,000 gedruckte Deutſche geiſtliche Lieder. S. Wetzels *Analecta hymn.* II, 346. 47. Wie sehr und mit wie guten Liedern iſt aber nicht dieser faſt üppige Lieder-Vorrath von Gellert bis auf die neueſten Zeiten vermehrt und da-

durch zu einem eigentlichen Lieder-Schatze erhoben worden!

2) Noch gröſser wird dieſer Reichthum, wenn man, wie ich gethan habe, das moraliſche Lied, welches zunächſt nicht für die öffentliche Gottesverehrung gearbeitet wurde und dieſer auch oft nicht angemeſſen iſt, in dieſe Untergattung des Liedes mit hinein zieht. Daher konnten in dieſem Werke nicht alle mir bekannten Dichter dieſer Gattung, und noch weniger alle anonymiſchen Producte in derſelben, aufgeführet werden. Von denjenigen Dichtern, welche Luthern vorangingen, habe ich ſchon deswegen alle, welche mir bekannt geworden ſind, ohne Unterſchied ihres Werthes aufgeführt, weil alle Literatoren dieſes Faches ſie gröſſten Theils ausgelaſſen und gleich mit der Reformation ihre Nachrichten angefangen haben. Es werden mir daher Zuſätze in Anſehung dieſer vorlutheriſchen Dichter ganz vorzüglich willkommen ſeyn. Unter den Dichtern dagegen, welche in dieſer Gattung auf Luthern gefolgt ſind, habe ich eine ſtrenge Auswahl zu beobachten geſucht, und manchen liederreichen Mann abſichtlich ausgelaſſen, um Raum für die beſſern Dichter zu gewinnen, welche wenige Lieder, und oft nur ein einziges, aber von vorzüglichen Werthe, geliefert haben. Zur nähern Kenntniſs dieſer übergangenen Dichter empfehle ich unter den vielen Hülfsbüchern, welche man über die Geſchichte des Deutſchen Kirchen-Liedes hat, vorzüglich folgende:

Jo. Cph. Olearii evangeliſcher Lieder-Schatz, Jen. 705 — 707. 4 Th. 8.

Jo. Caſp. Wetzels Lebensbeſchreibung der berühmteſten Lieder-Dichter, Herrnſtadt 718 — 728. 4 Th. 8. Deſſen *Analecta hymnica*, oder Nachleſen zur Lieder-Hiſtorie, Gotha 751 — 756. 2 Bde. 8.

Jo. Barthold Riederer's Abhandl. von Einführung des Deutſchen Geſanges in der Lutheriſchen Kirche, Nürnb. 759. 8. Zuſätze dazu ſ. in deſſen Nachrichten zur Kirchen-, Gelehrten- und Bücher-Geſchichte, Bd. I, St. 4. S. 450 bis 470.

Jo. Heinr. Grifchow's Nachricht von ältern und neuern Lieder-Verfaffern, verbeffert und vermehrt von Jo. Geo. Kirchner, Halle, 771. 8. Eine kleine, aber vorzüglich empfehlungswürdige Schrift.

Friedr. Ferd. Traugott Heerwagen's Literatur-Gefchichte der evangelifchen Kirchen-Lieder aus der alten, mittleren und neuern Zeit, 1ster Th. Neuftadt an der Aifch 792. 8.

Der Verfaffer diefes fchätzbaren Werkes hat die Gefchichte des Kirchen-Liedes nach folgenden Perioden abgehandelt:

1) Von Luther bis Paul Gerhard, 1524—1650.

2) Von Paul Gerhard bis Gellert, 1650—1754.

3) Von Gellert bis auf die neueften Zeiten.

Die übrigen, weniger wichtigen, Lieder-Hiftoriker und diejenigen Lieder-Gloffatoren, welche zugleich auf die Gefchichte Rückficht nehmen, f. in Wetzels *Anal. hymn.* I, St. 1. S. 69—89. St. 2. S. 59—88. St. 3. S. 55—77. St. 4. S. 77—87. St. 5. S. 85—108. St. 6. S. 88—94. Bd. II, S. 82—119. S. 202—224. S. 378—417. S. 621—670. S. 763—765; ferner in Kirchners Vorr. zu Grifchow's Nachr. §. 7. Anmerk. und in Heerwagens Literaturgefchichte Th. I. hinter der Vorrede.

3) Folgende hieher gehörigen Dichter find mir blofs aus den Titeln ihrer, von mir bis jetzt ungefehenen, Werke bekannt geworden, und ftehen auch nicht im Olearius, Wetzel, Grifchow und Heerwagen. Um fo mehr wünfche ich belehrt zu werden, ob nicht der eine oder der andere von ihnen es verdient hätte, den beffern Dichtern diefer Gattung zugezählt zu werden.

a) *Adami Gumpeltzheimeri Trofpergenfis* neuwe teutfche Geiftliche Lieder, Augsb. 591. 4. *rep.* München *eod.* 4.

b) Jos. Friedr. Fritze *Brandenburg.* new geiftliche *Tricinia*, Nürnb. 595. 4.

der Deutschen Literat. u. Sprachgesch. 47

c) *Jo. Leyfentricii sen.* geistliche Lieder und Psalmen, Budissin 585. 8.

d) *Jo. Pulcheri Schwandorfensis* geistliche und weltliche Lieder von berühmten dieser Kunst mit 4 Stimmen gesetzt, München 575. 4.

e) Leonhard Schrötter's *Torgensis* neuwe Weyhnachteliedlein, Helmstädt, 587.

f) *Nicol. Zangii* teutsche geistliche und weltliche Lieder, Cölln, 597. 4.

g) Geistliche Kurtzweil, J. V. A. (Jo. Val. Andreä) Strasb. 619. 12. S. *Neumeisteri diss. de poetis Germ.* p. 7.

h) P. Fried. Spee Trutz Nachtigall, oder geistlich poetisch Lustwäldlein, Cölln 649. 12.

i) Des Fräuleins Catharina Regina von Greiffenberg, geb. Freyherrinn von Seyssenegg, geistliche Sonnette, Lieder und Gedichte, Nürnb. 662. 12. S. Neumeister am a. O. S. 41.

4) Folgende Sammlungen kenne ich zwar aus eigner Ansicht, bin aber noch nicht im Stande über die literarische Geschichte derselben mehr beyzubringen, und wünsche daher von dieser Seite vorzüglich eine gründliche und befriedigende Belehrung:

a) Hundert Christentliche Haußgesenge, welche im andern Kirchengesang nit begriffen sindt, f. a. 8. Am Ende: Gedruckt zu Nürnberg durch Jo. Koler. Das Ganze enthält 200 Lieder in zweyen besondern Theilen, und gehört ganz gewiß in das sechszehnte Jahrhundert. Diese Lieder gehören zu den bessern ihres Zeitalters; sehr viele sind nach den Melodien weltlicher Lieder gedichtet; deren erste Zeile dann jedes Mahl als Auffchrift über die Kirchen-Gesänge gesetzt worden ist. Oft haben die Verfasser auch den Text der weltlichen Lieder parodirt. In der Vorrede zum ersten Hundert erklärt sich der ungenannte Herausgeber hierüber also: diefer gefenge vil find in weltlichen Melodeyen gedichtet, damit das Junge Volk von derselben schamparen vnd vnzüchtigen Bulen liedern abgehalten vnd anſtatt deſſelben böſen Text feine chriſtliche vnd zur Beſſerung dienſtliche Lieder in denſelben lieblichen Melodeyen ſingen mögen." In der Vorrede zum zweyten Theile wird das dritte und vierte Hundert ſolcher Lieder verſprochen. Ob und wann dieſes Verſprechen erfüllt worden ſey, weiſs ich bis jetzt nicht. Bey einigen Liedern ſind die Verfaſſer angegeben worden; z. B. Th. I, No. 7. Wolf Gernolt; 15. Michael Perckringer anno 1554. 16. Lorenz Weſſel; 45. Ger. Model; 48. Caspar Kantz von Nörlingen; 58. Martin Waldner; 88. Hulderich Brettel; Th. 2. No. 80. 81. u. 82. werden drey gefangene Prieſter als Verfaſſer genannt: Jo. Mütler; Wolf Ertl; Chriſtoph Schörneder; Eb. 85. Chriſtoph Habenſtreit; 97. M. Jo. Kym.

b) XLV. zu Tugendt vnd Gottesfurcht erbawliche Lieder. Frankf. a. d. O. bey Mich. Kochen, 631. 123 Seiten, 8. Die Vorrede vertreten einige Bibelſtellen, auf dieſe folgt ein *Nota bene*, welches die Druckfehler angibt und *B. U.* unterzeichnet iſt, und dann beginnt der Dichter:

Still, die ihr geyl Gedicht vnd liebesklagen macht,
Vnd manch Jungfräwlich Hertz vmb Reinigkeit gebracht;
Ewr tichten geht nur drauff, daſs ſinnen Lüſt beſtehen;
Was von ſich ſelber wächst, das darff man gar nicht
     ſeen (ſäen) &c.

Das Ganze beſtelit aus 45 Geſängen mit folgenden Ueberſchriften: 1) Vnnütze vnnd ſchädliche Arbeit. 2) Richtſchnur der Begierden. 3) Gnugſamkeit der Gottſeeligkeit. 4) Lob der Tugendt. 5) Anmahnung zur Tugendt. 6) Aufmerckung in Anfechtung. 7) Mittel zu Heyl vnd Tugendt. 8 — 12) Irrthumbs Ende. 13 — 15) Chriſtliches Fechten. 16) Bekräftigung im Vornehmen. 17 u. 18) Angſtlied. 19) Troſtlied, Wohlthun und Frölich ſeyn. 20) Der Vntugendhaftigkeit Elendt. 21) Vngleicher Stand der Frommen vnd Gottloſen. 22) Chriſtliche Klagen. 23 u. 24) Der Gottloſen Nichtigkeit. 25) Der Welt Eitelkeit. 26) Zeitlicher

licher Lohn auf gute und böse Werke. 27) Vom
lezten Vrtheil. 28) Klagen über die eitele Wiſ-
ſen- und Ehrſucht. 29 - 32) Zuflucht der Ge-
rechtfertigten. 33) Göttliche Obacht. 34) Schädlichkeit falſcher Zungen. 35 u. 36) Irrdiſche Frewde
nach Pſ. 102 und 127. 37) Chriſtliche Frewde.
38) Todt ohne Todt. 39) Frewd vnd Ruh beym
Abſterben der Gerechten 40) Nichts Newes unter
der Sonne. 41) Vmbkehrung der Bewegungen des
Herzens. 42) Chriſtliches zu fried Begeben vor
eine vornehme Jungfraw in ihrem langwierigen Sie-
chen. 43) Zierath der Frawen. 44) Luſt entbun-
den zu ſeyn. 45) Vom Fall des Antichriſts. —
Wenn gleich der Sprache dieſes Dichters Geſchmei-
digkeit, und ſeiner Verſification Harmonie und Richtigkeit mangelt; ſo iſt doch der Reichthum richtiger und erhabener Gedanken überall unverkennbar,
und das Ganze eine bemerkenswürdige Erſcheinung
am Dichter-Horizonte jenes Zeitalters. Den Namen des Verfaſſers vermag ich jetzt eben ſo wenig
anzugeben, als zu beſtimmen, ob ſein Werk Original oder Ueberſetzung ſey.

Beyde Werke ſind auf der hieſigen Königl. Bibliothek
befindlich.

5) Zerſtreut befinden ſich viele gute religiöſe und moraliſche Lieder in den periodiſchen Schriften der Deutſchen
für Moral und ſchöne Wiſſenſchaften. Eine ſchätzbare
Ueberſicht derſelben von 1700 — 1790 f. in dem Leipziger
Sachregiſter über die wichtigſten Deutſchen Zeit- und
Wochenſchriften, Lpz. 790. 8. Auch in den Sammlungen, welche für die lyriſche Dichtung der Deutſchen
überhaupt, Bd. I, S. 141 — 44. und im Anhange des
nächſtfolgenden Abſchnittes angegeben worden ſind.
Beſondere, für die gegenwärtige Untergattung des Liedes ausſchließend beſtimmte Sammlungen ſind die ſo genannten Geſangbücher, von welchen Wetzel in
Anal. hymn. am a. O. die ältern, und Heerwagen S.
287 — 330 die vorzüglichſten neuern angibt. Außerdem gehören zu dieſen beſonderen Sammlungen noch
folgende:

Erſte, zweyte, dritte, vierte und fünfte Sammlung der beſten geiſtlichen Lieder neuerer Dichter, von Sam. Friedr. Schulze, Brandenb. 777—783. 8.

Jo. Geo. Schelhorns Sammlung geiſtlicher Lieder aus den Schriften der beſten Deutſchen Dichter, 2te Aufl. Memmingen 780. 8.

H. H. Fueſsli heiliger Geſang der Deutſchen, erſter und zweyter Theil, Zürch 782. 8. Iſt auch der erſte Theil ſeiner allgemeinen Blumenleſe der Deutſchen. Ebend. eod. 5 Th. 8.

b) Scherzhaftes Lied.

(Weltliches; oder beſſer: Lied der irdiſchen Freude.)

1) **Heinrich von Veldeck**; ſ. Bd. I, S. 76. der älteſte mir bekannte Deutſche Lieder-Dichter dieſer Gattung, denn das Lied vom h. Georg aus dem roten Jahrh. und der Fränkiſche Siegeshymnus auf Ludwig, ſ. Bd. I, S. 29. 30. gehören mit dem Lobgeſange auf den h. Anno Bd. I, S. 32. 33. mehr zur epiſchen, als lyriſchen Dichtungsgattung.

Die Maneſſiſche Samml. I, S 18 – 22 hat von dieſem Dichter 61 Strophen, welche wieder in 28 Abſchnitte von beſonderm Zuſammenhange und Inhalte abgetheilt werden können. Unter dieſen befinden ſich 13 vollendete Liebes-Lieder und 12 Fragmente verloren gegangener oder unvollendet gebliebener Lieder ähnlichen Inhaltes.

2) **Hartmann von Aue (Owe)**; ſ. Bd. I, 97.

Unter den 60 Strophen, welche die Maneſſ. Samml. I, 178 – 83 von ihm hat, befinden ſich mehrere Liebes-Lieder von ſehr ungleichem Werthe.

3) **Wolfram von Eſchenbach**; ſ. Bd. I, S. 97.

Die Maneſſ. Samml. I, 147 – 49 hat 26 Strophen von ihm, unter dieſen befinden ſich 5 Liebes-Lieder in einer oft blühenden und edeln Sprache.

4) **Heinrich von Riſpach** heiſſt in der Maneſſiſchen Sammlung am a. O. der tugendhafte Schreiber und Jo Rothe in ſeiner Thüringiſchen Chronik (*Menckenii ſcriptor. Rer. Germ.* T. II, p. 1697) nennt ihn eynen gudin ritter. Er lebte am Hofe des Landgra-

fen von Thüringen und war Theilnehmer am Kriege zu Wartburg (f. Bd. I, S. 261). Vergl. Adelungs Magazin für die Deutfche Sprache Bd. II, St. 3. S. 15. 16. Wiedeburgs Nachrichten S. 62. 63.

Unter den 47 Strophen, welche die Maneff. Samml. II, S. 101 — 105 von ihm hat, befinden fich 10 Liebes-Lieder.

5) **Walther von der Vogelweide**; f. oben die vorhergehende lyrifche Gattung No. 3. war einer der fruchtbarften und vorzüglichften Sänger der Liebe im dreyzehnten Jahrhunderte. Er konnte von fich felbft fagen;

Wol vierzec iar hab ich gefungen
und me
Von minnen und als jeman fol.

S. Maneff. Samml. I, 122. Columne 2. Str. 3. v. O.

Diefe Sammlung hat Th. I, 101 — 142 aufser dem oben erwähnten langen Gebete an Gott 451 Strophen von ihm, unter welchen fich 56 vorzügliche Lieder diefer Gattung befinden, deren Inhalt des Dichters eigene Liebe, das Lob des weiblichen Gefchlechts und die Schönheiten der Natur find. Der Weingärtner Codex der Minnefinger hat aufser dem Bd. I, S. 145. erwähnten und in der Myllerfchen Samml. Bd. II, Liefer. 3. S. 60 abgedruckten Gedichte noch 4 Strophen, welche die Maneffifche Sammlung nicht befitzt, und die, fo viel ich weifs, zum erften Mahle abgedruckt worden find in der Myllerfchen Samml. Bd. III, S. XLVI. XLVII.

6) **Reinmar der Alte**; wahrfcheinlich der Vater des im vorhergehenden Abfchnitte No. 8. erwähnten Reinmar von Zweter. Er wohnte einem Kreuzzuge bey, (f. Maneff. Samml. I, S. 72. Columne 1. Str. 4.) wahrfcheinlich demjenigen, welchen der Herzog von Oeftreich Leopold VI. unternahm. Als diefer Fürft 1231 ftarb, lebte unfer Dichter noch. (f. Maneff. Samml. am a. O. S. 68. Col. 1. Str. 2.) Seinen Dichtercharakter fchildert Walther von der Vogelweide, welcher in der Maneff. Samml. I, S. 105. Col. 1. Str. 3. feinen Tod

beklagt. S. Wiedeburgs Nachr. S. 63. 64. Die eben genannte Sammlung I, 61 — 83 hat 262 Strophen von ihm, unter welchen 44 Liebes-Lieder vorzüglich hieher gehören.

7) **Nithart**; von seinen Lebensumständen weiß ich nichts weiter, als daß der spätere **Marner** (Maneff Samml. II, 179 Col. 1. Str. 3.) ihn mit Walther von der Vogelweide, Heinr. von Veldeck und den beyden Reinmaren in die Claffe der berühmteften Minnefinger fetzt, und daß Robyn um die Mitte des 13ten Jahrhunderts feinen Tod beklagt. S. Myllerfche Samml. II, Liefer. 5. S. 5. Die Maneff. Samml. II, 71 — 86 hat 209, durch zwey Lücken unterbrochene, Strophen von ihm, unter welchen sich 20 Lieder der Liebe und Natur von fehr ungleichem Werthe befinden.

8) **Friedrich von Hufen**; nach feinen Lebensumftänden mir völlig unbekannt. Die Maneff. Samml. I, 91 — 96 hat von ihm 54 Strophen, von welchen 11 Minnelieder hieher gehören. Der Weingartner Codex enthält noch 53 Zeilen deffelben Inhalts von ihm, welche in jener Sammlung nicht ftehen, und zuerft abgedruckt worden find im 3ten Bande der Myllerfchen Samml. S. XLVII.

9) **Der Markgraf von Hohenburg**; von ihm haben wir 5 Lieder der Liebe, welche in 13 Strophen in der Maneff. Samml. I, 17. 18. ftehen.

10) **Der von Johannsdorf**; von ihm weiß ich nichts weiter, als daß er einem Kreuzzuge beygewohnt, wie er felbft im Anfange und Verfolge feiner Gedichte fagt. Die Maneff. Samml. I, 173 — 76. hat von ihm 39 Strophen, in welchen 11 hieher gehörige Lieder herzlicher und edler Liebe enthalten find.

11) **Graf Conrad von Kirchberg**; (Kilchberg.) Seine 7 Liebes-Lieder ftehen in 22 Strophen in der Maneff. Samml. I, 12 — 14.

12) **König Conrad der Junge**; wahrfcheinlich der allbekannte Conradin von Schwaben, welcher 1268 hingerichtet wurde. Am Ende feiner beyden Liebes-Lieder,

welche in der Maneff. Samml I, S. 1. u. 2. ſtehen, nennt
er ſich ſelbſt der iare ein kint.

13) Herr Otto von Turne; ſollte er nach Herrn Adelungs Muthmaſſung (Magaz. II, 3. S. 3:.) mit dem
Turner, welchen der im letzten Viertheile des 13ten
Jahrhunderts lebende Winli in der Maneff Samml. II,
24, als einen Zeitgenoſſen anredet, eine Perſon ſeyn;
ſo müſste er ſeine Stelle weiter unten erhalten. Wahr-
ſcheinlicher iſt es, daſs der von Turne, welchen der
von Gliers in der Maneff. Samml. I, 43 Col. 2. Str. 2,
mit andern Dichtern characteriſirt, der unſrige ſey.

> Die genannte Sammlung I, 190 — 92 hat 26 Strophen
> von ihm, von welchen ich 6 Liebes-Liedes hieher
> ziehe.

14) König Wenzel von Böhmen; geb. 1206; Sohn
des K. Primislaus und Vater des berühmten Ottokar;
ſchon 1208 wurde er mit Kaiſer Philipps Tochter, Kune-
gunde, verlobt, welche er 1226 heurathete; ſtarb 1253
auf ſeinem Luſtſchloſſe Beraun.

> Daſs dieſer Wenzel der Dichter ſey, von welchem die
> Maneff. Samml. I, 2 u. 3. drey treffliche Liebes-Lie-
> der in 11 Strophen enthält, beweiſet ein Ungenann-
> ter aus Wien in Gottſcheds Bücherſaale Bd. X, S. 255
> bis 267.

15) von Buchhein; unter ſeinen 10 Strophen in der
Maneff. Samml. II, 70 u. 71 befinden ſich 3 hieher gehörige Lieder.

16) Kaiſer Heinrich, Friedrichs II. Sohn; wurde 1222
unter dem Namen Heinrichs VII. gekrönt, heurathete
1225 die Oeſterreichiſche Prinzeſſinn Margaretha; ſtarb
1242.

> Seine 2 Liebes-Lieder ſtehen in 8 Strophen in der Ma-
> neff. Samml. I, 1. Ob das in Möſers patriot. Phan-
> taſien III, 243 befindliche Liebes-Lied, welches
> *Henricus* überſchrieben iſt, dem unſrigen angehöre,
> verdient nähere Unterſuchung.

17) Herr Gottfried von Nifen; von ihm hat die
Maneſſiſche Sammlung I, 22 u. 23 in 23 Strophen 13

größten Theils unvollendete oder verstümmelte Liebes-Lieder.

18) Herr Hesso von Rinach; drey kleine hieher gehörige Lieder von ihm enthält die Manessl. Samml. I, 90. in 7 Strophen.

19) Der Taler; unter den 17 Strophen, welche die Manessische Sammlung II, 99 — 101. von ihm besitzt, sind 4 hieher gehörige Lieder befindlich.

20) Herzog von Anhalt; muthmaßlich Heinrich der Fette, welcher 1218 aus einem Grafen von Askanien der erste Fürst von Anhalt ward, und 1267 starb.

Seine zwey vorzüglich schönen Liebes-Lieder stehen in 5 Strophen in der Manessischen Sammlung I. 6. 7.

21) Herr Burkard von Hohenfels; die Manessl. Samml. I. 83 — 90 besitzt von diesem mir völlig unbekannten Dichter 81 Strophen, unter welchen sich 17 vorzügliche Liebes-Lieder befinden.

22) Graf Otto von Bottelaube; sein eigentlicher Name war Graf Otto der IV von Henneberg, welcher sich nach seinem Schlosse Bodenlaube zu nennen pflegte. Er stiftete 1244 das Nonnenkloster Frauenrode und starb 1254 als Provisor desselben. Die Manessl. Samml. I. 15 — 17 enthält 12 hieher gehörende Lieder von ihm in 23 Strophen.

23) Herr Dietmar von Ast; unter seinen 41 Strophen in der Manessischen Samml. I. 39 — 42. befinden sich 19 Liebes-Lieder.

24) Herr Hiltbolt von Schwanegoi; die Manessl. Samml. I. 143 — 46. hat von diesem mir völlig unbekannten Dichter 49 Strophen, unter welchen 12 Liebes-Lieder hieher gehören.

25) Herr Pfeffel; lebte, wie er selbst andeutet, zur Zeit Herzogs Friedrich von Oesterreich. Seine 3 Strophen in der Manessischen Samml. II. 99. enthalten auch einige verliebte Zeilen.

26) Herr Werner von Tüfen; feine 5 Minnelieder enthält die Maneff. Samml. I. 44. 45. in 18 Strophen.

27) Der von Wildonia; wahrscheinlich der Bd. I. S. 125. c, aus dem Rudolph von Montfort angeführte von *Wolden der Wiſſe.* Die Maneff. Samml. I. 193 — 99 hat in 9 Strophen 3 Liebes-Lieder von ihm.

28) Endelhart von Adelburg; feine hieher gehörigen 4 Strophen ftehen in der Maneff. Samml. I. 177.

29) Herr Walther von Metze; f. Bd I. S. 223. Unter feinen 31 Strophen in der Maneff. Samml. I. 163 — 66. befinden ſich 8 Minnelieder.

30) Ulrich der Truchſeſs von Singenberg; er war Truchſeſs des Kloſters St. Gallen um 1245, und ein Schüler des Walthers von der Vogelweide; f. Man. Samml. I. 154. Col. 1. Str. 3.

Unter feinen 105 Strophen in der genannten Sammlung I. 149 — 58. gehören 24 Liebes-Lieder hieher.

31) Herr Hugo von Werbenwag; lebte in Schwaben, wie er felbſt ſagt, zur Zeit Kaiſers Conrad IV. In der Maneſſiſchen Samml. II. 49. 50. ſtehen in 16 Strophen feine 5 Minnelieder.

32) Herzog Johans von Brabant; der jüngere Sohn Heinrichs III. und Bruder Heinrichs IV. Die Maneff. Samml. I. 7. 8. hat von ihm 23 Strophen, in welchen 9 hieher gehörige, vorzüglich ſchöne, Lieder enthalten ſind. Einige von dieſen ſtehen in die neuere Deutſche Sprache überſetzt in der Bragur Bd. I. S. 251—61.

33) Herr Walther von Klingen; er ſtiftete 1251 nebſt feinem Bruder Ulrich das Johanniterhaus zu Klingenau. Seine 32 Strophen in der Maneff. Samml. I. 30 — 32. enthalten 10 hieher gehörige Lieder.

34) Herr Reinmann von Brennenberg; nicht weiter bekannt, als daſs ſich in der Maneff. Samml. I, 184 — 86. von ihm 24 hieher gehörige Strophen befinden.

35) Herr Goesli von Ebenheim; seine 6 Strophen, in welchen er die Freuden seiner Liebe singt, stehen in der Maneff. Samml. I, 192.

36) Herr Rubin; (Robyn) er giebt sich selbst als einen Zeitgenossen des im vorigen Abschnitte N. 4. angeführten Bruder Werner an; s. Myllersche Samml. II, Liefer. 5, S. 5. Ein Rubin von Rüdeger kommt in der Maneff. Samml. II, 208. vor.

Unter seinen 68 Strophen, welche die Maneff. Samml. I, 166—72. enthält, befinden sich 16 Liebes-Lieder. Ausser diesen hat der Weingartener Codex noch 10 minnigliche Zeilen von ihm, welche zum ersten Mahle gedruckt worden sind im 3ten Bande der Myllerischen Sammlung S. XLVII.

37) Herr Jacob von Wart; wahrscheinlich der Vater oder Grosvater des Rudolph von Wart, welcher 1308 den König Albrecht ermorden half. Seine 6 Liebes-Lieder stehen in 26 Strophen in der Maneff. Samml. I, 25—28.

38) Der Diurner; vielleicht der Turner, dessen Winli Maneff. Samml. II, 24. gedenkt. S. zurück N. 13. im gegenwärtigen Abschnitte. Unter dem Namen: der Diuring, kommt ein Dichter dieses Jahrhunderts in der Maneff. Samml. II, 19. vor. Des Unsrigen 5 hieher gehörende Strophen stehen in der Maneff. Samml. II, 209.

39) Markgraf Heinrich von Meissen; eben der, welcher in der Geschichte unter dem Namen *Henricus illustris* erscheint, und von Walther von der Vogelweide seinem Zeitgenossen, *der stolze* (d. i. der Prachtliebende) *Missener* genannt wird. S. Maneff. Samml. I, 111. Col. 1. Str. 6. Ueber seine Lebensumstände s. *Jo. Gottl. Hornii Henricus illustris accurate descriptus*, Frcf. Lipf. 725. 4, und Chr. Sig. Liebens Nachlese zu Heinrich's des Erleuchteten Lebensbeschreibung, Altenb. 731. 4.

Von ihm haben wir 5 Liebes-Lieder von nicht geringem Werthe, welche in 16 Strophen in der Maneff. Samml. I, 5. 6. stehen.

40) Meister Gottfr. v. Strasburg; s. den kurz vorhergehenden Abschnitt N. 7. Von den 28 Strophen, welche die Maness. Samml. II, 183—85. von ihm enthält, gehören nur die 6 erften hieher.

41) Herr Ulrich von Gutenburg, der weiter unten vorkommende von Gliers gedenkt seiner als eines Verstorbenen und setzt ihn den erften Dichtern seiner Zeit an die Seite; s. Maness. Samml. I, 43. Col. 2. Str. 2. In der genannten Sammlung I, 43. ftehen von ihm 53 minnigliche Zeilen.

42) Der von Kürenberg (Kiurenberg); die Maness. Samml. I, 38. 39. hat von diesem mir völlig unbekannten Dichter 15 Strophen, welche sämmtlich zu dieser Gattung gehören.

43) Ulrich von Lichtenstein; stammte von der Steyermärkischen freyherrlichen Familie dieses Namens; s. die oben Bd. I, S. 48. 49. angeführte Oestereichische Chronik des Ottokar von Horneck, welcher am Ende des 13ten Jahrhunderts in Dienften des Grafen Otto von Lichtenstein ftand. Wenn unser Dichter der Held des Bd. I, S. 105: e, erwähnten Heldengedichts ist; so kann man in diesem mehr Auskunft über seine näheren Lebensumstände finden.

> Die Manessische Samml. II, 24—45 besitzt von ihm 321 Strophen, unter welchen sich 55 ganz vorzügliche Liebes-Lieder befinden. Einige von diesen sind übersetzt und nachgebildet worden in der Iris IV, 24—45. und in der Bragur I, 244—50. II, 175. 176.

44) Der Burggraf von Liunz; sein eigentlicher Name ist mir völlig unbekannt; Liunz, auch Lienz und Luenz genannt, liegt in Tyrol und kam von den dortigen Burggrafen an die Grafen von Görz. Die Maness. Samml. I, 90. 91. hat von ihm 9 Strophen, unter welchen sich 2 hieher gehörige Lieder befinden. Eins von denselben steht übersetzt in der Bragur II, 181—83.

45) Herr Heinrich von Morunge; die Maness. Samml. I, 49—57. enthält 105 Strophen von ihm, unter welchen sich 29 Liebes-Lieder befinden.

46) Ueber die Niederſächſiſchen Liebes-Lieder des 13ten Jahrhunderts, welche Möſer entdeckte und durch zwey Proben bekannt machte, ſ. Bd. I, S. 42. und Allgem. Deutſche Bibliothek, Th. 37, S. 371. 72.

47) Albrecht Marſchall von Rapprechtsweil; ſeine 9 hieher gehörigen Strophen ſtehen in der Maneſſ. Samml. I, 189.

48) Der von Sachſendorf; unter den 21 Strophen, welche die Maneſſ. Samml. I, 158—60. von ihm hat, beſinden ſich 6 Liebes-Lieder.

49) Herr Reinmar von Zweter; ſ. im vorhergehenden Abſchnitte N. 8. Die Maneſſ. Samml. II, 122—55. enthält von ihm, auſſer dem Fragmente eines längeren religiöſen Gedichtes, überhaupt 218 Strophen, unter welchen ſich nur 6 hieher gehörige Lieder befinden.

50) Herr Bernge von Horhein; von ihm haben wir 17 verliebte Strophen in der Maneſſ. Samml. I, 172. 173.

51) Graf Kraft von Toggenburg; ein Sohn des Gr. Diethelm; die Schweizeriſchen Geſchichtſchreiber erzählen viel von ſeinen Händeln mit dem Stifte St. Gallen. Er ſtarb 1270. Sieben Liebes-Lieder ſtehen von ihm in der Maneſſiſchen Sammlung I, 10—12.

52) Herr Rudolph von Rotenburg; der von Gliers gedenkt ſeiner als eines Verſtorbenen, und zählt ihn zu den vorzüglichſten Dichtern ſeines Zeitalters; ſ. Maneſſ. Samml. I, 43. Col. 2. Str. 1. Dieſe Sammlung enthält von ihm I, 32—35. in 41 Strophen 10 Liebes-Lieder.

53) Herr Heinrich von Sax; er ſtammte aus dem berühmten Hauſe Hohen-Sax in Rhätien und lebte um 1254. Wir haben von ihm 4 Liebes-Lieder, welche in der Maneſſ. Samml. I, 35—37 in 20 Strophen ſtehen.

54) Herr Heinrich von Strettlingen; aus dem Argau, wo das Stammſchloſs dieſer vormals berühmten freyherrlichen Familie am Thuner See noch bekannt iſt; er kommt in Urkunden um 1254 und 1258 vor. Seine 3 Liebes-Lieder hat die Maneſſ. Samml. I, 45. 46. in 11 Strophen.

55) Herr Hawart; f. im vorigen Abschnitte N. 9. Unter den 17 Strophen, welche die Maneſſ. Samml II, 111. 112. von ihm hat, befinden sich auch 2 Liebes-Lieder.

56) Herr Heinrich von Rugge; unter ſeinen 34 Strophen in der Maneſſ. Samml. I, 97 — 100 befinden ſich 8 hieher gehörende Liebes-Lieder.

57) Schenk Ulrich von Winterſtetten; von ihm haben wir 11 Liebes-Lieder in 20 Strophen der Maneſſ. Samml: I, 59 — 61.

58) Herr Bruno von Hornberg; ſeine 3 Liebes-Lieder ſtehen in 16 Strophen in der Maneſſ. Samml. II, 48. 49.

59) Herr Heinrich von Frauenberg; Jo. Geo. Eccard *in Francia Orient.* T. I p. 878. nennt ihn einen Dichter aus dem Anfange des 13ten Jahrhunderts, und führt aus einer Handſchrift (wahrſcheinlich aus der Goldaſtiſchen) 3 Zeilen aus ſeinem vierten Liede an, welche auch in der Maneſſiſchen Sammlung eben ſo ſtehen. Dieſe Sammlung I, 37. 38. hat von ihm 5 Liebes-Lieder in 16 Strophen.

60) Herr Wachsmuth von Mühlhauſen; der Marner preiſet um das J. 1280 einen gewiſſen *Wahrmuote* als einen verſtorbenen und vorzüglichen Dichter der Natur und Liebe. Maneſſ. Samml. II, 173. Col. 1. Str. 3. Ob unter dieſem der unſrige, oder der weiter unten vorkommende Wachsmuth von Kuinzingen, oder ein dritter, von beyden verſchiedener, Dichter gemeint ſey, verdient nähere Unterſuchung. Von unſerm Wachsmuthe finden ſich in der Maneſſ. Samml. I, 178 eilf Strophen, welche 3 Liebes-Lieder enthalten.

61) Brunwart von Augheim; (Oughein) die Maneſſ. Samml. II, 54. 55. hat in 15 Strophen 5 Liebes-Lieder von ihm.

62) Von Raute; vielleicht aus dem freyherrlichen Geſchlechte von Rüti im Argau: ſeine 7 Strophen in der Maneſſiſchen Sammlung II, 47. enthalten 2 Liebes-Lieder.

63) **Herzog Heinrich von Preſſela**; trat 1266 unter dem Namen Heinrich IV. ſeine Regierung als Herzog von Breslau an, und ſtarb 1299. Der gleichzeitige Dichter Tanhuſer preiſet in zehn ſtolzen Verſen ſeine gerechte Regierung und Wohlthätigkeit gegen die Dichter. S. Maneſſ. Sämml. II, 64 Col. 2. Z. 29 v. o. Er ſelbſt hat ſich als einen vorzüglichen Dichter der Liebe beurkundet durch ſeine zwey ſchönen Lieder, welche in der genannten Sammlung I, 3. 4. in 8 Strophen ſtehen, und in den Gedichten nach den Minneſingern S. 65 – 72 frey überſetzt worden ſind.

64) **Der Düring**; unter ſeinen 19 Strophen in der Maneſſ. Sämml. II, 19 – 21 befinden ſich 8 Liebes-Lieder.

65) **Der Burggraf von Regensburg**; vielleicht gehörte er zu den Grafen von Burghauſen, welche ehemals Burggrafen der Reichsſtadt Regensburg waren, oder vielleicht zu den Freyherren von Regensburg im Zürchgau, welche auch ein Schloſs Regensburg hatten, und von welchen einer Namens Ulrich in den Jahren 1250 – 68 vorzüglich bekannt war. S. Adelungs Magazin II, 3. 59. Von unſerm Ungenannten kommen vier Strophen in der Maneſſ. Samml. II, 117 vor, deren Inhalt Freundſchaft und Liebe iſt.

66) **Boppo**; ſ. im vorhergehenden Abſchnitte No. 13. Von ſeinen vielen Gedichten gehört nur ein einziger Liebes-Geſang hieher, welcher in der Maneſſ. Samml. II, 236. Col. 2. und S. 237. Col. 1. ſteht.

67) **Herr Chriſtian von Hamle**; ſechs Liebes-Lieder in 21 Strophen hat von ihm die Maneſſ. Samml. I, 46 – 48.

68) **Von Stadegge**; die eben genannte Sammlung hat von ihm 2 Lieder der Liebe in 9 Strophen.

69) **Herr Wilhelm von Heinzenburg**; ſeine 15 Strophen in der Maneſſ. Samml. II, 161. 162 enthalten 4 hieher gehörige Lieder.

70) **Wachsmuth von Kinzingen**; ſ. zurück No. 60. Unter den 18 Strophen, welche die Maneſſ. Samml. I, 160. 161 von ihm hat, gehören 3 Liebes-Lieder hieher.

71) Graf Rudolph von Neuenburg; Herr Adelung muthmafst in feinem Magazine II, 3. 62. dafs er eben der Graf von Neufchatel fey; welcher fich 1288 für einen Vafallen des Johann von Chalons, Herrn von Arlay, erkannte. Seine 25 Strophen in der Maneff. Sammlung I, 8 — 10 enthalten 8 Liebes-Lieder.

72) Der Tanhufer; f. No. 15. im vorhergehenden Abfchnitte. Unter feinen 46 Abfchnitten von fehr ungleicher Länge in der Maneff. Samml. II, 58 — 70 befinden fich 14 hieher gehörige Gedichte.

73) Herr Niuniu; die Maneff. Samml. II, 117 — 19 hat von ihm 6 Strophen und einen längeren Abfchnitt, in welchen 3 hieher gehörige Lieder enthalten find.

74) Von Scharfenberg; feine zwey hieher gehörigen Lieder ftehen in 12 Strophen in der Maneff. Samml. II, 194. 195.

75) Der Schenk von Limburg; fechs Lieder der Liebe ftehen in den 20 Strophen, welche die Maneffifche Samml. I, 57 — 59 von ihm enthält.

76) Herr Milon von Sevelingen; unter feinen 14 Strophen in der Maneff. Samml. I, 97. 98 befinden fich 5 hieher gehörende Lieder.

77) Herr Liutolt von Seven; vier Liebes-Lieder ftehen von ihm in 11 Strophen der Maneff. Sammlung I, 162. 163.

78) Hartmann von Starkenberg; feine 7 Minne-Strophen ftehen in der Maneff. Samml. II, 53. 54.

79) Von Suonegge, 3 Liebes-Lieder in 8 Strophen enthält von ihm die genannte Sammlung I, 194.

80) Meifter Heinrich Tefchler; von feinen 39 Strophen in der Maneff. Samml. II, 86 — 90 gehören 4 Lieder vorzüglich hieher.

81) Heinrich von Tettingen; feine 2 Minne-Lieder ftehen in 7 Strophen der eben genannten Samml. II, 181.

82) Herr Günther von dem Vorfte; feine fechs hieher gehörenden Gedichte, unter welchen fich auch

eine lyrische Romanze befindet, stehen in 40 Strophen der Maness. Samml. II, 112 — 15.

83) Von Obernburg; 6 Liebes Lieder in 19 Strophen hat von ihm die Maness. Samml. II, 158. 59.

84) Herr Reinmar der Fiedler; (d. i. der Musikus) seine hieher gehörenden 6 Strophen hat die Manessische Samml. II, 110. 111.

85) Von einem Ungenannten des 13ten Jahrhunderts haben wir ein Gedicht unter dem Namen: Lob der Weiber, aus welchem Jo. Geo. Eccard in seiner *Catech. theot.* p. 124. und in *Franc. Or. T I,* p. 878 einige Stellen anführt. In dem zuletzt genannten Werke T. I, p. 890 führt derselbe aus einem andern Gedichte des 13ten Jahrhunderts, Lob der Männer genannt, vier Zeilen an.

86) Der Kol von Niuffen; die Maness. Samml. II, 208 hat von ihm 5 Strophen von äusserst geringem Werthe.

87) Cunze von Rosenheim; s. über ihn *Prox de poes. eros. Alsat. med. ævi* p. 21. Die Maness. Samml. II, 207 u. 208 hat von ihm 6 Strophen von geringem Gehalte.

88) Der Schulmeister von Eßlingen; ob dieser arme Reimer eigentlicher Schulrector oder Vorsteher einer Schule des Meistergesanges gewesen sey; weiß ich eben so wenig als seinen eigentlichen Namen zu bestimmen. Unter den 16 Strophen, welche die Manessische Samml. II, 93 — 95 von ihm hat, gehören 3 matte Lieder hieher.

89) Meister Walther von Breysach; s. No. 16. im vorhergehenden Abschnitte. Unter seinen 22 Strophen in der Maness. Samml. II, 95 — 97 gehören 3 elende Liebes-Reimereien hieher.

90) Herr Conrad Schenk von Landeck; vielleicht Herr Slecke der gute Cunrat, dessen Rudolph von Montfort rühmlichst gedenkt. S. Casparsons Vorr. zum Wilh. von Oranse, Th. I, S. XVIII, Er lebte, wie er selbst in der Maness. Samml. I, 197 Col. 2. Str. 4. sagt, um die Zeit, als Kaiser Rudolph Wien belagerte, d. i. um 1276. Die eben genannte Sammlung I, 195 —

204 hat von ihm 102 Strophen, in welchen noch 27 Lieder der Natur und Liebe enthalten find.

91) Steinmar; mit dem Vorhergehenden gleichzeitig; unter feinen 50 Strophen in der Maneff. Samml. II, 105 bis 108 befinden fich 14 hieher gehörige Lieder.

92) Der Puiller; er gehörte am Rhein zu Haufe und wohnte der Belagerung Wiens 1276 bey, wie er felbft in feiner 9ten Strophe fagt. Die Maneff Samml. II, 50 u. 51 hat von ihm 14 Strophen, von welchen 4 Lieder hieher gehören.

93) Winli; unter feinen 28 Strophen in der Maneffifchen Samml. II, 21 — 24 befinden fich 6 Liebes-Lieder.

94) Conrad von Würzburg; f. No. 17. im vorhergehenden Abfchnitte. Von feinen 64 Strophen, welche die Maneff. Samml. II, 198 — 207 nebft einem langen Gedicht von 3½ Columne enthält, gehören nur 4 Lieder hieher.

95) Der von Gliers; f. *Prox de poet. Alfat.* p. 8. Die Maneff. Samml. I, 42 — 44 hat von ihm aufser einem langen Lobgedichte auf feine Geliebte, noch 5 hieher gehörige Strophen.

96) Von Weiffenlo; er ift mir nur aus 6 erotifchen Strophen in der Maneff. Samml. II, 97. 98 bekannt.

97) Von Wengen; aus dem Thurgau, wie er am Ende feiner Gedichte felbft andeutet. Von feinen 7 Strophen in der Maneff. Samml. II, 98. 99 gehören nur 3 hieher.

98) Der Marner; f. im vorhergehenden Abfchnitte No. 19. Von feinen 82 Strophen, welche in der Maneffifchen Samml. II, 166 — 77 ftehen, gehören 8 Lieder hieher.

99) Herr Friedrich der Knecht; (d. i. der Schildträger, welcher noch Lehrling in der Ritterfchaft ift.) Die Maneff. Samml. II, 115 — 117 hat 21 Strophen von ihm, unter welchen fich 6 Liebes-Lieder befinden.

100) Chriftian von Lupin; die Auffchrift feiner Gedichte in der Maneff. Sammlung nennt ihn einen Thüringer,

ger. Die genannte Sammlung hat Bd. II, S. 16 17. von ihm 20 Strophen, in welchen 7 Liebes-Lieder enthalten sind.

101) Friedrich von Sonnenburg; f. No. 20. im vorhergehenden Abfchnitte. Von feinen vielen Gedichten gehören nur 26 Strophen in der Myllerfchen Samml. II, Liefer. 5. S. 28 — 31 hieher, in welchen er die Freuden der Liebe und die Schönheiten der Natur befingt. Orthographie und Sprache find in diefen feinen Gedichten nicht fo modernifirt, als in denen, welche die Maneff. Sammlung von ihm enthält, und deren oben ebenfalls gedacht worden ift.

102) Herr Alram von Greften; gehört vielleicht in Tyrol oder Oefterreich zu Haufe, wo mehrere Schlöffer Namens Grefta und Greften liegen. Vier Liebes-Lieder hat von ihm die Maneff. Samml. II, 109. 110 in 14 Strophen.

103) Von Munegiur; die Maneff. Samml. II, 46 hat von ihm 2 Lieder in 9 Strophen.

104) Markgraf Otto von Brandenburg mit dem Pfeile, welcher 1298 ftarb, hat fich als einen vorzüglichen Dichter feines Jahrhunderts durch 7 Liebes-Lieder bewährt, welche in 17 Strophen in der Maneff. Samml. I, 4. 5. ftehen.

105) Herr Gelter, vielleicht aus dem Wallifer-Lande, wie man faft aus feiner letzten Strophe muthmafsen follte. Die Maneff. Samml. II, 119 hat von ihm 4 Liebes-Lieder in 9 Strophen.

106) Meifter Rumlant; f. No. 22. im vorhergehenden Abfchnitte. Von feinen 25 Strophen in der Maneffifchen Samml. II, 223 — 226 gehören nur 10 hieher.

107) Rudolph der Schreiber; ob er mit dem Bd. I, S. 102 angegebenen Rudolph von Montfort eine Perfon fey, verdient näher unterfucht zu werden. Von dem unfrigen hat die Maneff. Samml. II, 181. 182 nur 13 Strophen, in welchen 3 nicht ganz fchlechte Liebes-Lieder enthalten find.

108) Graf Friedrich von Leiningen; wahrfcheinlich derjenige, welcher 1289 das Nonnenklofter zu

Agershein stiftete, *L Prox de poet. Alsat.* p. 8. Die Maneſſ. Samml. I, 14 hat von ihm 5 erotiſche Strophen.

109) Der Kanzler; L No. 24. im vorhergehenden Abſchnitte. Von ſeinen 77 Strophen in der Maneſſiſchen Sammlung II, 238—47 gehören 36 erotiſchen Inhalts hieher.

110) Heinrich Hetzbolt von Weiſſenſee; 42 erotiſche Strophen ſtehen von ihm in der Maneſſ. Samml. II, 17—19.

111) Graf Albrecht von Heigerloch; er hatte 1292 Händel mit St. Gallen, nachdem er vorher ſeine Stadt und Herrſchaft Heuwen an Kaiſer Rudolph verkauft hatte. Die Maneſſ. Samml. I, 24 hat nur 26 Zeilen in 2 Strophen von ihm.

112) Roſt, Kirchherr zu Sarne (im heutigen Canton Unterwalden); ſeine 27 erotiſche Strophen hat die Maneſſ. Samml. II, 90—92.

113) Bron von Schonebeke; ein bisher unbekannter Minne-Dichter, welchen Herr Prof. Fülleborn zu Breslau in der dortigen Rhedigeriſchen Bibliothek in einer Handſchrift vom J. 1276 entdeckte, und durch zwey Proben näher bekannt machte in der Bragur II, 324—28. Vergl. III, 466 u. 471.

114) Nur muthmaſlich kann ich hieher ſetzen das Liebes-Gedicht eines Ungenannten, von welchem ein Fragment von 26 Strophen aus Temlers Abſchrift abgedruckt worden iſt in Nyerups *Symbolis ad Literat. Teut.* p. 93 bis 102.

115) Der wilde Alexander; L im vorhergehenden Abſchnitte No. 28. Von ſeinen 13 Strophen in der Maneſſ. Samml. II, 222 gehören die zehn erſten, und von denjenigen, welche die Myllerſche Samml. II, Liefer. 1. S. 142—45 von ihm enthält, nur 14 hieher.

116) Herr Conrad von Altſtetten; von ihm haben wir 3 Liebes-Lieder in 13 Strophen der Maneſſiſchen Samml. II, 47. 48.

117) Von Bubenburg; wahrſcheinlich aus dem freyherrlichen Geſchlechte von Bubenberg, deſſen Stamm-

fchlofs unweit Bern liegt. Unter feinen 16 Strophen in der Maneſſ. Samml. II, 179—81 befinden fich 5 Liebes-Lieder.

118) Der jüngere Meißner; f. Bd. I, S. 125. 126. Von feinen 12 Strophen in der Maneſſ. Samml. II, 155 bis 157 gehören 3 Lieder der Liebe und Natur hieher.

119) Graf Werner von Honberg; fein Stammfchlofs lag im Bisthum Bafel, er ftarb als der dritte diefes Namens 1323 und mit feinem Sohne Werner IV. erlofch 1330 das ganze Gefchlecht. S. die Merkwürdigk. der Landfchaft Bafel St. 12. und die Vorrede zum Leipziger Mufenalmanach vom Jahre 1782. In eines Ungenannten Gedichte von den fechs Farwen, welches im 3ten Bande der Myllerfchen Sammlung S. XXIV und XXV fteht, wird er fehr gerühmt. Seine 15 Strophen in der Maneſſ. Samml. I, 24. 25 beftehen aus 7 Minne-Liedern.

120) Rubin von Rüdeger; die Maneſſ. Samml. II, 208 hat von ihm 4 hieher gehörige Strophen.

121) Meifter Johans Hadloub; (Hadlaub) ein Zürcher und Freund des berühmten Rüdiger von Maneſſe, welchem wir eine fchätzbare Sammlung der Minnefinger verdanken. S. Vorbericht zu den Proben der alten Schwäbifchen Poefien S. 37. 38. und Bodmers Vorrede zu der Sammlung der Minnefinger, Th. I, S. 12—15. Von feinen 139 Strophen in der Maneſſ. Samml. II, 185—197 gehören 22 Liebes-Lieder hieher.

122) Von Trosberg; ein Zeitgenoffe und Freund des Vorhergehenden. In feinen 23 Strophen der Maneſſifchen Samml II, 51—53 find 5 Liebes-Lieder enthalten.

123) Eines Ungenannten Lieder, der Liebe und dem May gewidmet, in 28 Strophen, bis jetzt noch ungedruckt in der Jenaifchen Handfchrift und mir blofs aus zwey Proben bekannt, welche Wiedeburg in feiner Nachricht S. 42. 43 gibt.

124) Ein dialogifches Lied, in welchem die eine Perfon jedes Mahl meister trovgemunt angeredet wird, fteht

in 101 Zeilen abgedruckt im 3ten Bande der Myllerſchen Samml. S. XIV. XV.

125) Eines Ungenannten Unterredung mit der Minne (Venus) von der Minne in 169 Zeilen abgedruckt im 3ten Bande der Myllerſchen Samml. S. XXVI. XXVII.

126) Eines Ungenannten Dialog zwiſchen der Liebe und der Schönheit in 116 Zeilen in demſelben Bande derſelben Sammlung, S. XXXIV. XXXV.

127 Der oben Bd. I, S. 42 erwähnte Geſang eines Ungenannten von der Macht der Liebe, ſteht nun auch abgedruckt im 3ten Bande der Myllerſchen Samml. S. XLII bis XLVI. nach einer Abſchrift, welche Mag. Stöber von einer Membrane der Bibliothek des Johanniterhauſes zu Strasburg im Jahr 1758 nahm.

128) Nur muthmaſslich ſetze ich in das 14te Jahrhundert das ländliche Lied eines Ungenannten, welches G. v. Bretſchneider zwiſchen dem Holze und Leder eines alten Einbandes entdeckt und nebſt Ueberſetzung und Worterklärung gedruckt und in Kupfer geſtochen mitgetheilt hat in Meuſels hiſtoriſch- literariſch - bibliographiſchen Magazine St. 2. S. 81 — 90. Aus der letzten Zeile: rewental do iſt mein eygen dorczu hoenſin, kann man dem Verfaſſer vielleicht auf die Spur kommen. In der Maneſſ. Samml. II, 83. Col. 1. Str. 7 ſagt der oben No. 7. angeführte Nithart von ſich: Swie Riuvventhal min eigen ſi und ebend. S. 85. Col. 1. Str. 6 läſst er ſich den von Riuvventhal nennen.

129) Die im vorhergehenden Abſchnitte No. 38. genannte Weinmariſche, Colmariſche und Rüdegeriſche Handſchriften enthalten höchſtwahrſcheinlich mehrere hieher gehörige Lieder. Ueberhaupt mögen ſich noch mehrere in Handſchriften zerſtreut finden, in welchen man ſie nicht ſuchen ſollte. So habe ich z. B. vor der ehemaligen Heilsbronner Handſchrift des Renner vom Jahr 1347, welche ſich jetzt auf der Erlanger Univerſitätsbibliothek befindet, auf der Rückſeite des Titelblattes zwey kleine Lieder von den Freuden der Jugend und den Beſchwerlichkeiten des Alters gefunden, welche nach einer Wolfenbüttler Abſchrift des Renner vom Jahr

1388 äufserft fehlerhaft abgedruckt ftehen in G. E. Leffings Leben, Th. 3, S. 121—133. Doch fehr grofs wird die Anzahl diefer fo zerftreueten, und gleichfam verfteckten, fcherzhaften Lieder nicht feyn, weil die Liederpoefie der Deutfchen in der letzten Hälfte des 14ten und in der erften des 15ten Jahrhunderts eine folche ernfthafte Richtung nahm, dafs fie um diefe Zeit faft allein in der religiöfen und didaktifchen Gattung ihr Unwefen trieb. Die mehreften Nachrichten und Proben von verloren gegangenen lyrifchen Volksliedern, und von weniger bekannt gewordenen Volks-Dichtern unferer Nation aus der letzten Hälfte des 14ten Jahrhunderts enthält die vortreffliche Limburgifche Chronik, welche ich im Anhange zu diefem Bande näher befchrieben habe. Da diefes für die Gefchichte der fittlich-wiffenfchaftlichen und bürgerlichen Cultur der damaligen Deutfchen äufserft wichtige Werk wenig bekannt und benutzt worden ift, fo wird folgende chronologifche Aufführung der hieher gehörigen Angaben deffelben jedem Freunde der vaterländifchen Literatur willkommen feyn:

a) Zu derfelbigen Zeit (1343) fangk man ein Liedt fo neuwe in Teutfchen Landen vnd das wardt gemein zu pfeiffen vnd zu wompen, vnd zu aller Freud, das laut alfo:

Wiffet wer den Seinen ehe verkoisf
Ohn alle Schuld getreuwen Freundt verloisf,
Der wirt vil gern fiegesloisf &c.

So lautet diefe Angabe in Hontheims *prodromus hift. Trevirenfis*; in Leffings Leben Th. 3, S. 102 wird dagegen das Jahr 1350 und ein modernifirter Text angeführt.

b) Im Jare 1347 was *Gerlach*, edler Herr zu Limburg, der klugfte Dichter von Teutfchen vnd Lateinifchen, als einer feyn möcht in allen teutfchen Landen. (S. 4.)

c) Reinhard (Reichard) Herr zu Wefterburgk (Wefserburg) was ein edler Ritter von Sinn, Leib vnd Geftalt, vnd ritt dem Kaifer Ludewig nach vnd machte diefs Liedt.

> Ich dorste den Hals zu brechen,
> Wer rechet mir dén Schaden dann?
> So hett ich niemand, der mich reche,
> Ich bin ein ungefreundter Mann.
> Uff Ihre Gnad acht ich kleine Sach
> Das lafe ich Sie verftehen &c.

Da der Kaifer Ludewig das Lied hörte, ftrafte er den Herrn von Wefterburg, vnd fagte, er follte es der Frauwen gebeffert haben. Da nam der von Wefterburg eine kurze Zeit vnd fang diefs Lied:

> In Jammer nöten Ich gar verbrinn
> Durch ein Weib fo minnigliche. (Ebend.)

d) Auf diefes (1350) fang man aber ein gut Lied von Frauwenzuchten, vnd fonderlich auf ein Weib zu Strafsburg, die hiefe Agnes, vnd was aller Ehren werth. Das Lied ging alfo:

> Eines reinen guten Weibes angeficht
> Vnd frölich zucht dabey,
> Die feind warlich gut zu fehn.
> Zu guten Weibern han ich pflicht,
> Wenn fie feind alles Wandels frey. (S. 18.)

e) Darnach nit lang fang man aber ein gut Lied von Weifs vnd Worten durch ganz Teutfchland alfo:

> Ach reines Weib von guter Art
> Gedenk an alle Stetigkeit,
> Dafs man auch nie von dir fait,
> Das reinen Weibern übel fteit &c.

(Ebend. S. 19. und Leffings Leben Th. 3. S. 103.)

f) In denfelbigen Zeiten (1352) fang man diefs Lied:

> Ach Gott dafs ich fie meiden mufs,
> Die ich mir zu der Frauwen hatt erkoren

(Ebend. S. 30 und Leffings Leben Th. 3. S. 104.)

g) In demselben Jare (1357) sang vnd pfiff man dieß Lied:

Mancher went, daß niemand beſſer ſey, denn he &c.
(Ebend. S. 32 und Leſſing am a. O. S. 105.)

h) In derſelbigen Zeit ſang vnd pfiff man dieß Lied:

Gott geb ihm ein verderben Jahr, –
Der mich macht zu einer Nonnen,
Vnd mir den ſchwarzen Mantel gab,
Den weiſſen Rock darunter &c.
(Ebend. S. 34. und Leſſing am a. O.)

i) In demſelbigen Jare (1360) verwandelten ſich die Carmina vnd Gedichte in Teutſchen Landen. Denn man bißher lange Lieder geſungen hatte mit fünf oder ſechs Geſetzen. Da machten die Meiſter neuwe Lieder, das hieſe Wiederſang mit drey Geſetzen. Auch hatte es ſich alſo verwandelt mit dem Pfeiffenſpiel, vnd hatten aufgeſtiegen in der Muſica, daß die nicht alſo gut war bißhero, als nun ausgangen iſt. Denn wer vor fünf oder ſechs Jaren ein guter Pfeiffer war im Land, der deuchte jetzund nicht ein Flihen. Da ſang man dieſe Wiederſang:

Hoffen helt mir das Leben
Trauren thet mir anders wohl.

Daſſelbe ſagen die *Annales Dominican. Francf.* beym Senkenberg *in ſelectis* T. II, p. 14. *Eodem anno (1360) muſica ampliata eſt, nam novi cantores ſurrexere et componiſta et figuriſta inceperunt alios modos aſſerere, fiſtulatores quoque ſe in multum emendaverunt et magiſtralia carmina meliorata ſunt.*

k) In dieſer Zeit (1361) ſang man das Lied:

Aber ſcheiden, ſcheiden, das thut wehe
Von einer, die ich gern anſche &c.
(Limb. Chron. S. 40.)

l) In diesen Zeiten pfiff vnd sang man dies. Lied vnd Wiederfang:

> Ich wil in Hofnung leben fort
> Ob mir ichts Heil möcht geschehen
> Von der liebsten Frauwe mein &c.
> (Ebend. S. 43 und Lessing am a. O. S. 107.)

m) (1366) da sang man vnd pfiff dieß Lied:

> Schach Tafelspiel
> Ich nunmehr beginnen wil. (Ebend.)

n) (1367) da sang vnd pfiff man dieß Lied:
Nit lasf ab also ein Weil.
Ach ich, ich will dir immer in ganzer Treu leben,
Ich hoff ich find dasselb in dir. (Ebend. S. 48.)

o) Zu dieser Zeit (1374) fünf oder sechs Jahre davor war ahn den Meinstrohm Barfusser auffetziger Mönich, der was von den Leuden verweiset, daß er nit reine was, der machte die beste Dictamina vnd Lieder mit Reumen, dergleichen keiner am Rheinstrom oder in diesen Landen machen kunte, vnd was er machte das pfiffen vnd sungen die Meister gern nach. Er sang das Lied:

> Ich bin ausgezehlet,
> Man weiset mich Armen vor die Thür &c.

Item sang er:

> May, May, May, die wunnigliche Zeit
> Menniglichen Freude geit
> Ohne mir &c.

Item sang er:

> Der Untreu ist mir gespielt.

(Ebend. S. 75. Lessing S. 109. Vergl. *Hontheims prodromus hist. Trev.* und *Senkenbergs select. T. II. p. 16.*)

p) Vmb diese Zeit (1374) pfiff vnd sang man dieß Lied:

Geburt rein vnd feuberlich
Weis ich ein Weib gar minniglich &c.

Vnd dieſs Lied:
Wie mocht mir immer bafs gefein? -
In ruh ergrünt mir das Herze mein
Als auf einer Auwen &c.
(Ebend. S.64 und Leſſing S. 108 u. 109.)

q) In dieſer Zeit (1379) fang vnd pfiff man dieſs Lied:
Die Widerfart ich gänzlich jäge,
Das prüf ich Jæger an der Spor &c.
(Ebend. S. 80 und Leſſing S 110.)

r) 1380 fang man:
Verlangen ich will mich nit begeben
Nacht vnd Tag zu keiner Zeit. (Ebend. S. 82.)

130) Peter, der Suchenwirth; ein Oeſterreichiſcher Dichter um das Jahr 1386. Sein Loblied auf die Liebe befindet ſich handſchriftlich auf der Churfürſtl. Bibliothek zu Dresden bey dem Codex, welcher das Heldengedicht auf Karl den Gr. enthält. Proben ſ. in Gottſcheds Bücherſaal. VI, S. 126—29.

131) In Cyriacus Spangenbergs Sächſiſcher Chronica S. 557. (Frkf. a. M. 585. F.) finde ich folgende Nachrichten und Bruchſtücke von acht Deutſchen Volksliedern aus der Mitte des 15ten Jahrhunderts:

Dieſe Zeit (d. i. 1452) wurden Lieder gemacht vnd geſungen, darinnen die Oberkeit erinnert vnd ermahnet ward, in der Regierung gleichmeſſigkeit zu halten, dem Adel nit zu viel Freyheit vnd Gewalt zu verhengen, den Bürgern in Stetten nit zu viel Pracht vnd Gepräng zu verſtatten, das gemeine Bawersvolk nit vber macht zu beſchweren, die Straſſen rein zu halten, vnd jederman Recht vnd Billigkeit widerfahren zu laſſen. Von welchen Liedern ſind noch etliche Gesetzlin vorhanden, so etwan von alten Leuten, die sie in jrer Jugend von jren Eltern gehört, gesungen werden, vnd ongefehr also lauten:

a) Aber so wölln wirs heben an
  Wie sichs hat angespunnen
  Es ist in vnser Herrn Land so gestalt,
  Daſs der Herrn Ræthe treiben groſs gewalt,
  Darauf haben sie gesunnen.

b) Thüringerland du bist ein fein gut Land;
  Wer dich mit treuwen thet meynen!
  Du gibst vns Weitzen vnd deſs Weins so vil
  Du köndtest einen Landes-Herren wol ernehren;
  Vnd bist ein Ländlein also kleine!

c) Wo der Geyer auff dem Gatter sitzt,
  Da drühen die Küchlein selten.
  Es düncket mich furwar ein seltzam Narrenspiel,
  Welcher Herr seinen Ræthen gehorcht zu viel
  Muſs mancher armer Mann entgelten.

d) Ein edler Herr aus Thüringerland,
  Hertzog Wilhelm von Sachsen!
  Lieſset ihr die alten Schwerdtgroschen wieder schlahn
  Als ewer Voreltern haben da gethan,
  So möcht euwer Heil wol wider wachſſen.

* * *

So würden die Stette von Gelde reich
So würd wider gut zeiten,
So köndten euch euwr arme Leut so wol beyſtahn,
Wenn jr sie in ewren nöten thet ruffen an,
Es wär zu Stürmen oder zu Streiten.

* * *

Wo das gut gelt im Land umbfehrt,
Das haben die Pfaffen vnd Jüden;

Es ist dem reichen Mann alles vnterthan;
Die den Wucher mit den Jüden han,
Man vergleicht fie einem Stockrüdden.

* * *

Hat einer denn den Pfenning nicht,
Er muſs fie warlich fchicken,
Der reiche Mann der hats daheim in feinem Hauſs,
Er fieht gleich wie eine Steineule heraus,
So gefchicht manchem Armen oft vnd dicke.

132) Pet. Albinus in feiner Meifsnifchen Berg- und Lund-Chrohik S. 273 (Dresd. 590. F.) gedenkt bey dem Jahre 1455 eines alten Liedes auf den durch Cunz von Kauffungen verübten Sächfifchen Prinzenraub, welches noch zu feiner Zeit gefungen worden, aber dennoch von ihm nicht habe ausfündig gemacht werden können. Jo. Vulpius gab fich wegen diefes Liedes viele Mühe, bis er von einem alten Bergmanne einen luftigen Bergreyhen erhielt, welcher auf jenen Vorgang gedichtet war und viele unverkennbare Spuren der Sprache und Volkspoefie jenes Zeitpuncts enthält. Er liefs ihn zuerft abdrucken in feiner Schrift: *Plagium Kauffugenfe Weifenfelf. 704. 4.* welche Triller feinem Sächfifchen Prinzenraube angefügt hat, wofelbft jenes Volkslied S. 233—35 in eilf fünfzeiligen Strophen fteht und fich anfängt:

Wir wollen ein Liedel heben an,
Was fich hat angefpunnen,
Wies in dem Pleifsnerland gar fchlecht war beftallt,
Als fein jungen Fürften gefchah grofs Gewalt
Durch den Cuntzen von Kauffungen,
ja Kauffungen!

Diefes Lied fteht auch in des Erasmus Stella, weiland *Dr. Med.* und Bürgermeifters zu Zwickau, Pleiffenländifcher Chronik, welche 1743 nur handfchriftlich exiftirte. Merkenswerth ift es, daſs die No. 131 aus Cyriacus Spangenbergs Sächfifcher Chronik unter *litt. c.* aufgeführte fünf Zeilen auch in diefem Liede enthalten sind und hier die dritte Strophe ausmachen. Doch ist der Text in einzelnen Worten sehr abweichend. So steht z. B. in dem Vulpiussischen Texte: Dach für Gatter; trugen für druhen; mein werle statt fürwar; getrwt für gehorcht; der Herr selbst für mancher armer Mann.

133) **Veit Weber**; von diesem wackern Dichter des fünfzehnten Jahrhunderts besitzen wir die ersten, mir wenigstens bekannten, lyrischen Kriegslieder in Deutscher Sprache von nicht geringem Werthe. Diese stehen in seines Zeitgenossen, des im ersten Bande meines gegenwärtigen Werkes S. 59. 60. angeführten, Diebold Schillings Beschreibung der Burgundischen Kriege, und ihre Anzahl beläuft sich leider nur auf fünfe.

a) **Ein Lied so von dem ewigen Frieden und der Richtung wart gemachet;** vom Jahre 1474 und veranlaßt durch die öffentliche Hinrichtung des Burgundischen Landvogts Peter von Hagenbach; es besteht aus 13 vierzehnzeiligen Strophen, von welchen die erste anfängt:

> Gelobet sye der ewig Got
> Das er den Krieg verrichtet hat
> (s. Dieb. Schilling, S. 120—22.)

b) **Von dem Zug und Stritt von Erikort, und wie es sich gemacht hat und ergangen ist;** ebenfalls vom Jahre 1474; besteht aus 29 siebenzeiligen Strophen und fängt an:

> Nun will ich üch aber singen
> Und dickten ob ich kann
> (s. Dieb. Schilling, S. 146—49.)

c) **Ein Lied das von der Sach wegen Ponterlin gemacht ist, darinne man guten Underscheid und Lütterunge dieser Dingen findet;** verfaßt im Jahre 1475; enthält 43 fünfzeilige Strophen und fängt an:

Der Winter ift gar lang gefin
Des hat getruret wenig Vögelin
(f. Dieb. Schilling, S. 183 — 87.)

d) Ein Lied das von denen von Fryburg gemacht ward; gleichfalls vom Jahre 1475; in 26 fiebenzeiligen Strophen abgefafst, von welchen ich die erfte ganz herfetze, weil fie unfern Dichter näher charakterifirt:

Mit Gefang vertreib ich min Leben
Von Tichten kan ich nit lan
Darumb mir Stett Hand geben,
Die Schilt ich an mir han;
Das ich mich defter bas mög erweren
Und ehrlich kum gegangen
Für Fürften und für Herren.
(f. Dieb. Schilling, S. 248 — 51.)

e) Ein fchön Lied das von dem Stritt von Murten gemacht wart; vom Jahre 1476; in 32 fechszeiligen Strophen; einen modernifirten Abdruck diefes fchönen Liedes habe ich beforgt in Archenholzens neuer Literatur- und Völkerkunde, Jan. 1791 S. 93 — 96; das Original fängt an:

Min Hertz ift aller Fröwden voll,
Darumb ich aber fingen fol.
(f. Dieb. Schilling, S. 347 — 51.)

Innig bedauern mufs man es, dafs die Lebensumftände diefes Gleim's des funfzehnten Jahrhunderts und feine übrigen Lieder für uns fo gut, wie verfchwunden find. Nur fo viel wiffen wir aus feinen uns bekannten Liedern, dafs er unmittelbarer Augenzeuge und Theilnehmer der grofsen Thaten feines Volks war, welche er befang, und dafs er zu Freiburg am Breisgau zu Haufe gehörte. Am Ende des angeführten fünften Liedes fagt er von fich:

Vit Weber hat dis Lied gemacht
Er ift felbs gewefen an der Schlacht
Des Schimpfes was er verdorben;

> Des dancket er den Eidgenoſſen
> Und denen ſo er Gutes gann
> Hand ihm umb andere geworben.

Und ſeinen zweyten Schlachtgeſang beſchlieſst er mit der Strophe:

> Der uns dis Lied hat gedicht
> Von dieſem Zug ſo klug
> Der was ſelber by der geſchickt,
> Da man die Walchen erſchlug;
> Vit Weber iſt auch er genannt,
> Zu Fryburg in Brisgowe
> Iſt er gar wol erkant.

134) Der vorgenannte Diebold Schilling hat uns noch andere Kriegslieder ungenannter Dichter aus dem Zeitpuncte der Burgundiſchen Kriege aufbehalten, deren Anzahl ſich gleichfalls auf fünfe beläuft.

a) Ein Lied vom Siege der Eidgenoſſen über die Oeſterreicher bey Mühlhauſen, vom Jahre 1468; beſteht aus 10 neunzeiligen Strophen und fängt an:

> Woluf mit reichem Schalle
> Und ſind all friſch und geil
> (ſ. Dieb. Schilling, S. 210 — 12.)

b) Von der Zerſtörung des Schlöſſes Blomont durch die Eidgenoſſen, vom Jahre 1475; in 15 achtzeiligen Strophen, deren erſte anfängt:

> Eine Vereinigung iſt lobeliche
> Der groſse Pund genannt
> (ſ. Dieb. Schilling, S. 210 — 12.)

c) Von dem Streite und Siege der Eidgenoſſen bey Granſon, vom J. 1476; in 30 ſechszeiligen Strophen; der Anfang:

> Oeſterrich du ſchlaffeſt gar lang
> Das dich nit weckt der Vogelgſang

Aus der letzten Zeile: Thut einer von Lucern ſingen; kann man auf den Geburtsort oder Wohnſitz des Verfaſſers ſchlieſsen. S. Diebold Schilling, S. 298 — 301.

d) Ein anderes Lied über denſelben Gegenſtand und von demſelben Jahre beſteht aus 21 ſechszeiligen Strophen und fängt an:

In welchem Lande hebt ſich ein Strus
Da mag wol werden etwas us

In der letzten Strophe charakteriſirt ſich der ungenannte Dichter ſelbſt auf folgende Art:

Der uns dis Liedlein nüwe ſang
Der tut vil manchen irren Gang
Gut leben iſt ihm thüre,
In ſiner Taſchen iſt ſchwach,
Er klaget ſer ſin Ungemach,
Das jr kommet zu Stüre.
(ſ. Dieb. Schilling, S. 302—4.)

e) **Ein Lied das wart vom Stritt von Nanſe gemacht;** vom Jahre 1477; in 18 ſechszeiligen Strophen; der Anfang:

Woluff jr frommen Eidgnoſsſchaft
All die im Pund ſind verhafft.

In der letzten Strophe ſagt der ungenannte Dichter von ſich:

Er ſitzt zu Bern im Oechtland
Ein ſtechelin Stangen fürt er zur Hand
Der uns doch macht das Liedlin gut.
(ſ. Dieb. Schilling, S. 375—77.)

135) Conr. Celtes (ſ. N. 43. im vorigen Abſchnitte) hat in Lateiniſcher Sprache mehrere hieher gehörige Stücke hinterlaſſen.

136) Paul Olearius; ſ. Bd. I. 151; hinter ſeinem dort angeführten Werke befinden ſich die beyden eigentlich komiſchen Lieder: *Pertranſivit Clericus* durch einen grunen Waldt, und *Diſce bone clerice virgines amare.* In beyden ſind Lateiniſche und Deutſche Verſe in einan-

der gemifcht. Bey diefer Gelegenheit wünfchte ich die Fragen beantworten zu können: ob nicht auch Deut-fche Mönche des gegenwärtigen und vorhergehenden Zeitpunctes Trinklieder oder überhaupt frohe Gefell-fchaftslieder, nach Art des *Mihi eft propofitum in taberna mori* von Walth. v. Mapes verfertigt haben, und wo man folche antreffen könne?

137) Folgende Bruchftücke zweyer mir nicht näher bekann-ten komifchen Lieder vom Jahre 1525 führt Mechtel in feiner Limburgifchen Chronik in Hontheims *prodrom. hift. Trev.* p. 1123. als vielgefungene Reime auf:

a) Hoho Her Abbas,
    Drey Finger im Saltzfafs &c.

b) Weren wir alle reich einander,
    Alle gleich zu Tifche gefeffen;
    Wer truge uff die Effen?

138) Helius Eobanus Heffus; geb. 1488 zu Bocks-dorf, einem dem Heffifchen Klofter Haina ange-hörigen Dorfe; war zuletzt feit dem J. 1537 Profeffor zu Marburg und ftarb dafelbft 1541. Vergl. Bruckers Ehrentempel, 4tes Zehend. Niceron XVI. 49—59. Hannöv. Magaz. 1762, S. 1063—1070. Strieders Heffifche Gelehrtengefchichte.

Seine hieher gehörigen Gedichte ftehen in den *filvarum libb. VI. primum editis* MDXXXIII. *Hagen.* 535. 8. und in feiner *Operum farraginib.* II. Fref. 564. 8.

139) Georg Fabricius; geb. 1516 zu Chemnitz; ftarb als Rector zu Meiffen 1571. S. fein Leben in Lat. Spra-che von Jo. Dav. Schreber, Lpz. 717. 8.

Seine *Odarum libb. III. Baf.* 552. 8. gehören nicht, wie der Name zu verrathen fcheint, zur höhern lyrifchen Poefie, fondern zur gegenwärtigen Untergattung.

140) Hans Sachs; f. N. 50. im vorhergehenden Ab-fchnitte. Er hat nach dem Zeugniffe des Adam Pufch-mann vom J. 1576 auch Gaffenhawer, lieder von Kriegsgefchrey und Bullieder verfafst. In den gedruckten Ausgaben feiner Gedichte findet fich keine Spur von denfelben. Vielleicht entdeckt fie uns noch einft

einst der Fleiſs irgend eines Deutſchen Literators in den oben angegebenen oder andern mir nicht bekannten Handſchriften ſeiner Gedichte. S. ſein Leben von Ranilch, S. 120.

141) Peter Lotichius, mit dem Beynamen Secundus; geb. 1528 am 2ten Nov. zu Schlüchtern (Lat. Solitaria), Stadt und Kloſter in der Grafſchaft Hanau Münzenberg; ſtarb 1560 zu Heidelberg als Dr. Med. S. Adami vitt. Medicor. p. 49. und Philoſoph. p. 96.

Seine poemata, quae paſſim edita, nunc primum iſta Forma expreſſa ſunt, Lpf Antw. S. a. (1561) 12. Cum praef. J Camerarii ib. 563. 8. Opp. omnia per Jo Hagium, Lpſ 568. 8. rep. ib 603. 8. ib. 609. 8. Neueſte Ausgabe von C. Traug Kretſchmar, Dresd. 773 8., enthalten Carminum libb. II., in welchen er dem Horaz und Catull nachzuahmen ſuchte. Vergl. Chr. Fr. Quell. de pulcro poematum Lotichii, Dresd. 766. 4.

142) Aus der Zeit des Deutſchen Krieges beſitze ich jetzt: Ain Lied für die Landsknecht gemacht; In dieſen Kriegsleüffen nützlich zu ſingen. Im Dennemarcker oder im Schweitzer Thon, ſ. l. 546. 4. Es beträgt einen Bogen, beſteht aus 36 fünfzeiligen Strophen und fängt an:

Ach Karle groſsmechtiger Man,
Wie haſt ain Spil gefangen an,
On not in Teutſchen Landen?
Wolt Got, du hetſt es baſs bedacht,
Dich ſolchs nit vnderſtanden!

In der letzten Strophe ſagt der ungenannte Verfaſſer von ſich:

Diſs Liedlein iſt in eyl gemacht
Aim jungen Landſknecht wol geacht
Zu freundtlichem Gefallen,
Von ainem, der wünſcht glück vnd hail
Frommen Landſknechten allen.

143) Ludw. Helmbold; f. N. 65. im vorhergehenden Abschnitte.

Seine *lyricorum libb. II.* stehen bey seinen Epigrammen, Erf. 561. 8. Besonders *cum quadrisonis singularum Odarum melodiis*, Mühlh. 577. 8.

144) Nicod. Frischlin; f. Bd. I, 109. In seinen *opp. poet. Arg. 598 — 601. 2 Voll. 8. rep. ib. 621. 3 Voll. 12.* stehen 3 Bücher so genannter Oden.

145) Friedrich Taubmann; geb. 1565 zu Womsen in Franken, und starb 1613 als Professor der Dichtkunst zu Wittenberg. Sein *epulum Musarum* und seine *schediasmata poetica Viteb. 604. rep. Lpf. 622. 8.* gehören zum Theil hieher. Vergl. über ihn *Quenstedtii dial. de patriis ill. viror. p. 176. Freheri Theatr. p. 1508. Taubmanniana* 1ste Abth. (Frkf. Lpz. 717. 8.)

146) Paul Melissus (Schede); f. Bd. I, S. 210., hieher gehören seine dort angeführten *schediasmata poetica.*

Zwey seiner hieher gehörigen Lieder in Deutscher Sprache stehen abgedruckt in den Zürcher Streitschriften N. 9. S. 4—7. Woselbst auch ein Hochzeitlied von Peter Denaisius, einem Doctor der Rechte zu Strasburg, im Anfange des 17ten Jahrhunderts S. 7—9. mitgetheilt wird. S. über den letztern auch Morhofs Unterricht von der Deutschen Sprache und Poesie, S. 423. Das erste von den beyden Liedern des Melissus steht modernisirt in L. Langens Beschäftigungen einer Gesellschaft auf dem Lande, S. 56—58.

147) Eines ungenannten Meissner sein Liedt, Herren gebhardt Truchssen darinnen sein Abfall beruret, Wie auch sein freundt Hertzog Casymier Abscheidet, andere Churfursten, Fursten vnd Hern von Jhme sich kehren, vnd ehr Einigen vorlassen mit seiner Agnes muss bleiben. Im thon: Venus du vnd dein kindt. Dieses Lied ist gegen die Religionsveränderung des Churfürsten Gebhard zu Cölln gerichtet und wahrscheinlich im J. 1582 oder 1583 verfasst worden. Es steht abgedruckt in Cph. Schmidts genannt Phisel-

d e k hiſtoriſchen Miſcellaneen, Th. I, S. 36 — 45. (Halle 783. 8) und beſteht aus 33 Strophen. Solche Lieder wurden im 15ten und 16ten Jahrhunderte, in welchen kein Minnegeſang mehr tönte und der ſteife Meiſtergeſang faſt ausſchließend eine gewiſſe Alltagsmoral und armſelige Katechismus-Religion behandelte, von vielen Deutſchen Dichtern unter beſtimmten Anläſſen und zu beſtimmten Zwecken geſungen. So wie in ſpätern Zeitpuncten der dreyſigjährige und ſiebenjährige Krieg und andere denkwürdige Revolutionen manchen guten und ſchlechten Kopf zum Dichten begeiſterten und zur Reim-Wuth fortriſſen, ſo bewirkten eben dieſes in frühern Zeiten die Huſſiten-Händel, die Schweizerkriege, der Bauernkrieg, der Deutſche Krieg, ja, oft auch kleine Fehden und ſolche politiſche Ereigniſſe in beſondern Deutſchen Staaten, welche ihre Wirkungen nicht über den engen Raum ihrer Erſcheinung verbreiteten. Unter dieſen Gelegenheits-Liedern finden ſich oft ganz vorzügliche, welche einzeln nicht ſelten das corpulenteſte Meiſtergeſangbuch aufwiegen. Nur muſs man es innig bedauern, daſs ſie eben wegen ihres ſpeciellen Inhaltes und Intereſſes ſelbſt ſchon oft in ihrem Zeitalter vergeſſen und von ſpätern Zeitgenoſſen nicht immer der Erhaltung und weiteren Verbreitung würdig gehalten worden ſind. Daher iſt ein groſser Theil derſelben noch ungedruckt und in Archiven oder Bibliotheken verſteckt, und diejenigen, welche dieſes nicht ſind, ſtehen zerſtreut und oft nur fragmentariſch abgedruckt in den verſchiedenartigſten Werken der Deutſchen Geſchichte, vorzüglich aus dem funfzehnten und ſechszehnten Jahrhunderte. Vergl. die einer nähern Unterſuchung würdige Nachricht des berühmten Jo. A v e n t i n i in ſeiner B a i e r. C h r o n i k, S. 59. und 60., von den ſpezial-ſatyriſchen Volksliedern, welche noch zu ſeiner Zeit L i c h t e r und L a b e r genannt wurden; dieſes, weil König L a b e r ſie eingeführt haben ſoll; jenes, weil ſie des Nachts vor den Häuſern bey angezündeten L i c h t e r n geſungen wurde.

148) Um auf den nicht geringen Vorrath der komiſchen Lieder der Deutſchen in der voropizischen Periode aufmerkſam zu machen, führe ich folgende Sammlungen

derselben aus dem Ende des 16ten und Anfange des 17ten Jahrhunderts nur namentlich auf:

a) Antonii Scandelli, Churf. Georgs zu Sachsen Capellmeisters, neuw lustige Weltliche teutsche Lieder, Dresd. 567. rep. 578. 4.

b) Christian Hollandi, weylandt Keysers Ferdinand I Componisten, neuwe teutsche, geistliche und weltliche Liedlein, München 570. 4.

c) Eliä Nicolai sonst Ammerbach genannt, Organisten zu Leipzig, Orgel- oder Instrument-Tabulatur. Ein nützlichs Büchlein, in welchem auch fröhlige teutsche und andere Stücklein in Truck verfertiget, Lpz. 571. 8. rep. 583. 4.

d) Alexandri Stendal fröliche teutsche Lieder, Nürnb. 574. 4.

e) Jacobi Regnardts kurtzweilige teutsche Lieder, Nürnb. 574. 4. 2ter Theil Ebend. 579. 4.; s. Bd. I, S. 141. und Deutsches Museum 1781 Sept.

f) Caspari Glaners, Fürstl. Salzb. Organisten, erster Theil neuwer geistlicher und weltlicher Lieder, München 578. Anderer Theil Eb. 583. 4.

g) Goswins Sammlung, s. Bd. I, S. 141.

h) Nicolai Rosthii fröliche neuwe teutsche gesäng, so zum theil geistlich, zum theil auch sonst kurzweilig, Frkf. 583. 4. Von seinen Galliardten (s. Bd. I, S. 142.) erschien auch eine Ausgabe Jen. 594. 4.

i) Ottonis Sigfridi Harnisch new kurzweilig teutsche Liedlein, 1ster u. 2ter Th. Helmst. 587. 591. 4.

k) Thomä Martini Megapolitani neuwer lustiger Weltlieder erst Buch, Helmst. 588. Ist auch das 2te Buch erschienen?

l) Franz Joachimi Brechtel neuwe kurzweilige teutsche Liedlein mit 3 Stimmen, Nürnb. 588. Dess. neuwe kurzweilige teutsche Liedlein mit 4 u. 5 Stimmen, Ebend. 590. 594. 4.

m) Henning Dedekinds neuwe auserlesene Tricinia auff etlichen guten doch bis daher nicht publicirten Authoribus zusammen gelesen, Erf. 588. 4.
n) Des Achefins Sammlung, f. Bd. I, S. 141.
o) Des Ivonis de Vento Sammlung, f. Ebend. Deff. neuwe teutsche Lieder mit 5 Stimmen, München 569. 576. 4.
p) Valentini Haufsmanni neuwe teutsche weltliche Lieder, Nürnb. 592. 594. 4.
q) Christoph Demantii Reichenberg teutsche weltliche Lieder, Nürnb. 595. 4. Deffen Ungerische Heerdrummel vnd Feldgeschrey neben andern Ungerischen Schlacht- und Victorienliedern, Nürnb. 600. 4.
r) Jo. Leonis Hafsleri teutsche Gesäng nach Art der welschen Madrigalien, Augsb. 596. Nürnb. 597. Deff. Lustgarten mancherley gesäng, tänz, Galliarden und Intraden, Nürnb. 600. 4 rep. 601. 4.
s) Nicolai Zangens und Jo. Pulchers Sammlungen, f. im Anhange zum vorhergehenden Abschnitte No. 3.
t) Gross Liederbuch von 181 weltlichen Liedern, Frkf. 599. 8.
u) Christoph Haiden neuw lustige Tänz und Liedlein auf Instrument und zu Singen bräuchlich, Nürnb. 600. 4.
v) Rebmanns Sammlung, f. Bd. I, S. 142.

149) Auch schon in der voropizischen Periode wurden viele Deutsche Lieder der gegenwärtigen Untergattung auf einzelne Blätter gedruckt und unter das Volk gebracht, gerade so wie die noch jetzt auf unsern Jahrmärkten und bey gewissen Landesfeyerlichkeiten feilen Lieder: gedruckt in diesem Jahr, oder wie die heutigen Armensünder-Lieder; Zeitungen und andere fliegende Blätter. Ich besitze jetzt von diesen nicht ganz verachtungswerthen Producten folgende:

a) Das älteste mir bekannte Lied dieser Art ist der berühmte Volksgesang: Wilhelmus von Nassauwe bin ich, von Teutschen Blut &c., von welchem Mechtel in seiner Limburgischen Chronik S. 1186. (in Hontheims *prodromus hist. Trevir.*) die ersten acht Zeilen anführt und bezeugt, daſs es im Jahre 1576 gemacht worden und gemein zu singen gewesen sey. Ich besitze eine spätere Ausgabe s. l. 646. 8., deren erste acht Zeilen mit Mechtels Text, einige orthographische Kleinigkeiten ausgenommen, genau übereinstimmen.

b) Drey schöne newe weltliche Lieder: D. E. Schönes Jungfräwlein, liebstes Herzelein, was soll ich dir singen. D. Z. Ein harte Nuſs ein stumpfer Zan sich nicht zusammen schicken. D. Dr. Joseph lieber Joseph mein, laſs uns heute frölich seyn. s. l. 615. 8.

c) Zwey schöne newe Lieder: D. E. Schön wer ich gern das bin ich nicht. D. Z. Grüſs dich Gott mein Mündlein roth. s. l. 615. 8.

d) Drey schöne newe Lieder: D. E. Wir Zwey sind hier allein, niemand kann uns sehen. D. Z. Mütterlein was soll ich thun? Michelein unsers Nachbars Sohn schmatzt mich. D. Dr. Der Liebste mein hat mich verlassen. s. l. 616. 8.

e) Folgende sind vielleicht sämmtlich noch älter, wenigstens in jene Periode gehörig, denn ich finde in dem Christlichen Gesangbüchlein Coburg 621. 4. dieselben als Melodien überschrieben, nach welchen die dort enthaltenen geistlichen Lieder gemacht worden sind:

S. 11. Cupido alle Stundt mir mein Herz verwundt.

S. 12. Gott grüſs dich feines Liebelein.

S. 14. Mit Lust vor wenig Tagen eim Jäger kam in Sinn.

S. 52. **Ich will zu Land aufsreiten sprach
sich Meister Hildebrandt.**
Der Bd. I, S. 126. angeführte Meistergesang fängt gerade eben so an und besteht aus 20 Strophen.

S. 75. **O' Rolandt lieber Rolandt.**

S. 183. **Amor du und dein Kind; Venus
du und dein Kind.**
Nach der Melodie dieses Liedes geht schon das oben N. 146. angeführte Lied von 1582.

f) Dasselbe gilt von den weltlichen Liedern, nach deren Melodie der im vorhergehenden Abschnitte No 64. genannte Herm. Vespasius seine geistlichen gemacht hat, und von denen ich hier nur folgende bemerke:

aa) My is ein syns bruns Megdelyn.

bb) Voor tyden was ick leef vnd werdt.

cc) De Kuckuck hefft sick dodt gevallen.

dd) Wol is de vns de Lilien bricht.

ee) Idt is nicht lange dat idt geschach Det Brwnenberch &c.

ff) Heftste Geld so kum hervör, Heftstu nicht blyff hinder der Dör.

g) Eben so finde ich in der S. 47. No. 4. des vorhergehenden Abschnittes angeführten **Hundert Christlichen Haufsgesengen** folgende weltliche Lieder als Melodien den geistlichen überschrieben.

aa) Es wohnet Lieb bey Liebe. Th. I, 2. II. 83.

bb) Des Pentzenawer Ton. Th. I, 5 und 28.

cc) Wollauff gut Gesellen von hinnen (des Bruder Veiten Ton) Th. I, 7.

dd) Was wöllen wir aber heben an. Th. I, 17.

ee) Rosina wo war dein Gestalt. Th. I, 21 und 65.

ff) Mein Lieb ist schön, mein ist weidenleiche. Th. I, 25.

gg) Ich ſtund an einem Morgen. Th. I, 27 und 67. II, 1 und 80.
hh) Suſanna wilt du mir. Th. I, 29.
ii) Es wollt ein Meydlein waſſer holln. Th. I. 34.
kk) Es geht ein friſch Sommer daher. Th. I, 36.
ll) Es wolt gut Jäger jagen Th. I, 38.
mm) Ich armer Boſs bin verirt. Th. I, 48.
nn) Ich ſach mir einmal ein wunderſchöne Magd. Th. I, 50.
oo) Der Ton des Wackermeidleins. Th. I, 62.
pp) Wo ſoll ich hinkarren, ich dummes Brüderlein. Th. I, 78.
qq) Friſch auf ihr Landsknecht, Th. II, 55.
rr) Ein Meidlein ſprach mir freundlich zu. Th. II, 84.
ss) Entlaubet iſt der Walde. Th. II, 92.

150) Geo. Rud. Weckherlin; ſ. No. 77. im vorhergehenden Abſchnitte. Er gab ſchon 1618 zwey Bücher Oden zu Stutgard in 8. heraus. S. ſeine Vorrede zu der erſten Ausgabe ſeiner Gedichte vom J. 1641. In der Ausgabe ſeiner ſämmtlichen Gedichte vom J. 1648 ſtehen 4 Bücher Oden und Geſänge, unter welchen die älteſten 1610 überſchrieben ſind. Die hier erwähnten Oden ſind dieſes nur dem Namen und der Form nach. Dagegen findet man hier vorzügliche Liebes-Lieder, Freuden-Lieder, eine Trink-Lied und zwey Krieges-Lieder Wer dieſe Gedichte in ihren jetzt äuſserſt ſeltenen Originalausgaben nicht leſen kann, der muſs ſich begnügen mit den Proben derſelben in Eſchenburgs auserleſenen Stücken, Bd. III. S. 171—220.

151) Martin Opitz; ſ. No. 77. im vorbergehenden Abſchnitte. Seine hieher gehörigen Gedichte ſtehen, meiſten Theils in ſeinen poetiſchen Wäldern; im erſten Buche 7 Lieder; im zweyten Hochzeits-Gedichte, und im 4ten vorzüglich ſchöne Lieder der Liebe. Eine ſchärzbare Nachleſe zu den bisher gedruckten Opitziſchen Gedichten hat der Laublinger Lange in ſeiner poetiſchen, mo-

tanischen, ökonomischen und kritischen Beschäftigung einer Gesellschaft auf dem Lande S. 202—9. (Halle 777 3 Stücke, 8.) geliefert. Auch befinden sich in der Danziger Ausgabe, welche Andr. Hünefeld, Opitzens vertrauter Freund, 1641 in zwey Octavbänden veranstaltete, mehrere Gedichte, welche in den übrigen Ausgaben fehlen.

152) Jul. Wilh. Zinkgref; f. Bd. I, S. 84. Von ihm haben wir zwar nur wenige, aber für jenes Zeitalter äuſserst schätzbare Lieder der gegenwärtigen Gattung. Sie stehen verborgen und jetzt fast ganz ungekannt bey der von ihm veranstalteten Ausgabe des Opitz von 1624. Ihr Andenken hat Herr Eschenburg zuerst wieder erneuert in seinen auserlesenen Stücken, Bd. III, S. 235—62.

153) August Buchner; geb. 1591 zu Dresden; seit 1616 Professor der Dichtkunst zu Wittenberg; starb 1661 daſelbst. Sein Leben f. in *Adolfi Clarmundi* (Richters) Lebensbeschreibungen etlicher hauptgelehrten Männer, Th. II, S. 179—197. (Wittenb. 704—714. 11 Thle 8.) Hier und in Neumeisters *diss. p. 19.* wird eine Probe von seinen hier und da zerstreuten Deutschen Liedern gegeben. Seine *poemata selectiora* erschienen *Lipſ. 694. 8.* Man gibt ihn gewöhnlich für den Erfinder der Daktylischen Versart in der Deutschen Poesie aus. Allein diese finden wir schon um die Mitte des 13ten Jahrhunderts in den Deutſchen Gedichten des Heinrich von Rugge, ſ. oben in diesem Abschnitte No. 56. Vergl. Bruckers Ehrentempel &c. Erstes Zehent. S. 38—40.

154) Zacharias Lundt; (*Lundius*, Lunden, Londen.) Von seinen Lebensumständen weiſs ich nur so viel, daſs er am Hofe König Friedrichs III. von Dännemark lebte; ſ. Neumeister am a. O. p. 66 und daſs er ein Schüler des eben angeführten Buchner war, ſ. des Vinc. Fabricius poetische Epistel an A. Buchner vor unsers Dichters Deutſche *Poemata*, Lpz. 635. 4. In diesen stehen seine hieher gehörigen Lieder S. 20—126. Unter dem Titel: allerhand artige Deutsche Gedichte erſchienen sie Lpz. 635. 4. und seine *poemata iuvenilia Hamb. 635.* Herr Klamor Schmidt zu Halberstadt äuſserte im Jahr 1789 gegen mich den Entschluſs, die vorzüg-

lichſten Deutſchen Gedichte dieſes zu wenig bekannten Dichters heraus zu geben, hat aber bis jetzt denſelben nicht ausgeführt.

155) Paul Flemming; ſ. No. 80. im vothergehenden Abſchnitte. Viele ſeiner hieher gehörigen Lieder ſtehen in ſeinen poetiſchen Wäldern und in den 5 Büchern ſeiner Oden.

156) Andr. Tſcherning; ſ. Bd. I, S. 215. 216. und S. 241. und Schmids Nekrolog I, S. 94—101. Seine hieher gehörenden Lieder ſ. in den oben angegebenen Ausgaben, welche ſich jetzt ſchon ſehr ſelten gemacht haben, und Proben in Eſchenburgs auserleſenen Stücken Bd. III. S. 98—134.

157) Simon Dach; ſ. No. 79. im vorhergehenden Abſchnitte. Auſſer ſeinen geiſtlichen Liedern haben wir auch viele zur gegenwärtigen Gattung gehörige von ihm übrig, welche zu den beſten ihres Zeitalters und Geſchlechts gehören. Nur muſs man bedauern, daſs bis jetzt noch keine nur einigermaſsen vollſtändige Sammlung derſelben heraus gegeben worden iſt. Ein groſser Theil derſelben erſchien ſogleich nach ſeiner Abfaſſung in einzelnen Abdrücken zu Königsberg in Pr. in Folio. Andere ſtehen zerſtreut in Heinr. Albertis oben angeführter Sammlung, in Welchmanns Sorgenlägerin, Königsb. 648. 3 Theile, F. und in Gabriel Voigtländers allerhand Oden und Lieder, Lübeck 650. F. Die einzige, jetzt ſehr ſeltene, Sammlung ſeiner Gedichte, erſchien nach ſeinem Tode ohne Angabe des Druckjahrs zu Königsberg in Pr. unter dem Titel: Churbrandenburgiſche Roſe, Adler, Löwe und Zepter, 1 Alph. 10½ Bogen, 4. Eine Sammlung ſeiner Gedichte von 33 Alphabeten hatte der berühmte Profeſſor zu Breslau, Jo. Caſp. Arletius, (ſ. den oben angeführten Gottſchediſchen Bücherſaal) zum Drucke veranſtaltet, welche aber bis jetzt leider noch als ein todtes Capital in der Rhedigeriſchen Bibliothek zu Breslau ruht. S. Scheibels Vorrede zum 1ſten Theil der *bibliothecæ Arletianæ* 788. 2 *Voll.* 8.

der Deutschen Literat u. Sprachgesch. 91

158) Ueber Heinr. Alberti's und Robert Roberthins Verdienste als Lieder-Dichter s. meine Nachweisungen im 1sten Bande, S. 142.

159) Jo. Rist; s. No. 83. im vorhergehenden Abschnitte. Von diesem rüstigen Dichter gehören hieher:

a) Poetischer Lustgarten, Hamb. 638. 8.

b) Des Daphnis aus Cimbrien Galathee, Hamburg s. a. 8. Unter der Vorrede zu diesen Hirtenliedern hat sich Theobaldt Grummer (Lüneburg den letzten des Mertzen 1642) als Herausgeber unterzeichnet und in der Nachschrift entschuldigt A. v. S. diese ohne Vorwissen des Verfassers veranstaltete Ausgabe und die Fehler, welche durch die Eilfertigkeit des Druckes in dieselbe sich eingeschlichen.

c) Poetischer Schauplatz, Hamb. 646. 8.

Eine Sammlung verschiedener lyrischer Gedichte, welche zum Theil vorher einzeln gedruckt worden waren und zu deren neuen Herausgabe sich der Verfasser deswegen entschloss, weil, wie er sich in der Vorrede ausdruckt, etliche unerfahrne Gesellen offtmahls ganze Blätter davon ausgeschrieben, ihren eigenen Quark mit hinzugesetzt, und also die armen unschuldigen Gedichte aufs neue mit tausenderley Mängeln erfüllet.

d) Neuer Teutscher Parnaß, auf welchem befindlich Ehr- und Lehr- Scherz- und Schmerz- Leid- und Freuden-Gewächse, Lüneb. 652. gr. 12.

Bis jetzt kenne ich nur diesen aus 920 Seiten bestehenden Theil; allein folgende Aeusserung des Verfassers in der Vorrede zu demselben: fristet mir Gott mein Leben; so sollen dem Leser in dem *andern Theile meines Teutschen Parnasses* vielleicht andere Sachen, Lieder und Gedichte, die mit höchstem Fleisse von mir sind ausgearbeitet, zu seiner Vergnügung werden fürgetragen; — veranlafst mich zu der Frage: ob dieser andere Theil wirklich erschienen sey?

e) In seinem Schauspiele: das Friedejauchzende Teutschland genannt (Nürnb. 653. 8.) kommen folgende Lieder vor:

S. 18. Himmel lafs doch unsere Klagen.

S. 53. O Teutschland grosse Königinn.

S. 68. Juchhei, Juchhei, juch, wat geit id lustig tho.

S. 82. So geit ydt frisk tho :,: Versup ick die Foite, so hold' yck de Schoo.

S. 144. Batavia, du Heldenkind, komm deine Mutter zu begrüfsen.

S. 187. Lachet ihr Himmel und tanzet ihr Sterne.

S. 191. Nimm grosser Ferdinand difs neue Friedenspfand.

S. 206. Dafs Wütherich der arge Feind.

S. 216. Nun lasset uns alle mit fröhlichem Schalle.

S. 229. Triumph, Triumph, der Mars ist fort.

f) Des Edlen Dafnis aus Cimbrien besungene Florabella, anitzo mit verschiedenen schönen Stückchen vermehret und zum Truck befördert, Hamburg 656. 8.

Erdm. Neumeister in seiner *Diss. de poet. Germ.* p. 86. gibt eine ältere Ausgabe von 1644 und eine neuere von 1660 8. an. Das Ganze besteht aus 71 in Musik gesetzten Liebes-Liedern, unter welchen einige für jene Zeiten vortrefflich genannt zu werden verdienen. Die Muster, denen er folgte, gibt er im 65sten Liede Str. 6. mit den Worten an:

Ronsard und der Theophil
Fuhrten ihn zu diesem Ziel;
Auch Petrarch hat ihm gewiesen,
Wie die Tugend wird gepriesen.

160) Jac. Balde; f. Bd. I. und Becker's Reichsanzeiger
J. 1795. Vergl. Neumeifters oft angeführte Diff. S. 9. 10.
Seine opera poetica erfchienen auch Monach. 638. 3 Vol.
12. Col. Ubior. 645. 4 Voll. 12. Ib. 646. 4 Voll. 12. Ib.
660. 4 Voll. 12. Ib. 729. 8 Voll. 8. Sein Andenken hat
Herder auf eine ehrenvolle Art erneuert in feiner
Terpfichore, Hamb. 795. 96. 2 Th. 8.

161) Ernft Cph. Homburg; f. No. 82. im vorhergehenden Abfchnitte. Von feiner fchimpf- und ernfthaften Clio erfchien auch eine Ausgabe, Jena 642. 2
Theile, 8. Gutgewählte Proben feiner Liederpoefie ftehen in Efchenburgs auserlefenen Stücken Bd. III, S. 263
bis 322.

162) Filip (Philipp) von Zefen (Cafius; Blau) geb.
1610 nicht zu Fürftenau, fondern zu Prierau im Anhaltifchen, wie er felbft in feinem Lobe des Vaterlandes bezeugt, welches abgedruckt fteht in Jo. Cph. Beckmanns Acceffion. hiftoriæ Anhaltinæ, p. 565 — 582. Er bekleidete nie ein öffentliches Amt; war Pfalzgraf, Magifter, und zuletzt Titular-Rath verfchiedener Sächfifcher
Fürften. In der Fruchtbringenden Gefellfchaft hiefs er
der Wohlfetzende, und in der Deutfchgefinnten
Gefellfchaft, welche er 1643 zu Hamburg ftiftete, der
Fertige. Nach vielen Reifen in Deutfchland und Holland liefs er fich zuletzt in Hamburg nieder, wo er 1680
ftarb. S. Neumeifters diff. p. 113 — 16. und Zeltneri theatrum viror. eruditor. p. 565 fqq. Ein Verzeichnifs der fo
wohl überfetzten als felbft verfafsten Zefifchen Schriften,
erfchien Speier 687. 8. Schon vorher gab er felbft
ein folches am Ende feiner Leiter zum hochdeutfchen Helikon, Jen. 656. 8. heraus. Von diefen
gehören hieher vorzüglich:

a) Hochdeutfcher Helikon, oder Anleitung zur Hochdeutfchen Dicht- und Reimkunft, 3te Ausgabe Wittenb. 640. 8. Die 4te und letzte Ausgabe 1fter Theil
Jena (Cölln a. d. Spree) 656. 2ter Theil, Berlin eod.
3ter Th. Jen. eod. 8. In diefem Werke finden fich mehrere Liebes-Lieder von ihm. Auch liefert Th. II, S.
57 — 60 die erften eigenthümlichen Anakreontifchen Lieder in Deutfcher Sprache, in welchen fich

Opitz bloſs als Nachahmer verſuchte, und welche Hr. Gleim eben ſo wenig zuerſt, als am glücklichſten cultivirt hat. Vergl. Zeſens Helikoniſche Leiter, S. 40—42.

b) In dieſer Leiter, welche zuerſt Amſterd. 643. 8. und dann Jena 656. 8. erſchien, ſtehen S. 101 — 108 zwey antidakryliſche Oden.

c) Die Frühlingsluſt, oder Lob- Luſt- und Liebes-Lieder; ſie waren ſchon 1656 in dreyen Ausgaben vorhanden, wie er ſelbſt im Verzeichniſſe ſagt. Vergl. Elwerts Auffatz über ſie im Deutſchen Muſeum 1785. Oct. S. 312 ff. und Schmids Skizzen in der Olla Potrida 1784. I. S. 37 ff.

163 Sibylla Schwarzin; geb. 1621 zu Greifswalde; Tochter des dortigen geheimen Landrathes und Bürgermeiſters Chriſtian Schwarz; ſtarb ſchon 1638, zu früh für die ſchönen Hoffnungen, welche ſie ihren Zeitgenoſſen als Dichterinn vom ſeltenen Genie und Fleiſſe erregt hatte. Ihre Gedichte, von welchen das früheſte vom 9ten Febr. 1634 (ſ. Bd. I, S. 27.) datirt iſt, wurden von ihrem Lehrer und Correſpondenten Sam. Gerlach im Jahre 1650 zu Danzig in zweyen Theilen in 4to unter folgendem Titel herausgegeben:

Sibylle Schwarzin vohn Greiffswald aus Pommern deutſche poetiſche Gedichte nuhn zum erſten mahl auſs ihren eigenen Handſchriften herauſs gegeben und verleget durch M. Sam. Gerlach auſs dem Herzogthum Würtemberg. (Mit zwey ſchönen Bildniſſen der Dichterinn von Jac. Sandrart.)

In der Vorrede zum erſten Theile erklärt der Herausgeber: daſs er alle ſolche Gedichte auſs ihren eignen Handſchriften vohn Worte zu Worte, ja faſt von Buchſtaben zu Buchſtaben genommen, und auch das geringſte darinnen nicht geändert worden, alſo daſs man, ob wol an einem paar Orten der Verſtand nicht eigentlich können gefaſt werden, doch ihr gern in allem nachgeben als verbessern wollen, wie man dan auch etliche Worte, die sie, nach ihres Ortes Aussprache, ohne Unterschied gesezet als: *mich, mihr; mag, mach &c.* eben also stehen lassen, damit man ihr nichts, was nicht ihr eigen, andichte. Diese diplomatische Gewissenhaftigkeit, welche der ehrliche Gerlach, ganz gegen die süssliche Galanterie der neuern Herausgeber unserer poetischen Damen, übte, muſs man vor Augen haben, ehe man über die Uncorrectheit jener Deutschen Sibylle den Stab bricht. Eben so sehr verdient zur richtigen Würdigung ihres Dichterwerthes dasjenige beachtet zu werden, was derselbe Herausgeber in der Vorrede zum 2ten Theile zu ihrer Rechtfertigung sagt: du wollest dasjenige, was dir nicht gefällt, teils ihren noch sehr jungen und schwachen Jahren, teils Ihrem weiblichen Geschlechte, teils auch den lustigen Einfällen und der Poetischen Geistern ziemlich zugelassenen Freiheit wohlmeynend zuschreiben. Sind dir aber die Verse an sich zu schlecht, zu unverständlich, zu unordentlich; so erwäge wiederum ihre Jugend und Geschlecht, wie auch ihres Vaterlandes Aussprache, und sonderlich daſs zu Ihrer Zeit, vohr 12. 16. 18. und mehr Jahren, weder die deutsche Poesy, noch ihre Schreibrichtigkeit so vollkommen als nuhn gewesen. Unter diesen nothwendigen Einschränkungen kann man diese mit Unrecht vergessene Dichterinn ihrer spätern Namensgenossinn, der über die Gebühr vergötterten Sophie Schwarz; geb. Becker, welche 1791 starb, kühnlich an die Seite setzen. Vergl. Morhofs Unterricht von der Deutschen Sprache nnd Poesie, S. 398. 99. *Wittenii. diar. biograph. ad A.* 1638. Lehms Teutschlands galante Poetinnen, S. 219—25.

164) Geo. Phil. Harsdörfer; s. Bd. I, S. 253. sein *curriculum vitae* unter Möllers Vorsitze von *Andr. Geo. Widman, Altdorf.* 707. 4. und *Amaranthes* (Herdegens) Nachricht vom Hirten- und Blumenorden aus der Pegnitz, S. 63—79 (Nürnb. 744. 8.) Am ehrenvollsten

hat Herr Meisner sein Andenken erneuert in seiner und Cauzlers Quartalschrift, Jahrg. I, St 2. S. 17—53. Er war Mitglied der Fruchtbringenden Gesellschaft unter dem Namen des Spielenden, und stiftete 1644 mit Jo. Klai aus Meissen den Blumenorden, oder die Gesellschaft der Pegnitzschäfer zu Nürnberg, in welcher er den Namen Strephon führte. Dieser vielbelesene und sinnreiche Dichter hat uns mehrere Lieder aus der gegenwärtigen Untergattung hinterlassen. Sie stehen größten Theils in seinen Gesprächspielen, deren beyde erste Theile unter dem Namen: Frauenzimmergesprächspiele, Nürnb. 641. kl. 8. erschienen und dann ebendaselbst mit sechs neuen Theilen vermehrt, in Quer-Octav wieder aufgelegt wurden. Der erste Theil dieser neuen Ausgabe erschien 1644; der zweyte 1657; der dritte 1643; der vierte 1644; der fünfte 1645; der sechste 1646; der siebente 1647; der achte und letzte 1649.

Die vorzüglichsten hieher gehörigen Lieder dieser, mit den verschiedenartigsten Gedichten und Reimen durchwebten, Sammlung sind nach der zweyten Ausgabe:

Im zweyten Theile:

a) Lob des Frühlings; in vier vierzeiligen Strophen, S. 279—82.

b) Lob des Sommers; in sechs sechszeiligen Strophen, S. 279—82.

c) Lob des Herbstes; sechs Strophen im Sapphischen Sylbenmaaße, S. 283—85.

d) Lob des Winters; in sieben achtzeiligen Strophen, S. 286—90.

e) Ein Trinklied; in vier achtzeiligen Strophen, S. 375—78.

Im dritten Theile:

a) Die Morgenröthe; in vier achtzeiligen Strophen, S. 181—84.

b) Ein

b) Ein Lied für Schmiede-Gesellen; nach dem Dreyschlage ihrer Hämmer versifizirt in fünf sechszeiligen Strophen, S. 189—91.

c) Die Sonne als Sinnbild der Ehre; in drey zehnzeiligen Strophen, S. 194—98.

d) Drescher-Lied; drey Strophen im Sapphischen Sylbenmaße, S. 201—203.

e) Zecher-Lied; in fünf sechszeiligen Strophen, S. 208—11.

f) Wettgesang der Liebe; in sechs sechszeiligen Strophen, S. 228—32.

g) Ein allegorisches Traumlied; in sechzehn sechszeiligen Strophen, S. 459—66.

h) Lob des Spieles; acht Strophen im Sapphischen Sylbenmaße; steht unter der Aufschrift: Schlußreymen hinter dem Register dieses Theiles, S. 2—5.

Im vierten Theile:

a) Buhllied einer Schäferinn, entlehnt aus M. Cervantes Saavedra *novela exemplare* No. 5. und mit wenigen Veränderungen wieder abgedruckt in Canzlers und Meissners Quartalschrift Jahrgang I, St. 2. S. 51—53.

b) Satirisches Lied an Klügelmund von Dünkelwitz; in fünf siebenzeiligen Strophen, S. 447 und 48.

Im fünften Theile:

a) Ein Anakreontisches Lied in dreyßig Zeilen, S. 298—300.

b) Trinklied, dem weinreichen Deutschlande zu Ehren gesungen; in fünf sechszeiligen Strophen, S. 451—53.

Im sechsten Theile:

Loblied auf die Blumen; in sieben Strophen nach der Melodie: Wie schön leuchtet uns der Morgenstern; steht in der Zugabe zu diesem Theile, S. 80—86.

Im achten Theile:

a) Der Blumen Aufzug; in sechs siebenzeiligen Strophen, S. 133—36.

b) Das Veilchen; in drey sechszeiligen Strophen, S. 137—39.

c) Die Rosen; in drey achtzeiligen Strophen, S. 139 bis 41.

d) Lied auf den Westphälischen Frieden; in sieben achtzeiligen Strophen; S. 448—52.

e) Gespräch der Donau und des Rheins über denselben Frieden; in acht sechszeiligen Strophen, S. 462—65.

165) Gottfried Finckelthauss; war Stadtrichter zu Leipzig und blühte um das Jahr 1634. S. Neumeisters *diss*. p. 32. 33. Seine Deutschen Gesänge, Hamb. s. a. lang 8. kenne ich bloss aus dem *Catal. biblioth. Schwabii; P. II; p. 216. (Lipf. 785. 8.)* Seine Deutschen Lieder, Lpz. 644. 12. schrieb er unter dem Namen: Greger Federfechter von Lützen.

166) Jo. Mich. Moscherosch. s. Bd. I, S. 175. Sein von Matthias Machner gearbeitetes Bildniss steht hinter unsers Dichters christlichem Vermächtnisse, Strasb. 678. 12. Seine scherzhaften Lieder stehen zerstreut in seinen wunderlichen Gesichten an folgenden Stellen der Ausgabe von 1650 Th. I, S. 113. 409—472. Th. II, S. 123. 212. 216. 286. 653. 655. 658. 682. und in seinem genannten Vermächtnisse steht am Ende ein Kinderlied.

167) Eines Ungenannten Lied von Henneke dem Knechte in niederdeutscher Mundart, habe ich nach einem einzelnen Drucke vom Jahr 1645. s. l. 8. mit einem Commentare abdrucken lassen im 2ten Bande der Bragur, S. 311—23. Schon vorher stand es in des edelen Hennecken von Lauensteine kurzer, doch umständlicher Relation der wider den Erbfeind, den Türken, des 1663 und 64ten Jahres angetretenen und nunmehro abgelegten Kriegsexpedition, vorgestellet in ei-

nem Gespräche gehalten mit seinem Vettern Chimme von Deister, s. l. 6ʼ5. 12. Wahrscheinlich aus dieser Relation hat es Baring in seiner *descriptio Salæ principatus Calenbergici*, T. II. p. 153—57. aufgenommen.

168) Von fliegenden Deutschen Volksliedern aus der Opizischen Periode besitze ich folgende einzelne Abdrücke, von welchen ich nicht weiss, ob sie zu oder nach ihrer Zeit in gröſsere Sammlungen aufgenommen worden sind.

a) Schwing dich auf Frau Nachtigall, geschwind. — s. l. 639. 8.

b) Es wolt ein alt Mann Hochzeit han. — Ydt wolde een Buwr Brutlacht hebben. s. l. 639. 8.

c) Aus frischem freyen Muth, frew dich du junges Blut. — Jungfraw ich thue euch fragen. s. l. 644. 8.

d) Cupido mit seinem Pfeil mich tapffer thut scharsiren. — Wer von Liebe nicht will wiſsen. — All mein Anfang, Mittel und Ende. — s. l. 644. 8.

e) Daphnus ging für wenig Tagen, vber die begründte Heyde. — Sa, Sa, Sa, selb Ander, Ey solte ich nicht Lachen. — s. l. 646. 8.

f) Mein Herz für groſsen Frewden hebt jetzt zu singen an. — Es hatt ein Bawer ein Töchterlein. — Ich hab vor vielen Jahren gehöret vnd erfahren. s. l. 646. 8.

g) Es ist nicht lang da es geschah, daſs man den Lindenschmidt Reiten sah. s. l. 646. 8.

h) Von der Mägde Hoffart. — Hört ihr Herren steht fein still. — In dem May, in dem May iſts lieblich vnd schön. s. l. 646. 8.

i) Als ich vor kurtzer weile ein schönes Jungfräwlein anblicket. — Vorlangſt ich meine Floria fandt. — Es liegt ein Schloſs in Oeſterreich. ſ. 1. 647. 8.

k) In *Johann Balhorns* güldenem *A. B. C.* nebenſt andern ſchönen Gedancken in dieſe geſchmeidige Form gebracht ſ. 1. & a. 12. ſtehen mehrere Deutſche Volkslieder, theils ganz, theils in Proben, welche mit den durch Gräters Bragur verewigten die ſtrengſte Vergleichung aushalten, und daher mit vollem Rechte eine Stelle in jenem Archive des Altdeutſchen Volkswitzes verdienen. Z. B. No. 12.

> Der liebſte Buhle den wir han,
> Der liegt beym Wirth im Keller;
> Er hat ein hölzern Röcklin an,
> Und heiſst der Muſkateller &c.

Derſelbe Johann Balhorn hat auch ein Anakreontiſches Liebeslied hinterlaſſen, welches jedem Gleimiſchen an die Seite geſetzt zu werden verdient.

169) G. A. Richter; von dieſem mir völlig unbekannten Dichter weiſs ich nur ein einziges hieher gehöriges Lied vom Jahre 1644 nachzuweiſen. Es ſteht unter der Aufſchrift: Ermunterung zur Freude in des Laublinger Lange Beſchäftigung einer Geſellſchaft auf dem Lande, St. 2. S. 201. und 202. in drey ſechszeiligen Strophen und fängt an:

> Laſst uns der ſüſsen Freude pflegen
> Die uns das Glück jetzt räumet ein;
> Weil ſich der Tugend Kräfte regen
> Und unſre Sinnen feurig ſeyn;
> Daſs ja kein Tag fürüber flieſse,
> Der nicht der Freuden Luſt genieſse.

170) Nicolaus Barnſsdorf; von dieſem Dichter weiſs ich nichts weiter, als was ich aus einem ſeiner Gedichte S. 37. vermuthen kann, daſs er aus Walkenried im Braunſchweigiſchen gebürtig und hier im Amte geweſen

fey. In feinen neuen Gedichten und Liedern
C l. 650. 8. befinden fich 9 Liebes-Lieder.

171) Georg Greflinger (nicht Grebinger); f. Bd. I, S. 214. und Neumeifters *diff. p. 40.* Aufser seinen dort genannten weltlichen Liedern gehören hieher feine poetifche Rofen und Dörner, Hulfen und Körner, Hamb. 655. 8., in welchen fich überhaupt 50 Lieder befinden.

172) David Schirmer; aus Freyberg gebürtig; Churfürftlich Sächfif. Bibliothekar. Nur diefes weifs ich von ihm aus Neumeifters *diff. p. 91—93.* Seine Lieder erfchienen unter dem Titel: Poetifche Rofengepüfche, Dresd. 653. 8., mit einem neuen Buche vermehrt, Ebend. 657. 8. Singende Rofen, Dresd. 654. Fol. Rautengepüfche, Ebend. 663. 8.

173) Jo. Geo. Schoch; f. Bd. I, S. 270. und Neumeifters *diff. p. 95.* Von ihm haben wir einen neu erbauten poetifchen Luft- und Blumengarten von hundert Schäfer-, Hirten-, Liebes- und Tugend-Liedern, Lpz. 660. 12.

174) Jac. Schwieger; f. Bd. I, S. 299. 300. und Neumeifters *diff. p. 82. u. 97.* Von feinen vielen Gedichten gehören vorzüglich hieher:

a) Des Flüchtigen flüchtige Feldrofen 653. 12. Hamb. 655. 12.

b) Liebesgrillen oder Luft- und Liebes- Scherz- Ehr- und Sitten-Lieder, Th. 1, Hamb. 654. 12. Th. 2, Eb. 656. 12.

c) Adeliche Rofen, Glückft. 659. 12.

d) Geharnfchte Venus oder Liebes-Lieder im Kriege gedichtet, Hamb. 660. 12. Proben aus der letztgenannten Sammlung; f. in Efchenburgs auserlefenen Stücken, Bd. III, S. 325—368. und die vollftändigfte Literar-Notiz im 2ten Bande der Bragur, S. 420—427. von Efchenburg.

175) Hyphantes; ein pfeudonymifcher Dichter, der eigentlich Weber hiefs und Mitglied des Schwanenor-

dens war. S. Neumeisters *diss. p. 83.* Von ihm haben wir Poetifche Mufen, Hamb. 661. 12. Im *Cat. bibl. Schwabii II.* 266. wird eine Glückstädter Ausgabe von demfelben Jahre und Formate angeführt.

176) Nicolaus Peucker; geb. in Schlefien 16**; starb 1674 als Churfürstl. Brandenburgifcher Kammergerichts-Advocat, Stadtrichter und Raths-Kämmerer zu Kölln an der Spree. Von ihm haben wir: Die rechte klingende luftige Paucke von 100 finnreichen Scherzgedichten, nach des Autoris Tode in Ordnung gebracht von Otto Christn. Pfeffer, Berl. 702. im länglichen Duodez.

Vorzüglich gut find ihm die Wiegenlieder S. 17. 23. u. 30. und die Naturgefänge auf die vier Jahreszeiten S. 379. ff. gelungen. Vergl. Biesters Berl. Blätter, Jul. 1797 S. 80—88., wofelbst das Andenken diefes finnreichen Dichters vom Hrn. Nikolai erneuert, und fein naives Wiegenlied auf die Geburt des Brandenburgifchen Churprinzen Karl Aemil abgedruckt worden ist.

177) Christ. Hofmann v. Hofmannswaldau; S. Bd. I, S. 216. u. 142. und Neumeifters *diss. p. 52—56.* In feinen Deutfchen Ueberfetzungen und Gedichten Bresl. 673. 8. und in der Neukirchifchen Sammlung feiner und anderer Teutfchen auserlefenen und überhaupt ungedruckten Gedichten, Lpz. 697. ff. 7 Th. 8, ftehen viele feiner hieher gehörigen Lieder.

178) Dan. Casp. v. Lohenstein; f. Bd. I, S. 218. In feinen Trauer- und Luftgedichten, Bresl. 680. 8. *rep.* 689 befinden fich feine hieher gehörige Liebes-Lieder. Vergl. Schmids Nekrolog I. 138—155.

179) Andreas Rihlmann; (Rühlmann) fehlt in Jöchers Gelehrten-Lexicon; in der Vorrede zu feinem politifch-theologifchen Tractate von dem grofsen Hauptkriege, zwifchen den beyden ewigen Kronen und höchften Potentaten Himmels und der Erden und dem Grofsmächtigen Fürften der Hölle &c. Lübeck 658. 12. unterfchreibt er fich: von Querfurt aus Sachfen

gebürtig; und auf dem Titel deſſelben Werkes nennt er ſich Secretarius. S. Bieſters Berlin. Blätter Sept. 1797 S. 353—80.

Ein armer literariſcher Schlucker, welcher in der tiefkriechendſten Zueignungsſchrift vor ſeinem bald anzuführenden Werke von ſich ſelbſt geſteht: „Daſs er in Hamburg ſeine Zeit, (worinnen er bis in das fünfte Jahr, mit allerhand unglücklichen Widerwärtigkeiten gelebt, in der Hofnung, dem Glücke einen Vortheil abzulaufen), mit dem Müſsiggange nicht habe verſchlieſsen mögen, und deswegen den Streit der Ehre und der Liebe beſchreiben wollen. Auch erſtehet er ſich eben daſelbſt Schutz gegen ſeine Verläumder und Verfolger, welche ihm zum Theil allzumächtig geworden." Aus der hierauf folgenden Vorrede ſieht man, daſs eben er Verfaſſer des berüchtigten Buches: Streit zwiſchen Chriſtum und Belial, iſt, und daſs er das gegenwärtige bereits vor drey Jahren vollendet habe.

Sein hieher gehöriges Werk: Politiſcher Tractat von Staats- und Liebes-Sachen, welche mit ſich führen den Krieg des Streits der Ehre und Liebe zwiſchen den Cavalieren, Courtiſanen und Damen &c., Frankf. Hamb. 664. 8., enthält in vier Abtheilungen 35 hieher gehörige Lieder von einigem aber ſehr verſchiedenem Werthe, nemlich: S. 78. 79. 86. 90. 98. 107. 135. 153. 158. 183. 193. 203. 236. 240. 244. 255. 271. 322-28. 344-49. 350. 356. 375. 378. 393. 395. 398-401. 404. 548. 595. 715. 717. Erdm. Neumeiſter in ſeiner *diſſ. de poet. Germ. p. 88.* führt eine Ausgabe von 1663 in 8. an.

180) Leucoleon; von dieſem Pſeudonymen haben wir eine hieher gehörige Sammlung unter dem Titel: Galamelite oder allerhand keuſche Luſt- und Liebes-Lieder, Frkf. 671. 8. S. Neumeiſters *diſſ. p. 82.* Eben daſelbſt wird ein gewiſſer Pegnitz-Schäfer, Lilldor, mit ſeinem vermiſchten Gedichte-Krantz, Nürnb. 682. 8. aufgeführt, von

dem ich aber weder den wahren Namen, noch überhaupt angeben kann, ob er zu dieser Gattung gehöre.

181) Heinr. Mühlpfort; f. Bd I, S. 218. Seine hieher gehörigen Lieder stehen unter dem Namen: verliebte Gedanken, in seinen nach seinem Tode herausgekommenen Gedichten, S. 869 — 914. Bresl. 698. 8.

182) Christian Gryphius; f. Bd. I, S. 216. Seine hieher gehörigen Lieder stehen in seinen poetischen Wäldern, welche auch Breslau 698. 2 Bde. 8. Eb. 718. 2 Bde. 8. erschienen.

183) Heinrich Arnold Stockfleth; geb. 1643 zu Allfeld im Hannöverischen; starb als Brandenburg-Bayreuthischer Kirchenrath und Superintendent zu Neustadt an der Aisch 1708. S. Amarantes (Jo. Herdegen) historische Nachricht von des löblichen Hirten- und Blumenordens an der Pegnitz Anfang und Fortgang, S. 340 — 42.

> Unter dem Namen Dorus, welchen er unter den Pegnitzschäfern führte, gab er heraus: Die Kunst- und Tugend-gezierte Macarie &c., in einer anmuthigen Liebesgeschichte &c. Nürnb. 669. 12. Im ersten Theile dieses Romans befinden sich 74 hieher gehörige lyrische Stücke. Z. B. S. 320. 326. 332. 517. 542. 573. 606 — 611. 688.

> Seine Ehefrau Maria Katharina, geb. Frisch, war ebenfalls Mitglied des Blumenordens unter dem Namen Dorilis; hinterließ einige geistliche und weltliche Gedichte und hatte einen nicht geringen Antheil an der angeführten Macarie ihres Mannes. S. den genannten Amarantes S. 337 — 40.

184) Heinr. Bredelo; aus Königsberg in Preußen gebürtig; war Professor an der Ritterakademie zu Wolfenbüttel. S. Neumeisters diff. p. 17. und Gottscheds Bücherfaal IV. 445. 446. Seine Gedichte erschienen unter dem Namen: poetischer Tisch, mit allerhand lieblichen in Freud und Leid üblichen Speisen besetzt, Frkf. Lpz. 682. 8.

185) Hans Affmann, Freyherr von Abschatz; f. No. 106. im vorhergehenden Abschnitte. In seinen dort angeführten Gedichten stehen seine hieher gehörigen Lieder, Th. I, 248—320 unter dem Namen *Anemonis* und *Adonis* Blumen und Th. 2. S. 71—192. unter seinen vermischten Gedichten.

186) Friedr. Rud. Ludw. von Canitz; f. Bd. I, S. 178. 179. Seine hieher gehörigen vorzüglichen Lieder stehen in seinen dort angeführten Gedichten, von welchen die Nebenstunden auch in den Jahren 1702. 1708. 1712. 1714 1715. wieder aufgelegt worden sind.

187) Menantes; (Christ. Friedr. Hunold); f. Bd. I, S. 183. Aufser seiner dort angeführten edle Bemühung müfsiger Stunden, f. seine Galante, Verliebte und Satyrische Gedichte, Hamb. 703—706. 3 Theile, 8.

188) Christoph Heinrich Amthor; geb. zu Stollberg im Thüringischen um 1668; war im Jahr 1717 Kön. Dän. Kanzlei- und Regierungs-Rath, Historiographus und Präsident zu Rensburg; und starb als Justiz-Rath zu Copenhagen 1721. S. *Molleri Cimbria litterata.* Seine Deutschen Gedichte und Ueberfetzungen erschienen Flensb. 717. 8. *rep.* Rensb. 734. 8.

189) Jo. Christn. Günther; f. Bd. I, S. 183. Seine vielen hieher gehörigen Gedichte stehen unter seinen weltlichen Oden und Liedern, S. 123—330. seinen Jugendproben S. 899—1102. in dem Anhange S. 1105—1178 nach der Ausgabe von 1751 und in der Nachlese zu seinen Gedichten von 1745 S. 93 bis 128 und 193 bis 263.

190) Philander von der Linde, d. i. Jo. Burch. Menke; f. Bd. I, S. 184.

 a) Galante Gedichte, Lpz. 710. 8. Ist schon die 2te verb. Ausg. *rep. ib.* 723. 8.

 b) Scherzhafte Gedichte, andere und vermehrte Auflage, Lpz. 713. 8. *rep. ib.* 722. 8.

 c) Vermischte Gedichte, Lpz. 710. 8.

191) Gottlieb Siegmund Corvinus; geb. zu Leipzig 16**; ſtarb als praktiſcher Juriſt daſelbſt 1744. S. Gottſcheds Bücherſaal II, 243—56.

Unter dem Namen Amaranthes gab er heraus: Proben der Poeſie in galanten verliebten Scherz- und ſatyriſchen Gedichten, Frkf. Lpz. 710. 711. 2 Theile, 8. Unter ſeinem wahren Namen erſchienen ſeine reifere Früchte der Poeſie, Lpz. 720. 8.

192) Joachim Beccau; ſ. Bd. I, S. 298. Er war aus Burg in Femern gebürtig.

a) Zuläſſige Verkürzung müſſiger Stunden, beſtehend in allerhand weltlichen Poeſien, als namentlich in verliebten, ſatyriſchen und Sinn-Gedichten, Hamburg 719. 8.

b) Bey verſchiedenen Gelegenheiten entworfene Ehrengedichte, Hamb. 720. 8. Unter den in dieſer Sammlung enthaltenen Hochzeitliedern befindet ſich ein ſehr naives in Niederdeutſcher Sprache vom Jahr 1713.

193) Friedr. Chriſtn. Henrici; geb. 1700 zu Stolpen im Meiſsniſchen; reimte ſchon in ſeinem 14ten Jahre; war Poſt-Secretair zu Leipzig und ſtarb 17**. Unter dem Namen Picander gab er ſeine Ernſt-Scherzhaften und Satyriſchen Gedichte, Leipz. 727. 29. 2 Th. 8. Zum dritten Mahle erſchienen ſie daſelbſt 736. 8. Die neueſte Ausgabe Ebend. 748—51. 5 Theile, 8.

194) Friedr. von Hagedorn; ſ. Bd I, S. 191. 192. Er überſprang alle ſeine Vorgänger in der leichtern Lieder-Gattung und lehrte zuerſt den wahren Ton des edeln Frohſinns und einer geſchmackvollen Ausdrucksart für die angenehmen Empfindungen. Seine Trinklieder und Lieder der Liebe halten die ſtrengſte Kritik des gebildeſten Zeitalters aus, und werden ſich bey jeder künftigen Umwandlung des Geſchmackes behaupten. Schon 1718 dichtete er die drey ſchönen Lieder: Mein Mädchen mit den ſchwarzen Haaren. Aus den Reben fleuſst das Leben und Die Vergötterung. Sei-

ne Erstlinge erschienen unter dem Titel: F. v. H. Versuch einiger Gedichte, oder auserlesene Proben poetischer Nebenstunden, Hamb. 729. 8. Die spätern Ausgaben seiner Gedichte s. oben und die genaue Zeitfolge derselben in Schmids Nekrolog I, 286—320.

195) Friedr. Wilh. Gleim; s. Bd. I, S. 136 und 321.

a) Versuch in scherzhaften Liedern, Berl. s. a. (1742) 8. Ebend. 743. 744. 749. 3 Theile, 8.

b) Lieder, Zürch 745. 8.

c) Lieder, Fabeln und Romanzen, Lpz. 748. 8. Die erstern besonders unter dem Titel: Petrarchische Gedichte, s. l. 764 8. Sind eigentlich der 3te Theil des Versuchs in scherzhaften Liedern.

d) Preussische Kriegslieder in den Feldzügen 1756 und 1757, von einem Grenadier, Berl. 758. 12. Einige stehen Französisch im *Journ. etranger Nov. 1761.*

e) Sieben kleine Gedichte nach Anakreons Manier, Berl. 764. 12.

f) Lieder nach dem Anakreon, Berl. Braunschw. 766. 8.

g) Neue Lieder, Berl. 767. 8.

h) Zwei Lieder eines Arbeitsmannes, s. l. 771. 8.

i) Die beste Welt, s. l. 771. 8. (von ihm und Jacobi.)

k) Lieder für das Volk, Halberst. 772. 8.

l) Preussische Kriegslieder im März und April 1778. Lpz. 8.

m) Lieder der Liebe, s. l. 778. 8.

Viele seiner Lieder stehen zerstreut in seinen Briefen an Jacobi, in des letztern Iris, im Deutschen Merkur, mehrerern Almanachen und andern Sammlungen. Er selbst hat noch keine Sammlung seiner sämmtlichen Gedichte veranstaltet. Die oben genannte ist ohne seinen Willen und sehr unkritisch gemacht.

196) Sam. Gotth. Lange; s. Bd. I, S. 138 und Jac. Imm. Pyra, s. Ebend. S. 233. Die Lieder dieser beyden Männer, welche so vielen Antheil an der Verbesserung des Geschmackes in der neuen Deutschen Poesie haben, erschienen nach dem Tode des letztgenannten unter dem Titel: Thyrsis und Damons freundschaftliche Lieder, Zürch 755. 8. Zweyte vermehrte Ausgabe, Halle 749. 8. Thyrsis war Pyra und Damon Lange.

197) C. F. Gellert; s. Bd. I, S. 234. Unter dem einfachen Namen: Lieder, gab er zu Leipzig 1743. kl. 4. zwölf hieher gehörige Gedichte heraus, welche er zweyen Freundinnen zu Gefallen verfertigt hatte. Sie sind äusserst selten, weil er nur zwölf Exemplare derselben hat drucken lassen. S. *Catal. bibl. Schwabii*, P. II, p. 189.

198) Jo. El. Schlegel; s. Bd. I, S. 235. Anakreontische Lieder stehen von ihm zuerst in den Belustigungen und dann in seinen Werken IV. 227. ff.

199) Jo. Adolph Schlegel; s. Bd. I, S. 255. Seine hieher gehörigen Lieder stehen zuerst in den Bremischen Beyträgen und dann im 1sten Bande seiner vermischten Gedichte, S. 244 — 326. (Hannov. 787. 8.)

200) Jo. Arnold Ebert; s. Bd. I, S. 244. Er starb 1794. Seine schon im Jahr 1740 verfertigten und in den Brem. Beitr. zuerst erschienenen Lieder stehen jetzt in seinen Episteln und vermischten Gedichten, Hamburg 789. 8.

201) Just Friedr. Wilh. Zachariä, s. Bd. I, S. 116. Seine Lieder erschienen zuerst in den Brem. Beitr. und in den dazu gehörigen vermischten Schriften, nachher bey seinen scherzhaften epischen Poesien, Brschw. 744. 8. und zuletzt in 6 Büchern im 3ten Bande seiner poet. Schriften, (Braunschw. 763 — 65. 9 Theile, 8.)

202) Ludwig Friedrich Lenz; geb. 1717; Amtmann zu Altenburg; starb 1780. Von ihm haben wir Frei-

mäuerlieder, 746. 8. So viel ich weiß, ist dieses die erste Sammlung dieferley Lieder in Deutscher Sprache.

203) Nicolaus Dietrich Giesecke; s. Bd. I, S. 239. Vier Bücher Oden und Lieder nebst den Geschenken an Daphne, stehen in seinen poetischen Werken S. 87 ff. (Brschw. 767. 8.)

204) Jo. Pet. Uz; s. No. 134. im vorhergehenden Abschnitte. Seine hieher gehörigen Lieder stehen in seinen lyrischen Gedichten, s. l. (Berlin) 749. 8. rep. Augsb. 755. 8. Verm. Lpz. 756. 8. und in seinen Werken Ebend. 768; 2 Bde. 8.

205) Gotth. Ephr. Leſſing; s. Bd. I, S. 193. Seine scherzhaften Lieder stehen zuerſt in den Ermunterungen vom Jahr 1747 und in ſeinen Kleinigkeiten, Berl. 751. 8. Eine Auswahl von diesen enthalten seine kleine Schriften, Berl. 753. 12. Verbeſſert im erſten Theile der vermiſchten Schriften, Berl. 771. 8. Nachleſe dazu im 2ten Th. der verm. Schr. Eb. 784. 8.

206) Jo. Nic. Götz; s. Bd. I, S. 221 und Schmids Nekrolog II, 799.

a) Lieder bey seiner Uebersetzung des Anakreon, Karlsruhe 746. 8.

b) Gedichte eines Wormſer, 752. 8.

c) Anonymiſche Lieder in Schmidts Anthologie, in den Muſenalmanachen, in der Mannheimer Schreibtafel, in Ramlers Lieder der Deutschen, Lpz. 766. 8. und in deſſelben lyriſcher Bluhmenleſe, Th. I.

d) Sämmtliche Gedichte, Mannh. 785. 3 Theile, 8. Von Ramlers Beſorgung.

207) Gottlieb Fuchs; geb. 1722 zu Leppersdorf im Erzgebirge; ſtudirte als der Sohn eines armen Bauer auf der Stadtſchule zu Freiberg bis 1745, in welchem Jahre er nach Leipzig ging und hier bey seiner dringenden Armuth von Gottſched, noch mehr aber von Fr. von Hagedorn von Hamburg aus unterſtützt und zur Poeſie ausgebildet wurde. Im Jahr 1746 ging er nach Dresden und wurde 1751 Diakonus in Zehren, unweit Meiſſen,

und seit 1769 Pfarrer zu Taubenheim im Meißnischen Kreise. S. die Vorrede zu seinen Gedichten von 1771. Im Jahr 1790 lebte er noch.

a) Neue Lieder, componirt von Doles, Lpz. 750. 8. Vorher in den vermischten Schriften zu den Brem. Beiträgen und aufs Neue in Schmids Anthologie, Th. I, S. 339.

b) Drey Gedichte eines studirenden Bauersohnes, Dresden 752. 8.

c) Gedichte eines ehemals in Leipzig studirenden Bauersohnes, herausgegeben von Heinr. Aug. Offenfelder, Dresd. Lpz. 771. 8.

208) Jo. Friedr. Löwen; s. Bd. I, S. 120.

a) Zärtliche Lieder und Anakreontische Scherze, Hamb. 751. 8.

b) Poetische Nebenstunden, Ebend. 752. 8.

c) Poetische Werke, Ebend. 761. 8. Stehen auch in seinen sämmtlichen Schriften, Ebend. 765. 4 Th. 8. unter der Aufschrift: Oden und Lieder in 5 Büchern.

209) Jo. Friedr. v. Cronegk; s. Bd. I, S. 187. Seine ersten scherzhaften Lieder erschienen in seiner Wochenschrift: Der Freund, 754 56. und dann erfolgten Oden und Lieder in 2 Büchern im zweyten Theile seiner Schriften, Ansp. 760. 8.

210) Johann Joachim Ewald; s. Bd. I, S. 219. und 323; geb. zu Spandau 1727. Herr Meusel in der 4ten Ausgabe I. Band, 420. S. nennt ihn einen Darmstädtischen Hofrath; das ist er nach 1757 geworden. Soll schon seit vielen Jahren auf einem Berge als Einsiedler leben; nach Andern hält er sich jetzt in Paris auf. So berichtet Herr Meusel im Jahr 1795 von ihm in der ersten Abtheilung des 5ten Nachtrages zur 4ten Ausgabe seines Gelehrten Teutschlandes. Allein Hr. Prof. Oberthür zu Würzburg hat mir vor einigen Monaten versichert, daß er zu Rom als Kartheuser lebe.

Seine Lieder und Sinngedichte erschienen zuerst Berlin 755. 8. Dann Dresd. 757. 8. und zuletzt Berl. 791. 8.

211) Jo. August von Beyer; geb. 1732 zu Halberstadt; bis zum Jahr 1766 Krieges- und Domainen-Rath und Justitiarius bey der Halberstädtischen Krieges- und Domainen-Kammer; dann Königl. Preuss. Geh. Finanz-Rath, Präsident des Ober-Revisions-Collegiums und erster Director der Gesetz-Commission; seit 1786 geadelt.

a) Kleine Lieder, Berl. Magdeb. 756. 8.

b) Vermischte Poesien, Frkf. Lpz. 756. 8. Mit Veränderungen stehen seine frühern Gedichte in Schmids Musenalmanach 1777. und in Ramlers Blumenlese und in desselben Liedern der Deutschen.

212) Karl Wilhelm Müller; geb. 1728 zu Leipzig; Doctor der Rechte und Churfächs. Geh. Krieges-Rath und Bürgermeister zu Leipzig.

Seine hieher gehörigen vorzüglichen Lieder stehen zuerst in den vermischten Schriften von den Verfassern der Brem. Beyträge und erschienen dann in seinem Versuche in Gedichten, Lpz. 756. 8.

213) Christn. Felix Weisse; s. Bd. I, S. 273.

a) Scherzhafte Lieder, Lpz. 758. rep. 760. rep. 763. 8.

b) Amazonenlieder, Ebend. 760. 8. rep. 762. 8. rep. 763. 8. Vergl. Literaturbriefe XVII, S. 1—16.

c) Lieder für Kinder, Lpz. 766. 767. 768. 769. 8.

Erschienen sämmtlich vermehrt und verbessert in seinen kleinen lyrischen Gedichten, Leipz. 772. 3 Th. 8.

214) Hans Wilh. von Gerstenberg; s. Bd. I, S. 137. In seinen dort angeführten Tändeleyen und in verschiedenen Almanachen stehen seine meisterhaften Lieder der gegenwärtigen Gattung.

215) Konr. Gottlieb Pfeffel; s. Bd. I, S. 220.

a) Verſuch in einigen Gedichten, Frkf. 760. 761. 762. 8. Verm. u. verb. Baſel 789. 3 Theile. 8.

b) Lieder für die Colmariſche Kriegs-Schule, Cöln 778. 8.

216) Benj. Gottfr. Köhler; ſ. die im vorhergehenden Abſchnitte No. 131. angeführte Sammlung ſeiner ſämmtlichen Gedichte.

217) Anna Luiſe Karſchin; ſ. Bd. I, S. 137.

a) Geſänge bey Gelegenheit der Feyerlichkeiten Berlins 763. 8.

b) Auserleſene Gedichte, Berl. 764. 8. Von Gleims Beſorgung.

c) Poetiſche Einfälle, Berl. 764. 8.

d) Neue Gedichte, Mietau 772. 8.

Mehrere Lieder in den Almanachen. Z. B. In Schmids Almanach vom Jahr 1773.

218) Karl Friedr. Kretſchmann; ſ. Bd. I, S. 219.

a) Sammlung komiſcher, lyriſcher und epigr. Gedichte, Halle 764. 8. Ausgewählt und mit 29 neuen verſehen unter dem Titel: Scherzhafte Geſänge, Leipzig 771. 8.

219) Jo. Geo. Jacobi; ſ. Bd. I, S. 138.

a) Poetiſche Verſuche, Düſſeld. 764. 8.

b) Mehrere vorher einzeln gedruckte Lieder ſtehen in ſeinen Werken, Halberſt. 770—75. 3 Theile, 8.

c) Andere ſtehen in ſeiner Iris, im Deutſchen Merkur und in Almanachen.

220) Matthias Claudius; ſ. Bd. I, S. 137.

a) Tändeleyen und Erzählungen, Jen. 753. 8.

b) Werke des Wandsbecker Boten, Hamb. 775. ff. 5 Theile, 8. Dieſe enthalten ſeine originellen Lieder, nach denen er eigentlich gewürdigt werden muſs.

221) Jo. Benj. Michaelis; ſ. Bd. I, S. 138.

a) Fabeln, Lieder und Sat. Lpz. 766. 8.

b) Ein-

b) Einzelne Gedichte, Ebend. 769. 8.

c) Poet. Werke, Giefsen 780. 8.

222) Jac. Friedr. Schmidt; f. No. 154. im vorhergehenden Abschnitte.

  a) Kleine poetische Schriften, Altenb. 756. 8.

  b) Wiegenlieder, Gotha 770. 8.

  c) Gedichte, Lpz. 786. 8.

223) Jo. Casp. Lavater; f. Bd. I, S. 313. Hieher gehören seine Schweizer-Lieder, Bern 762. 8. Verb. ib. eod. 8. Mit Melodien 768. 8. Verb. ib. eod. Neueste Ausgabe 789. 8.

224) Joa. Christn. Blum; f. Bd. I, S. 240.

  a) Lyrische Versuche, Berl. 765. 8.

  b) Sämmtliche Gedichte, Lpz. 776. 2 Bd. 8.

225) Klamor Eberh. Karl Schmid; f. Bd. I, S. 245.

  a) Fröhlige Gedichte, Halberst. 769. 8.

  b) Phantasien nach Petrarens Manier, Lemgo 772. 8.

  c) An meine Minna, 772. 8.

  d) Hendekasyllaben, 773. 8.

  e) Catullische Gedichte, 774. 8. Eigentlich der 2te Theil der vorhergehenden.

  f) Vermischte Gedichte, 1ste Sammlung 772. und 2te Sammlung 774. 8. Theils Verbesserungen der fröhlichen Gedichte, Theils neue Lieder enthaltend.

226) Leop. Günth. Friedr. von Göckingk; f. Bd. I, S. 140.

  a) Seine frühesten Gedichte von 1769 in den Almanachen.

  b) Lieder zweyer Liebenden, Lpz. 777. 8. Verb. 779. 8. In diesen stehen auch die Liebes-Lieder seiner Frau (Nantchen), die, wenn die Deutschen denn doch eine Sappho haben wollen, diesen Namen weit eher verdient, als die von der *balba senectus* so sehr vergötterte K a r f ch i n. Vergl. Neue Biblioth. der fchönen Wiffenfch. XXI. 1.

c) Der 3te Theil feiner Gedichte, Frkf. 782. 8.

227) Friedr. Wilh. Gotter; f. Bd. I, S. 244. Er ftarb im März 1797 zu Gotha.

Seine erften fcherzhaften Lieder in den Blumenlefen von 1769 ftehen jetzt im 1ften Bde feiner Gedichte, Gotha 787. 88. 2 Th. 8.

228) Gottfr. Aug. Bürger; f. Bd. I, S. 140.

Die von ihm fchon 1769 in den Almanachen mitgetheilten Lieder ftehen mit den neuern in feinen fämmtlichen Gedichten, Gött. 778. 8. rep. Ebend. 789. 2 Th. 8. Eine neue Ausgabe nebft der Beforgung des handfchriftlichen Nachlaffes, von welcher bis jetzt drey Bände erfchienen find, verdanken wir dem Herrn Karl Reinhard zu Göttingen.

229) Friedr. Juft. Bertuch; f. Bd. I, S. 139.

a) Copien für meine Freunde, Altenb. 770. 8.

b) Wiegenliederchen, Ebend. 773. 8.

230) J. W. von Göthe; f. Bd. I, S. 201.

Seine früheften Lieder ftehen in verfchiedenen Almanachen, in dem Rheinifchen Mofte und im teutfchen Merkur. Gefammlet und vermehrt im 4ten Bde der Berliner, und im 8ten Bde der Leipziger -Ausgabe feiner vermifchten Schriften.

231) Heinr. Chriftn. Boie; geb. 1745 zu Meldorp; feit 1775 Stabsfecretair zu Hannover und feit 1781 Dänifcher wirklicher Juftizrath und Landvogt der Landfchaft Süddithmarfchen zu Meldorp.

a) Gedichte, Bremen 770. 8.

b) Spätere Beyträge zu den Almanachen.

232) Jo. Heinrich Thomfen; geb. 1749 zu Kyus im Schleswigfchen Angel; anfangs Dorffchulmeifter dafelbft; feit 1772 Infpector und Oberlandmeffer auf den Hahn-

der Deutſchen Literat. u. Sprachgeſch.

ſchen Gütern in Meklenburg; ſtarb daſelbſt 1777. S. Schmids Nekrolog II, S. 680—86.

a) Lieder in den Göttingiſchen Almanachen vom Jahr 1771.

b) Jo. Heinr. Thomſen, nebſt Proben ſeiner Dichtkunſt herausgegeben von Hans Jeſſen, Copenhagen 783. 8.

233) Jo. Martin Miller; geb. 1750 zu Ulm, ſeit 1780 Pfarrer zu Jungingen bey Ulm, und ſeit 1782 Profeſſor der Griechiſchen Sprache am Gymnaſium zu Ulm.

Seine früheſten Lieder von 1771 in den Muſenalmanachen und Blumenleſen ſtehen jetzt in ſeinen Gedichten, Ulm 783. 8.

234) Iſaſchar Falkenſohn Behr; geb. 1746 zu Salantin in Samogitien. Im Jahre 1770 kam er nach Berlin und bildete ſeine guten Fähigkeiten unter des würdigen Moſes Mendelſons Leitung ſehr glücklich aus. Er ſoll jetzt in Litthauen als *Doctor Med.* leben. Seine Gedichte erſchienen unter dem Titel: Gedichte von einem Polniſchen Juden, Mietau 772. 8. und ein Anhang zu denſelben *ib. eod*, 8. Die ſchönſten ſtehen in Ramlers Blumenleſe.

235) Ludw. Heinr. Cph. Hölty; ſ. Bd. I, S. 140.

Seine dort angegebene Gedicht-Sammlung enthält auch die Lieder, welche vorher in Schmids Anthologie 1772 und in den Blumenleſen und Almanachen ſtanden.

236) Jo. Heinr. Voſs; geb. 1751 zu Sommersdorf im Meklenburgiſchen; anfangs Rector zu Otterndorf im Lande Hadeln; jetzt Rector in Eutin und Fürſtl. Lüneburgiſcher Hofrath. Seine Lieder, von welchen das älteſte von 1773 iſt, ſtehen zuerſt in den Almanachen und nun auch in ſeinen Gedichten, Lpz. 779. 8. Verb. in der neuern Ausgabe, Hamb. 1ſter Th. 783. 2ter Th. Königsb. 795. 8.

237) Gottl. Wilh. Burmann; ſ. Bd. I, S. 257.

a) Lieder in drey Büchern, Berl. 774. 8.

b) Kleine Lieder für kleine Mädchen und Jünglinge, Berlin 777. 8.

c) Gedichte ohne den Buchstaben R, Berl. 788. 8.

238) Friedr. Schmit; f. Bd. I, S. 140.

Seine zuerst in den Almanachen und im Wandsbecker Boten abgedruckten Lieder stehen in seinen Gedichten, Nürnb. 779. 8.

239) C... A... Overbeck.

a) Lieder in den Musenalmanachen.

b) Fritzchens Lieder, 781. 8.

c) Lehrgedichte und Lieder für empfindsame Herzen, Lindau 786 (eigentlich 785) 8.

240) Friedrich Matthison; geb. 1761 zu Hohedodeleben bey Magdeburg; anfangs Lehrer am Philanthropin zu Dessau; dann Hofmeister zu Heidelberg; seit 1794 ist er Hessen-Homburgischer Hofrath.

Lieder, Bresl. 781. 8. Verm. Dess. 783. 8. Sämmtliche Gedichte, Manh. 786. 8. Auserlesene Gedichte, herausgegeben von Fuessli, Zürch 789. 8. Dritte verm. Ausgabe, ebend. 794. 8.

Anhang.

1) Man theilt die scherzhaften Lieder gewöhnlich nach den verschiedenen Gegenständen, über welche, und nach den verschiedenen Subjecten, in deren Namen, oder für welche sie gedichtet worden sind, ein, und erhält so die Classen: Liebeslied, Trinklied, Kriegeslied, Wiegenlied, Amazonenlied, Vaterlandslied (Schweizerlied), Naturlied, Bauerlied, Freimäurerlied, Schifferlied, Badelied u. s. w. Der Literaturhistoriker, welcher nach diesem Eintheilungsgrunde die Geschichte dieser Gattung abhandeln wollte, würde dadurch zwar den Vortheil gewinnen, den Unterschied der Empfindungen, ihres Grades und Ausdruckes, welche ein Gegenstand

durch feinen Eindruck oder durch feine Anficht in den Seelen verschiedener Dichter erzeugt hat, darzustellen, und die Verschiedenheit des Lieder-Dichters, der in eigener Situation fingt, von demjenigen zu zeigen, welcher diefes in einer angenommenen fremden thut. Allein dagegen würde er fich dadurch in Schwierigkeiten und Unbequemlichkeiten verwickeln, welche mit jenem Vortheile in keinem Verhältniffe ftehen. Das fcherzhafte Lied hat feiner Natur nach nicht ein Empfindungs-Ganzes von unendlichem Umfange, fondern nur irgend eine Seite eines gewiffen Gegenftandes, oft nur einen Punct an diefer Seite oder einen noch kleinern Umftand an diefer zu feinem Stoffe. Eben daher kann es nur ganz kurz eine äufserft einfache Lage der Seele darftellen, fo dafs der Gegenftand faft aus der Empfindung zu verfchwinden fcheint. Aufserdem find die Gegenftände, fo wie die Subjecte diefes Liedes fo zahlreich und zerfallen wieder in fo viele Unterabtheilungen, welche mit dem Fortgange der Zeit einer endlofen Vervielfältigung unterworfen find, dafs es nicht leicht möglich ift, auf diefem Wege eine feftftehende Claffification zu erhalten. So hatte man z. B. in frühern Zeitpuncten keine Luftfchifferlieder und jetzt haben wir keine Kreuzzugslieder mehr, wie unfere Urväter fie hatten. Aus diefen Gründen habe ich auf jene Eintheilungsart hier nicht Rückficht genommen, fondern ich habe die Empfindungen der ungemifchten Freude, welche fich auf endliche Gegenftände bezieht, zu meinem Hauptgefichtspuncte gewählt. S. mein Syftem der lyrifchen Dichtkunft. S. 295—97.

2) Die Gefchichte des fcherzhaften Liedes der Deutfchen ift bis jetzt noch nicht fo gut bearbeitet worden, als die Gefchichte des Deutfchen Kirchenliedes. Einzelne brauchbare Beyträge zu derfelben findet man indeffen in den Bd. I, S. 36. 37. und 52. 53. angegebenen Hülfswerken zur Gefchichte der alten Schwäbifchen Dichter und der auf fie folgenden Meifterfänger, und in den Ebend. S. 6. und 9. 10 angegebenen Hülfsmitteln zur Gefchichte der Wiffenfchaften im Allgemeinen und der Kenntniffe der Deutfchen ins Befondern. Die dunkelfte Periode in

dieſer Geſchichte iſt die von der Mitte des 14ten Jahrhunderts bis auf Opitz. Hier mangeln uns ſelbſt einzelne empfehlungswürdige Beyträge. Die Zeitpuncte von Opitz bis auf Canitz und von dieſem bis auf Hagedorn ſind einigermaßen von denjenigen Schriftſtellern aufgekläret worden, welche die Geſchichte des ſogenannten geiſtlichen Liedes bearbeitet haben. S. den Anhang des vorhergehenden Abſchnittes No. 2. Das beſte Hülfsmittel zur Kenntniſs der Deutſchen Dichter des 17ten Jahrhunderts iſt immer noch: *Specimen differtationis hiſtorico criticæ de poetis Germanicis hujus ſæculi præcipuis publice ventilatum a M. E. N. (Magiſtro Erdm. Neumeiſtero)* ſ. l. 706. 4. das erſte mir bekannte kritiſche Werk über den Werth und Unwerth Deutſcher Dichter. Sind die Kritiken gleich oft zu ſtreng und bitter und nicht ſelten ſchief; ſo verdient es doch als erſter Verſuch ſeiner Art und wegen ſeiner Originalität alle Achtung. Ueber die Cultur, welche dieſes Lied in den neuern Zeiten von Deutſchen erhalten hat, ſtehen einige ſcharfſinnige und wahre Bemerkungen in Hottingers Vergleichung der Deutſchen Dichter mit den Griechen und Römern in den Schriften der Mannheimer Deutſchen Geſellſchaft, Bd. V. S. 203 — 38. Leſenswerth iſt auch Hagedorns Br. vor ſeinen Oden und Liedern und Gräters Aufſatz über die Deutſchen Volkslieder und ihre Muſik im 3ten Bde der Bragur S. 207 — 84 und der Beſchluſs deſſelben im 4ten Bde dieſer Zeitſchrift.

3) Für den künftigen Bearbeiter dieſer uns noch fehlenden Geſchichte, dem es um eine möglichſt erſchöpfende Vollſtändigkeit und Gründlichkeit mehr zu thun ſeyn muſs, als es mir im gegenwärtigen Grundriſſe ſeyn darf, liefere ich folgende Nomenclatur von denjenigen neueren Dichtern dieſer Lieder-Gattung, welche ich entweder abſichtlich überging oder übergehen mußte, weil ich ſie nicht aus eigener Anſicht bisher kennen lernen konnte:

a) Joachim Chriſtoph Finx, von Tangermünde aus der Mark, Preußcher Ehrenpreiſs, d. i. allerhand Ehrengedichte, Oden, und Lob- und Liebes-Lieder, Königsb. 645. 8. S. über dieſen mir sonst nicht weiter bekannten Dichter Jacob Schwiegers Adeliche Rose, Glücksst. 659. 8., wo er in der Vorrede als ein unverschämter Bettelhans aufgeführt wird, welcher Schwiegern etliche geistliche Lieder abgestohlen und unter seinem Namen drucken lassen, so wie er auch desselben geistliches Lustgemach, Lübeck 56., unter einem andern Titel als sein eignes Werk herausgegeben.

b) Jo. Christoph Göring, von Wenigen-Simmern aus Thüringen, Liebes-Meyen-Blümlein, Hamburg 660. 12.

c) Henning Großkourt, Klarie, Klariminde und Magdelis, oder poetischer Myrtenwald, Helmst. 668. 8.

d) Friedrich Fabricius, Pastor an der Nikolai-Kirche zu Alt-Stettin, Trauer- und Freudengedichte, erster und anderer Theil, Stettin 691. 4.

e) Poetisches Fricassee aus galant- verliebt- und satyrischen Gedichten von Perimontaniquerano, Kölln 715. 8.

f) Celanders verliebte, galante, Sinn-, vermischte und Grabgedichte, Hamb. 716. 8.

g) Versuch in zärtlichen Gedichten, von F**, Rost. 746. 8.

h) Eph. Eus. Suppius Oden und Lieder, Gotha 749. 8.

i) Malthe Friedr. Gr. v. Peibus Anakreontische Versuche, Stralf. 750. 51. 2 Th. 8.

k) Geo. Christn. Bernhardi Oden, Lieder und Erzählungen, 750. 8. rep. Dresd. 758. 8.

l) Flor. Arn. Consbruch Scherze und Lieder, Frkf. 752. 8.

m) Geanders, von der Ober-Elbe, poetische Kleinigkeiten, Dresd. 753. 8.

n) Heinr. Aug. Offenfelder Oden und Lieder, Dresd. 753. 8.

o) Jo. Charl. Unzerin Verſuche in Scherzgedichten, Halle 753. 8. Fortſ. Rinteln 766. 8.

p) Jo. Sam. Patzke Lieder und Erzählungen, Halle 754. 2 Theile 8. Muſikaliſche Gedichte und Lieder für Kinder, Magdeb. 780. 8.

q) J D. Leydings Lieder und Scherzgedichte, Alton. 757. 8.

r) J. A. F. von Gentzkow. Sammlung vermiſchter Gedichte, Lpz. 759—61. 3 Th. 8. Greifsw. 771. 12.

s) G. H. A. Koch lyriſche Ged. Brſchw. 765. 8. Kleine Ged, Eb 769. 2 Th. 8.

t) Joh. Joſ. Eberle Oden und Lieder mit Melodien, Lpz. 765. Fol. Verſuch in allerley Gattungen Deutſcher Gedichte, Wien 767. 8.

u) J. G. Müller; Gedichte der Freundſchaft, der Liebe und dem Scherze geſungen, Helmſt. 770. 2 Th. 8.

v) Lud. Frönhofer Verſuche in Gedichten, München 770. 8.

w) Jo Wilh. Bernh. Hymmen poet. Nebenſtunden, Berl. 770. 8. Deſſ. Gedichte, Eb. 771. 8.

x) K. Kriſt. Reckert kleine Lieder, Münſt. 770. 8. Amazonenlieder, ib. eod. 8. Sämmtliche Ged. ib. eod. 3 Th 8.

y) Lud. Aug. Unzer Verſuch in kleinen Gedichten, Halberſt. 772. 8. Naivetäten und Einfälle, Gött. 773. Neue Naivetäten, 773. 8.

z) Gotth. Contius lyriſche Ged. und Erzählungen, Bresl. 773. 8. Lieder zum Feldzuge 1778, Dresd. 778. 8. Lieder eines Sächſiſchen Dragoners, ib. eod. 8.

aa) Ernſt Eph. Dreſsler Freundſchaft und Liebe in melodiſchen Liedern, Nürnb. 774. 4.

bb) Ferd. Aug. Clem. Werthes Lieder eines Mädchens, Münſt. 874. 8.

cc) K. Friedr. Sinapius Lyrica von einem Schleſier, Bresl 775. 8. Poetereyen Altvater Opitzen geheiligt, Bresl. 776. 8.

dd) Wilh. Gottl. Becker Gedichte Ion Eßen, Lpz. 775. 8. Lieder in der Muſe, Lpz. 776. 2 Th. 8.

ee) Ign. Cornova Ged. Prag. 775. 8. Die Helden Oeſterreichs in Kriegsliedern beſungen, Eb. 778. 8.

ff) Joſ. Edler von Retzer Gedichte, Wien 775. 8.

gg) Rodiſchneg und Richter Gedichte zweyer Freunde, Wien 775. 8.

hh) Altorfer neue Schweizerlieder, Bern 776. 8.

ii) J. C. D. Curio Lieder, Helmſt. 2 Bde 8. Gedichte, Hamb. 780. 8.

kk) Jo. Cph. Krauſeneck Gedichte, Bayr. 776. 8.

ll) Traug. Benj. Berger Liederchen, Leipzig 777. 8.

mm L. E. H. Biſchoff Lieder, Gött. 778. 8. 789. 8.

nn) Rautenſtrauch Kriegslieder für Joſephs-Heer, Wien 778. 8.

oo) Philippine Gattereen, verehlichte Engelhard Gedichte, Gött. 779. 8.

pp) Anton Wall (Heine) Kriegslieder, 779. 8.

qq) Jo. v. Alxingers Gedichte, Halle 780. 8.

rr) Gedichte im Geſchmacke des Grecourt, Danz. 780.

ss) Sophie Albrecht Gedichte, Frkf. 787. 8.

tt) Karoline Chriſtn. Louiſe Rudolphi Gedichte, Berl. 781. 8. 2te Aufl. mit Muſik, Wolfenb. 787.

uu) Briefe der Demoiſelle S. nebſt einigen Gedichten, 775 8. Die Verfaſſerinn iſt die hieſige verw. Fr. Pred. Reclam, geb. Stoſch.

Auſſer dieſen und mehrern andern gehören als Repertorien hieher:

a) Die Deutschen Operetten-Dichter, welche ich Bd. I, S. 301 — 306. angeführt habe.

b) Die Zeitschriften, welche den schönen Wissenschaften, der Moral und überhaupt der angenehmen Unterhaltung gewidmet sind. Aufser den Bd. I, S. 91. 92. genannten Zeitschriften gehören vorzüglich hieher: Die Unterhaltungen, Hamb. 766 — 770. 10 Bde. 8. Von Schiebeler, Eschenburg, Crome, Ebeling, Engel, Böre u. s. m. Jo. Geo. Jacobi's Iris, eine Wochenschrift, Düsseld. 775 — 77. 8. Bde 8. Reichards Olla Potrida und Meisners Quartalschrift, s. Bd. I, S. 143. Ueber die übrigen vom J 1700 - 1790 s. ein räsonnirendes Verzeichnifs vor dem Leipziger allgemeinen Sachregister über die wichtigsten Deutschen Zeit und Wochenschriften, 790. 8.

c) Komische Romane. Z B. des *de la Grise* Liebeskampf, Frkf. und Ulm 680 — 85. 6 Theile 8. *Simpliciſsimi* abentheuerlicher Lebenswandel von Herrmann Schleifheim von Sultzfort, 3 Theile, Nürnb. 713. 8.; s. unten den Abschnitt Roman.

d) Die weiter unten verzeichneten Werke aus der komischen Literatur unbestimmter Gattung. Z. B. der süfswurtzligte und saurampferigte Mägdetröster, s. l. 636. 12. Eine andere Gattung von den überflüssigen Gedanken von D. C. Lpz. 673. 8. u a. m.

4) Die poetischen Sammlungen, in welchen die scherzhaften Lieder mehrerer Deutschen Dichter stehen, kann man in musikalische und in solche, die dieses nicht sind, eintheilen. Die letztern verbreiten sich entweder über alle kleinere, auch unlyrische, Dichtungsgattungen, oder schränken sich blofs auf die lyrische ein, oder sind der scherzhaften Lieder-Dichtung ganz ausschliefsend gewidmet.

A) Nicht musikalische Sammlungen.

*) Allgemeine.

a) Die oben Bd. I, S. 37. 38. angeführten handschriftlichen und gedruckten Sammlungen von alten Schwäbischen Dichtern und Meistersängern.

b) Die oben Bd. I, S. 142—44. näher angegebenen Sammlungen von Neukirch, Menantes, Schmid und Deutschlands Original-Dichtern, nebst den Gesellschafts-Poesien. Diesen können noch zugezählet werden: Balthis oder etlicher an dem Belt weidender Schäfer des Pegnesischen Blumenordens Deutsche Gedichte, Brem 680. 12. *M. Orpheus Hommers* Neueröfnetes Musenkabinet, in welchem auserlesene Hochzeit- Leichenvermischte, verliebte und Scherzgedichte. Sieben Entreen, Lpz. 702—705. 8. Neuer Vorrath allerhand curiöser Gedichte. In der poetischen Kammer-Druckerey, 709. 8. Sechs Partien. Auserlesene und noch niemals gedruckte geistliche und weltliche Gedichte zusammengetragen und mit Einrückung seiner eigenen herausgegeben von J. J. S. S. 4 Sammlungen, Bas. 723. 8. Chp. Gottl. Stockmanns auserlesene teutsche Gedichte verschiedener Poeten und Poetinnen nebst seinen eigenen, Lpz. 722. 2 Th. 8. Poesie der Franken, 1 Sammlung, Frkf. Lpz. 730. 8. Mehr ist nicht erschienen. Bernanders Sammlung verirrter Musen, 733. 10 Stücke 8. Auch unter dem Namen: Behrendts Sammlung von eigenen und fremden Gedichten, Magdeb. 746. 8. Zacharia und Eschenburgs auserlesene Stücke, Bschw. 766—770. 3 Th. 8. J. J. Eschenburgs Beyspielsammlung zur Theorie und Literatur der schönen Wissenschaften, Berl, Stett. 788—794. 8 Bde. 8.

c) Die oben Bd. I, S. 144. genannten Musenalmanache, zu welchen noch gehören: Schlesische Anthologie, Bresl. 774. 75. 2 Th. 8. Vorgängerinn der Schlesischen Blumenlese. Frankfurter Musenalm. Frkf. 777. 778. 780. 3 Sammlungen 8. Preussische Blumenlese, Königsb. 780. 8. (Friedr. Schillers) Anthologie, Tobolsko 782. 8.

a) **Lyrische Sammlungen überhaupt:**

Ramlers Lieder der Deutschen, f. Bd. I, S. 143. Verändert und als der 2te Theil der lyrischen Blumenlese, Lpz. 779. 8. deren 1ster Theil Lpz. 774. 8. erschien. Hans Heinr. Füeſſli allgemeine Blumenlese der Teutschen, Zürch 782—84 5 Theile 8. Enthält den heiligen Gesang, die Oden und Elegien und die fröhligen Lieder der Deutschen. Jede Abtheilung iſt auch unter ihrem besondern Titel zu haben. — Mein Syſtem der lyrischen Dichtkunſt in Beyspielen, Berl. 792. (791.) 8.

i) **Besondere Sammlungen scherzhafter Lieder:**

Vermiſchte Bauerlieder, Kempten 776. 8. Eine aus Operetten zusammengetragene Sammlung. Fr. Nicolais Feyner Almanach, Berl. 776. 777. 2 Th. 12. Herders Volkslieder, Lpz. 778. 779. 2 Th. 8. Freymäurerlieder, Magdeb. 779. 8. Freymäurerlieder, Odenſee 779. 8. Neue Freymäurerlieder, Rothenburg 779. 8. Kriegslieder, 779. 8. Pädagogiſche Lieder, 790. 8. Sammlung auserleſener Freymäurerlieder, Mannheim 792. 8.

B) **Muſikaliſche Sammlungen.**

Aus den ältern Zeiten gehören hieher die Bd. I, S. 141. 142. a — i und die im gegenwärtigen Abſchnitte No. 147. angeführten Sammlungen. In den neueren Zeiten war Joh. Friedrich Gräfe, welcher 1787 ſtarb, der erſte, welcher in Deutſchland den wahren Ton in der Lieder-Compoſition traf. Seine Sammlung von Oden, zu welchen eigene Melodien verfertigt worden, erſchienen Halle 737. 4 Theile. Neue Aufl. Eb. 743 Median 4. Die vorzüglichſten ſeiner Nachfolger ſind am vollſtändigſten angegeben worden von Blankenburg in ſeinen literariſchen Zuſätzen zu Sulzers Theorie, Th. III. S. 280 — 282 nach der 2ten Aufl. von 1793.

2. Elegie.

Die erſten rohen Verſuche in dieſer Dichtungsgattung finden wir bey den alten Schwäbiſchen Dichtern. Kriegesunruhen und Pfaffentrug ihrer Zeit, nicht erhörte oder treuloſe Liebe, Todesfälle geliebter Perſonen, eigene Armuth u. ſ. w. ſind die vorzüglichſten Gegenſtände ihrer Klagen. Hier können nur die vorzüglichſten dieſer Dichter und zwar bloſs in der Abſicht aufgeführt werden, um auf die früheſten Vorgänger der ſpätern Meiſter in dieſer Gattung aufmerkſam zu machen.

1) Reinmar der Alte; ſ. oben No. 6.
   Von ſeinen vielen elegiſchen Strophen führe ich nur zwey an, in welchen der Tod des Herzoges Leopold von Oeſterreich bejammert wird. Maneſſ. Samml. I, 68. Col. 1.

2) Walther von der Vogelweide.
   a) Elegiſcher Nachruf an den verſtorbenen Reinmar den Alten, in 13 Zeilen, Ebend. S. 105. Col. 1.
   b) Rührende Klagen über den Unbeſtand des menſchlichen Lebens und über die Entartung ſeines Zeitalters, in 51 Zeilen, Ebend. S. 141. Col. 2. und 142. Col. 1.

3) Herr Bligge von Steinach; Hr. Adelung, Magaz. II, 3. S. 41. hält ihn für den weiſen Blichere, welcher bey Rudolph dem Schreiber in Casparſons Vorrede S. XVII. vorkommt. In ſeinen 7 Strophen in der Maneſſ. Samml. I, 177. befindet ſich auch eine Elegie.

4) Ulrich von Lichtenſtein; ſ. No. 43. im vorherhergehenden Abſchnitte.

Außer mehrern Liebesklagen hat die Maneff. Samml. II, S. 30. 31. zwey Gedichte von ihm, in deren einem er die Herzenshärte feiner Geliebten anklagt, und in dem andern den Verluft der Zeit bedauert, welche er ihr weihte.

5) Der Thanhäufer; f. oben Ernfth. Lied No. 15.

a) Seine Klagen über die unruhigen Zeiten des damaligen Interregnums in der Maneff. Samml. II, 64. find nicht fowohl wegen ihres elegifchen Werthes, als vielmehr deswegen merkwürdig, weil er in ihnen die vorzüglichften Befchützer der Deutfchen Mufen unter den damaligen Grofsen charakterifirt.

b) Ebend. S. 69. ftehen in 3 Strophen rührende Klagen über feine Armuth.

6) Meifter Stolle; f. No. 14. Ernfth. Lied.

Seine Klage über die Enthauptung der Herzoginn Maria von Bayern im Jahr 1256 fteht in der Myllerfchen Samml. II, S. 148. Liefer. 1. in 28 Zeilen.

7) Meifter Heinrich Täfchler; f. No. 80. im vorhergehenden Abfchnitte. In der Maneff. Samml. II, 86—89 ftehen auch vier Klagen über nicht erhörte Liebe von ihm.

8) Singof; ein Zeitgenoffe des Meifsners, Conrads von Würzburg, des Helleviurs und des Unverzagten; die Myllerfche Sammlung Bd. II, Lief. 1. S. 132. hat von ihm fechs Strophen, unter welchen fich einige elegifche Zeilen befinden, in denen er über feine Armuth und die Herzens - Härte der damaligen Grofsen klagt. In den letzten dreyzehn Verfen, welche ficherlich von einem andern Dichter feines Zeitalters herrühren, wird er Sygof genannt.

9) Der Helleviur; von diefem mir völlig unbekannten Sänger enthält die Myllerfche Sammlung Bd. II, Liefer. 1. S. 151. und 152 in fieben Abfätzen 73 Zeilen, in welchen feine Klagen über die damalige Reichsverwirrung enthalten find. Auch bejammert er in derfelben feine eigene Armuth, indem er von fich felbft fagt:

der Deutſchen Literat. u. Sprachgeſch. 127

>Aremut get mit mir llafen,
>Kumber wil mit mir offten.

10) Meiſter Conrad von Würzburg; ſ. No. 94. des vorhergehenden Abſchnittes.

a) Klagen über die Verſchwindung des Minnegeſangs in der Maneſſ. Samml. II, 198.

b) Ueber die Vergänglichkeit des Lebens, ebend. 206.

11) Der Burggraf von Rieteburg; von dieſem mir völlig unbekannten Dichter hat die Maneſſ. Samml. I, 96. ſieben Strophen, in welchen einige verliebte Klagen enthalten ſind.

12) Johann von Rinkenberg; ein Zeitgenoſſe des Bd. I, S. 146. angeführten Fabeldichters Boner; die Maneſſ. Samml. I, 187, hat von ihm 17 Strophen, unter welchen nur einige hieher gehören.

13) Meiſter Johanns Hadlaub; ſ. No. 121. des vorhergehenden Abſchnittes. Die Maneſſ. Samml. II, 185 ff. hat viele Liebesklagen von ihm.

14) In der ganzen Periode des Meiſtergeſanges bis zum Ende des 15ten Jahrhunderts, finde ich kein einziges Gedicht in Deutſcher Sprache, welches nur einigermaſſen hieher gezogen werden könnte, man müſte denn die zahlreichen Busslieder und Leichengeſänge dieſer Zeitpuncte für Elegien gelten laſſen wollen.

15) Conr. Celtes hat in ſeinen oben Bd. I, S. 107. angeführten Gedichten einige Elegien in Lateiniſcher Sprache.

16) In des Helius Eobanus Heſſus im vorhergehenden Abſchnitte No. 138. angeführten *Opp. Farrag. II.* ſind p. 270 — 232. *Epicedia* und p. 833 — 66 Elegien in Lateiniſcher Sprache enthalten.

17) Sim. Lemnius; ſ. Bd. I, S. 207.

Seine *Amores libb. IV. ſ. l.* 542. 8. enthalten auch Elegien.

18) Jo. Bocer; geb. 1525 zu Hausberg unweit Minden in Weſtphalen; Profeſſor auf der Univerſität zu Roſtock.

Sein Amtsgenoſſe, Herrmann Hammelmann ſagt von ihm: *Boceri ingenii feliciſſimi uberzatem crebro admiratus ſum, dum poſt cœnam ſæpe ac Ennii exemplo bene poruns magnam optimorum verſuum copiam fundere ſine ullo labore et ſine literis viderem.* S. *Hammelmanni opera Genealogico-hiſtorica* p. 1431 (*Lemgov* 711. 4.)

Wir haben von ihm *Elegiar. lib. I. Lipſ.* 554. 8.

19) Jacob Moltzer; (Micyllus); Lehrer des berühmten Lotichius; ſtarb 1558 als Rector zu Frankfurt am Mayn. Vergl. *Melch. Adami vitt. philoſophor. Germ.* p. *83.* und *Lotichii Eleg. IV.* 2. Auch beſonders gedruckt *Witeb.* 558. 4.

Von ſeinen *ſilvarum lib. IV,* welche 1564 beſonders, und in den *Deliciis poet. Germ. IV.* p. 515 erſchienen, gehört nur das erſte Buch hieher.

20) Pet. Lotichius; ſ. No. 141. im vorhergehenden Abſchnitte.

Von ihm haben wir *Elegiar. lib. Lutet* 551. 8. und *Elegiar. libb. IV.* in ſeinen 1561 herausgekommenen *poemat.* p. 1—120.

21) Geo. Sabinus; ſ. Bd. I, S. 209.

Elegiar. libb. VI. ſtehen in ſeinen *Poemat.* p. 1.— 199. (*Lpſ.* 563. 8.) und in den *Deliciis poet. Germ. V.* p. 1176 ff.

22) Jo. Stigelius; ſtarb 1562 als Profeſſor auf der Univerſität zu Jena. Vergl. *Jobi Fincelii oratio de vita et obitu Jo. Stigelii Jen.* 563. 8. *Melch. Adami vitt. philoſophor.* p. 108. Müllers Staats-Cabinett, 2te Oeffnung, S. 432—36.

Seine *Elegiar. libb. III, Jen.* 567. 8. machen eigentlich den 3ten Band ſeiner von J. Fincelius Jen. 571. 8. herausgegebenen *poematum* aus.

23) Bruno Seidelius; aus Querfurt gebürtig; das Jahr ſeiner Geburt hat er ſelbſt in folgendes Räthſel gekleidet:

Si virgines cauſas necis maritorum
Et Hectoris fratres ætiæ aquilæ ſtellis.....

Ad-

der Deutschen Literat. u. Sprachgesch. 129

Addas: et Hectoris laboribus jungas.
Nili dies doctum chorumque Musarum:
Ac si gemino portis in orbe Thebanis,
O lector, annos hominis copules primi:
Natalis inde colliges mei tempus.

starb 1577 als Professor zu Erfurt. S. *Melch. Adami viss. medicor. Germ.' p. 104.*

In seinen *Poemat. Bas. 554. 8.* stehen zwey Bücher Elegien.

24) **Jo. Schoffer**; s. Bd. I, S. 108.

In seinen Lat. Gedichten, Frankf. 585. 8. sind auch Elegien befindlich.

25) **Nicod. Frischlin**; s. Bd. I, S. 109.

Oper. Eleg. Argent. 601. 8.

26) So zahlreich im 16ten Jahrhunderte Deutsche Elegien-Dichter in Lateinischer Sprache waren, so selten waren eben sie in der Deutschen. Doch kann man einigermaßen hieher rechnen diejenigen Klaggedichte, welche um die Zeit der Reformation über den Verfall der Religion und des Staates einzeln erschienen. Ein solches über den Synergismus steht z. B. in dem Alten und Neuen aus allen Theilen der Geschichte, Bd. II, S. 38—47.

27) **Zwey Klage-Lieder, so von König Carolus von England kurz nach seinem seligen Abschied gemacht seyn. Im Thon: Herzlich thut mich verlangen, s. l. & a.** Ein halber Bogen. 8.

Eins der ältesten Armensünder-Lieder in Deutscher Sprache.

28) **Drey schöne Newe Weldliche Lieder. Das Erste: Die Liebste mein will mich verlassen. Das Andere: Wer ist der doch kann ersehen, die Angst, Pein vnd den Schmerz? Das Dritte: Ach weh mir ist mein junges Herz verwundet also hart. s. l. 614.** Ein halber Bogen in 8.

29) Derjenige, welcher im 17ten Jahrhunderte auch in diefer Gattung zuerft die Bahn brach, war Rud. Weckherlin, f. Ernfth. Lied No. 76. In feinen dort angeführten Gedichten, S. 602—646 ftehen folgende Elegien von ihm:

a) Ueber den unzeitigen Hintritt Fräuleins Augufta, Markgräfinn zu Baden vom Jahr 1616. S. 636. 637.

b) Herzog Magnus von Wirtemberg verlierend fein Leben in der Schlacht bey Wimphen, wird von dem Lande Wirtemberg beklaget; vom J. 1622. S. 633. 634.

c) Ein längeres elegifches Gedicht auf den Tod Goftav Adolphs von Schweden vom Jahr 1633. S. 602 bis 631.

d) Auf den frühen Tod der Jungfrau E. T. 637. 638.

e) Ueber meiner Myrten Tod, S. 641—44.

f) Ueber denfelben, S. 644—46.

30) Von Martin Opitz haben wir 23 Trauergedichte im 3ten Buche feiner poetifchen Wälder, denen es nicht an wahrer Empfindung fehlt.

31) Paul Flemming; von ihm haben wir 15 Liebes-Elegien im 5ten Buche feiner Oden und 12 Leichengedichte im 3ten Buche feiner poetifchen Wälder.

32) Von dem im vorhergehenden Abfchnitte No. 169. aufgeführten G. A. Richter haben wir auch eine Elegie vom Jahre 1644 unter der Auffchrift: Des Apollo Klage über Daphnens Verwandlung in einen Lorbeerbaum. Sie fteht als ein aufgefundenes Gedicht abgedruckt in des Laublinger Lange Befchäftigung einer Gefellfchaft auf dem Lande, St. 2. S. 210 u. 211.

David Schirmer; geb. 16** zu Freyberg; war Churfürftl. Bibliothekar zu Dresden und Mitglied der Deutfchgefinnten Genoffenfchaft unter dem Namen: der Behirmende; ftarb 16**.

In feinen Rofengepüfchen, welche er 1634 zu Leipzig fchrieb und Dresd 657. 8. vermehrt in zweyen Büchern heraus gab, ftehen S. 308—34 vier Elegien, der Liebe und Freundschaft gesungen. Er ist, so viel ich weiß, der erste Deutsche, welcher seinen Deutschen Gedichten den Namen Elegie gab.

34) Andr. Gryphius; hieher gehören seine Kirch-hofsgedanken und Begräbnißgedichte in seinen poet. Wäldern, S. 8—54. Ausg. 1698.

35) Christn. von Hofmannswaldau; seine Begräbnißgedichte stehen in Neukirchs Chrestomathie I, S. 119—67 und auch in seinen Gedichten.

36) Dan. Casp. von Lohenstein; unter dem Namen Hyacinthen hat er mehrere Trauergedichte verfaßt, welche sich hinter seinen geistlichen Gedanken Bresl. 708. 8. befinden.

37) Jo. Christn. Günther; seine Elegien stehen im 1sten Theile seiner sämmtlichen Gedichte im 1sten Buche; im 3ten Theile im 1sten und 2ten Buche; unter seinen Jugendproben und im Anhange. Auch enthält die Nachlese zu seinen Gedichten noch 5 Elegien.

38) Ferd. Lud. Rud. von Canitz; seine einzige Elegie auf den Tod seiner Doris steht in seinen oben angeführten Gedichten und erhebt ihn über alle seine Vorgänger in dieser Gattung.

39) Albr. von Haller; s. Bd. I, S. 190. 191. Unter allen der erste, welcher den wahren Elegien-Ton traf.

  a) Sehnsucht nach dem Vaterlande vom Jahr 1726. In seinen Gedichten S. 5. nach der Berner Ausg. von 1775.

  b) Ueber Marianens anscheinende Besserung vom J. 1736. S. 216.

  c) Trauerode bey Marianens Tode, von demselben Jahre, S. 220.

  d) Ueber denselben Gegenstand vom J. 1737. S. 227.

  e) Antwort an Bodmer über denselben Todesfall vom J. 1738. S. 253.

  f) Ueber den Tod seiner Elise vom Jahr 1741. S. 265.

g) Beym Abſterben der Frau Darjes, im Namen ſeiner Gattinn, vom J. 1756. S. 295.

40) Jo. Jac. Bodmer; ſ. Bd. I, S. 113.
   a) Ueber Hallers Mariane und deren Tod, ſ. Hallers Gedichte, S. 243.
   b) Kritiſche Lobgedichte und Elegien ſ. L. 747. rep. 754. 8.

41) Abr. Gotth. Käſtner; ſ. Bd. I, S. 219.
   a) Zwölf Elegien, unter welchen die älteſte vom J. 1737 iſt, ſtehen in ſeinen verm. Schriften, Th. I, S. 147 — 164. (Altenb. 783. 2 Th. 8.)
   b) Zwey Elegien, Gött. 758. 8. Sie ſtehen mit noch zweyen vermehrt in den vermiſchten Schriften, Th. 2, S. 441 — 448.

42) Friedr. Gottlieb Klopſtock; ſ. Bd. I, S. 113.
   Seine älteſte Elegie iſt vom J. 1748. Drey Elegien ſind ſeinen Oden, Hamb. 771. 8. angehängt. Unter den letztern finden ſich aber mehrere, welche zur elegiſchen Gattung gezählt zu werden verdienen. Z. B. an Ebert; an Fanny; an Gieſecke; die todte Clariſſe; Sponda; die frühern Gräber; die Barden; Königinn Luiſe; der Adler. Auch gehören hieher die trefflichen Elegien, welche in ſeinem Meſſias zerſtreut ſtehen.

43) Eberhard Friedr. Freyh. von Gemmingen; geb. 1727 zu Heilbronn; ſeit 1748 Regierungsrath zu Stuttgardt; ſeit 1767 Präſident des Regierungs-Collegiums daſelbſt; ſtarb am 12ten Februar 1791. S. Haugs Schwäb. Magazin 1777. S. 856.
   a) Einige elegiſche Gedichte in ſeinen Briefen nebſt andern poetiſchen und proſaiſchen Stücken, Frkf. Lpz. 753. 8. rep. Brſchw. 769. 8.
   b) Verſchiedene Elegien in den Göttingiſchen Muſenalmanachen von den Jahren 1771 und 1774.

44) Ludw. Heinr. von Nicolay; ſ. Bd. I, S. 116.

Elegien, Baſ. 760. 8. zehn an der Zahl; ferner in ſeinem Verſe und Proſe, ebend. 773. 8. und im 2ten Th. ſeiner vermiſchten Gedichte, S. 187—254. (Berl. 778. 8.)

45) Heinrich Julius Tode; geb. 1733 zu Zollenſpicker in den Vierlanden; Prediger zu Prizier im Meklenburgiſchen und ſeit 1783 Präpoſitus des Wittenburgiſchen Kirchenkreiſes.

Seine Elegien erſchienen anonym Gött. 762. 8.

46) Friedr. Wilh. Gleim.

a) Klagen, 762. 8.

b) Funfzehn elegiſche Gedichte in den unten angeführten Elegien der Deutſchen.

47) Karl Wilhelm Ramler; ſ. Bd. I, S. 316.

a) Auf den Tod des Prinzen Heinrich von Preuſsen; Berl. (770). 4.

b) An den Frieden.

c) Nänie auf den Tod einer Wachtel. Stehen ſämmtlich in ſeinen unten angegebenen Gedichten.

48) Jo. Andr. Cramer; ſ. Ernſth. Lied No. 125.

a) Auf das Abſterben Gellerts, Lpz. 770. 8.

b) Auf den Tod der Gräfinn Stollberg im Götting. Muſenalmanach 1775.

c) Auf D. Zacharias Tod im Voſſiſchen Muſenalmanach 1779.

49) Chriſtn. Felix Weiſſe.

a) In ſeinen No. 213. des vorhergehenden Abſchnittes angeführten Amazonen-Liedern befinden ſich ſechs Elegien.

b) Elegie bey dem Grabmale Gellerts, Lpz. 770. 4. ſteht auch in ſeinen kleinen lyriſchen Gedichten und im 4ten Bande der Eſchenburgiſchen Beyſpielſammlung.

50) Jo. Nic. Götz; ſ. No. 206. im vorhergehenden Abſchnitte.

a) Die goldene Zeit; f. feine von Ramler herausgegebenen Schriften, Th. 1, S. 16.
b) Auf Klofens Tod., Th. 3, S. 61.
c) Auf den Tod einer Freundinn, Th. 2, S. 177.
d) Elegie nach Tibull, Th. 3, S. 97.
e) Die Mädcheninfel, Th. 3, S. 159.
    Die letzte fteht auch in der Schmidtfchen Anthologie Bd. 3.

51) Michael Denis; f. Bd. I, S. 243.
a) Elegie auf Gellerts Tod, f. l. 770. 8.
b) Drey Klagen in feinen Liedern Sineds des Barden, 773. 8.
c) Auf den Tod Marien Therefiens, Wien 780. 8.

52) Friedr. Wilh. Gotter; drey Elegien von ihm f. im erften Bande feiner Gedichte, Gotha 787. 8.

53) Ludw. Heinr. Chrftph. Hölty; f. Bd. I, S. 140.
Dreyzehn Elegien ftehen in feinen dort genannten Gedichten und einige andere im 2ten Bande der Schmidtfchen Anthologie.

54) Klamor Eberh. Karl Schmidt.
a) Elegien an meine Minna, Lemgo 773. 8.
b) An den Freyherrn von Spiegel über den Tod feiner Gattinn, im Deutfchen Mufeum 1780.

55) Jo. Joa. Efchenburg; f. Bd. I, S. 104. Ift auch feit 1796 Canonicus.
a) Elegie an Dorinden, im Gött. Alm. 1772.
b) Die Trennung nach Metaftafio in Schmids Mufenalmanach 1773.
c) Elifens Tod. Ebend.
d) Am Grabe feiner früh vollendeten Tochter. Unftreitig die fchönfte unter feinen fchönen Elegien; fie fteht im Deutfchen Mufeum 1782. St. 5. und Englifch von J. Six, Ebend. St. 6.

der Deutschen Literat. u. Sprachgesch. 135

56) Jo. Mart. Miller; f. No. 232. des vorhergehenden Abschnittes. Seine seit 1773 in den Almanachen erschienenen Elegien stehen jetzt, 33 an der Zahl, in seinen Gedichten, Ulm 783. 8.

57) Jo. Heinr. Voß; f. No. 235. des vorhergehenden Abschnittes. In der Sammlung seiner dort angegebenen Gedichte, in dem Gött. Alm. von 1774 und in seinen eigenen Almanachen stehen seine hieher gehörigen classischen Gedichte.

58) Gottfr. Aug. Bürger; f. Bd. I, S. 140. und No. 228. des vorhergehenden Abschnittes. In seinen dort genannten Gedichten befinden sich einige Elegien von vorzüglichem Werthe.

59) Leop. Friedr. von Göckingk; f. No. 226. des vorhergehenden Abschnittes.

Unter seinen Liedern zweier Liebenden und in seiner Episteln befinden sich herrliche Elegien, zwar nicht dem Namen, aber wohl dem innern Gehalte nach. Zwey eigentliche Elegien stehen von ihm in der Gött. Blumenlese 1777 und im Deutschen Museum 1779.

60) Friedr. Leop. Gr. zu Stolberg; f. Bd. I, S. 139. Vierzehn elegische Gedichte stehen in seinen und seines Bruders Christian Gedichten 1779.

61) Jo. Heinr. Thomsen; f. No. 232. des vorhergehenden Abschnittes. Seine vortrefflichen Lieder stehen zum Theil im Vossischen Almanach 1777 zuerst, und dann in seinen schon angeführten Gedichten.

62) Friedr. Schmit; in seinen Gedichten, Nürnb. 779. 8. stehen S. 77 und 86 zwey Elegien und S. 58 eine Petrarchische Ode, welche in der Eschenburgischen Beyspielsammlung Bd. IV. S. 78. mit Recht unter die vorzüglichsten Deutschen Elegien aufgenommen worden ist.

63) Ludw. Theobul. Kosegarten; f. Bd. I. S. 140. Er ist auch seit 1793 Doctor der Theologie. Von ihm haben wir 23 Elegien in seinen Gedichten, Lpz. 788. 2 Th. 8. Einige von diesen befinden sich schon in seinen Melancholien, Stralf. 777. 8. und am Ende seiner

Wunna, oder die Thränen des Wiederſehens, 788. Eine neue glänzende Ausgabe ſeiner ſämmtlichen Gedichte iſt für die Oſtermeſſe 1798 von ihm angekündigt worden.

64) **Karl Friedrich Reinhard**; geb. 1761 zu Schorndorf; Doctor der Philoſophie und Vicarius zu Bahlingen im Würtenbergiſchen; ſeit 1786 Hofmeiſter zu Bourdeaux. In Staudlins Schwäbiſchen Muſenalmanache 1782 und in dem Anhange eigner Gedichte hinter ſeinen Gedichten des Tibull. Zürch 783. 8. ſtehen einige bieher gehörige Gedichte und ſpätere in Schillers Thalia.

65) **Karl Julius Friedrich**; geb. 17** zu *** in Schleſien; lebt in Wien und iſt ſeit 1787 Secretär bey dem Conſiſtorium der Helvetiſchen Confeſſion. In ſeinen **Situazionen oder Verſuchen in filoſofiſchen Gedichten**, Lpz. 782. 8. Verm. und verb. im erſten Theile ſeiner **Gedichte**, Wien 786. 8. ſtehen einige hieher gehörige Gedichte von nicht geringem Werthe.

66) **Friedrich Schiller**; ſ. Bd. I, S. 295.

In ſeiner Anthologie Tobolsko 782. 8. ſtehen ſeine frühern Verſuche in dieſer Gattung. Sein ſpäteres Gedicht, die **Götter Griechenlandes**, iſt die ſchönſte Elegie, welche wir bis jetzt in Deutſcher Sprache erhalten haben.

Anhang.

1) Wenn man jedes **Leichen-Carmen** und jedes **Armeſünder-Lied** in das Gebiet der Elegie ziehen könnte, ſo möchten wir in dieſer Gattung leicht reicher ſeyn, als in der des ſcherzhaften Liedes. Mit mehrerem Rechte kann man die in muſikaliſchen Schauſpielen und Trauer-Cantaten zerſtreuten Elegien und die elegiſchen **Selbſtgeſpräche** in epiſchen Gedichten und metriſchen Trauerſpielen und Dramen bieher rechnen. Daſſelbe gilt von einem groſsen Theile unſerer religiöſen und moraliſchen Lieder; man müſste denn zwiſchen

geiftlichen und weltlichen Elegien einen fehr entbehrlichen Unterfchied feftfetzen wollen.

2) Die Gefchichte der Deutfchen Elegie ift bis jetzt noch nicht im mindeften bearbeitet worden. Das einzige hieher Gehörige, was man in den No. 2. des Anhanges zum vorhergehenden Abfchnitte genannten Beyträgen zur Gefchichte des fcherzhaften Liedes der Deutfchen antrifft, find beyläufige Notizen über einzelne Elegien-Dichter und ihre Werke. Den wohlthätigften Anftofs kann der künftige Bearbeiter diefer Gefchichte erhalten durch Herders treffliche Anmerkungen über die Theorie der Elegie in den Literaturbriefen XIII, 69—83, welche in feiner 3ten Fragmenten-Sammlung über die neuere Deutfche Literatur S. 220—252 ftehen.

3) Für den wünfchenswerthen Verfaffer eines folchen Werkes ift die folgende Nachlefe der von mir abfichtlich übergangenen Elegien-Dichter unferer Nation beftimmt. Auch hier übergehe ich den reichen Vorrath von Trauer-Gedichten, welchen wir, aufser den mitgetheilten, in Deutfcher und Lateinifcher Sprache in den Zeitpuncten vor A. v. Haller aufzuweifen haben.

a) Jo. Charl. Unzerin, Elegie auf Hagedorns Tod, in ihren fittl. und zärtl. Ged. 754. 768. 8.

b) Eines Ungenannten lyrifche, elegifche und epifche Poefien, Halle 759. 8.

c) G. E. Leffing, auf den Tod eines Freundes, in feinen verm. Schriften II, S. 18.

d) Ewald von Kleift, 5 Elegien in feinen Gedichten, unter welchen Amynt und Lalage die fchönfte ift.

e) Des Laublinger Lange, 3 Elegien über Pyras Tod in Damon und Thyrfis freundfchaftlichen Liedern, S. 59—76.

f) C. F. D. Schubarts Todesgefänge, oder der Chrift am Rande feines Grabes, Ulm 767. 12. rep. f. l. 770. 8. Auf Thom. Abbts Tod, Ulm 766. F. Auf Kaifers Franz Tod, ib. eod. F. An feinen Bruder, f. feine Gedichte.

g) Jo. Benj. Michaelis; Erinnerung der Kinderjahre in seinen Gedichten, S. 276.

h) Karl Friedrich Kretfchmanns Klagen, f. feine fämmtl. Werke.

i) Anna Louife Karfchin, f. ihre auserlefene Gedichte 1763.

k) Fried. Louife Haas, Gedichte auf Gellerts Tod 1770.

l) Otto Friedr. von Diericke, f. Gedichte von dem Ueberfetzer des treuen Schäfers, Mietau 773. 8. und Gött. Almanach 1773.

m) Heinr. Chriftn. Kretfch, f. Schmids Anthologie, Bd. II und III.

n) Eines Ungenannten fieben kleine Gedichte, Berlin 769. 8. enthalten S. 49 eine Elegie auf Winkelmanns Tod.

o) Aug. Friedr. von Goue, Elegien, Leipz. 774. 8. und der Barde am Grabe feines Freundes, Leipzig 775. 8.

p) Philipp Ernft Raufeifen; (ftarb 1775 als Musketier zu Berlin); in feinen von Danovius, Berl. 782. 8. herausgegebenen Gedichten find die elegifchen die vorzüglichften.

q) F. J. W. Schröders Pfalmen und Threnodien, Gotha 775. 8.

r) Thränen und Wonnen, Stralf. 778. 8.

s) Friedr. Chriftian Schlenkerts Elegien, Hof 780. 8.

t) Des Rabbi Juda Halevi Sehnfucht nach Canaan, f. in Meyers Probe einer jüdifch-teutfchen Ueberfetzung der Bibel, Gött. 780.

Aufser diefen ftehen noch mehrere Elegien, z. B. von E. Theod. Brückner; dem Frl. v. Arnimb; E. L. Friedel; Engelfchall; Aug. Gottl. Meifsner; v. Stamford; Reizenftein; J. W. Grimm; Jo. Friedr. Degen; J. G. Jacobi; Funk; Claudius; Hot-

tinger u. a. m. in den oben No. 3. 4. im Anhange zum
scherzhaften Liede genannten Zeitschriften und allgemeinen und besondern Sammlungen für die lyrische Poesie.
Endlich gehören hier noch her mehrere Lieder in unsern
tragischen oder überhaupt nicht geradezu komischen Romanen. Z. B. in Tim. Hermes Miß Fany Wilkes
und in dessen Sophiens Reise von Memel nach Sachsen.

4) Die älteste mir bekannt gewordene Sammlung Deutscher Elegien ist: Zeugnisse treuer Liebe nach
dem Tode tugendhafter Frauen abgestattet
von ihren Ehemännern, Hannov. 743. 8. Außer
diesen haben wir Elegien der Deutschen, Lemgo
776. 2 Bde 8 Von Klamor Schmidt. Diese Sammlung
enthält auch mehrere vorher ungedruckte Elegien. Die
neueste Sammlung befindet sich in Füeßli's oben genannter Blumenlese, welche auch besonders zu haben ist, unter dem Titel: Oden und Elegien der Deutschen,
Zürch 785. 8. Für die Lateinisch geschriebenen Elegien
gehört: *Caroli Michæler collectio poetarum elegiacorum
Stilo et Sapore Ovidiano scribentium, adhuc plerorumque
anecdotorum, Vienn. 789. 2 Voll. 8.*

3. Heroide

1) **H**elius Eobanus Heſſus; in ſeiner *Opp. faragg. II. p. 102—270.* ſtehen 3 Bücher Heroiden; ſo viel ich weiſs die erſten, welche in Lateiniſcher Sprache von Deutſchen geſchrieben worden ſind.

2) Der erſte, welcher Heroiden in Deutſcher Sprache ſchrieb, war Chriſt. Hofmannn von Hofmannswaldau; unter dem Namen Heldenbriefe erſchienen ſie ſ. L. 690. 8. *rep.* in der Neukirchiſchen Sammlung und Bresl. 710. 8. Sie ſtehen auch in ſeinen Deutſchen Ueberſetzungen und Gedichten *ib. eod.* 8.

3) Dan. Casp. v. Lohenſtein; von ihm haben wir 6 ſchwülſtige Heroiden in ſeinen Trauer- und Luſtgedichten, Bresl. 680. 8. und in der nach ſeinem Tode erſchienenen Sammlung, Bresl. 707. 8.

4) Chriſtoph Friedr. Kiene; geb. 16.. zu Halle in Sachſen; übrigens mir völlig unbekannt. In ſeinen poetiſchen Nebenſtunden heroiſchen Geiſtern zu ſonderbahrer Beluſtigung verfertigt, Frkf. Lpz. 680. 8. (Neumeiſter in ſeiner *diſſ. p. 6.* nennt eine Leipziger Ausgabe von 1681) ſtehen S. 119. 153. 164. 176. 211. 220. 223. ſieben Heroiden unter dem Namen Elegien.

5) Jo Burkh. Mencke; ſ. No. 190. im Abſchnitte vom ſcherzhaften Liede; er dichtete in ſeinem achtzehnten Jahre zwölf Heldenbriefe, welche er in der Vorrede zu ſeinen galanten Gedichten, wo ſie S. 3—38. ſtehen, ſehr richtig ſelbſt beurtheilt.

6) Heinrich Anſhelm von Ziegler und Kliphauſen; geb. 1663 zu Radmeritz in der Oberlauſitz;

starb 1697 als Privatmann zu Liebertwolkwitz, einem ihm gehörenden Städtchen unweit Leipzig.

Unter dem Namen: poetische Wechselschriften, stehen mehrere Heroiden von ihm in seiner Heldenliebe der Schrift alten Testaments in 16 anmuthigen Liebesbegebenheiten, Lpz. 715. 8.

7) Märkische neun Musen, welche sich auf dem Frankfurtischen Helikon aufgestellt. Erste Assemblee f. l. (Frankf. a. d. O.) 706. 8. Unter der Zueignungsschrift an den König Friedrich I. von Preußen, nennt sich als Verfasser Erdmann Wircker, welcher, wie wir aus der Vorrede sehen können, seiner Profession nach ein Jurist war. Indessen stehen hier auch eines ungenannten Schlesischen Edelmanns Gedichte, und diese sind mit *** bezeichnet, so wie Wirckers Gedichte durch ††† unterschieden worden sind. In der angeführten ersten Assemblee, von welcher in der Vorrede eine Fortsetzung versprochen wird, stehen S. 26—32 zwey Heroiden von Wircker und S. 32—36. zwey von dem ungenannten Schlesischen Edelmanne. Uebrigens verdient hier noch bemerkt zu werden, daß Hr. v. Göthe, so sehr er mit geringer Mühe und Unterscheidungsgabe die Musen in der Mark herabzuwürdigen versucht hat, (Schillers Musen-Almanach 1797) dennoch in seinem Herrmann und Dorothea, andere Aehnlichkeiten zu verschweigen, als ein Nachfolger derselben erscheint, in dem er *ad modum Herodoti* jeden Gesang einer Muse weiht. Dasselbe thut schon Erdm. Wircker.

8) Georg Christian Lehms; geb. 1684 zu Liegnitz in Schlesien; Anfangs *Magister Philosophiæ* zu Leipzig; dann Hessendarmstädtischer Rath und Bibliothekar; starb 1717. S. Biographische Nachrichten der vornehmsten Schlesischen Gelehrten, S. 67. (Grottkau 788. 8.)

Er verfaßte einen zweyten Theil zu des oben genannten Zieglers Heldenliebe, welcher Leipz. 721. 8. erschien;

in demselben stehen mehrere Heroiden von Personen des alten und neuen Testaments.

9) Eines Ungenannten neue Heldenbriefe, Prenzl. 746. 4.

10) Cph. Martin Wieland; hieher gehören seine Briefe der Verstorbenen an hinterlassene Freunde, Zürch 753. 4. und in der Zürcher Sammlung seiner poetischen Schriften, Bd. II, S. 137. ff.

11) Dan. Schiebeler; f. Bd. I, S. 138.

In seinen auserlesenen Gedichten, Hamb. 773. 8. befindet sich S. 12. ein Brief von Clemens an Theodorus, und S. 27. eine komische Heroide.

12) Jo. Joa. Eschenburg; von ihm haben wir nur zwey, aber in diesen die vorzüglichsten Heroiden in Deutscher Sprache. Die eine Theodorus an seinen Vater Clemens, Lpz. 765. 4., und die andere in Schiebelers Gedichten, S. 19.

13) Hanns Carl Heinr. v. Trautzschen; f. Bd. I, S. 291. Einige Heroiden befinden sich von ihm in seinen vermischten Schriften, Chemnitz 771. 8.

4. Sonnet.

(Klinggedicht.)

1) **Geo. Rud. Weckherlin**; f. Bd. I, S. 212. Er war unter den Deutschen der erste, welcher Gedichte unter diesem Namen schrieb. Diese stehen in seinen oben angeführten Gedichten, S. 631. 647. 648.

2) **Martin Opitz**; von ihm haben wir 41 Sonnette in seinen oben angeführten Gedichten.

3) **Paul Flemming**; vier Bücher Sonnette stehen in seinen geistl. u. weltl. Ged. Naumb. 642. 8.

4) **Andr. Tscherning**; in seinem Frühlinge und Vortrabe des Sommers stehen mehrere Sonnette.

5) **Andr Gryphius**; von ihm haben wir 5 Bücher Sonnette, in seinen vermehrten Deutschen Gedichten, Bresl. 698. 8.

6) **Dan. Casp. v. Lohenstein**; seine Trauer- und Lustgedichte, Bresl. 680. 689. 8., enthalten auch mehrere Sonnette.

7) Von den auf diese folgenden Dichtern des 17ten und 18ten Jahrhunderts, welche grössten Theils oben im Abschnitte vom scherzhaften Liede angegeben worden sind, ist unter diesem Namen eine fast unübersehbare Schaar elender Spielereyen aufgeführt worden. Seit Hallers Zeiten verlor sich dieser tändelnde Geschmack immer mehr, und etwas später lehnte sich selbst die Gottschedische Schule so mächtig gegen denselben auf, dass lange keine Sonnette mehr in Deutschland erklangen.

8) Johann Westermann; geb. zu Geifsmar in Heſſen 17..; Anfangs Rector zu Lehr; dann Candidatus Miniſterii zu Bremen; ſtarb 178.. Allerneueſte Sonnetten; Brem. 765—,780. 18 Stücke in 8.

9) Eines Ungenannten Sonnette im Deutſchen Merkur 1776 Apr. und Sept.

10) Friedr. Schmit; ſ. den Leipziger Muſenalmanach von C. H. Schmidt und des Unſrigen Gedichte, Nürnb. 779. 8.

11) G. A. Bürger; in ſeinen Gedichten ſtehen unſtreitig die ſchönſten Sonnette, welche bis jetzt in Deutſcher Sprache geliefert worden ſind.

ſ. Ma.

5. Madrigal.

1) Jo. Leonis Haßleri teutſche Geſänge nach Art der welſchen Madrigalien vom Jahre 1595, ſ. oben S. 85 gehören als der mir bekannte erſte Verſuch in dieſer Gattung hieher.

2) Caspar Ziegler (nennt ſich auch Carl Zintho); geb. 16**, zu Leipzig; ſtarb 1690 als D. und Profeſſor der Rechte zu Wittenberg. S. Neumeiſters diſſ. p. 117.
Er iſt nicht, wie man faſt allgemein glaubt, der erſte, welcher dieſe urſprünglich Italiäniſche Dichtungs-Gattung auf Deutſchen Boden verpflanzt hat. Seine Verſuche dieſer Art ſtehen in ſeinem Unterrichte von Madrigalen, Lpz. 653. 8. rep. Wittenb. 685. 8. Sechs Proben derſelben ſ. in Balthaſar Kindermanns Deutſchem Poet S. 290—92.

3) Von Filidor dem Dorferer (Schwiger); ſ. oben Scherzhaftes Lied No. 174 haben wir 18 Madrigale von nicht geringem Werthe; ſie ſind ſeiner geharnſchten Venus Hamb. 1660. 8. als Zugabe angefügt.

4) Martin Kempe; geb. 1637 zu Königsberg in Preuſſen; ſeit 1664 Magiſter zu Jena; im folgenden Jahre Mitglied des Ordens der Pegnitzſchäfer unter dem Namen Damon, und bald darauf trat er in den Schwanen-Orden unter dem Namen Kleodor; in der Deutſchgeſinnten Genoſſenſchaft führte er den Namen des Unſterblichen; ſ. Amarantes Nachricht vom Pegnitz-Orden S. 853. In der fruchtbringenden Geſellſchaft hieß er ſeit 1668 der Erkohrne; ſ. ſeine Vorrede zu ſeiner *poeſis triumphans*, oder Siegespracht der Dichtkunſt gegen die übelgeſinnte Zeit, in dreyen Strafgedichten, Königsb. in Pr. 676. 12. ſeit 1670 war er auf Reiſen in Holland und England; zuletzt wurde er Chur-

Brandenburgifcher Hiftoriograph und in den Adelſtand erhoben; und ſtarb 1682. S. Arnolds Hiſtorie der Königsb. Academie S. 519. Amarantes (Herdegens) Nachricht vom Pegnitz-Orden S. 288—330. und *J. J. C. Oelrichs Supplem. ad commentat. de hiſtoriographis Brandenburgicis p. 23. 24. (Berol. 752. 8.)*

Unter ſeinen vielen in Gottſcheds Bücherſaale Bd. IV, S. 434. angegebenen Schriften befinden ſich auch Madrigale.

5) **Geo. Ludw. Agricola's geiſtliche Madrigalien**, Gotha 675. F.

6) **Erſt Stockmann**; geb. 1634 zu ***; Anfangs Prediger zu Bayern-Naumburg, dann Superintendent zu Allſtädt; ſtarb 1712. S. Wetzels Lebensbeſchr. III, 264.

Ein Viertelhundert poetiſcher Freuden- und Trauer-Madrigale ſteht in der zweyten Ausgabe ſeiner poetiſchen Schriftluſt, oder hundert geiſtliche Madrigale, Lpz. 668. 8.

7) **Balthaſar Kindermann**; geb. 16** zu ***; Magiſter und Mitglied des Schwanen-Ordens unter dem Namen Kurandor.

Zwey Dutzend ſcherzhafter Madrigale hat er in ſeinem Deutſchen Poeten S. 292—303 (Wittenberg 664. 8.) geliefert.

8) **Heinr. Bredelo**; ſ. ſcherzhaftes Lied No. 183. Seine Madrigalen erſchienen Helmſt 689. 8.

9) **Jo. Jacobi**; Magiſter und Mitglied des Schwanen-Ordens.

a) Deutſcher Madrigalen erſter Verſuch, 678. 8.

b) Ein Anhang von geiſtlichen und weltlichen Madrigalen ſteht hinter ſeinem Trauerſpiele: der gekreuzigte Jeſus 680. 8.

10) **Jo. Chriſtn. Günther**; ſ. Bd. I, S. 183. ſeine Madrigalen ſtehen in ſeinen Gedichten S. 545—564 und 1048 nach der Ausgabe von 1751.

6. Cantate.

1) **Menantes**; f. Bd. I, S. 183 und oben fcherzhaftes Lied No. 186. Er zeichnete fich zu feiner Zeit vorzüglich dadurch aus, dafs er diefe Dichtungsart zuerft mit einem ungewöhnlichen Eifer, wenn gleich mit fchlechtem Erfolge, in Deutfcher Sprache bearbeitete. Seine fcherzhaften und religiöfen Cantaten ftehen theils in feinen galanten und verliebten Gedichten, Hamb. 704. 8. theils in feinen theatralifchen Gedichten, ebend. 706. 8.

2) **Jo. Chriftn. Günther**; f. Bd. I, S. 183. Funfzehn Cantaten ftehen in feinen fämmtlichen Ged. S. 333 — 363. 945. 949. und 1126. nach der Ausgabe von 1751.

3) **Amaranthes (Corvinus)**; f. fcherzhaftes Lied, No. 190. Mehrere Cantaten ftehen in feinen beyden dort angeführten Sammlungen.

4) **Jo. Valentin Pietfch**; geb. 1690 zu Königsberg; ftarb 1733 als Königl. Preufs. Hofrath, Leibmedikus und Profeffor dafelbft. In feinen von Jo. Geo. Bock, Königsb. 740. 8. herausgegebenen gebundenen Schriften befinden fich auch einige Cantaten.

5) **Chriftiane Mariane von Ziegler**; eine geborne Romanus; im Jahr 1731 war fie fchon Witwe und Mitglied der Deutfchen Gefellfchaft zu Leipzig. Nur diefes und die Schilderung, welche fie von fich felbft hinterlaffen hat, habe ich gefunden in Philippi's aufgefangenem Briefwechfel in Gieleckens Beyträgen zur Belehrung und Unterhaltung, Bd. II, S. 40

102. Sehr viele Cantaten befinden sich in ihrem Versuche in gebundener Schreibart, Lpz. 728. 729. 2 Theile, 8. und dreyzehn in ihren vermischten Schriften, S. 301 — 334. (Gött. 739. 8.)

6) Jo. El. Schlegel; s. Bd. I, S. 255. Seine zu ihrer Zeit musterhaften und jetzt nur noch wegen ihrer sanften Versification merkenswerthen Cantaten stehen zuerst in den Belustigungen und Brem. Beyträgen, und dann in seinen Schriften, Th. IV. S. 203. ff.

7) Karl Wilh. Ramler; der erste, welcher diese Gattung in Deutscher Sprache classisch bearbeitete.

   a) Geistliche Cantaten, Berl. 760. 8. rep. 768; rep. 770. 8.

   b) Jno, Berl. 765. 8.

   c) Ptolemäus und Berenyce, ib. eod. 8.

   d) Pygmalion, 768. 8.

   e) Alexanders-Fest, Berl. 770. 8.

Vergl. die neuere Ausgabe seiner sämmtlichen Gedichte, welche die hiesige Vossische Buchhandlung veranstaltet, und in welche Hr. R. hoffentlich die wichtigen Verbesserungen aufnehmen wird, welche ihm der kürzlich verstorbene Ober-Consistorial-Rath Dietrich — ein Mann, der für musikalische Dichtung die ausgezeichnetsten Talente besaß — zu seinen Cantaten mitgetheilt hat.

8) Ueber eines Ungenannten Cantaten zum Scherz und Vergnügen, Brschw. 761. 4. s. Leßings Briefe die neue Literatur betreffend.

9) Christn. Aug. Clodius; s. Bd. I, S. 310.

Cantate auf die Ankunft der hohen Landesherrschaft, in Musik gesetzt von J. A. Hiller, Lpz. 765 F.

10) Hans Wilh. von Gerstenberg.

Ariadne auf Naxos, componirt von Schreiber, Copenh. 767 und mit Veränderungen von Bach 774.

11) Dan. Schiebeler; s. seine musikalischen Gedichte, Hamb. 769. 8. und die auserlesenen Gedichte ebend. 773. 8.

12) Balth. Münter; f. Ernfth. Lied No. 142. Von ihm haben wir: Geiftliche Cantaten, Gött. 769. 8.

13) Jo. Geo. Jacobi.
– a) Zwey Cantaten auf das Geburtsfeft des Königs, Halberftadt 771. 772. 8.
   b) Cantate am Charfreytage 772. 8.

14) J. C. Lavater.
   Die Auferftehung der Gerechten, Zürch 773. 8.

15) Auguft Herrmann Niemeyer; geb. 1754 zu Halle; D. und Profeffor der Theologie und Confiftorial-Rath, auch Director des Pädagogiums und Mit-Director des Waifenhaufes dafelbft.
   Sein Abraham auf Moria, Lpz. 777. 8. fteht nebft dem Lazarus und der Thirza in feinen Gedichten, Leipzig 778. 4.

16) Jo. Sam. Patzke; geb. 1727 zu Seelow bey Frankfurt an der Oder; erfter Prediger an der h. Geift-Kirche zu Magdeburg und Senior des Minifteriums der Altftadt dafelbft; ftarb 1787.
   In feinen mufikalifchen Gedichten, Hamb. 780. 8, ftehen feine hieher gehörigen Producte.

7. Ode.

Diese ist dem Range nach die erste Gattung der lyrischen Poesie, hier aber in der Zeitfolge die letzte, weil sie von den Deutschen zuletzt erst eigentlich cultivirt worden ist. Zwar haben wir schon in dem 15ten Jahrhunderte lyrische Gedichte unter dem Namen Oden in Lateinischer Sprache von Conr. Celtes, und im Jahr 1618 solche Gedichte unter demselben Namen in Deutscher Sprache von Rudolph Weckherlin erhalten; allein beyder Oden sind dieses nur dem Namen und der äusern Form nach. Dasselbe gilt von Opitz, Flemming, Tscherning, A. und Chr. Gryphius, Canitz, Günther und selbst von den spätern Versuchen der Gottschedischen Schule, welche eine ganze Sammlung solcher Namen-Oden Lpz. 728. 8. herausgab. Der erste, welcher in Deutscher Sprache uns die ersten Versuche von eigentlichen Oden gab, war:

1) **Albrecht von Haller;** s. Bd. I, S. 190. Seine Ode auf die Ehre vom Jahr 1728 und die auf die Tugend vom Jahr 1729 stehen in seinen oben angeführten Gedichten.

2) **Sam. Gotth. Lange;** s. Bd. I, 138. Seine ersten Oden sind Damons und Thyrsis freundschaftlichen Liedern beygefügt, Zürch 745. 8. Vorzüglich gehören aber hieher seine Horazische Oden, Halle 747. 8. durch welche er dem Gottschedischen Odengeschmacke glücklich entgegen wirkte, ob er gleich selbst nur bey der Aussenseite der Horazischen Ode stehen blieb.

3) **Jo. Pet. Uz;** er übertraf in der Oden-Gattung alle seine Vorgänger, indem er zuerst einen gewissen edeln

Frohsinn, eine gereinigte Philosophie und eine durch Kritik gemäßigte Einbildungskraft glücklich mit einander vereinigte. S. seine lyr. Gedichte 749. 8. verm. Lpz. 756. 8. und Poet. Werke, Lpz. 768—772. 2 Bde. 8.

4) Jo. Andr. Cramer; f. Bd. I, S. 236. Seine ersten Oden stehen in den Brem. Beyträgen und in den zu diesen gehörigen vermischten Schriften, und in seinem Nordischen Aufseher. Die besten, welche er lieferte, sind seine Ode auf Luther, Copenh. 771. 4. und die auf Melanchthon, Lübeck 772. 4. Vergl. seine sämmtl. Ged. Lpz. 782. 4 Bde 8.

5) Carl Friedrich Ramler; f. Bd. I, S. 316. Seine ersten Oden sind im J. 1744 und die mehresten 1759 verfaßt. Anfänglich wurden sie anonymisch ohne Angabe des Jahres und Ortes in 4to einzeln gedruckt. Dann erschien ein Theil von ihnen in der Sammlung seiner Gedichte, welche f. L. 766. 8. ohne sein Wissen veranstaltet worden war. Er selbst gab sie heraus Berlin 767. 8. und in seinen lyrischen Gedichten 772. 8. Franz. Berl. 777. 8. Er ist unstreitig der kunstreichste und intensivfleißigste Odendichter der Deutschen. Bey ihm sind nicht nur alle Worte richtig gewogen, gemessen und gezählt, sondern auch jede Folge und Wendung derselben nach den feinsten Rücksichten gewählt, berechnet und gegen die strengste Kritik gewaffnet. Seine Phantasie ist mehr blühend als feurig, und sein Odenschwung mehr glücklich als kühn. Das Maaß in sicherer Hand bestimmt er, wie die Deutsche Muse in Klopstocks Kaiser Heinrich, den Gedanken und seine Bilder. Unter gewissen Einschränkungen kann von ihm gelten, was Ovid *Amor.* I. 15. vf. 13. und 14. vom Kallimachus sagt:

> *Battiades semper tota cantabitur orbe,*
> *Quamvis ingenio non vales, arte vales.*

6) Friedr. Gottl. Klopstock; seine ersten Oden: der Lehrling der Griechen und Wingolf, sind beyde vom J. 1747. Vom J. 1748—1768 lieferte er 68 Oden und mehrere andere in den neuesten Zeiten. Zuerst erschienen sie in den vermischten Schriften der

Brem. Beyträge und in Cramers Nord. Auffeher, Copenh 758—61. 3 Bde 8. Dann gefammlet in feinen kleinen poet. und prof. Schriften, Frkf.771 8. in feinen Oden und Elegien, Darmft. 771. 8 Originalausgabe, Hamb. 771. 4. Spätere Sammlungen, Wetzlar 779. 8. Lpz. 787. 8.

Aufser der Nachbildung der Griechifchen Sylbenmafse und der Erfindung eigener neuer lyrifcher Versarten charakterifiren ihn; geiftige Phantafie, welche alles Sinnliche verfchmäht, originelle Feierlichkeit des Tones, tiefe und rührende Empfindung mit dem Anfcheine von Simplizität verbunden, und endlich Kühnheit in Inverfion und Ausdruck. Seine mehreften Oden find eigentlich die ftolzeften Hymnen, welche Deutfchland aufweifen kann.

7) Chrftn. Ewald v. Kleift; f. Bd. I, S. 114. Hieher gehören feine Oden an die Preufs. Armee, die auf das Landleben und feine beyden Hymnen. Anfänglich theils einzeln gedruckt, theils in periodifchen Schriften, z. B. in den Literaturbriefen Th. II. zerftreuet. Dann gefammlet Zürch 752. 4. mit Lateinifchen Buchftaben ohne fein Wiffen herausgegeben. Die erfte Original-Ausgabe: Gedichte von dem Verfaffer des Frühlings 756. 8. und neue Gedichte 758. 8. Zuletzt in feinen fämmtlichen Werken Berl. 760. *rep.* 761. *rep.* 778. *rep.* 782. 2 Th. 8.

8) Gotth. Ephr. Leffing; feine älteften Oden von den Jahren 1752 1754 ftehen zuerft unter den gelehrten Artikeln der Berlinifchen Politifchen Zeitung jener Jahrgänge. Neun Oden ftehen von ihm im 1ften Theile feiner Schriften Berl. 755. 12. Neu abgedruckt, nebft vier treflichen Oden-Entwürfen in Profa im 2ten Theile der vermifchten Schriften, Berl. 784. 8. Hier fehlt aber die, welche im erften Bande der Duodez-Ausgabe feiner Schriften, der Eintritt des Jahres 1754 in Berlin, überfchrieben ift und zu feinen beften Producten in diefer Gattung gehört. Seine angeführten profaifchen Oden-Plane find die einzigen mir bekannten Verfuche ihrer Art in Deutfcher Sprache und beftätigen auf eine

einleuchtende Art die Wahrheit: daſs der lyriſche Dichter ſeiner Vollendung ſicherer entgegen gehe, wenn er im erſten vollen Gefühle der Begeiſterung ſeine Gedanken vorläufig hinwirft, und dem raſchen Gange der aufgeregten Phantaſie mit der Sprache unmittelbar folgt, ohne ſich durch Metrum und Wortſtellung, durch Strophenbau und Reim-Geſetze in dieſem Wirken zu ſeinem Ziele aufhalten zu laſſen.

9) Jo. Adolph Schlegel; ſ. oben S. 108. Seine Oden, welche zuerſt in den Bremiſchen Beyträgen und in den zu dieſen gehörigen vermiſchten Schriften ſtehen, befinden ſich nebſt andern ſpäterhin verfertigten auch im erſten Bande ſeiner Gedichte, Hanov. 787 8. Sie verdienen von mehr als einer Seite den beſſern Producten ihrer Gattung zugezählt zu werden.

10) Jo. Gottlieb Willamov; ſ. Bd. I, S. 256. Seine Dithyramben ſ. l. 765. 8. ſind bis jetzt die einzigen Nachbildungen jener Griechiſchen Dichtungsart in Deutſcher Sprache. Sie veranlaſsten trefliche Unterſuchungen über die Möglichkeit des Dithyrambus in neuerer Zeit in den Literaturbriefen Bd. 21. S. 39—80. u. in Herders Fragmenten Th. 3 S. 298—338. Eine verbeſſerte Ausgabe, von welcher die erſte Nachricht und Probe in der Allgem. Deutſchen Biblioth. Bd. III. St. 2. S. 309. gegeben wurde, erſchien Berl. 766. 8. Gute Bemerkungen über die hier getroffenen Verbeſſerungen gab die Allg. Deutſche Bibl. Bd. 5. St. 1. S. 37.—39. Sie wurden ſämmtlich nebſt einem Buche Enkomien und zwey Bücher Oden, welche zum Theil ſchon 1763 verfaſst waren, aufgenommen in ſeine ſämmtlichen poet. Schriften, Lpz. 779. 8.

11) Joa. Chriſtn. Blum; ſ. Bd. I, S. 240. Seine lyriſchen Verſuche erſchienen Berl. 765. 8. Verm. u. verb. unter dem Titel: lyriſche Gedichte, Riga 769. 8. rep. 771. 8. Zuletzt in ſeinen ſämmtlichen Gedichten, Lpz. 776. 2 Th. 8. Seine ſpätern Gedichte unter dem Titel: Neue Gedichte, Züllichau 785. 8.

12) Christian Adolph Klotz; f. Bd. I, S. 196. In seinen *opusc poet*. Altenb. 761. 8. und in der zweyten Ausgabe seiner *Carminum* Altenb 766. 8. stehen seine Lateinische Oden in Horazischer Manier, deren wegen er als der vorzüglichste Odensänger der Deutschen' in Lateinischer Sprache genannt zu werden verdient. Vergl. Lessings Briefe, die neue Literatur betreffend, XIII. 62—69.

13) Hans Wilh. v. Gerstenberg; sein originelles Gedicht eines Skalden, Copenh. Odensee Lpz. 766. 4., gehört zur höhern lyrischen Poesie.

14) Michael Denis; seine unvergleichlichen Hymnen erschienen zuerst auf einzelne Bogen gedruckt, dann gesammlet unter dem Namen: Lieder Sineds des Barden, Wien.772. 8., zuletzt bey seiner Uebersetzung des Ossian, Wien 784. 5 Bände 4 und bey der neuen Ausgabe derselben, Wien 791 92. 6 Bände 4.

15) Carl Friedrich Kretschmann.
  a) Der Gesang Rhingulphs des Barden als Varus erschlagen war, Lpz. 769. 8., besteht aus fünf Bardengesängen und ist verbessert abgedruckt im 1sten Theile seiner Werke S. 1—123. (Lpz. 784 - 87. 4 Th. 8)
  b) Der Barde am Grabe des Major von Kleist, Lpz. 770. 8. Unter dem angemessenern Namen: Kleists Ehrengedächtnifs, in 4 Liedern im 1sten Theile der Werke, S. 253—310.
  c) Zu Gellerts Gedächtnisse, Lpz. 770. 8. Unter dem Namen: Gellerts Ehrengedächtnifs, im 2ten Theile der Werke, S. 123—43.
  d) Klage Rhingulphs des Barden, Lpz. 771. 8., in vier Liedern, im 1sten Theile der Werke, S. 129—214.
  e) Die Jägerinn, Lpz. 772. 8. Verb. im 1sten Theile der Werke, S. 215—34.
  f) Hymnen, Lpz. 774. 8., zwölf an der Zahl, im 2ten Theile der Werke, S. 49—109.

16) Jo. Casp. Lavater.

a) Ode an Gellert, 770. 4.
b) Ode an Gott, Zürch 771. 8.
c) Ode an Bodmer, 774. 8.

Diese und mehrere andere seiner hieher gehörigen lyrischen Gesänge stehen in seinen vermischten Schriften 774 — 81. 2 Th. 8., in seinen Poesien Lpz. 781. 2 Th. 8. und im Schweizerischen Musenalmanach vom Jahr 1780.

17) Carl Mastalier; geb. 1731 zu Wien; vormals Jesuit; Doctor der Philosophie und Professor der schönen Wissenschaften auf der Universität in seiner Vaterstadt. Mehrere seiner Oden erschienen in den Jahren 1769 — 1779 auf einzelne Bogen gedruckt. Die besten, in welchen er als ein vorzüglich glücklicher Nachahmer des Horaz erscheint, stehen in seinen Gedichten nebst Oden aus dem Horaz, Wien 774. 8. Verb. Ebend. 782 8.

18) Gottlieb David Hartmann; geb. 1752 zu Roßway im Würtembergischen; starb, nachdem er die schönsten Hoffnungen erregt hatte, 1775 als Professor am Gymnasium zu Mietau.

Seine Feyer des letzten Abends vom J. 1772, Lpz. 772. 8. Feyer des Jahres 1771, Lpz. 774. 8. Feyer des J. 1773, ib eod 8., stehen mit seinen übrigen lyrischen Versuchen in seinen Gedichten, Pförten 777. 2 Theile 8., und in seinen hinterlassenen Schriften, welche Wagenseil Gotha 779. 8. herausgab.

19) Jo. Heinr. Voß; s. oben Scherzhaftes Lied No. 236. In seinen Oden, welche in den Musen-Almanachen zerstreuet und in den Ausgaben seiner Gedichte gesammlet stehen, ist er ein vorzüglich glücklicher Nachahmer Klopstocks.

20) Ludw. Christn. Heinr. Hölty; seine vorher in den poetischen Sammlungen zerstreueten Oden, in Klopstocks Manier, stehen nun in seinen Gedichten, Hamb. 782. 8.

21) In den Gedichten der Grafen Chriſtian und Friedrich Leopold zu Stollberg, Lpz. 779. 8., gehören die mehreſten Oden dem letztern an und ſind in Klopſtocks Style gearbeitet,

22) Andreas Zaupfer; geb. 1746 zu München; Churf. Hofkriegs-Secretär und ſeit 1784 auch Profeſſor bey der Marianſchen Land-Akademie daſelbſt.

> Hieher gehört er wegen ſeiner merkwürdigen Ode auf die Inquiſition, (München) 777. 8., welche in dieſem Jahre zwey Mahl gedruckt und auch in mehrere Journale, z. B. in die Allgemeine Deutſche Bibl. Bd. 35., eingerückt wurde. Sie veranlaßte ſeine ſatiriſche Ode: Palinodie dem Herrn P. Joſt gewidmet, München 780. 8. Beyde ſtehen auch bey ſeiner Schrift über den falſchen Religionseifer, Frkf. Lpz. 781. 8.

23) Ludw. Theobul Koſegarten; die vorzüglichſten ſeiner früher gedruckten Oden und Hymnen ſtehen nun in ſeinen Gedichten, Lpz. 788. 2 Th. 8.

24) Aug. Herrm. Niemeyer; in ſeinen Gedichten Lpz. 778. 8. ſind 36 Oden im Klopſtockiſchen Style enthalten.

25) Friedrich Schmit; in ſeinen Gedichten Nürnb. 779. 8. ſtehen einige vorzügliche Oden von der moralphiloſophiſchen Gattung.

26) Jo. D. v. Alxinger; geb. zu Wien 1755; Doctor der Rechte; ſtarb 1797 als privatiſirender Gelehrter zu Wien.

> Wegen des höhern lyriſchen Tons gehören mehrere ſeiner Gedichte hieher; vorzüglich: Die Friedens-Feyer, Wien 779. 4., und in ſeinen Gedichten, herausgegeben von Fr. Juſt Riedel, Halle 780 8. Kalliopens Geſang von dem Fürſten von Kaunitz-Rittberg; an Denis; an mein Saitenſpiel; Siegeslied eines Amerikaners &c. Seine ſämmtliche poetiſche Schriften erſchienen Wien 784. 8. und dann ſeine ſämmtliche Gedichte Klagenfurt und Laybach 788. 2 Theile 8.

27) **Friedrich Gedike**; geb. 1755 zu Bobersow bey Lenzen in der Priegnitz; feit 1778 Prorector und feit 1779 Director des Friedrichswerderfchen Gymnafiums zu Berlin; feit 1784 Ober-Confiftorial-Rath und 1787 auch Ober-Schul-Rath und Director des Königl Seminars für gelehrte Schulen; feit 1791 Mitglied der Akademie der Wiffenfchaften, der Akademie der Künfte und Doctor der Theologie; und feit 1793 Director des vereinigten Berlinifchen und Köllnifchen Gymnafiums und der davon abhangenden Schulen.

Aufser den Beweifen, welche er durch feinen verdeutfchten Pindar von feinem lyrifchen Dichtertalente gegeben hat, gehören von ihm folgende wenig gekannte und bis jetzt noch zerftreute Oden hieher:

a) Ode beym Ausbruche des Krieges, (Berlin) 778. 4.

b) Ode beym 68ften Geburtstage Friedrich des Gr. Berl. 779. 8.

c) Ode an den Prinzen von Preuffen, *ib. eod.* 4.

d) Ode bey der Friedens-Feyer, *ib. eod.* 8.

e) Bafedow, eine Ode, hinter feinem Ariftoteles und Bafedow, S. 281—84. (Berl. Lpz. 779. 8.)

f) Maurerode beym Jahresfchluffe, *ib.* 780. 8.

g) Ode dem glücklichen Alter Friedrichs des Gr. (Berl.) 781. 8.

h) Zwey Maureroden am Johannisfefte 1781 und 1782, Berl. 782. 8.

Seine fpätern Oden ftehen in der Berlinifchen Monatsfchrift.

28) **Friedr. Schiller**; f. Bd. I, S. 293. Seine frühern Oden-Verfuche in der Anthologie Tobolsk. 782. 8. find von feinen fpätern lyrifchen Gefängen in der Thalia und in andern Sammlungen weit übertroffen worden.

Anhang.

1) Wenn gleich die eigentliche Ode, als die jüngfte und fchwierigfte Gattung unferer lyrifchen Poefie, bis

jerz[...]r von wenigen Dichtern cultivirt worden ist; fo
können wir dennoch von diefer Seite jede Vergleichung
mit unfern Nachbaren, und in gewiffer Rückficht felbft
mit Griechen und Römern aushalten.

2) Die bis jetzt uns noch mangelnde Gefchichte der Deutfchen Oden-Dichtung läfst fich am leichteften auf folgende wenige Angaben zurückführen: In den früheften
Zeitpuncten finden wir zwar einzelne Ausbrüche einer gewiffen lyrifchen Begeifterung, wie z. B. in dem
Siegesliede auf Ludwig aus dem 9ten Jahrhunderte, f. Bd. I, S. 30 in dem Lobgefange auf den
heiligen Anno aus dem 11ten Jahrhunderte, f. Ebend.
S. 32 und in verfchiedenen Hymnen der altkatholifchen
und in einigen Kirchenliedern der ältern proteftantifchen
Kirche; allein ein dichterifches Ganze von einer fich
gleichbleibenden und durch alle Theile verhältnismäßig
verbreiteten hochlyrifchen Begeifterung haben wir aus
jenen Zeiten nicht aufzuweifen. — Noch weniger dür-
fen wir eigentliche Oden-Sänger unter den Schwäbifchen Dichtern fuchen, welche fich, fo weit wir
fie bis jetzt kennen, mehr durch Naivetät und Sanftheit
der Empfindungen, als durch hohen Schwung der Einbildungskraft auszeichneten, fo wie es fich von folgfa-
men Zöglingen der Provenzalen erwarten ließ. — Wer
aber von den nüchternen Meifterfängern eigentliche
Oden-Dichtung verlangen kann; wahrlich der kennt
die erhabenen Gefetze diefer lyrifchen Gattung, eben fo
wenig, als die Steifheit und Geiftes-Armuth jener Sing-
Schuler. — Zwar haben wir vom funfzehnten Jahrhunderte an bis auf den Zeitpunct, in welchem der erfte echte
Oden-Dichter in Deutfcher Sprache auftteht, viele lyrifche Werke unter dem Namen Oden im correcten
und eleganten Lateinifchen Stile erhalten; z. B. in
des fchon oft angeführten Conr. Celtes *Carm. Arg.
513. 4.* vier Bücher Oden, ein Buch Epoden und ein *Carmen fæculare; Odar. libb. III, Baf. 552. 8.* von G. Fabricius; *Lyricor. libb. II, Erf. 561. 8. rep. Mühlh. 577.
8.* von Ludw. Helmbold; drey Bücher Oden in des
Bruno Seidelius *Poem. libb. VII, Baf. 554. 8.* Eben
fo viele von Nicod. Frifchlin in feinen *Opp. poet.*

Arg. 598—601. 2 Voll. 8. — Odarum lib. Heidelb. 615. 8. von Jo. Adam; *Lyricor. libb. IV.* und *Epod. lib I, Col. 645. 12.* von Jac Balde u. f. w. Allein durch alle diefe und viele andere latinifirende Poeten konnte Deutfcher Oden-Stoff und Oden-Geift nicht gefchaffen und verbreitet werden. Und wenn fie auch einen hinreichend gereinigten Gefchmack und die zu diefer Dichtungs-Gattung mehr als zu jeder andern unentbehrliche philofophifche Geiftes-Bildung gehabt hätten; fo wären fie doch fchon durch die Feffeln einer todten, und deswegen in Anfehung ihrer fernern Cultur gefchloffenen Sprache von jeder Originalität und Individualifirung zurückgehalten worden. Denn, wenn fchon in jeder Dichtungs-Gattung Gedanke und Wort, Empfindung und deren Ausdruck fo innig vereinigt find, wie Seele und Körper; wie weit mehr muß diefes der Fall feyn in der lyrifchen, welche ausfchliefsend mit der Empfindungs-Darftellung zu thun hat, und am meiften in der Ode, in welcher fich die Empfindungen zu einem ftarken, und eben deswegen kurz dauernden Haupt-Affecte vereinigen! — Selbft in dem herrlichen Zeitalter der Palingenfie unferer fchönen Literatur, in welchem Opitz mit feinen Zeitgenoffen und unmittelbaren Nachfolgern die Cultur und Herrfchaft der vaterländifchen Dichter-Sprache gleichmäfsig verbreitete, und den Deutfchen zuerft die Quellen reinen Dichter-Gefchmackes auffchloß, welche ihnen Griechenland und Rom und auch das gleichzeitige Ausland fo zahlreich darbot; felbft damals hatte man in unferm Vaterlande noch nicht die leifefte Ahndung von demjenigen, was ein lyrifches Gedicht nach dem Sinne der Griechen und Römer zu einer Ode macht. Opitz nimmt in feinem Werke von der Deutfchen Poeterey, Cap. V. (Brieg 624. 4.) Ode und Lied für eine Gattung, und behauptet: daß fie ein freyes luftiges Gemüte erfordere und mit fchönen Sprüchen und Lehren häufig geziert feyn wolle; daß man aber fonderlich Maffe wegen der Sentenzen halten müße, damit nicht der gantze Cörper unferer Rede nur lauter Augen zu haben fcheine, weil er auch die andern Glieder nicht entbehren könne. Diesem Begriffe bleibt er mit der ganzen Schaar seiner guten und schlechten Nachfolger treu, und so wurden uns im siebenzehnten Jahrhunderte und fast in der ganzen ersten Hälfte des achtzehnten, unter dem Namen Ode langweilige und kraftlose Gelegenheitsgedichte, Lobgesänge und Lieder ohne Zahl geliefert. — Der erste Deutsche Kritiker, welcher richtige Ideen über die Ode wenigstens andeutet, ist der unter dem Namen Rubeen verborgene Bodmer, welcher in seinen Discoursen der Mahlern, Th. 2. S. 39. (Zürch 721—23. 4 Theile. 8.) zu einem von ihm übersetzten Gedichte des Boileau folgende Anmerkung macht: Die künstlichste Ode ist diese, in welcher die Kunst verborgen ist, und in welcher der Poet, ohne sich an die Regeln einer methodischen Chria zu binden, keine Ordnung folget, als diejenige, welche ihm seine poetische Hitze oder der Enthousiasmus an die Hand giebt, ich verstehe, die äusserste Passion, mit welcher er für die Materie seines Gedichtes angefüllt ist. Und der erste Deutsche Dichter, welcher von dieser Seite zwar einen herzlich guten Willen, aber wenig Kraft zur Ausübung desselben besass, ist Jo. Ulrich von König, welcher im Jahr 1725 seine Ode auf die glückliche Geburt einer Churfächsischen Prinzessinn mit folgenden ganz guten Grundsätzen und Entschliessungen begann:

Auf Dichtkunst, reiche mir die Hand
Komm führe mich auf deinen Flügeln
Durch Wege, die mir nicht bekannt,
Zu unsers Deutschen Pindus Hügeln.

Ich will — — — in einer Ode singen!
Lass meinen Vorsatz mir, o Dichtkunst, so gelingen,
Dass Fama von mir rühmt: sein Mund
Singt feurig, neu, kühn, männlich, rund.

Gieb, dass ich fremd und lebhaft dichte,
Dass ich mich ganz durch dich entzücke,

Nach-

Nachahmend nach den Alten richte,
Erhaben, glücklich ausgedrückt.

Laſs aber mich zugleich vernünftig, ſittſam ſchreiben;
So fruchtbar die Erfindungskraft
Mir neue Bilder auch erſchafft,
Um nicht durch leeren Schall den Leſer zu betäuben;

Weil doch zu ſchwülſtige, zu ſtolze Wörterpracht
Bey Kennern nichts gewinnt, als daſs ſie gähnen macht.
Gieb, daſs ich zwar nichts kriechend ſage,
Jedoch mich auch behutſam wage.

Gieb, daſs ich ſchmackhaft nur und edel wählen mag,
Gedanken, Fäll und Maaſs in freyer Ordnung ſetze,
Das Ohr erſt kützeln kann und dann das Herz ergötze;
So folg ich zwar der Alten Spur,
Doch auch der Deutſchen Sprach-Natur.

Ich bin erhört, du fliegſt von hinnen,
Mein ſchwerer Fuſs wird plötzlich leicht;
Von dir geführt, werd ich kaum innen,
Wie unter mir der Boden weicht. &c. —

So ſehr auch dieſe und ähnliche richtige Ideen über die innere Oekonomie der Ode vorzüglich im zweyten Viertheile des achtzehnten Jahrhunderts in Umlauf gebracht wurden, ſo blieben unſere Dichter dennoch ängſtlich bey der Auſſen-Seite, bey Strophen- und Sylbenmaaſs ſtehen, bis Uz, Ramler und Klopſtock eine neue Bahn brachen, auf welcher ſie, wenn gleich bis jetzt nicht viele, aber doch ſehr vorzügliche Nachfolger erhielten.

3) Dieſe Angaben könnten mich ſchon hinreichend darüber rechtfertigen, daſs ich den Anfang der Deutſchen Oden-Dichtung ſo jung angeſetzt und nur ſo wenige Dichter aus dieſer Gattung aufgeführt habe. Deſſen ungeachtet

will ich für den künftigen pragmatischen Geschichtschreiber unserer lyrischen Poesie noch folgende Dichter anführen, welche entweder wegen ihrer Namen-Oden zu ihrer Zeit berühmt waren, oder als Nachahmer unserer Klassiker in dieser Gattung und wegen einzelner guter Stellen einige Aufmerksamkeit verdienen:

a) In Rud. Weckherlins und Martin Opitzens schon oft angeführten Werken finden sich mehrere Gedichte, welche den Namen Oden an der Stirn führen.

b) M. G. F. L. Deutsche Oden oder Gesänge, Lpz. 638. 8. sind mir bloſs dem Namen nach bekannt. S. Catal. Bibl. Schwabianæ P. II, p. 205.

c) Paul Flemmings Gelegenheitsgedichte haben die äuſsere Einrichtung der Oden, und bestehen aus fünf Büchern in seinen Geist- und Weltlichen Poem. Lüb. 642. 8. Naumb. 651. 660. 666. 685. 8.

d) Andr. Tschernings Oden, s. in seinem Frühling Deutscher Gedichte, Bresl. 642 u. 649. 8. und im Vortrabe des Sommers, Roſt. 655. 8.

e) Von Andr. Gryphius haben wir drey Bücher Oden in seinen Gedichten, Leiden 639. 8. Frkf. 650. 8. Bresl. 663. 8. Ebend. 698. 8.

f) Chriſtn. Gryphius hinterlieſs uns in seinen poetischen Wäldern, Frkf. 656. 8. 717. 2 Th. 8. Gelegenheitsgedichte in Oden-Form,

g) Jo. Chriſtn. Günther; das zweyte Buch seiner Gedichte, Bresl. 751. 8. enthält weltliche Oden und die Nachlese zu seinen Gedichten, Bresl. 754. 8. enthält moralische, galante und verliebte, Ehren- und Glückwünschungs-Oden.

h) Jo. von Beſſers Schriften, Lpz. 711. 8. rep. ib. 742. 2 Th. 8.

i) Jo. Ulr. von Königs Gedichte, Dreſd. 745. 8.

k) Karl Gustav Heräus Gedichte und Lat. Inschriften, Wien 175. F. rep. Nürnb. 721. 8.

l) Oden der Deutschen Gesellschaft zu Leipzig, Lpz. 722. 8. 728—38. 2 Th. 8.

m) Jo. Cph. Gottschedt Gedichte, Lpz. 736. 8. enthalten drey Bücher Oden.

n) Carl Friedr. Drollingers Gedichte, Frankf. am M. 745. 8.

o) Jo. El. Schlegels Oden im 4ten Theile seiner Werke.

p) Nic. Dietr. Giseckens poet. Werke, Brschw. 765. 8.

q) Von Ludw. Fr. Lenz, s. oben S. 108, haben wir eine Ode auf den Wein vom Jahr 1748, welche in der fünften Abtheilung des Taschenbuches für Dichter steht.

r) Jo. Phil. Lor. Withofs zum Theil zwischen 1740—50 geschriebene Oden stehen jetzt im 2ten Theile seiner akademischen Gedichte, Leipz. 782—83. 2 Th. 8.

s) Die Oden von Suppius, Bernhardi und Offenfelder s. oben S. 119.

t) Jo. Lud. Hubers Oden, Lieder und Erzählungen, Tüb. 751. 8.

u) Friedr. Carl Casimir von Creuz, Oden, Frkf. 751. 753. 769. 8.

v) Jo. Friedr. von Cronegks Schriften, Ansp. 760. 765. 8.

w) Benj. Friedr. Köhlers geistl. moral. u. scherzh. Oden, Lpz. 762. 8.

x) Eberhard von Gemmingen poet. und pros. Stücke, Frkf. Lpz. 753. 8.

y) Cph. Martin Wielands Hymnen vom Verfasser des geprüften Abrahams, 754. 4. und in seinen poetischen Schriften, Th. II, S. 289 und Th. III, S. 76 ein Lobgesang auf Gott und zwey Oden auf den Erlöser.

z) Jo. Friedr. Laufons Verfuch in Gedichten, Königsb. 753. 755. 2 Th. 8. Deff. Päan Friedrichs Palmen geheiligt, Eb. 263. 4.

aa) Friedr. Wilh. Zachariäs fünf Bücher Oden und Lieder erfchienen fchon bey feinen Scherzhaften epifchen Poefien, Brfchw. 754. 8. und mit einem Buche vermehrt in feinen poet. Schriften, Brfchw. 763. 64. 3 Theile. 8.

bb) Anna Louife Karfchin auserlefene Gedichte, Berl. 764. 8.

cc) Jo. Friedr. Löwens Schriften. Hamb. 765. 4 Th. 8. enthalten fünf Bücher Oden.

dd) Jac. Friedr. Schmidts kleine poet. Schriften, Alt. 766. 8. Deff. Gedichte Lpz. 786. 8.

ee) Oden nach dem Horaz, Berl. 769. 8. Vom Herrn Canon. Gleim in Halberftadt, welcher fich hier in eine Sphäre gewagt hat, zu welcher ihm von jeher die nöthige Schwungkraft fehlte. Das Ganze enthält 31 Stücke, unter welchen 18 des Verfaffers Eigenthum, und die übrigen Nachahmung des Horaz feyn follen.

ff) Hymnen an die Liebe, Berl. 768. 4.

gg) G. H. A. Koch's Oden, Brfchw. 769. 8.

hh) Chriftn. Friedr. Dan. Schubarts Ode auf den Tod Thom. Abbt's, Ulm 766. F. Ode auf das Abfterben Kaifer Franz I. ib. eod. F. Sämmtliche Gedichte, Th. I. Stuttg. 785. Th. II. ib. 786. 8. Seine Fürftengruft; die Palinodie an Bachus; der ewige Jude; der Hymnus und Obelifk auf Friedrich d. Gr. machen es wahrfcheinlich, dafs er bey mehrerer Geiftes-Cultur und unter günftigern Lebens-Schickfalen ein ganz vorzüglicher Dichter in der höhern Gattung der lyrifchen Poefie geworden feyn würde.

ii) J. A. F. von Gentzkow's Oden, Greifswalde 771. 8.

kk) K. A. Küttners vierzehn Oden, Mietau 772. 4.

ll) Schack Hertmann Ewalds Oden, Leipz. und
Gotha 772. 8.

mm) Hymnen und Oden von W. S. M. Breslau
773. 8.

nn) J. C. C. Fabers vermischte Oden und Lieder,
Magdeb. 775. 8.

oo) Jos. von Retzers Gedichte, Wien 775. 8.

pp) K. Friedr. Schmids Gesänge, Stralf. 776. 8.
Verb. Ebend. 778. 8.

qq) Leop. Alex. Hofmann's Gedichte, Breslau
778. 8.

rr) J. F. Ratschky's Gedichte, Wien 785. 8.

ss) Fabri des jüngern Gedichte, Bresl. 780. 8.

tt) H. Ehrenfried Warnekros hat uns in seinem Versuche aus der Literatur, Welt-
woisheit und schönen Wissenschaften,
Rost. 780. 8. auch Oden geliefert.

uu) Aug. J. G. K. Batsch, Oden, Lieder und Gesänge, Nürnb. 781. 8.

vv) Karl Philipp Moritz, sechs Deutsche Gedichte, dem Könige von Preußen gewidmet, Berl. 781. 8.

4) Wenn ich alle ältere und neuere Dichter unserer Nation, welche einzelne Oden besonders, oder in ihren
sämmtlichen Werken heraus gegeben haben, anführen
wollte; so müste ich alle die zahllosen Deutschen Männer, Weiber und Kinder nennen können, welche
von je her in Deutscher und Nichtdeutscher Zunge gereimt und geverselt haben. Denn es ist noch nicht gar
lange her, daß man Verse von Amtswegen machen
muste, wenn man in einem gewissen Verstande ehrlich seyn wollte. Vorzüglich traf dieses Loos die Hofmeister, Schulrectoren bis zum Baccalaureus herab, und
nicht selten auch die Prediger des jedesmaligen Ortes.
Daher wurden von diesen so viele Hochzeiten, Taufen,
Leichen, Geburtstage u. s. w. in poetischer Prosa oder
in prosaischer Poesie celebrirt. Ja, es standen in Deutsch-

land sogar gekrönte Dichter und privilegierte Stadt-Poeten auf, bey denen man gegen taxenmäsige Gebühren für die jedesmaligen öffentlichen und besonderen Bedürfnisse Oden mit und ohne Reime bestellen konnte. Dieser poetische Luxus hat sich in dem neuesten geldarmen Zeitalter verloren, und mit ihm ist auch das einträgliche Monopol verschwunden, welches sonst auf der Deutschen Verskunst hastete. Dagegen sind bey der sich jetzt durch alle Volks-Classen gleichmäsiger verbreitenden wissenschaftlichen und Sprach-Cultur aus vielen nichtgelehrten Zünften, z. B. Posamentirer, Brauer, Huf- und Waffen Schmiede, Buchdrucker, u. s. w. lyrische Dichter aufgestanden, welche uns für den Abgang jener professionsmäsigen Gelegenheits-Dichter entschädigen können. Gut wäre es indessen, wenn man aus jedem Zeitpuncte unserer Literatur eine mit kritischer Auswahl veranstaltete Sammlung von jenen lyrischen Gedichten hätte, welche durch irgend einen Individualfall der Zeit erzeugt und durch denselben wieder zerstreut oder vernichtet worden. Zum Theil ist dieser Wunsch erfüllt worden in den oben S 273 und 224 angegebenen allgemeinen lyrischen Sammlungen. Indessen mangeln uns noch gute Sammlungen, welche der Oden-Gattung ausschliesend bestimmt wären. Ueber die Schwierigkeiten derselben erklärt sich Hr. Ramler sehr gründlich in der Vorrede zu den Liedern der Deutschen. Bis jetzt haben wir nur zwey Versuche der Art aufzuweisen: die Oden der Deutschen rste Samml. Lpz. 778. 8. und Oden und Elegien der Deutschen, Zürch 783. 8. zu der oben angeführten Fuesslischen allgemeinen Blumenlese der Deutschen gehörig. Die Zeitschriften, in welchen auch Oden enthalten sind, s. oben S. 222.

5) Die Classification der Ode hat in den verschiedenen Zeitpuncten unserer schönen Literatur mit den Fortschritten in der Theorie und Ausübung derselben stets gleichen Schritt gehalten. So lange man das Wesen der Ode in die Zahl und Länge der Strophen und in das Sylbenmaass überhaupt setzte, so lange konnte man keine andere Oden als Pindarische, Sapphische, Ana-

kreontifche u. f. w. Je tiefer man aber durch Theorie und Ausübung in den innern Charakter dieser Gattung eindrang, desto mehr war man bemüht, nach bessern Gründen, wesentlichere und haltbarere Eintheilungen festzuletzen. So unterschied man die besonderen Arten derselben nach Verschiedenheit der Empfindung, welche in derselben herrschte, nach der Mannichfaltigkeit des Plans und der Anordnung der Gedanken, und endlich in Absicht auf den Inhalt und Hauptgegenstand derselben. Daher erhielt man Hymnen oder religiöse Oden; Dithyramben; heroische, philosophische (lehrende) und satirische Oden; betrachtende, phantasiereiche und empfindungsvolle Oden; und endlich vermischte Oden, in welchen mehrere von den genannten Arten zu einem Ganzen vereinigt sind. S. Sulzers allgemeine Theorie der schönen Künste, Art. Ode; und Eschenburgs Theorie und Literatur der schönen Wissenschaften, S. 106—14. Ich habe in meinem gegenwärtigen Grundrisse keine dieser Eintheilungsarten zum Grunde gelegt, weil keine mich völlig befriedigt und ich überhaupt der Meynung bin, daſs jene Eintheilungen Theils unmöglich, Theils unnöthig sind, sobald man das eigentliche Verhältniſs der lyrischen Poesie zu den übrigen Dichtungs-Gattungen und den Haupt-Charakter der Ode richtig gefaſst hat, durch welchen sie sich vom Liede und von der Elegie für ewige Zeiten unterscheiden wird. Die lyrische Poesie beschäftigt sich nemlich ausschlieſsend mit einer solchen Empfindungs-Darstellung, welcher die Gegenstands-Darstellung stets untergeordnet seyn muſs. Daher muſs man bey der Absonderung der lyrischen Gattungs-Arten, Unter-Arten und Classen die strengste Rücksicht auf die Arten und Grade der darzustellenden Empfindungen nehmen. Diese Empfindungen sind entweder Zuneigung oder Abneigung, und in beyden Fällen ist die Empfindung des Dichtenden entweder in beständiger Thätigkeit begriffen und von der sichern Hoffnung, das noch unerreichte Ziel ihres Wirkens zu erreichen, gestärkt, — oder sie hat dieses Ziel wirklich erstrebt, so daſs sich ihre Thätigkeit mehr im frohen und ruhigen Genusse verliert; — oder der Gegenstand des Strebens ist wirklich verloren; oder noch unerreicht ohne starke Hoffnung des Erreichens; oder er ist nach einem kurz vorhergegangenen Verluste wieder erhalten; oder nach einem bisher fruchtlosen und schwierigen Streben endlich erreicht; so daſs in jedem der genannten Fälle die Empfindungs-Thätigkeit Theils durch das Bewuſstseyn des gegenwärtigen Zustandes, Theils durch die Erinnerung an den so eben vergangenen, Theils durch die Aussicht in die ungewisse Zukunft gemäſsigt wird. Nach diesem dreyfachen Verhältnisse der Empfindung zu dem Gegenstande erhalten wir Ode, Lied und Elegie als drey Haupt-Gattungen der lyrischen Poesie. Diesem zufolge ist in der Ode die Zuneigung oder Abneigung des Dichters mit dem Bewuſstseyn, diese Empfindungen noch nicht befriedigt zu haben, und mit der im Gefühle einer angemessenen Kraft gegründeten Hoffnung, diese Befriedigung zu erreichen, gleichmäſsig rege und wirksam. Der Werth oder Unwerth des Gegenstandes erscheint dem Dichter in einem so groſsen Abstande von der eignen Fassungs- und Darstellungs-Kraft, daſs er sein ganzes Bestreben bloſs dahin richtet, diesen Werth oder Unwerth zu fassen und darzustellen. Aus diesem innigen ungetheilten Interesse ist der höhere Grad der Begeisterung, welcher der Ode eigenthümlich ist, die scheinbare Unordnung, in welcher die Seele ihre Affecten entwickelt, die Einheit des Empfindungs-Ganzen und endlich die verhältniſsmäſsige kurze Dauer des Begeisterungs-Zustandes erklärbar. Die Empfindungen der Zuneigung und Abneigung erhalten eben daher mit ihrem Wort-Ausdrucke eine vorzügliche Stärke und Lebhaftigkeit. Jene werden hier Bewunderung, Erstaunen, entzückte Liebe, jauchzende Freude, dringende Dankbegier u. s. w. Diese äuſsern sich in stolzer Verachtung, bittern Haſs, inniger Verabscheuung u. s. w. Die Gegenstände, durch welche diese Empfindungen aufgeregt werden können, sind so vielartig, daſs man sie in allen erhabenen Theilen des Universums und in allen wichtigen Beziehungen desselben auf die Natur des Menschen antreffen kann. Das unendliche Wefen, die Natur, ihre Elemente, Phænomene, Producte und Kräfte; die ganze Menfchenwelt, ihre Claffen, Individuen, deren Handlungen, pfychologifche und moralifche Kräfte, Wahrheiten u. f. w. können den Stoff zur Ode hergeben. Zwar richten fich die Grade der Zuneigung und Abneigung nach der für uns oder Andere wohlthätigen oder fchädlichen Befchaffenheit diefer Gegenftände, nach den nothwendigen oder zufälligen Bedürfniffen, welches wir fie zu erftreben oder zu entfernen haben und nach der gröfsern oder geringern Wahrfcheinlichkeit, das eine oder das andere durch eigene oder fremde Kraft bewirken zu können; indeffen können doch nie die Eintheilungen der Oden nach den genannten Stoffen allein beftimmt werden, weil nicht ihre objective Befchaffenheit, fondern nur die, in welcher fie dem Empfindenden erfcheinen, und auch diefe nur wegen der Empfindungen, welche von ihr erzeugt worden, intereffiren kann.

XI. Idylle.

(Ekloge; Hirten-Gedicht; Land-Gedicht; fchilderndes Gedicht im Geifte und Character des edeln oder veredelten Naturftandes.)

Dafs wir fchon die erften, und zwar nicht die roheften, Verfuche in diefer Gattung bey den Minnefingern finden; wird begreiflich, fobald man weifs, dafs ein grofser Theil von ihnen entweder aus der Schweiz und den Rheingegenden gebürtig, oder doch dort haufend war, und dafs zu ihrer Zeit die Sitten und Lebensart der dortigen Anfaffen weit einfacher und patriarchalifcher waren, als jetzt. Wenn gleich ihre von mir hier aufgeführten Gedichte keine Idealifirung und fcharf berechnete Kunft enthalten, fondern mehr treue und einfache Darftellung ländlicher Scenen und Sitten unter damaligen Landleuten find; fo wird man ihnen doch als den erften abfichtlofen Vorfpielen der fpäter entftandenen Kunft-Idylle hier eine Stelle nicht verfagen können.

1) Herr Nithart; f. oben Scherzh. Lied No. 7. u. 128. Die Maneffifche Sammlung enthält von ihm mehrere naive Gedichte im echten Idyllen-Tone, Bd. II, S. 74—78.

2) Herr Göli; Hr. Adelung in feinem Magaz. II, 3. S. 60. fragt: ob er von den Gielen im Thurgau, oder von den Gölern im Oettingifchen abftamme. So viel fieht man aus feinen Gedichten dafs er am Rheine zu Haufe gehörte, und gern Rüwenthal befuchte.

Die Maneffifche Sammlung Bd. II, S. 57. u. 58. hat uns 19 hieher gehörige Strophen von ihm aufbehalten.

3) Von Stamheim; gehört wahrscheinlich im Thurgau, wo die Flecken Ober- und Nieder-Stamheim liegen, zu Hause.

Seine idyllenmäsigen Gedichte enthält die Maneſſiſche Sammlung Bd. II, S. 55. und 56. in eilf Strophen.

4) Aufser diesen finden wir in den Gedichten der Minneſinger viele einzelne Idyllenzüge, welche entweder aus der eignen Lage oder aus der gleichzeitigen Hirtenwelt entlehnt und ganz ungeſchmückt dargeſtellt worden ſind. In der traurigen Periode der Meiſterſänger erſcheint auch nicht die mindeſte Spur ſolcher Darſtellungen. Die unaufhörlichen Fehden und kriegeriſchen Unruhen, welche in jenem Zeitalter unſer Vaterland verheerten, und der Sklavendruck der geiſtlichen und nicht geiſtlichen Despoten, unter welchen das Deutſche Landvolk damals ſeufzen muſste, konnte weder ſingende noch beſingenswerthe Hirten erzeugen. Und um ſich ſolche idealiſiren zu können, war man mit den Muſtern, welche Griechen und Römer uns in dieſer Gattung aufgeſtellt haben, noch nicht bekannt genug und eben ſo wenig fähig, dieſe richtig zu verſtehen und mit einem zuläſſigen Geſchmacke nachzuahmen. Um die Zeit der Wiederherſtellung der Wiſſenſchaften in Deutſchland, gegen das Ende des funfzehnten und in der erſten Hälfte des ſechszehnten Jahrhunderts, wurden zwar Theokrits und Virgils und der übrigen alten Bukoliker Werke ſo häufig in Originale herausgegeben, commentirt, überſetzt und auf Schulen und Univerſitäten erklärt; allein wie wenig man bey dem Allen in den wahren Geiſt der alten Idylle eingedrungen ſey, beweiſen unter andern die vielen unglücklichen Verſuche damaliger Deutſcher Dichter, die Idyllen-Dichtung der Alten in Lateiniſcher Sprache nachzuahmen. Die mehreſten Lateiniſchen Eklogen der Deutſchen aus jenem Zeitalter enthalten nichts weniger als Empfindungen, Auftritte und Handlungen des Hirtenlebens, ſondern Klagen über kirchliche und politiſche Miſsbräuche, wie ſie Perſonen führen würden, welche, ganz gegen den gewöhnlichen Gang der Dinge, Hirten des goldenen Weltalters und zugleich eifrige Theologen und Politiker ſeyn könnten.

Die besten unter ihnen sind noch diejenigen, welche die Allegorie der Idylle dazu nutzten, um unter alten Schäfer-Namen und in den Idyllen-Flosckeln der Römer ihre frohen oder wehmüthigen Empfindungen über gleichzeitige sie interessirende Begebenheiten darzustellen.

5) **Helius Eobanus Hessus**; s. oben Scherzh. Lied, S. 80.

In seiner *Operum Faragg. II. Frcf.* 564. 8. stehen 17 *Idyllia*, p. 1 — 101.

6) **Joa. Camerarius**; s. Bd I, S. 249.

Von ihm gehört hieher: *Libellus continens Eclogas*, Lps. 568. 8.

7) **Jo. Boeer**; s. oben Elegie, S. 127. u. 128.

Von ihm sind: *Aeglogæ septem*, Rost. 563. 8.

8) **Pet. Lotichius**; s. oben Scherzh. Lied, S. 81.

Sechs *Eclogæ* stehen in seinen *Poemat. Amw. s. a. n. p.* 176 — 216.

9) **Geo. Sabinus**; s. Bd. I, S. 209.

Zwey *Eclogæ* stehen S. 256 — 67. in seinen *Poemat.* Lps. 563. 8.

10) **Bruno Seidelius**; s. oben Elegie, S. 128. u. 129.

Ein Buch sogenannter epischer Idyllen befindet sich in seinen *Poemat.* Bas. 554. 8.

11) **Geo. Rudolph Weckherlin**; s. Bd. I, S. 212. Der erste mir bekannte Deutsche Dichter, welcher seinen in Deutscher Sprache geschriebenen Hirtengedichten den Namen: Ekloge, gibt. Es sind deren sechs nebst drey Hirtengesängen befindlich in seinen sehr oft angeführten Gedichten, S. 753 — 97. nach der Amsterdammer Ausgabe 1648 8. Wenn gleich die Sprache dieser Gedichte äuserst hart und ungelenk ist, und ihr Inhalt aus fast zu einförmigen Liebesunterhaltungen gleichzeitiger, nicht idealisirter, Hirten, Winzer und Landleute besteht; so verdienen sie doch als die ersten eigentlichen Idyllen in der ganzen Deutschen Literatur, und als

die einzigguten, welche uns das fiebenzehnte Jahrhundert in Deutscher Sprache hinterlaßen hat, unsere ganze Aufmerkſamkeit.

12) **Martin Opitz**; ſ. Bd. 212. und 213. Der Begriff, welchen er uns in ſeinem Buche von der Deutſchen Poeterey, Cap. V. (Brieg 624. 4.) von dem Hirtengedichte liefert, läſst ſchon allein auf den Werth ſeiner Verſuche in dieſer Gattung richtig ſchließen:

> Die Eklogen oder Hirtenlieder, ſagt er, reden von Schaffen, Geißen, Seewerk, Erndten, Erdgewächſen, Fiſchereyen und anderem Feldweſen; und pflegen alles, wovon ſie reden, als von Liebe, Heyrathen, Abſterben, Buhlſchafften, Feſttagen und ſonſten, auf ihre bäuriſche und einfältige Art vorzubringen.

Außer den Hirtenliedern, welche er uns in ſeinen oben angeführten Gedichten hinterlaßen hat, und in denen, außer den Schäfer-Namen, nichts Idyllenartiges zu finden iſt, haben wir von ihm noch eine ſogenannte Schäfferey von der Nimfen Hercinia, welche in ſeinen geiſtlichen und weltlichen Gedichten Amſt. 645. 12. Th. II. S. 246—296. ſteht. Ob er gleich in der Zueignungsſchrift an den Graf Hans Ulrich Schaffgotſch ſich für einen Nachahmer des Theokrit, Virgil, Nemeſian, Calpurnius, Sannazar, Balthaſar Caſtilion, Laurenz Gambara und Ritter Sidney ausgibt, und behauptet: daſs ſich in unſerer Sprache vormals keiner dergleichen zu erdenken bemühet hat; ſo kann doch das Ganze dadurch gewiſs nicht zu einer Idylle werden, dals er ſich ſelbſt und ſeinen mit ihm ſich unterredenden Freunden, Nüſler, Buchner und Venator, die Außenſeite des Hirtenſtandes leiht, ohne ihnen die eigenthümliche Empfindungsart und Ausdrucksweiſe deſſelben zu geben. Es iſt dieſe Schäfferey vielmehr ein Lobgedicht auf die Gräfl. Schaffgottſche Familie, in welchem die Berg-Göttin Hercinia die rühmlichen Thaten dieſes Stammes den vier oben-genannten Hirten auf ihrer

Reife durch einen Theil des Schlefifchen Gebirges erzählt, und diefe über diefen Gegenftand, über die Urfachen des damaligen Krieges und vorzüglich über die Eigenfchaften wahrer und edler Liebe unter einander fehr richtig und fchön philofophiren. Die Sprache ift eine fehr wohlklingende und edle Profa, mit fchönen Verfen untermifcht, und das Ganze, wegen der darin herrfchenden Gedanken-Fülle und Empfindungs-Schönheit, bewundernswürdig.

13) Jo. Herrm. Schein; geb. 15** zu Grünhayn im Meifsnifchen; Anfangs Capellmeifter zu Weimar und zulerzt Mufik-Director zu Leipzig; er ftarb 1631. S. Wetzels Lebensbefchreibung der berühmteften Lieder-Dichter, Th. III, S. 45—48. und Neumeifters diff. de poet. Germ. p. 90.

a) Waldlieder, Dresd. 643. 4.

b) Hirtenluft, L l. 650. 4.

14) Chriftian Brehme; geb. zu Leipzig 16**; Anfangs Fähnrich, dann Capitän-Lieutenant; ferner Churf. Sächfifcher Kämmerer und Bibliothekar und zulerzt Bürgermeifter zu Dresden; er ftarb am 10ten Sept. 1667. S. Wetzels Lebensbefchr. Th. I, S. 130.

Unter dem Namen: Corimbo, fchrieb er die neue Hirtenluft, Dresd. 647. 8.

15) Jo. Rift; S. Bd. I, S. 269.

In feinem oben S. 91. im Abfchnitte vom fcherzhaften Liede angeführten Teutfchen Parnafs, von welchem auch eine neuere Ausgabe Kopenh. 668. 8. erfchien, ftehen mehrere Schäfer-Gefpräche.

16) David Schirmer; f. oben S. 101. und S. 130.

Aufser Di Sanders an der fliefsenden Meifse Lieb-Leids- und Lobesgedichte als der Schäfer Thirfis fein Namensfeft beging vom J. 1643, gehören mehrere Hirtengefänge in feinen oben angeführten Gedichten hieher.

17) Jo. Heinr. Califius; geb. 1633 zu Wohlau in Schlefien, Anfangs Ober-Diakonus zu Göppingen und dann Confiftorial-Rath und Paftor zu Sulzbach; ftarb 17**.

der Deutschen Literat. u. Sprachgesch. 175

S. Wedzels Lebensbeschr. Th. I, S. 138—149. und
Neumeisters diff. p. 31.

Unter dem Namen Cloridan von Wohlau schrieb
er:: blauer Kornenblumen oder einfälti-
ger Hirtengesänge dreyfaches Bündlein,
Ulm 655. 8.

18) Jac. Schwiger; (so schreibt er sich selbst) s. oben,
scherzh. Lied S. 101.

a) Wandelungslust, welche in allerhand An-
bindungs- Hochzeit- Neujahrs- und Lie-
bes-Schäfereyen besteht, mit Hans Ha-
cken, Violisten in Stade, Melodeyen, Hamb.
656. 12. Im Bücherverzeichnisse der Deutschen Gesellschaft zu Leipzig 731. 8. finde ich eine Hamburger
Ausgabe von 1616 12. angezeigt.

b) Die verführete Schäferin Cynthie durch
listiges Nachstellen des Floridans, Glück-
stadt 660. 12., welche ich Bd. I, S. 300 nur muthmaſslich als seine Arbeit nannte, ist wirklich von ihm,
aber kein Schauspiel, sondern ein prosaisches mit Versen untermischtes Hirtengedicht.

19) Jo. Onkelus; geb. 16** zu **; starb 16**.

Sein in einer mit Versen untermischten Prosa abgefaſstes
Astronomisch-Philosophisch Hirten-Ge-
dichte, Dresd. 666. F. ist mir bloſs aus Neumeisters Anführung bekannt.

20) Jo. Joseph Beckh; geb. 16** zu Strasburg; starb
16**.

Seine mir nicht weiter bekannte Elbianische Florabella, Dresd. 669. 8. führt Neumeister als ein
bukolisches Gedicht an.

21) Mathias Johnson; schon Neumeister hielt ihn für
einen Pseudonymen und wuſste seinen wahren Namen
nicht anzugeben. Uebrigens nennt er ihn einen Dichter,
welcher sich über das Mittelmäſsige erhebt, und führt sein
Damon und Lisilte keuscher Liebeswandel

S. I. 672. 12. als ein Werk an, in welchem bukolische und andere Gedichte enthalten wären.

22) **Sigismund von Bircken**; f. Bd. I, S. 270. und Amarantes (Herdegens) histor. Nachricht vom Hirten- und Blumen-Orden an der Pegnitz, S. 79—158.

Hieher gehört von ihm: *Pegnesis*, oder der Pegnitz Blumgenoß-Schäferey Feldgedichte in neun Tagezeiten meist verfaſſet und hervorgegeben durch Floridan, I. Theil, Nürnb. 673. 12 II. Theil *ib.* 679. 12.

23) **Christian Hofmann von Hofmannswaldau**; f. Bd. I, S. 216.

Seine sogenannten Schäfergedichte stehen in den von Neukirch herausgegebenen Gedichten des Herrn von Hofmannswaldau und anderer Deutschen, Lpz. 647—709. 7 Theile 8. Neue Ausgabe Lpz. 734—44. 7 Theile 8.

24) **Cph. Friedr. Klene**; f. oben Heroide S. 140.

In seinen dort angeführten poetischen Nebenstunden steht S. 9—19. auch ein Hirtengedicht in Versen.

25) **Heinrich Mühlpfort**; f. Bd. I, S. 218.

In seinen teutschen Gedichten, welche auch Breslau 698. in 8. erschienen, stehet eine Pastorelle und eine Ekloge. S. 810—14.

26) **Benj. Neukirch**; f. Bd. I, S. 184.

Seine Eklogen stehen in seiner kurz vorher angeführten Sammlung der Hofmannswaldauischen Gedichte.

27) **Christian Wernicke**; f. Bd. I, S. 217.

In seinem dort angeführten poetischen Versuche befinden sich S. 367—97. nach der Hamburger Ausgabe von 1704 8. vier Schäfergedichte, in welchen er, zu Folge der Vorrede, sein Mitleiden und seine Vergnügung über zwey Todesfälle, eine Geburt und ein Beylager zweyer hohen Häuſer, in deren Diensten

sten er damals gestanden, bezeugen wollen. Sie sind also allegorisch und mehr in der Sprache des Hof-Poeten, als in der des echten Hirten-Dichters abgefaßt. Uebrigens verräth Wernicke seine Unbekanntschaft mit der Literatur dieser Dichtungs-Gattung, wenn er in der Vorrede S. 364 behauptet: daß dergleichen Versuche in unsrer Sprache bishero nicht zu finden gewesen.

28) Christiane Mariane von Ziegler, geb. Romanus; s. oben Cantate S. 147.

In ihrem Versuche in gebundener Schreibart, Lpz. 728. 29. 2 Th. 8. stehen zwey, und in ihren vermischten Schriften, Gött. 739. 8. zehn Schäfer-Gedichte.

29) Jo. Chrstph. Rost; s Bd. I, S 118. und 136.

Sein Versuch von Schäfergedichten erschien auch Dresd. 744. 8. und s. l. 768. 8. in einer neuen vermehrten Auflage, welche 24 Gedichte enthält. Diese Gedichte sind, ihrer vielen und auffallenden Fehler ungeachtet, nicht nur im achtzehnten Jahrhunderte, sondern in der ganzen vorhergehenden Periode unserer schönen Literatur, in welcher diese Dichtungs-Gattung versucht wurde, die ersten, welche sich durch Originalität in Erfindung und Ausführung, durch Naivetät und Witz, durch fließende Versification und natürliche Sprache auszeichnen. Sie enthalten meisten Theils Erzählungen und Gemälde von den Handlungen und Empfindungen solcher Hirten, welche der unverhüllten Natur mit der äußersten Unbefangenheit huldigen und mit der berechneten Kunst einer verfeinerten Wollust gänzlich unbekannt sind. Wenn die Vermuthung gegründet ist, daß sie zum Theil satirische Anspielungen auf damals bekannte Vorfälle des bürgerlichen Lebens enthalten; so mußten sie zu ihrer Zeit weit mehr Interesse für die Lese-Welt haben als jetzt. In der Zueignungsschrift vor der ersten Ausgabe vom Jahre 1742 erklärt sich der Verfasser über dieselbe also: Ich habe mich bemühet, das Schalkhafte mit dem Unschuldigen und Ungezwungenem zu verbinden, und, da meine Abficht nur zu beluftigen gewefen ift, fo wird es mir fehr gleichgültig feyn, wenn mich noch einige hier und da feufzende Tartüffen verdammen follten. Sehr richtig charakterifirt Bodmer in feinem Gedichte auf Drollingers Tod die Koftifche Schalkheit und fatirifche Laune in folgenden Verfen:

Zu diefem kam noch jüngft ein Schäfer jung von Jahren,
An Witz und Liften alt, an Schalkheit wohl erfahren,
Der in der Schönen Herz verwegne Blicke fchickt,
In finftre Gründe dringt, und, was er da erblickt,
Durch einen Bufch verbirgt, von dem die Blätter weichen,
Und einen vollen Blick dem kühnen Auge reichen.
In feinen Verfen ftrömt der Jugend frifches Blut,
Und jede Zeile brennt mit unbewachter Glut.
Ihr fpröden Schönen flieht, flieht zarte Schäferinnen!
Sonft wird euch diefe Glut in Mark und Adern rinnen.
Ein Satyr kommt mit ihm, der eine Geifsel trägt,
Womit er peitfchend fpielt, und lachend Wunden fchlägt. &c.

30) **Chriftn. Friedr. Zernitz;** f. Bd. I, S. 233 und 234 und Schmids Nekrolog, S. 191—201.

Von diefem Dichter, welcher im fieben und zwanzigften Jahre feines mühvollen und fiechen Lebens ftarb und deffen Werke erft vier Jahre nach feinem Tode äufserft uncorrect und nach einer vom Verfaffer nicht für den Druck beftimmten Handfchrift von A. G. U. (muthmafslich Adam Gottfried Uhlig, Agent, Advocat, Büchermacher und Zeitungsfchreiber zu Hamburg um das Jahr 1748) heraus gegeben wurden, haben wir eilf Schäfergedichte, unter welchen sich auch ein Hirtengespräch und eine Nachahmung von der fünften Idylle des Moschus befinden, in seinem Versuche in moralischen und Schafergedichten nebst Gedanken von der Natur und Kunst in dieser Art von Poesie, Hamb. Lpz. 748. 8. Er gehört zu den wenigen Dichtern seines Zeitalters, welche mit einer richtigen Theorie des Hirtengedichts bekannt waren, aber auch zu den vielen, welche bey der besten theoretischen Einsicht nicht Kraft oder Muth genug haben, um sich über das Mittelmäßige zu erheben.

31) Conrad Arnold Schmid; geb. zu Lüneburg 1776 am 23sten Febr. und starb als Professor der Theologie am Herzogl. Carolinum zu Braunschweig, Kanonikus, Consistorialrath und Kirchenrath daselbst am 17ten Nov. 1789.

Seine beyden schön versificirten Idyllen: Silen nach Virgil und die Nymphe Panope stehen ursprünglich in den Bremischen Beyträgen, in Ramlers Batteux, in der Uebersetzung von Arrians Indischen Denkwürdigkeiten und in Christn. Heinr. Schmids Anthologie der Deutschen, Th. II.

32) Jo. Nikol. Götz; s. Bd. I, S. 221 und oben scherzhaftes Lied S. 109.

Seine durch Naivetät und angenehme Versification sich auszeichnenden Idyllen stehen zuerst bey seiner Uebersetzung des Anakreon, Karlsr. 746. 8. Alsdann in Ramlers Batteux, in den Musenalmanachen, Schmids Anthologie und in dem Taschenbuche für Dichter. Eine ausführliche Angabe von der Zeit ihrer Abfassung und von ihren verschiedenen Aufenthaltsorten s. in Schmids Nekrolog, S 800—810.

33) Salomo Gessner; s. Bd. I, S. 115 und 116. und die neueste Biographie dieses Dichters, welche unter dem Titel erschien: Salomo Gessner von Jo. Jac. Hottinger, Zürch 796. 8. Die Pracht-Ausgabe derselben mit Lateinischen Lettern, mit Vignetten und Portrait des Dichters von Lips kostet 1 Rthlr. Die ordinaire mit Deutschen Lettern 8 Gr. Hier findet man eine psycho-

logifche Gefchichte von Gefsners Geifte als Künftler und Dichter, und zugleich eine kritifche Würdigung feiner Werke und der verfchiedenen Epochen des Gefchmacks und der Aufklärung in Helvetien und Deutfchland, welche die Lauf-Bahn diefes Dichters berührte.

Diefer grofse Dichter hat alle Gattungen der Hirten-Poefie mit fo vollendeten Muftern bereichert, dafs er von diefer Seite die Hirten-Dichter aller Zeiten und Völker übertrifft. Ueber feinen Tod Abels, welcher ganz im patriarchalifchen Idyllen-Geifte abgefafst ift, f. Bd. I, S. 115. und über feine Schäfer-Spiele Evander und Alcimna, und Eraft, Ebend. S. 301. Hieher gehören von ihm ganz vorzüglich:

a) Idyllen, Zürch 756. 8. *rep.* 760. 8. *rep.* 765. 8. Moralifche Erzählungen und Idyllen von Diderot und Gefsner, Zürch 772. 8. Beyde Sammlungen ftehen auch in den oben angegebenen fämmtlichen Schriften des Verfaffers. Ueberfetzt wurden diefe Idyllen in das Italienifche: von Amel. Gior. Bertola *Scelta d'Idilli Nap.* 777. 12. und in deffen *Idea della Letteratura allemanna T. II.* Von Fr Soave *I nuovi Idilli di Gesner, Vercelli* 778. 8. Von Elifab. Caminer Turra, *Liv.* 780 8. *rep.* 787. 2 *Voll.* 12. Von Mat. Procopio, Stuttg. 790. 2 *Voll.* 8: Von Capelli 778. 8. — In das Französifche; die erftgenannten von Huber, Par 762. 12. Die neuern von Leonh. Meifter, Zürch 773. in den Französifchen Ueberfetzungen feiner fämmtlichen Werke, Ebend 768—72. 4 *Voll.* 8. *rep.* 777. 4. Par. 786. 4. Bern 791. 16. Zürch 792 16. *Nouvelles Idylles de Gesner, Par.* 776. 8. *Traduction libre en vers de nouvelles Idylles et du Daphnis (par le Cap. de Boaton) Kopenh.* 780 12. *Delaffemens champêtres ou Elite des Poefies paftorales trad. d'Allemand pr. Mr. Paillet, Par.* 788. 12 In Leuchfenrings *Journal de lecture*; in den *Oeuvres choifies de Mr. Gesner, Par.* 774. 12. und in der *Traduction libre en vers d'une partie des Oeuvres de Mr. Gesner, Berl.* 775. 8. In das Englifche; die erfte Sammlung von einem Ungenannten unter dem Titel: *Rural poems* 762.

8. und in den *Select Poems of Gesner*, 762. 4. Die letzte Sammlung von W. Hooper, Lond. 776. kl. Fol. In das Portugiesische: *Pastorales de Gesnero, Lisb.* 780 8. In das Ungarische: von Fr. von Kacziusky, welcher vorher schon einzelne Gesnerische Idyllen überfetzt hatte, in einer vollständigen Sammlung, 789. 8. In das Dänische von And. Birch, Kopenh. 781. 2 Theile, 8. und einzelne Idyllen im *Alm. Danske Bibliothek, St. VI.* In das Holländische; Amst. 786. 3 Theile, 12. In das Russische übersetzt stehen mehrere Idyllen im Sankt Peterburghskij Wjestnik, d. i. im St. Petersburgischen Boten oder Correspondenten von den Jahren 1778. 1779. 1780. 1781; in der Monatsschrift Utrenn'iij Swjet, d. i. Morgenlicht von den Jahren 1777 und 1778; und in dem Lesebuche in drey Sprachen zum Unterrichte der Jugend im Russischen, Deutschen und Französischen, St. Petersb. 779. 4. — Endlich haben zwanzig dieser Meisterstücke prosaischer Harmonie in Deutscher Sprache, nach so vielen Umwandlungen durch die vielartigsten Zungen, auch noch das harte Schicksal erfahren müssen, in Deutsche Hexameter gezwungen zu werden von K. W. Ramler, Berlin 787. 8. Schon vorher versuchte dasselbe mit schlechtem Erfolge Klamor Schmidt, indem er neun Gesnerische Idyllen versificirte und seinen Lpz. 776. 8. herausgegebenen Fabeln und Erzählungen anfügte. Sehr wahr und schön urtheilt der für die Kritik der schönen Künste zu früh verstorbene Friedr. von Blankenburg in seinen Anmerkungen zu Sulzers Theorie der schönen Künste, Th. II. S. 619, daß das Gesnerische Original durch den Ramlerischen Kunst-Zwang nichts gewonnen habe. „Denn, setzt er hinzu, das Leben, welches der lebende Mensch athmet, ist immer wahrer, mithin reizender, als das Leben, welches er, in der vortrefflichsten Marmor-Säule dargestellt, athmen kann. Jede Versification erfordert Zusammendrängen der Bilder und Ideen und führt darauf, wofern sie gute Versification ist; aber bey dem guten Dichter, bey dem Schriftsteller,

welcher aus der Fülle der Empfindung und mit wahrer
Begeistrung fchreibt, ift nichts zu viel und
nichts zu wenig; die geringfte Veränderung
und Verrückung feiner Darftellung mufs die zum
Grunde liegenden Ideen, ihre Beziehung auf einander
u. dgl. m. verrücken, und dem Ganzen einen fchie-
fen Anblick geben; mufs den Ton nicht blofs ver-
ändern, fondern in einen Ton verwandeln, wie ihn
ein Inftrument von fich gibt, das mit feinem Mund-
ftücke in keinem Verhältniffe fteht. Es kommt hie-
zu, dafs diefe Gedichte Idyllen, dafs Einfalt, Naivetät wefentliche Beftandtheile der Darftellung find,
dafs diefe nicht grofs genug feyn, nicht forgfältig genug erhalten werden können, wofern wir vollkommen
getäufcht werden follen; und dafs Einfalt und Naivetät in folchem Grade, auch in den beften Verfen getreulich beybehalten, beynahe läppifch
und kindifch werden, oder doch ungefähr fo wirken, wie das unfchuldige, gute, treuher-
zige Landmädchen in dem Putze der Stadt-
Dame."

b) Daphnis in drey Büchern, Lpz. 760. 8. *rep.* 765.
8. und nachher in feinen fämmtlichen Schriften. In das Französische überfetzt von M. Huber, Par. 764. 8. *rep.* Berl. 765. 8. nebft dem erften Schiffer. S. auch die unter *litt.* a) angegebene
Französische Ueberfetzungen der fämmtlichen Werke
Gefsners. Von einem Ungenannten, Par. 778. 8.
und von Mr. de Boaton bey feiner Französischen
Ueberfetzung der Gefsnerifchen Idyllen, Kopenh. 780.
12. — In das Dänifche von C. F. Scheffer,
Kopenh. 763. 8. und in der oben angegebenen Dä-
nifchen Ueberfetzung der fämmtlichen Schriften Gefsners von And. Birch. — 'In das Italiänifche
von Elifabeth Caminer Turra, f. oben *litt.* a).
In das Holländifche f. die eben dort angegebene
Ueberfetzung der fämmtlichen Schriften in diefer Sprache.

Ueber den Werth diefes Schäfer-Romans verdient
das Urtheil eines der innigften Verehrer Gefsners in

der Leipziger neuen Bibliothek der fchönen Wiffenfchaften, Bd. XIV. S. 97. nachgelefen zu werden, welchem zufolge die Hirtenwelt fich zu Werken vom gröfsern Umfange weniger eignet, weil fie keine grofse Mannichfaltigkeit der Charaktere und Situationen haben kann.

c) Der erfte Schiffer, eine Erzählung in zwey Gefängen; das Deutfche Original fteht in den oben angeführten Ausgaben der fämmtlichen Werke. Vergl. über daffelbe Leffings Litteratur-Briefe. XVIII. 33. In das Französifche wurde es überfetzt von Huber, Par. 764. 8. — In das Italienifche von Giul. Perini, Ven. 771. 8. — In Deutfche Hexameter von K. W. Ramler, Berl. 789. 8. (vorher in der Monatsfchrift der Berl. Akademie der fchönen Künfte, Jahrg. I.) mit einem Anhange einiger lyrifchen Schäfer-Gedichte von S. Gefsner in kurzen Verfen. Vergl. oben *litt. a*).

34) Chriftian Ewald von Kleift; f. Bd. I, S. 114. Schmids Nekrolog S. 387—425. und fein Leben im Pommerfchen Archive, Jahrgang 1784. St. I, S. 163—77.

Seine Idyllen und Idyllenartigen kleinern Gedichte fchrieb er im Jahre 1756, begeiftert von Zittau's fchöner Gegend, wo er damals mit feinem Regimente Winterquartiere halten mufste. Aufser einem Schäferliede und einer Nachahmung des Bion gehören von ihm ganz vorzüglich hieher:

a) Menalk, eine Idylle oder Selbftgefpräch eines Schäfers über die Entfernung von feiner Geliebten.

b) Amynt, Idylle im Elegientone. Benda hat fie in Mufik gefetzt. Marmontel hat fie in feiner Dichtkunft in Französifche Verfe überfetzt und als Mufter in der Dramatifchen Form des poetifchen Stils, vorzüglich im melancholifchen Selbftgefpräche, angeführt. Die fchöne, fo allgemein bewunderte Stelle:

Dort floh fie hin! Komm, Luft, mich anzuwehen!
Du kommſt vielleicht von ihr.

finden wir ſchon bey den Minneſingern in der
Maneſſiſchen Sammlung Th. I, S. 6. Col. 2. wo der
oben ſcherzh. Lied S. 55. angeführte Herzog
von Anhalt in derſelben eigenthümlichen Lage
ſingt:

 Sta bi! la mich den wint anweien,
 Der kumt von mines Herzen kiuniginne.

c) Cephis, eine Gärtner-Idylle, ſo wie auch

d) Miron nnd Iris. In dialogiſcher Form; dieſe Abweichung von dem gewöhnlichen Perſonale des bukoliſchen Gedichts erlaubte ſich Kleiſt unter den Deutſchen zuerſt, und veranlaſste dadurch unſere Kunſt-Kritiker das Weſen dieſer Gattung richtiger zu unterſuchen und feſtzuſetzen, als vorher geſchehen war.

e) Irin, eine Fiſcher-Idylle; die Krone ſeiner für dieſe Gattung gearbeiteten Gedichte. In das Italieniſche wurde ſie überſetzt von Bertola in den *Poeſie div. Nap.* 777. 4.

35) Jak. Friedr. Schmidt; ſ. oben ernſth. Lied S. 44.

a) Poetiſche Gemälde und Empfindungen aus der heiligen Geſchichte, Altona 759. 8. Enthalten neunzehn nach den Muſtern der h. Schrift gebildete Idyllen, Theils in Proſa, Theils in Verſen. Die Ueberſchriften ſind: Debora; Dedan und Ilmith; Aſſer; Ephraim und Manaſſe; Martha und Maria; das Brandopfer; Lamech und Zilla; das leere Grab; das Kind im Waſſer; Gadad; die Höhle zu Engedi; Rahel und der meſopotamiſche Gott; Phlegon, Tryphäna, Perſis; David; Noah, der Weinerfinder; David, Aſſaph und Heman; die Himmelfahrt Eliaſs; Adam und Eva.

b) Idyllen, nebst einem Anhange einiger Oden aus dem Französischen überſetzt, Jen. 761. 8.

c) In ſeinen kleinen poetiſchen Schriften, Altona 766. 8. befinden ſich auch einige Idyllen in Verſen.

Vergl. ſeine Gedichte 1ter Bd. Lpz. 786. 8. und Gerſtenbergs Hypochondriſten, eine Hollſteiniſche Wochenſchrift, Schleſwig 763 8 rep Frkf. Lpz. 767. 8. Verb. Hamb. Schleſw. 771. 2 Bde 8.

36) Andreas Grader; geb. 1753 zu Reval; Anfangs Hofmeiſter zu St. Petersburg; jetzt kaiſerl Ruſſiſcher Hofrath und Translateur in dem Reichskollegium daſelbſt und ſeit 1792 Ritter des Wladimirordens.

Seine Idyllen Riga 77;. 8. gehören zu den erträglichen Nachahmungen der Geſneriſchen.

37) Joach. Chriſtn. Blum; ſ. Bd. I, S 240.

Seine Idyllen Berl. 773. 8. ſind in Verſen abgefaſſt und belaufen ſich auf acht. Im 2ten Theile ſeiner ſämmtlichen Gedichte, S. 259. ff. (Lpz. 776. 2 Th. 8.) ſind in Allem zwölf enthalten. Sie gehören zu den beſſern nach Geſsners Erſcheinung.

38) Jo. Chriſtoph Krauſeneck; ſ. Bd. I, S. 120.

In ſeinen Gedichten Bayr. 776. 8 ſind einige, vorher ſchon einzeln gedruckte, gut verſifizirte Idyllen enthalten.

39) Friedrich Müller; ſ. Bd. I, 9. 139.

Von dieſem originellen Dichter, welcher eine ausſchweifende komiſche Laune neben der üppigſten Phantaſie in ſeinen Idyllen zu ſehr herrſchen läſst, haben wir:

a) Eine Idylle in der zweiten Lieferung der Mannheimer Schreibtafel.

b) Bacchidon und Milon, Frkf. Lpz. 775. 8.

c) Satyr Mopſus, in drey Geſängen, ib. eod. 8.

d) Die Schaaffchuur, eine Pfälzifche Idylle, Mannh. 775. 8.

e) Adams erftes Erwachen und erfte felige Nächte, Mannh 778. 8.

40) Ernft Theodor Joh. Brückner; geb. 1741 zu Neu-Brandenburg im Meklenburg-Strelitzifchen; anfänglich Prediger zu Groffen Viehlen im Meklenburgifchen und feit 1789 Prediger zu Neu-Brandenburg.

Seit dem Jahre 1775 hat er in dem Voffifchen Mufenalmanache mehrere Idyllen geliefert, welche fich durch Darftellung und Verfifikation empfehlen. Seine Perfonen find Wefen einer idealifchen Unfchuldswelt.

41) Jo. Heinr. Vofs; f. oben fcherzh. Lied, S. 115.

Er fchuf in der Gefchichte der Deutfchen Idylle eine ganz neue Epoche nach der Gefsnerifchen, indem er, als ein inniger Vertrauter des Theokrit, die Zuftände, Empfindungen und Handlungsweife des gleichzeitigen Landmannes in einer angemeffenen Sprache und edeln Einkleidung anfchaulich und glücklich darftellte. Hieher gehören von ihm folgende Idyllen in Verfen:

a) Die Bleicherinn; in feinem Almanach 1777.

b) Der Bettler; Ebendafelbft.

c) Die Elbfahrt; Ebend.

d) Der Winterabend, in Niederfächfifcher Sprache; Ebend.

e) Das Ständchen, eine Junker-Idylle; im Almanach 1778.

f) De Geldhepers, in Niederfächfifchen Verfen; Ebend.

g) Der Riefenhügel; im Almanache 1779.

h) Der Abendfchmaufs; Ebend.

i) Der Hageftolz; Ebend.

k) Die Kirfchenpflückerinn; im Almanach 1781.

der Deutschen Literat. u. Sprachgesch. 187.

l) Der bezauberte Teufel; Ebend.

m) Der Schnitter, nach Theokrit; Ebend.

n) Der siebenzigste Geburtstag; Ebendaselbst; ist auch in das Dänische übersetzt in der Dänischen Monatsschrift Minerva, Jahrgang 1788 St. VI. (Kopenh. 785 – 97. 8.

o) Luise; steht nebst den vorhergenannten auch im ersten Bande seiner Gedichte, Hamb 785. 8 Diese reizende Idylle wurde vom Verfasser späterhin zu einem ausführlichen beschreibenden Gedichte ausgebildet und besonders herausgegeben unter demselben Namen, Berl. 794 8. Seit Kleists Frühling das erste Meisterstück seiner Gattung, welchem ein jeder Freund der vaterländischen Literatur eine würdigere Nachfolge wünschen muß, als es kürzlich in Göthens Herrmann und Dorothea Berl. 798. 12. erhalten hat.

p) Der Leibeigene und der Freigelassene; Ebendaselbst; in das Dänische übersetzt in der kurz vorher angeführten Dänischen Monatsschrift Minerva, Jahrgang 1787 St. VIII. u. IX.

42) Franz Xaver Bronner; geb. 1758 zu Höchstadt in Schwaben; Anfangs katholischer Geistlicher zu Dillingen; lebt seit 1795 zu Zürch. Vergl. sein Leben von ihm selbst geschrieben, Zürch 795. 96. 2 Th. 8.

Seine meisterhaften Fischergedichte und Erzählungen, welche mit Sal. Geßners Vorrede Zürch 787. (eigentlich 1786) 8. erschienen, sind großen Theils schon um 1781 empfangen und zum Daseyn gebracht worden, weswegen ich ihn als den letzten classischen Hirtendichter, welchen unser Vaterland bis jetzt erzeugt hat, hier anführe. Eine Französische Uebersetzung von Hollerbach erschien Paris 789. kl. 12. Ueber beyde verdienen nachgelesen und verglichen zu werden die Rezensionen in der Jenaer Allgemeinen Literaturzeitung 1787. II. 357. 1790. I. 545. N. Bibliothek der schönen Wissenschaften XXXIII. I. 37. XLII.

II. 305. Allgem. D. Bibliothek LXXIV. II. 434. und in der Oberdeutſchen Literaturzeitung 1788. I. 245.

Anhang.

1) Die Deutſchen haben ſich bis jetzt um die Cultur der Idylle das mehreſte Verdienſt erworben. In der Theorie dieſer Dichtungsart haben ſie unter allen Nationen zuerſt die eigentliche Bahn gebrochen und den einzigwahren Weg gezeigt, um die Hirtendichter der Griechen und Römer richtig zu beurtheilen und mit glücklichem Erfolge nachzuahmen, oder zu übertreffen. Schon im Jahre 1722 äuſserte Bodmer in ſeinen oben angeführten Diſcourſen der Mahlern, Th. II. S. 35—39. richtigere Ideen über den eigentlichen Charakter der Idylle und übte eine ſtrenge Kritik an den Deutſchen Hirtendichtern, welche in ihren Werken bald ſtädtiſche Zierereÿ und Ueppigkeit, bald bäueriſche Niedrigkeit und Plumpheit aufſtellten und oft beyde Charaktere zu paaren verſuchten. Noch wohlthätiger wirkte er auf die Berichtigung der Theorie durch ſeinen ſatyriſchen Aufſatz vom Natürlichen in Schäfergedichten von Niſus, einem Schäfer in den Kohlgärten, Zürch 746. 8. (2te Auflage) und durch ſeine neue kritiſche Briefe, S. 290—320. (Zürch 749. 8.) Einen ähnlichen Zweck hatte das Schreiben der Phyllis an den Verfaſſer der mitleidigen Schäferinn und das Antwortſchreiben des Verfaſſers in den neuen Beyträgen zum Vergnügen des Verſtandes und Witzes, S. 380. ff. der neuen Auflage. — Einzelne gute Ideen über Zweck und Weſen der Idylle äuſserte Chriſtn. Friedr. Zernitz in ſeinen vernünftigen Gedanken von der Natur und Kunſt in Schäfergedichten, welche vier Jahre nach ſeinem Tode ſeinem Verſuche in moraliſchen und Schäfergedichten Hamb. und Lpz. 748. 8. vorangeſchickt wurden. — Zu den beſten ausführlichen Unterſuchungen Deutſcher Theoretiker über das Hirtengedicht gehören: Jo. Adolph Schlegels Abhandlung bey ſeiner Ueberſetzung der Einſchrän-

kung der schönen Künste auf einen einzigen Grundsatz von Batteux, Lpz. 770. 8. 2 Th. 8. verglichen mit den Bemerkungen in Lessings Litteraturbriefen, Th. V. S 113 ff. und 125 ff. und mit Herders Fragmenten über die neuere Deutsche Litteratur, 2te Samml. S. 349—69. Gessners Vorrede zu seinen Idyllen. Hottingers Preisschrift von der Vergleichung der Deutschen Dichter mit den Griechen und Römern, im 5ten Bande der Schriften der Mannheimer Deutschen Gesellschaft, S. 44—57. Sulzers Theorie der schönen Künste Art. Hirten-Gedicht und Friedr. von Blankenburgs vortreffliche Bemerkungen über diesen Abschnitt. Jo. Jak. Engels Anfangsgründe einer Theorie der verschiedenen Dichtungsarten, Th. I Hauptstück 3. S. 25 ff Jo. Aug. Eberhards Theorie der schönen Wissenschaften, 9tes Hauptstück.

2). In der Ausübung in dieser Theorie haben die Deutschen den übrigen Nationen so sehr den Rang abgewonnen, dass sie in der Vor-Gessnerischen Periode denselben nichts weiter als die hier möglichen Fehler und Mängel verdanken, und seit Gessners Zeiten sogar bis jetzt noch unübertroffene Muster für alle neuere Nationen geworden sind. Zwar haben die Italiäner die von Griechen und Römern angefangene Cultur des Hirten-Gedichts unter den Neuern zuerst fortgesetzt, sie haben die Materie und Form desselben erweitert und uns, ausser den eigentlichen vorzugsweise so genannten Idyllen, noch Bukolische Romane, Epopöen, Dramen, Sonnette, Lieder &c. geliefert. Allein sie waren auch die ersten, welche sich von der Natur dieser Dichtungsart so weit entfernten, dass sie bis jetzt den Rückweg zu derselben noch nicht völlig haben finden können. Gleich bey ihrer ersten Bearbeitung des Hirten-Gedichts machten sie die leidige Allegorie zum Haupt-Charakter desselben, indem sie bekannte gleichzeitige Personen mit ihren nichts weniger als hirtenmäsigen Empfindungen, Handlungsarten und Schicksalen unter Hirten-Namen verbargen, und späterhin nach der Errichtung der berühmten Arkadia (s. Bodmers neue krit. Briefe, S. 99—169) sogar die Hirten-Dichter selbst unter ihren Arkadischen Schäfer-Namen redend und handelnd aufführten und sie unter einander von wissenschaftlichen Gegenständen tiefsinnig und gelehrt reden liessen. S. Crescimbeni *Stor. della volgar. Poes.* B. I, S. 276 ff. — Mit noch schlechterem Erfolge ist das Hirten-Gedicht von den Franzosen bearbeitet worden. Ausser dem allegorischen Unfuge herrscht in ihren Werken dieser Art auch noch der überfeinste Weltton und die spitzfindigste Galanterie, weswegen ihre Hirten uns als Wesen erscheinen müssen, welche mit sich selbst und mit der wirklichen Welt im auffallendsten Widerspruche stehen. Mairault in seinem *Disc. sur l'Eglogue*, welcher bey seiner Uebersetzung des Nemesian und Calpurnius, Par. 744. 12. befindlich ist, leitet die geringe Theilnahme der Franzosen an dem Hirten-Gedichte aus der Lebhaftigkeit des National-Charakters, aus der Geringschätzung ländlicher Bilder und Einrichtungen, aus dem Genie der Sprache, welche weder gemeine noch weit hergeholte Ausdrücke dulde, und endlich daraus her, dass der Gegenstand dieser Dichtungsart keine Existenz mehr für die Nation habe, da nur Elend, Unwissenheit und Plumpheit das Eigenthum des Landmannes sey. Erst seitdem der Deutsche Gessner den Dichtern aller Nationen den wahren Geist und die richtige Manier in der Bearbeitung der Idylle gezeigt hatte, wurden auch in Frankreich nach diesem Muster bessere und mehrere Nachahmungen versucht, als man vorher dort Originale gehabt hatte. Die Spanier, so vorzügliches Genie sie auch zu dieser Dichtart besitzen und so sehr dasselbe durch ihre Sprache und Landes-Natur begünstigt wird, haben sich zu früh und anhaltend mit der romantischen Dichtung beschäftigt, als dass ihr an Ebenteuer und Verwickelungen gewöhnter Geschmack mit glücklichem Erfolge in dem einfachen und ruhigen Gebiete der Idylle hätte wirken können. — Glücklicher als die vorgenannten Nationen sind in der Bearbeitung des Hirten-Gedichts die Engländer gewesen. Sie haben schon in ihrer ältern Literatur Gedichte dieser Art aufzuweisen, welche sich durch Angemessenheit des Tons, Richtigkeit der Empfindung und einfäche harmonische Sprache auszeichnen; und in neuern Zeiten ist mehrern ihrer Dichter die Nachahmung der Alten von dieser Seite gelungen. Allein kein Original, kein Schöpfer ist unter ihnen in dieser Gattung aufgetreten, wie Gesner unter den Deutschen, welcher so gross und einzig in seiner Art ist, wie Theokrit in der seinigen. So dass, wie Holtinger *) sehr schön und richtig sagt, bey einem Wettgesange zwischen Beyden, nur Pan dem Theokrit den Fichtenkranz geben, Apollo dagegen Gesnern mit der im Morgenthaue gepflückten Rose kränzen würde.

3) Man theilt das Hirten-Gedicht gewöhnlich in Absicht auf Form in drey Gattungen, nemlich in die epische, lyrische und dramatische, und erhält so die Hirten-Epopöe oder den Hirten-Roman, das Hirten-Lied (Hirten-Ode, Hirten-Elegie, Hirten-Sonnett) und das Hirten-Drama (Schäfer-Spiel). Allein da die Idylle, wie der Griechische Name **) schon andeutet, zur schildernden Poesie gehört und in Rücksicht auf das ihr eigenthümliche Personale keine kunstmäsige Verwickelung zulässt, so habe ich auf diese Eintheilung in meinem gegenwärtigen Grundrisse keine strenge Rücksicht genommen, sondern mich im Ganzen auf das Beschreibenderzählende und Gesprächsweise abgefasste Hirten-Gedicht eingeschränkt. Am besten ist es, diese Abarten der Idylle nach ihrer Materie, welche selten etwas Hirtenmäsiges hat, zu classifiziren und ihnen eine derselben gemäse Gattung anzuweisen. So kann man zu der im ersten Bande des gegenwärtigen Werkes aufgeführten epischen Poesie der Deutschen Karl Ehreg. Mangelsdorfs Hero und Leander, ein prosaisches Gedicht, Lpz. 770. 8. zählen, ob es gleich von Andern unter die Schäfer-Romane gebracht werden

---

*) In seiner Preisschrift im 5ten Bande der Mannheimer Gesellschafts-Schriften, S. 56.

**) Εἰδύλλιον das Verkleinerungs-Wort von ἰδός, Darstellung, Gemälde.

wird. Zu dem ebendaselbst S. 299 301 abgehandelten Schäfer Spiele rechne ich auch noch folgende, dort nicht angeführte: Die geprüfte Treue von Karl Cph. Gärtner, in den Bremischen Beyträgen vom J. 1744. — Der Schatz von Konr. Gottl. Pfeffel, Frankf. 761. 8. — Das Gesetz der Diana von Carl Friedr. Kretschmann in seinen komischen, lyrischen und epigrammatischen Gedichten, Lpz. 768. 8. — Apollo unter den Hirten, ein Vorspiel von Jo. Geo. Jacobi, Halberstadt 770. 8. Zu den Hirten-Liedern endlich gehören auser den oben im Abschnitte vom scherzhaften Liede S. 191 schon angeführten Schäfer-, Hirten-, Liebes- und Tugend-Liedern von Jo. Geo. Schoch noch folgende hieher: Eines Ungenannten Sammlung Deutscher Hirten Lieder, Halle 753. 8. Einzelne Hirten-Lieder von Gleim in dessen Werken; Ramlers musikalische Idylle der May, ein wahres Meisterstück in der Harmonie der Empfindung und Sprache! — Friedr. Aug. Clem. Werthes Hirten-Lieder, Lpz 782. 8. Eine ganz angenehme Leserey, wegen der leichten Versification und der, wenn man vom Hirten-Stande absieht, richtigen und schönen Empfindungen. Echten Idyllen-Geist sucht man aber auch hier vergebens.

4) Als Nachlese einer so reichen Aerndte, als uns die Idylle der Deutschen gewährt, mögen folgende Dichter für denjenigen hier stehen, welchem es mehr um eine historische Kenntniß der Werke, als um Auswahl des Bessern zu thun ist:

a) Christoph Euf. Suppius; Hirten-Gespräche, Gotha 751. 8. und unter dem Titel: Menalk in der Schäfer-Stunde, Ebend. 763. 8.

b) Geo. Aug. von Breitenbauch; Bukolische Erzählungen, Frkf. Lpz. 763. 8. Jüdische Schäfer-Gedichte, Altenb 765 8 S. Herders Fragmente über die neuere Deutsche Literatur, 2 Sammlungen, S. 207 — 12. .

c) C.

c) C. Heinr. Höfer; Idyllen oder Klagen über die flüchtige Zeit, Lpz. 764. 8. Idyllen und Erzählungen, Ebend. 777. 8.

d) In den Abwechslungen wider die Langeweile von H. A. I. Jen. Lpz. 765. 8. stehen langweilige Idyllen.

e) J. C. Nonne hat uns in seinen vermischten Gedichten, Jen. 770. 8. auch Hirten-Gedichte liefern wollen.

f) Karl Christn. Reckert; der 2te und 3te Theil seiner vermischten Schriften (Münster 772. 8.) besteht größten Theils aus Idyllen, welche in so fern echt-Gesnerisch sind, als er sie aus dem Gesner ausgeschrieben hat.

g) H. W. von Günderode; Versuche in Idyllen, Karlsr. 772. 8.

h) Jo. Friedr. Weissmann; Idyllen, Lpz. 772—773 2 Theile, 8. (Gereimt.)

i) Moses Dobruska; in seinen Gedichten, Wien 774. 8. sind auch Idyllen enthalten.

k) I. Krauß; Versuch in Schäfer-Gedichten, Maynz 774. 8.

l) Jo. Heinr. Bücking; Idyllen; Frankf. 775. 8.

m) Ign. Cornova; seine Gedichte, Prag 775. 8. enthalten auch Hirten-Gedichte.

n) P. E. Birkner; eine ländliche Erzählung, Helmst. 777. 8.

o) Idyllen und Erzählungen, verehrungswürdigen Freunden gewidmet, 777. 8.

p) Ein Ungenannter gab heraus: Neue Idyllen eines Schweizers, 780. 8.

Außerdem befinden sich noch Idyllen in den Gedichten von Clodius, Dusch, Philippine Gatterer u. a. m. und im 4ten Bande der Original-Dichter Deutschlands von Bismark, Claudius, Gerstenberg, Klamor Schmidt, Friedrich

Schmit, Thomfen u. f. f. Ferner im Anhange zu eines Ungenannten Ueberfetzung der Eklogen Virgils, Bremen 781. 8. Und endlich in den oben S. 222—24 angegebenen periodifchen Schriften und lyrifchen Sammlungen.

5) Die einzige Sammlung, welche wir bis jetzt für diefe Gattung haben, gab K. E. Klamor Schmidt heraus unter dem Titel: Idyllen der Deutfchen, Frankf. Lpz. 774—775. 2 Theile, 8.; wofelbft fich auch ein Paar Idyllen von der Karfchinn, von Schröder und vom Herausgeber felbft befinden.

6) Ueber die Gefchichte der Idylle der Deutfchen kenne ich bis jetzt weder ein allgemeines noch ein befonderes Werk, welches ich zum weitern Nachlefen und Forfchen empfehlen könnte.

XII. Dichterisches Gemälde.

(Ganze, für sich bestehende, Schilderung im Idyllen-Tone; und beschreibende Poesie zu irgend einem didaktischen Zwecke.)

1) Von dem groten Störme in Pamern; ein Niederdeutsches Gedicht vom Jahre 1497; abgedruckt in Dähnerts Pommerischer Bibliothek, Bd. III. St. 7. S. 261 — 268.

2) Ulrich Zwingli; f. Bd. I, S. 37. *Melch. Adami vitt. Germ. Theol.* p. 25 — 45. und sein Leben von Ger. Outhof in de Levensbeschryving van beroemde en geleerde Mannen, P. IV. No. IX. p. 421 — 522 (Amst. 731. 8.)

In dem Kirchen-Archive zu Zürch befindet sich von ihm in einem Bande seiner Schriften, No. 26. ein beschreibend-allegorisches Gedicht unter der Aufschrift: Der Labyrinth, in welchem er die Einrichtung des Kretensischen Labyrinths beschreibt und die Gefahren, welche Theseus in demselben bestand, mit denjenigen vergleicht, welche in seinem unruhigen und verwirrten Zeitalter jeden redlichen Freund der Wahrheit trafen. Diese Deutung des Gedichts giebt er selbst in folgenden Zeilen an, welche zugleich eine Probe von der poetischen Sprache seines Zeitalters und Landes seyn können:

  Nun soellend ir vernemmen hie,
  Daſs dieser Labyrinth die mue
  Und Arbeit bedut diser welt;
  Aber Theseus der kuene Held

> Den ſtarcken frommen Eren-Mann,
> Der die Maaſs allweg treffen kan,
> Und ſich allein umbs Vaterland
> Verbrucht. Das Vich bedutet Schand,
> Sunden und Laster, aber der Fad
> Bedut Vernunft, die uns lert grad
> By der rechten Schnuor muoſsen gan,
> Wo wir wellind mit eren beſtan;
> Ariadne die Tochter bedut,
> Lon der Tugend, des niemans gruewt.

Und ganz am Ende:
> Du me ernſtes billig verſtan
> Sollt, dann ich hie erzellen kann;
> Ich' wird ſagen von jedem Tier
> Wie ſie im Irrgang hin und hier
> Beſchriben ſind, und ſie bitten,
> An ſich ze nemmen ander Sitten.

Dieſes äuſserſt merkwürdige Gedicht ſtehet in 241 Zeilen abgedruckt in (Leonh. Meiſters) Beyträgen zur Geſchichte der teutſchen Sprache und Nationallitteratur, Th. I, S. 285—94. und in das Hochdeutſche frey überſetzt in (Bodmers) Literariſchen Denkmalen, S. 190—95.

3) **Hans Sachs**; ſ. Bd. I, S. 131.

Unter den 6048 gedruckten Gedichten dieſes poetiſchen Schuſters befinden ſich viele hieher gehörige: z. B. **Urſprung und Ankunft des Thurniers, wie, wo, wenn und wie, viel der im Teutſchland ſind gehalten worden vom J. 1541 in dem Häsleinſchen Auszuge S. 12—24.** Ein alter Abdruck dieſes Gedichts ſteht in Wolfgang Krauſens im Jahre 1555 herausgegebenen **Stamm und Ankunft des Hauſes zu Sachſen** auf dem Bogen E 3, bis G. nach der von Jo. Francke, Magdeb. 588. 4. beſorgten Ausgabe. **Keyſerlichen Mayeſtat Caroli des fünff-**

ten einreyten zu Nürnberg, von demselben Jahre, ebend. S. 48—62. Lobspruch der Statt Nürnberg, vom Jahr 1530. ebend. S. 163—74. Der Schönpart Spruch vom Jahr 1548. ebend. S. 174—83. Der Fechtspruch vom Jahr 1545 ebend. 183—90. u. a. m.

4) Martin Opitz; s. Bd. I, S. 229 und 230. sein Lob des Feldlebens, Lob des Krieges - Gottes Mortis und der gröfste Theil seines Vesuvs, Vielgut und Zlatna gehören zu der gegenwärtigen Gattung.

5) Filip von Zesen; s. oben scherzh. Lied S. 93.

Sein Prierau oder Lob des Vaterlandes erschien Amst. 680. 8. und dann in Jo. Cph. Beckmanns *Accession. hist. Anhaltinæ p. 565—582.*

6) Enoch Gläser; geb. 1628 zu Landshut in Schlesien; Kaiserl. gekrönter Dichter, D. und Prof. der Rechte auf der Universität Helmstädt; starb 1668 daselbst.

Unter dem Titel: Elmen - Schäferey, Wolfenb. 650. 8, besang er die Vorzüge seiner Universität.

7) Jo. Andr. Gerhard; von diesem, mir nur aus Neumeisters *diss. p. 38.* bekannten, Dichter haben wir ein Lobgedicht der Weltberühmten und von der grossen Zeuge-Mutter der Natur mit allerhand lustigen Bequemligkeiten reichbegabten Stadt Jehna s. l. 657. 4.

8) Ernst Stockmann; s. oben Madrigal, S. 146.

a) Lob des Landlebens, Jen. 681. 8.

b) Lob des Stadtlebens, Ebend. 683. 8.

9) Karl Gustav Heräus; geb. 16** zu *** in Schweden; hielt sich in den ersten Jahren dieses Jahrhunderts am Fürstl. Schwarzburgischen Hofe auf, ging dann nach Wien, und ward hier Kaiserlicher Rath und Inspector des dortigen Medaillen und Antiquitäten-Cabinetts; starb 17**. Er dichtete schon im Jahre 1697 und gab im Jahre 1713 Versuch einer neuen Teutschen Reimart, nach dem Metro des soge-

nannten Lateinifchen *Hexametri* und *Pentametri* in einem Glückwunfche bey Sr. Kayferl. und Cathol. Maj. *Caroli VI.* Geburtstage heraus, deffen wegen er lange für den Erfinder oder vielmehr Einführer des Deutfchen Hexameters gehalten worden ift. S. Deutfche *Acta Eruditor.* Th. VIII. S. 543—52. Allein in Leffings Litteraturbriefen Th. I. ift gezeigt worden, dafs fchon Jo. Fifchart (f. Bd. I, S. 109.) diefe Versart in die Deutfche Sprache einzuführen verfucht habe.

Hieher gehört Heräus, wegen feiner in Deutfchen Verfen abgefafsten Schilderung der Lappen, welche unter der Auffchrift: Befchreibung einer wilden Nordifchen Nation in feinen Gedichten, S. 236—53 (Nürnb. 721. gr. 8.) fteht. Schon vorher erfchienen feine Gedichte unter dem Titel: Vermifchte Nebenarbeiten, wegen Abgang der *einzelnen Exemplarien* zufammengefucht &c. Wien 715. F. In der angeführten Schilderung erfcheint er als der erfte würdige Nachfolger von Martin Opitz und als ein eben fo würdiger Vorgänger Hallers in diefer Dichtart.

10) Barthold Heinr. Brockes; f. Bd. I, S. 232. und im gegenwärtigen S. 36. nebft S. Murfinna's *Biographia felecta, T. I.*

In feinem irdifchen Vergnügen in Gott, von deffen erften fünf Theilen Hagedorn und Wilkes, Hamb 738—69. 8. einen Auszug beforgten, haben wir die erften lesbaren Schilderungen der Natur und ihrer Schönheiten erhalten. Wenn er gleich in ihnen fich zu oft ins Kleinliche und auf folche Gegenftände einläfst, welche keiner dichterifchen Zeichnung empfänglich find, wenn er gleich mit feiner Sprache zu viel tändelt und fie oft über die Gebühr dehnt; fo kann man doch diefen erften Verfuchen in einer vor ihm faft gar nicht bearbeiteten Gattung gewifs nicht Mannichfaltigkeit, Bilderreichthum und edle einnehmende Einfalt abfprechen. Vorzüglich anziehend find die Ausbrüche feines gerührten Frohfinns und Dankgefühls gegen Gott während des Genuffes der fchönen Natur. Hierin hat in

neuern Zeiten kein Deutscher Dichter ihn zu erreichen
oder zu übertreffen verfucht. — Sehr richtig gibt der
groſſe **Hagedorn** in folgenden Zeilen feines Lobgedich-
tes auf **Brockes** in **Weichmanns** Poefie der Nieder-
fachfen Th. VI. S. 378—82 den Geſichtspunct an, aus
welchem man diefen lange verkannten und jetzt faſt gänzlich vergeſſenen Dichter von je her hätte würdigen ſollen:

Ein Seufzer, ein gereimter Schwur,
Der Wangen — nicht der Gärten — Rofen,
Ein Lob, den Schönen liebzukofen;
Ein Ach, das aus dem End-Reim fuhr,
Schien, eh du ſchriebſt, der Dichtkunſt Stärke,
Faſt jeder Dichter, der ſich fand,
Befang ſonſt wenig Wunderwerke,
Als ſeiner Iris Mund und Hand.

Allein es hat mit Recht dein Kiel
Sich was vortreflichers erlefen;
Sein Vorwurf iſt das höchſte Wefen,
Der erſten Weisheit würdige Ziel,
Die Kraft in der wir find und leben,
Der Gott, durch den die Kräuter blühn,
Auf deſſen Wink Gebirge beben,
Sich Flüſſe wenden, Meere fliehn.

Beglückte Teutfche! kommt und feht
Den Wehrt ſo mancher Andacht-Früchte,
Den Wehrt der Brockiſchen Gedichte,
Wo fo viel Zier und Majeſtät,
So viel Erbauung, fo viel Leben,
So viele Wahrheit, fo viel Geiſt,
Gelegenheit zum Zweifel geben,
Durch was er ſich am gröſsten weiſst.

11) **Albrecht von Haller**; f. Bd. I, S. 190. 191. und 233.

Das Gedicht, welches er im Jahr 1729 unter dem Namen: Die Alpen fchrieb, gehört mehr zur fchildernden als didaktifchen Gattung. Es war die Frucht der groſſen Alpenreiſe, welche der Verfaſſer im Jahre 1728 mit dem Canonicus Geſsner zu Zürch unternahm. Man findet es in ſeinen oben angegebenen Gedichten und in der eilften Ausgabe derſelben, Bern 773. 4. Vor jeder Strophe ſteht eine Vignette; im Gedichte felbſt find bedeutende Aendrungen getroffen und Tfcharners verbeſſerte Französische Ueberſetzung iſt ihm beygefügt worden. Aufserdem haben wir eine Französische Ueberſetzung deſſelben mit ſeinen übrigen Gedichten von Bern. Tfcharner, Zürch 759. 8. und Par. 775. 8. und die neueste Französische Ueberſetzung von Dunker, Bern 795. 4. Die unverkennbaren Schönheiten deſſelben find ſehr gut entwickelt worden in der neuen Sammlung vermiſchter Schriften, Bd. II. St. 3. S. 394. ff. Einige naturhiſtoriſche Bemerkungen zu denſelben findet man in Hallers Leben von Jo. Geo. Zimmermann S. 94—68.

Zwar geſteht Haller im Vorberichte zu dieſem vortrefflichen Gemälde: Dieſes Gedicht iſt dasjenige, das mir am ſchwerſten geworden iſt. Die ſtarken Vorwürfe lagen mir lebhaft im Gedächtniſs. Aber ich wählte eine beſchwerliche Art von Gedichten, die mir die Arbeit unnöthig vergröſserte. Die zehenzeilichten Strophen, die ich brauchte, zwangen mich ſo viele beſondere Gemälde zu machen als ihrer ſelber waren, und allemal einen ganzen Vorwurf in zehn Linien zu ſchließen. Die Gewohnheit neuerer Zeiten, daſs die Stärke der Gedanken in der Strophe allemal gegen das Ende ſteigen muſs, machte mir die Ausführung noch ſchwerer. Ich wandte die Nebenſtunden vieler Monate zu dieſen wenigen Reimen an, und da alles fertig war, gefiel mir ſehr vieles nicht. Man sieht auch ohne mein Warnen noch viele Spuren des Lohensteinischen Geschmacks darin. Allein diese strenge Selbstrecension muſs uns mehr für den Dichter gewinnen als gegen ihn einnehmen, und uns bey einer näheren Vergleichung mit der Ausführung überzeugen, daſs sein groſser Nachfolger Kleist die Wahrheit nicht verletzte, wenn er am Schluſse seines Frühlings von unſerm Haller sagt:

— — — — — Tauch' in die Farbe Aurorens,
Mal' mir die Landschaft, o Du, aus deſſen ewigen
  Liedern
Der Aare Ufer mir duften und vor dem Angeſicht
  prangen;
Der ſich die Pfeiler des Himmels, die Alpen, die er beſungen,
Zu Ehrenſäulen gemacht. — — — —

12) Christian Ewald von Kleist; ſ. Bd. I, S. 114; und im gegenwärtigen oben, im Abschnitte Idylle, S. 178 und über seinen Charakter als Dichter einen Aufſatz in den Nachträgen zu Sulzers Theorie der schönen Künste, St. 1. S. 172. ff. (Lpz. 792. 8.)

Der Frühling, ein dichterisches Gemälde in Hexametern, in welchem er nach seiner eigenen ausdrücklichen Versicherung, nicht sowohl eine ausführliche Beschreibung der ganzen Jahreszeit, ihrer Abwechslungen und Wirkungen auf Thiere, Gewächse u. d. gl. als vielmehr eine Abbildung der Gestalt und der Bewohner der Erde, wie ſie ſich an einem Frühlingstage des Verfaſſers Augen dargeboten, geben wollte, wurde von ihm ſchon im Jahr 1746 gedichtet, und war eine ſchöne Frucht ſeiner einſamen Spaziergänge in den reizenden Gegenden von Potsdam, welche er ſeine poetiſche Bilderjagd zu nennen pflegte. Die erſte Ausgabe dieſes claſſiſchen Gedichtes erschien Berl. 749. 4. mit Lateinischen Buchstaben and bloss für die Freunde des Verfassers gedruckt. Alsdann besorgte ein ungenannter Schweizer, welcher seinen Vorbericht mit *H* unterzeichnet hat, eine splendide Ausgabe mit Lateinischen Buchstaben, Zürch bey Heidegger 750 gr. 4., welche derselbe mit einem Anhange von zehn andern Kleistischen Gedichten, Zürch 751. gr. 4. wiederholte. Eine neue verbesserte Ausgabe mit Deutschen Buchstaben erschien Frankf. a. d. O. 752 8. *rep.* ebend 756. 8. *rep* ebend. 761 8. *rep.* ebend 764 gr. 8. Auch wurde die erste Ausgabe zu Zürch bey Gessner 752. kl. 4. mit Lateinischen Buchstaben gedruckt. Die einzige Ausgabe, welche seit den zehn Jahren, in welchen die ersten Abschriften herum gingen, unter den Augen des Verfassers besorgt worden ist, erschien mit allen übrigen Gedichten, welche er damals für die seinigen erkennen konnte, unter dem Titel: Gedichte von dem Verfasser des Frühlings, Berlin bey Christn Friedr. Voss 756 8. mit Deutschen Buchstaben. Zuletzt erschien es in den Ausgaben der sämmtlichen Werke, Berl. 760. 2 Theile, 8. Ebend. 761. 2 Theile, 8. Amst. 765. 2 Th. 8. Ebend. 782. 2 Th. 8. In das Italiänische wurde es übersetzt vom Königl. Preuss. Hof-Poeten de Tagliazuchi. Potsd. 755. kl. 8. und bey der Originalausgabe, Berl. 756. 8. Eine Probe einer Englischen Uebersetzung von einem Ungenannten steht in den von Gottlob Sam. Nicolai herausgegebenen Briefen über den itzigen Zustand der schönen Wissenschaften in Deutschland S. 177. 178. (Berl. 755. 8.). In das Französische im *Journal etranger*, April 1760. Vergl. Lessings Literaturbriefe Th. XVI. S. 12—16. in der *choix de Poesies Allem. Par.* 766. 12. und von Beguelin Berl. 781. 8. In das Holländische, Utrecht 772. 8. In das Lateinische von G. L. Spalding, Berlin 783. 8.

Als Kleist seinen Frühling schrieb, hatte er des berühmten Thomsons Jahreszeiten noch nicht gelesen; man kann ihn also schon deswegen nicht für einen Nachahmer des Engländer halten. Sein ursprünglicher

Entwurf ging auf ein längeres Gedicht, in welchem er die Vorzüge und Schönheiten des Landlebens überhaupt fchildern wollte, und in welchem der Frühling mit den übrigen Jahreszeiten gleichfam nur als Epifode erfcheinen follte. Die erfte Anlage zu diefem Gedichte ift vom Laublinger **Lange** im zweyten Bande des **Schirachifchen Magazins der teutfchen Kritik**, Th. 2. S. 19. ff. aus einer Handfchrift mitgetheilt worden. Dem Berichte eines Ungenannten in der **neuen Bibliothek der fchönen Wiffenfchaften** I, S. 132 zufolge, zeigte Kleift einmahl einem feiner Freunde dreyfsig bis vierzig Verfe von dem Anfange des Sommers, und als diefer ihn bat, darin fortzufahren, verficherte er ihm, dafs es nie gefchehen würde; feitdem er den Thomfon recht gelefen habe, fey er völlig davon abgefchreckt worden, und er rechne fich feinen Frühling als eine Uebereilung an. Auch verfichert Leffing in feinem Laokoon S. 175, dafs Kleift, unzufrieden mit der gegenwärtigen Anlage und Ausführung feines Frühlings, befchloffen habe, ihm eine ganz andere Geftalt zu geben, und aus einer mit Empfindungen durchwebten Reihe von Bildern eine durchflochtene Folge von Empfindungen zu bilden. Diefe Nachrichten und Urtheile können uns den wahren Gefichtspunct zeigen, aus welchem der Frühling, fo wie wir ihn jetzt haben, beurtheilt werden mufs, und uns Achtung gegen die richtige Kritik und liebenswürdige Befcheidenheit des Dichters einflöfsen. Deffen ungeachtet ift diefes fragmentarifche und unausgebildete Gedicht eine merkwürdige Erfcheinung in jenem Zeitalter unferer Literatur, und die wohlthätigen Folgen deffelben für die Veredlung des Deutfchen Gefchmacks und Ausbildung der Deutfchen Sprache werden immer unverkennbar bleiben.

13) Salomo Gefsner; f. Bd. I, S. 114 und 115. und oben im Abfchnitte von der Idylle S. 178.

Die Nacht, ein profaifches Gedicht, Zürch 750. 8. und in feinen oben näher angegebenen Werken und in den Ausgaben der Ueberfetzungen derfelben. Befondere Ueberfetzung derfelben: Französifch von M. Huber, Par. und Berl. 762. 8. (Lyon 762. 8.). Von einem Ungenannten, Par. 776. 8. Englisch in reimfreyen Versen, Lond. 762. 8.

14) Jo. Jak. Dusch; s. Bd. I, S. 119.
   a) Tolkschuby, Altona 751. 8.
   b) Das Dorf, ebend. 760. 8.
   c) Schilderungen aus dem Reiche der Natur und der Sittenlehre, Hamb. Lpz. 757—758. 4 Theile, 8. Ein Rezensent in den Berlinischen Litteraturbriefen Th. II, S. 319—49. und 371—82. erklärte das Ganze sehr richtig für einen perpetuirlichen Cento aus Pope, Thomson, Hervey, Young, Haller, Kleist und zwanzig Andern, und findet im ganzen Werke gerade so viel Zusammenhang als im Kalender.

15) Just Friedrich Wilh. Zachariä; s. Bd. I, S. 116 und 119.

Eine Nachricht von dieses Dichters Leben und Schriften erhielten wir vom Herrn Can. Eschenburg bey seiner Ausgabe von Zachariäs hinterlassenen Schriften, Braunschw. 781. 8. Das Wichtigste aus dieser Nachricht steht im Auszuge in Schmids Nekrolog S. 656—680. Zachariä arbeitete die Beschreibung seines Lebens selbst aus und überschickte diese an Riedel, welcher sie aber, so viel ich weiß, nicht durch den Druck bekannt gemacht hat.

Nicht nur zur scherzhaften Dichtung, sondern auch zur dichterischen Natur-Malerey besaß Zachariä nicht gemeine Geistes-Anlagen. Seine hieher gehörigen Gedichte sind:

a) Die vier Stufen des weiblichen Alters, in vier hexametrischen Gesängen, Rostock 751. 4. rep. ebend. 757. 4. rep. ebend. 767. 4. Verbessert im fünften Bande seiner poetischen Schriften. — Italiänisch in Versen vom Pastor Glück 769. 8. und vom Pater Belli 774. 8. — Französich in M. Hubers *Choix de Poes. Allem.* und von einem Ungenannten 780. 8.

b) Die Tageszeiten, gleichfalls in Hexametern und in vier Gesängen, Rostock 755. 4. Verb. ebend. 757. 4. rep. 767. mit Kupf. gr. 8. Am neuesten im vierten Bande seiner poetischen Schriften. — Französisch von Capitaine, Par. 769. 12. in Prosa, und von Abeaume 773. 8. in Versen.

c) Seine Hercynia, fünf Gesänge in Prosa mit eingestreuten Versen, ist mehr eine dichterische Beschreibung einer in den Gegenden des Harzes unternommenen Reise und der Einfahrt in die Grube, als ein scherzhaftes Heldengedicht, wofür der Verfasser sie ausgab. Sie steht im zweyten Bande der poetischen Werke zuerst.

d) Der Tempel des Friedens, ein allegorisches Gedicht in Hexametern, Braunschw. 756. 4. Verb. im vierten Bande seiner poetischen Schriften.

e) Eine Schilderung des Arkadischen Thals, im Götting. Musenalmanach vom Jahre 1772.

f) Tayti, oder die glückliche Insel, in reimlosen Jamben, Braunschw. 777. 8. Durch die Entdekkung jener berühmten Insel veranlafst und in trüben Stunden seiner körperlichen Leiden zur Erholung und Aufheiterung verbessert und vollendet.

g) Bruchstück von einem entworfenen längern Gedichte, Pyrmont-Elysium überschrieben, und veranlafst durch seinen Aufenthalt in Pyrmont im Sommer des Jahres 1776; es erschien zuerst im Leipziger Musenalmanache, und dann in den von Eschenburg herausgegebenen hinterlassenen Schriften von Zachariä, Braunschw. 781. 8.

16) Hans Wilh. von Gerstenberg, s. Bd. I, S. 137.

Seine prosaischen Gedichte, Altona 759. 8. enthalten folgende vortreffliche Schilderungen:

a) Cypern.
b) Der Abend.
c) Der Taback.

d) **Die Hochzeit des Venus und des Bachus.**
e) **Naide.**

Kritiken und Proben f. in den Berlinifchen Literaturbriefen Th. IV. S. 210—20.

17) **Jo. Tobler**; geb. zu Zürch 1732; Anfangs Diakonus in feiner Vaterftadt; feit 1777 Kanonikus des Stifts zum grofsen Münfter, zweyter Archidiakonus und Präfident der Exfpectantenklaffe dafelbft.

Sein Gemälde von der Weinlefe, durch welches er eine Lücke im Thomfonifchen Herbfte ergänzen wollte, fteht bey feiner Ueberfetzung von Thomfons Jahreszeiten, Zürch 766—69. 8.

18) **Joa. Chriftn. Blum**; f. Bd. I, S. 240.

Seine Hügel bey Ratenau, durch welche er fich als einen glücklichen Nachahmer des Kleiftifchen Frühlings bewährt hat, erfchienen zuerft mit einem andern Stücke unter dem Titel: Zwey Gedichte, Berl. 771. 8. und dann in feinen fämmtlichen Gedichten, Lpz. 776. 2 Theile, 8.

19) **Friedr. Leop. Graf von Stolberg**, f. Bd. I, S. 139.

Im Jahr 1776 dichtete er eine treffliche Schilderung, welche unter dem Titel: Hellebeck, eine Seeländifche Gegend in feinen und feines Bruders Gedichten, S. 161. ff. fteht. (Lpz. 779. 8.)

20) **Ludw. Theobul. Kofegarten**; f. Bd. I, S. 140. und fein Leben in Koppens gelehrten Meklenburg, St. 1. S. 90—107. (Roft. Lpz. 783. 8.)

In feinen oben im Abfchnitte Elegie S. 135 und 136 angegebenen Gedichten befinden fich einige hieher gehörige Stücke. Gewiffermaffen kann man feine Bd. 1, S. 140 angeführten Ralunken vom Jahre 1780 auch hieher ziehen.

Anhang.

1) Sehr richtig wird zwar in den Berlinischen Litteraturbriefen, Th. 23. S. 77. von der dichterischen Malerey der Deutschen bemerkt: daſs diese gegen die Italiänische Poesie in dieser Gattung nur sehr zweideutig schimmere und sich zu derselben verhalte, wie die Niederländische Schule zu der Römischen. Der Vorzug der Italiänischen Dichtkunst von dieser Seite bestehe in der Lebhaftigkeit der Einbildungskraft und in einem Reichthume an Bildern, welche mit der Stärke und der Wahrheit ausgemalt wären, daſs sie sich in die Gegenstände selbst zu verwandeln schienen. Die Deutschen Dichter dagegen wären zu sehr in die Gemälde der leblosen Natur verliebt, ihnen gelängen nur Scenen von Schäfern und Hirten, ihre komischen Epopöen hätten manche gute *Bambocciade*, aber ihre poetischen *Raphaele*, ihre *Maler der Seele* wären noch nicht aufgestanden. Indeſsen kann diese Bemerkung doch nur im engern Sinne des Wortes oder auf diejenigen unserer dichterischen Schilderungen, welche ein für sich bestehendes Ganze bilden, streng angewandt werden. Von dieser Seite erscheinen wir äuſserst arm und unvollkommen in Vergleichung mit unsern Nachbaren, vorzüglich den Engelländern, welche hierin alle andere neuere Nationen bis jetzt übertreffen. Nimmt man dagegen den Ausdruck: poetisches Gemälde im weitern Sinne, und versteht darunter nicht nur jedes ausführlich gezeichnete Bild, sondern auch vollendete Schilderungen, welche aber kein Ganzes für sich ausmachen, sondern mit gröſsern Werken als Theile derselben in Verbindung stehen; so haben wir in unsern Heldengedichten und Romanen von der komischen und ernsthaften Gattung, in unsern Lehrgedichten und Satiren, und in unsern gröſsern dramatischen Werken eben so gute Seelen-Malerey aufzuweisen, als das gleichzeitige Ausland sie bis jetzt aufgestellt hat.

2) Wenn man jede Beschreibung von sinnlichen Gegenständen, in abgezählten Sylben und Reimen abgefaſs*, dichterisches Gemälde nennen könnte; so wären wir in dieser Gattung reicher als alle andere Nationen. Denn wir haben solche historischtreue und logischdeutliche Abconterfayungen ohne Maaſs und Zahl in unsern Epopöen und Lehrgedichten aus der Periode der Minnesinger und in unsern alten Reim-Bibeln und Reim-Chroniken. Daſs man aber hier nichts weniger, als poetische Farbengebung finde, und den ganzen Unterschied von prosaischer Beschreibung allein im Sylbenzwange und Reimgeklapper suchen dürfe, kann schon folgende, von dieser Seite classische, Stelle aus Nicol. Jeroichyns gereimter Preuſsischer Chronik aus der ersten Hälfte des vierzehnten Jahrhunderts lehren, wo in der Vorrede folgende Theorie der poetischen Beschreibung gegeben wird:

> Und dauon wer do tichte
> Der hab des Vlisis pflichte
> Das er vor dem Beginne
> Die Materie besinne
> Die sein Wille sich vstreit
> Und mit Entscheidenheit
> Sie teilende zu lichte
> Nach predigers sichte
> Da sie sein Red in Stücke schickt
> Der von der Materie icht
> Endhaftig sprechen
> Und nicht verbrechen
> Der Lieder ordnunge
> Ouch des Tichters Zunge
> An der Materien Straſse
> Soll die rechte Maſse
> Gehaltin an den rymen
> Glich zu glichen limen

In lange fine lute
Das fich alles berute
Vil Worte man glich fchribet
Der Lute unglich blibet
Solch rimen fol man miden
Den Sinn ouch nicht verfchniden
Die lenge helt der Silbenzahl
Darunter man ouch mercken fal
Das fünf filben find zu kures (kurz)
Zehn han zu langen Schures (Schurz)
Zwifchen den zween enden
Rimen die behenden
Die Bücher pflegen tichten
Und darum foll ich richten
Mich an der getichtes fahrt u. f. w.

3) Daſſelbe gilt von den, in der ältern Zeit eben fo unzähl‑
baren, für fich beſtehenden, Beſchreibungen der
Städte, Belagerungen, Schlachten, Feuersbrünſte,
Ueberſchwemmungen, fürſtlichen Hochzeiten, Einzüge
und anderer Landesfeierlichkeiten in Deutſchen und La‑
teiniſchen Verſen. Es iſt faſt kein Winkel in Deutſch‑
land, welcher nicht mit ſeinem natürlichen oder künſtli‑
chen Zubehör *carminice* oder *rhythmice*, wie man es ſehr
angemeſſen nannte, beſungen worden wäre. Dieſe Poe‑
tereien haben ſo geringen dichteriſchen Werth, daß ſie
in neuern Zeiten nur dazu brauchbar ſeyn konnten, um
von den Literatoren der Geſchichte, z. B. Kreyſig,
Struve, Küſter, Buder, Meuſel u. a. m. als ver‑
ſifizirte Urkunden der Volks‑ und Sitten‑Geſchichte auf‑
geführt zu werden. Um auch von ihnen einige Beyſpiele
zu geben, führe ich nur folgende wenige an:

a) *Laur. Rhodomanni Ilfeldia Hercynica carmine Græco‑
Latino Francf.* 581. 8. mit *Vollandi carmine Græco
in laudem ejusdem scholæ* in *Neandri res poet. Græcor.*
p. 679—725 (*Lipſ.* 592. 8.) und Lateiniſch in *Leuck‑
feldii Antiqq. Ilef.* p. 222—236.

b) Dan. Wintzenbergers Lobſpruch der Churfürſtlichen Stadt Dresden in Verſen, 591. 4.

c) *Andr.* S c h i f n e r *s Incendii Annæbergi deſcriptio Cur.
Var. 604. 4.*

d) Jo. Thomaſii trauriger Schauplatz des im Jahr
1642 belagerten Leipzigs 643. 4.

e) Geo. Gräblingers von Danzig kurze poetiſche dennoch unbeſchmeichelte Beſchreibung des blühenden Dantzigs vom Jahre 1646,
ſteht nach einer Handſchrift, welche Prof. Seyler zu
Elbingen beſaſs, abgedruckt in dem gelehrten
Preuſſen, Th. III, St. 2. S. 80—99.

f) Kurandors *i.e. M.* Balth. Kindermanns Lobge-
ſang des Zerbſter Biers, in welchem die Würde, Kraft
und Lieblichkeit deſſelben fürgeſtellt wird, Wittenb.
658. 4.

g) Jacob Lötich's Beſchreibung der Stadt Fürſten-
walde, Cüſtrin 679. 4.

h) Bellamintes, das itztblühende Potsdam, mit poetiſcher Feder entworfen, Cöln 727. 4.

Abdrücke von ſolchen metriſchen Beſchreibungen
findet man in den ſo genannten *Scriptoribus rerum Ger-
manicarum*, in den hiſtoriſchen Sammlungen zur Deutſchen Geſchichte und in den topographiſchen und ſtatiſti-
ſchen Werken der ältern und neuern Zeit. Nachwei-
ſung geben die allgemeinen und beſondern *bibliothecæ hiſtoricæ*, z. B. *Chr. Gottlieb Buderi biblioth.
hiſtor. Jen* 740. 2 *Voll.* 8. *Jo. Geo. Meuſelii bibl.
hiſt Lipſ.* 782—96. 16 Theile in 8 Bänden, 8. Geo.
Cph. Kreyſigs hiſtoriſche Bibliothek von Ober-Sach-
ſen, Dresd. 732. 8. *Burc. Gotthelf Struvii biblioth.
Saxoniæ, Hal.* 736. 8. *Geo. Gottfr. Küſteri biblioth.
hiſtor Brandenb Vratisl.* 743. 8. *Ej. acceſſiones biblioth.
Brandenb. ib.* 768. *Ant. Uldar.* Erath *biblioth. Bruns-
vico-Luneburgenſis* vor ſeinem *Conſpectus hiſtoriæ Bruns-
vico-Lüneb. Brunsv.* 745. F.

4) Da ich, meinem Plane gemäſs, aus der neuern Periode
unſerer ſchönen Literatur nur die vorzüglichen Dichter

dieser Gattung aufführen konnte; so will ich wenigstens aus dem achtzehnten Jahrhunderte noch diejenigen namhaft machen, welche Theils poetische Maler seyn wollten, Theils als solche zu ihrer Zeit verehrt worden sind:

a) Gottfr. Benj. Hankens Beschreibung des, in Böhmen gelegenen, dem Grafen von Sporck zugehörigen, Kuckus-Bades in seinen weltlichen Gedichten, S. 30—66. (Dresd. 727. 8. rep. ebend. 731—35. 4 Theile, 8.)

b) Jo. Ulr. von König; seine Einholung in das Lager bey Radewitz macht den ersten Gesang seines August im Lager aus, und steht in seinen Gedichten S. 191—243. (Dresd. 745. 8.)

c) In Jo. Friedr. von Utfenbachs gesammelter Neben-Arbeit in gebundenen Reden, Hamb. 733. 8. befindet sich S. 85—90 das Landleben nebst einigen kleinern hieher gehörigen Gedichten.

d) A. J. Zells erweckte Nachfolge zum irdischen Vergnügen in Gott. bestehend in physikalischen und moralischen Gedichten, Halle 735. 8.

e) Dan. Wilh. Trillers poetische Betrachtungen über verschiedene Materien, aus der Natur- und Sittenlehre, Hamb. 725 1ster Theil, 8. rep. ebend. 739. 8. rep. ebend. 750. 8. 2ter Theil ebend. 737. 8. rep. ebend. 746. 8. 3ter Theil ebend. 742. 8. rep. ebend. 750. 8. 4ter Theil ebend. 747. 8. 5ter Theil ebend. 751. 8. 6ter und letzter Theil ebend. 755. 8.

f) Jo. Valentin Pietschens Carls VI. erfochtener Sieg über die Türken in seinen Gedichten, S. 1—44. (Königsb. 740. 8.)

g) Heinrich Janssens, eines Bauern, in Versen besungenes Landgut des Herrn von Stöcken unter der Ueberschrift: das angenehme Hahn. Brem. 744. 8. Vergl. dessen sämtliche Gedichte, Stade 768. 8. und Weichmanns Poesie der Niedersachsen, 6ter Theil, herausgegeben von J. P. Kohl, Hamb. 738. 8.

h) Jo. Mich. von Loens Damons Landluſt in ſeinen von Naumann unter dem Titel: Des Herrn von L. moraliſche Gedichte, Frkf. und Lpz. 751. 8. herausgegebenen Gedichten, S. 1—20. Eine Nachahmung von Brockes irdiſchen Vergnügen in Gott.

i) Chr. Euſ. Suppius; der Inſelberg, beſungen Gotha 745. 4. Vergl. das enthuſiaſtiſche Lob, welches Bodmer in ſeinen neuen critiſchen Briefen, S. S. 466. 467. (Zürch 749, 8.) dieſem Gedichte beylegt. Der Inſelsberg von einem Meiſterſänger beſungen, erſchien Gotha ſ. a. 4.

k) Jo. Juſt. Ebelings andächtige Betrachtungen aus dem Buche der Natur und Schrift, Hildesheim 747. 4 Theile, 8.

l) Charl. Wilh. AmaL von Donnop; die Schönheiten Pyrmonts beſungen, Gött. 750. 4.

m) Abr. Gottl. Roſenberg; die Nacht zum Ruhm des Schöpfers betrachtet, Breslau 750. 4.

n) Balth. Ludw. Tralles Verſuch eines Gedichtes über das Schleſiſche Rieſengebürge, Bresl. 750. 8.

o) Eines Ungenannten der Winter, ein moraliſches Gedicht, Roſtock 752. 4.

p) Fr. Da. Behns Verſuch eines Gedichtes über die Landluſt, Lüb. 754. 4.

q) Eines Ungenannten Schönheiten des Winters hiſtoriſch und phyſikaliſch abgeſchildert, Frkf. 756. 8.

r) Der Wald, ein froſtiges Wintergedicht, Grünſt. 757. 8. Von einem Ungenannten.

s) Eines Ungenannten Abbildung eines Schlachtfeldes, ſ. l. 758. 4.

t) Mich. Conr. Curtius; die Weſer, ein Gedicht, Hannov. 760. 8.

u) **Mein Vergnügen in Zürch**, Halle 761. 8. Vergl. Berl. Litteraturbriefe, Th. XI. S. 81 — 86.

v) **Der Morgen** in profaifcher Schreibart nebft etlichen Gedichten, f. l. 762. 8.

w) **G. Aug. von Breitenbauchs Schilderungen** berühmter Gegenden des Alterthums und neuerer Zeiten, Altenb. 763. 8.

x) **Mofes in Midian**, ein poetifches Gemälde, Erf. 763. 8. Eine mislungene Nachahmung des Tod Abels von Gefsner. Vergl. Allgem. Deutfche Biblioth. Bd. I, St. 1 und 2.

y) **Graf Aloyf. Chriftiani; der Sommertag** in vier poetifchen Betrachtungen, Wien 764. 8.

z) **Eines Ungenannten Lob des Landlebens**, f. l. 765. 8.

aa) **Die Abendzeiten in vier Gefängen**, Quedlinb. 773. 8. Urfprünglich in den Empfindungen über Gegenftände der Religion, Natur und Freundfchaft.

bb) **C. S. Slevogts Verfuch eines poetifchen Gemäldes vom Herbfte**, Eifen. 771. 8.

cc) **H. A. Reinhard; die Hügel bey Kindleben**, Gotha 773. 8.

dd) **C. C. L. Hirfchfeld; der Winter**, Lpz. 775. 8. Deffen Landleben mit Vign. ebend. 776. 8.

ee) **E. Leb. Semper; das Steingebürge zu Adersbach**, Bunzlau 778. 8. Vergl. deffen Gedichte, Bresl. 761. 8.

ff) **E. C. H. Dannenberg; der Harz, ein Gedicht in fieben Gefängen**, mit Kupf. Gött. 781. 8. Vergl. deffen vermifchte Gedichte, ebend. 781. 8.

5) Befondere Sammlungen der für fich beftehenden dichterifchen Gemälde verfchiedener Verfaffer find mir eben fo wenig bekannt, als eine Gefchichte diefer

Dichtungsgattung. Zerſtreut findet man Gedichte dieſer Art in Jo. Franz von Palthens Verſuchen zum Vergnügen, Roſtock 758–59 2 Sammlungen, 8. Vergl. Berlin Litteraturbriefe, Th. I. S. 24. ff. in der Margar. Klopſtock hinterlaſſenen Schriften, Hamb. 759 8. in den Zerſtreuungen auf Unkoſten der Natur in einigen Sommerſtunden. Vergl. Berlin. Litteraturbriefe, Th. XIX. S. 117–44; in dem von Patzke herausgegebenen Greiſe, Magdeb 763–65 10 Theile. 8.; in C. A. Clodius vermiſchten Schriften, Lpz. 780. 4 Theile, 8. u. ſ. f. Auch kann man die oben S. 222–224 angeführten Zeitſchriften und poetiſchen Sammlungen als Repertorien für dieſe Dichtart benutzen.

6) Da die Allegorie oder die Veranſchauligung durch ein ausgemaltes Bild ohne nähere Angabe des Gegenbildes nicht ſo wohl eine beſondere Dichtart, als vielmehr eine allgemeine dichteriſche Einkleidung iſt, welcher alle epiſche, lyriſche, didaktiſche und dramatiſche Gattungen empfänglich ſind; ſo kann man die ſo genannten allegoriſchen Gemälde der Dichter, welche ein für ſich beſtehendes Ganze ausmachen, gleichfalls hieher ziehen. Von den Deutſchen Dichtern der frühern Vorzeit, welchen nichts ſo ſehr als Fülle und Kühnheit der Einbildungskraft mangelte, haben wir wenige Gedichte aufzuweiſen, welche jenen Namen verdienen. Das einzige, welches ich mit einigem Grunde hier aufführen zu können glaubte, iſt das oben angegebene Labyrinth von Ulr. Zwingli. Aus den neueſten Zeiten gehören als vorzügliche Werke hieher: Thom Abbts Momus im 3ten Theile ſeiner Schriften, welcher auch unter dem beſondern Titel: ſeine freundſchaftliche Correſpondenz, vorhanden iſt, S. 67. G. E. Leſſings Parabel bey ſeiner Streitſchrift Axiomata wider Herrn Paſtor Goeze, Braunſchw. 778. 8. Vergl. die neueſte Ausgabe ſeiner ſämtlichen Schriften. J. J. Engels Göttinnen im erſten Theile ſeines Philoſophen für die Welt, S. 1. u. a. m.

7) So wie die Werke aller Dichtungsarten der allgemeingültigen Eintheilung in ernſthafte und komiſche

unterworfen sind, so ist dieses auch die malerische Poesie. Ich habe indessen auf diese, übrigens völlig richtige, Eintheilungsart hier keine Rücksicht nehmen können, weil wir so wenig aus älterer als aus neuerer Zeit komische Gemälde im eigentlichen Sinne des Wortes aufzuweisen haben, welche ein abgesondertes, für sich bestehendes, Ganze ausmachten. Denn Gedichte, wie Jo. Cph. Rost's schöne Nacht (s. l. et a. (1763) 8. und unter der Aufschrift: Die Brautnacht in seinen vermischten Gedichten, 770. 8. (769. 8.) kann man nur sehr uneigentlich dahin rechnen. Desto reicher sind wir an komischen Gemälden, welche unsern scherzhaften Heldengedichten, Satiren, Lustspielen, komischen Romanen u. s. w. eingefügt worden sind.

XIII. Roman.

1) Das älteſte Product dieſer Gattung in der Deutſchen Literatur iſt das Bd. I, S. 20. angeführte **Fragment einer Rittergeſchichte in Niederdeutſcher Mundart**. Zuerſt wurde es aus einer Handſchrift abgedruckt in *J. G. v. Eccard Commentar. de rebus Franc. Or. I, p. 864 — 902.* Die Handſchrift gehörte ſonſt dem Mönchskloſter zu Fulda, und iſt jetzt ein Eigenthum der Landgräflichen Bibliothek zu Caſſel in einem Codex, welcher das Buch der Weisheit nach der Vulgate in Angelſächſiſchen Charakteren, vielleicht aus dem Zeitalter des h. Bonifacius, enthält. Unſer Fragment hat in der angegebenen Handſchrift auch einige Angelſächſiſche Charaktere, welche auf ein hohes Alter ſchließen laſſen. Eccard ſetzt das Alter der Handſchrift in das achte Jahrhundert. Das Fragment iſt in Proſa abgefaßt und ſcheint ein Ueberreſt von denjenigen Rittergeſchichten zu ſeyn, nach denen **Wolfram von Eſchenbach** und **Heinrich von Ofterdingen** die Erzählungen des Heldenbuches bildeten. Wenigſtens kommen hier mehrere Charaktere des Heldenbuches vor, z. B. der alte **Hildebrand**, **Berthold** u. a. m. Die Sprache und der Gang des Stückes find äußerſt ſimpel und naiv.

2) In der folgenden Periode floſſen **Epopöe** und **Roman** in einander, ſo wie beyde wieder mit der wahren Geſchichte zuſammen trafen. Frankreich war von dieſer Seite in Abſicht auf **Stoff** und **Manier** die eigentliche Schule für Deutſchland. Die Haupt-Stoffe, welche die

Deutſchen Roman-Dichter aus dieſer Quelle ſchöpften, waren:

A) Der Trojaniſche Krieg; er war ſchon deswegen ein ſehr beliebter Stoff für Deutſche Dichter, weil die Abendländer, einer alten Tradition zufolge, von den Trojanern abſtammen ſollten. Die erſte Spur dieſer Sage findet ſich in Lucans *Pharſal. I. vſ. 427.* Dieſen Gegenſtand bearbeiteten:

  a) Heinrich von Veldeck in ſeiner *Eneide*, ſ. Bd. I, S. 96.

  b) Wolfram von Eſchenbach; ſ. ebend. S. 98.

  c) Conrad von Würzburg; ſ. ebend. S. 102.

B) Die Thaten Karls des Großen, ſeines Vetters Roland und ſeiner zwölf Pairs, des Renaud de Montauban, Ogier, Guerin, Hüon, Doolin von Maynz u. a. m. Die Hauptquelle bey der Bearbeitung dieſes Stoffes war des vorgeblichen Turpins *hiſtoria de vita Caroli Magni et Rolandi,* welche in *Sim. Schardii Germanicar. rer. quatuor vetuſtior. Chronogr. Francf. 566. F.* und in *Reuberi ſcriptor. rer. Germ. T. I. p. 67. ff.* und in mehrern andern Werken abgedruckt ſteht, und höchſtwahrſcheinlich von einem um das Jahr 1095 lebenden Mönche, Namens Robert, verfaſt wurde. Vergl. die Abhandlung von *le Beuf* und *Caylus* im 10ten und 11ten Bande der *Memoires de l'Acad. des Inſcripts.* nach der Quart-Ausgabe. Ueber dieſen Gegenſtand haben wir noch folgende romantiſche Gedichte.

  a) Ein Fragment von dem Kriege Karls des Gr. gegen die Saracenen, ſ. Bd. I, S. 96.

  b) Des Strickers Helden-Roman von Karl dem Gr. ſ. ebend. S 103.

  c) Die Geſchichte von Malagiſs, Rinald, Roland und Karl dem Gr., viermahl handſchriftlich im Vatikan, ſ. Friedr. Adelungs Nachricht, S. 21. 24. 32.

  d) Carl, Pipins Sun, ſ. Bd. I, S. 105.

e) Die Historia des grossen Keisers Karoli des Grossen reisigen auf einer papiernen Handschrift des 15ten Jahrhunderts, 9 Folioblätter stark, befindet sich in der Churfürstl. Bibliothek zu München, f. Gräters Braga I, 2. S. 189.

C) Die Geschichte des Schottischen Königs Artur und seiner Ritter, der Tafelrunde, des Sang-Graal *(Sang-real, sanguis realis*, f. Reinmar von Zweter in der Manesl. Samml. II, S. 145. 146) Merlins u. s. w. Die Quelle dieses Stoffes war des Gottfried von Montmouth *historia Eritonum*, geschrieben in den Jahren 1128—1138. f. Warton's *History of English Poetry*, Bd. III, S. 16. Zu dieser Classe gehören vorzüglich folgende romantische Gedichte in Deutscher Sprache:

a) Der König Artus und die runde Tafel, f. Bd. I, S. 99. In dem Heidelbergischen Büchervorrathe, welchen der Vatikan zu Rom bis jetzt noch gefangen hält, befinden sich sechs Handschriften von diesem Gedichte, f. Friedr. Adelungs Nachricht von altdeutschen Gedichten, S. 21—32. (Königsb. in Pr. 796. 8.). Von den vier in der Churfürstl. Bibliothek zu München befindlichen Handschriften gibt Herr J. Hardt in Gräters Braga I. 2, S. 186—88. nähere Nachricht. Die erste *Cod. LXXIX.* hat die Aufschrift Kunig Artus hoffhaltung. Am Ende steht: *anno dm. mill'imo CLXXXIIII;* folglich ist der Codex schon aus dem zwölften Jahrhunderte. Er besteht aus 74 pergamentenen Folioblättern. Als Verfasser nennt sich Wolfram von Eschenbach. Die zweyte *Cod. LXXXVIII* ist überschrieben: Historia von der Tabula rotunda und von Hoffhaltung Kunig Artus, und besteht aus 107 Folioblättern auf Pergament. Das Ende fehlt. Das Zeitalter der Handschrift ist wahrscheinlich das dreyzehnte Jahrhundert. Die dritte *Cod. CLXVI* aus demselben Jahrhunderte beträgt 130 Quart-Blätter auf Pergament. Ihr mangelt der Anfang. Die vierte *Cod. CLVII.*

aus dem funfzehnten Jahrhundert enthält 206 papierne Quartblätter. — Die finnreiche Muthmaſung, daſs im Ibain unter dem Könige Artus der Deutſche Kaiſer Friedrich, mit dem Beynamen Barbaroſſa verſtanden werde, und daſs daher der Name Richardus, d. i. der reiche Artus, entſtanden ſey, ſ. in Carol. Michaeleri Tabb. parallel. dialect. Teut. p. 289. (Oemp. 776. 8.)

b) Ulrichs von Säbenhoven Lanzellott vom See, ſ. Bd. I, S. 97. Auf der Churfürſtl. Bibliothek zu München iſt ein papierner Codex aus dem ſechszehnten Jahrhunderte auf 178 Folioblättern mit der Auffſchrift: Ulrich Futterer Maler die geſta oder gethatt von her lanzellott vom lack. S. Gräters Braga I. 2, S. 188. 189. Eine Handſchrift dieſes Gedichts befindet ſich auch im Vatikan, ſ. Friedr. Adelungs Nachricht S. 29.

c) Albrechts v. Halberſtadt und Wolframs von Eſchenbach Tſchionadulander oder Tyturell und die Pfleger des Graals, ſ. Bd. I, S. 97. Handſchriftlich im Vatikan, ſ. Friedr. Adelungs Nachr. S. 20. und auf der Churfürſtl. Bibliothek zu München, ſ. Gräters Bragur 4ter Bd. 2ter Th. S. 187.

d) Wolframs von Eſchenbach Parcival, ſ. Bd. I, S. 98. Sechsmahl handſchriftlich im Vatikan, ſ. Friedr. Adelungs Nachricht S. 21—30 und S. 163.

e) Gawyn; ſ. Bd. I, S. 105.

f) Wirich's von Grafenberg Wigolais; ſ. Bd. I, S. 100. Ein mit gemalten Figuren geziertes Gedicht unter dem Namen Mygoloys befindet ſich im Vatikan, und iſt wahrſcheinlich entweder dieſer Wigolais, oder der oben angeführte Malagis, ſ. Friedr. Adelungs Nachricht S. 168. Rudolph von Montfort gedenkt dieſes Gedichtes in folgenden Zeilen ſeines Wilhelm von Brabant nach der Vatikaniſchen Handſchrift:

Her wirnt von grauenborg,
Der vnns vil mannliche werk
An dem rate hat gefait
Von Wygolays manhaitt.

Vergl. Casperſons Vorr. zu dem erſten Theile ſeines Wilhelm von Oranſe, S. XVII. und Friedr. Adelungs Nachricht S. 64.

g) Gottfrieds von Hohenlohe Daniel von Blumenthal, ſ. Bd. I, S. 101. und Friedr. Adelungs Nachricht S. 64.

D. Die Thaten Alexanders des Groſſen; über die Quellen zur Bearbeitung dieſes Stoffes ſ. Blankenburgs Zuſätze zu Sulzers Theorie der ſchönen Künſte, Th. II. S. 522—524. Im Vatikan befinden ſich zwey Deutſche Handſchriften *Alexandri M res geſtæ* und *Alexandri M. hiſtoria* überſchrieben, ſ. Fr. Adelungs Nachricht S. 24—26. Ueber Ulrichs von Eſchenbach (nicht Wolframs, wie in Gräters Braga ſ. 1, S. 165 ſteht) gereimte Geſchichte Alexanders des Gr. ſ. Bd. I, S. 104.

E) Die Kreutzzüge; daſs über dieſen reichhaltigen Gegenſtand ſchon im zwölften Jahrhunderte romantiſche Gedichte verfaſst worden ſind, ſehen wir ſchon aus der Chronik von Vignois (in des *Labb. Nov. Bibl. MSſt. T. II, p. 296.*) welche bis auf das Jahr 1184 geht und folgende merkwürdige Stelle hierüber hat: *Gregorius cognomento Bechada de Caſtro de Turribus, profeſſione miles, ſubtiliſſimi ingenii vir, aliquantulum imbutus litteris, horum (ſc. cruciatorum) geſta proeliorum materna, vt ita dixerim, lingua rhythmo vulgari, vt populus pleniter intelligeret, ingens volumen decenter compoſuit, et vt vera et faceta verba proferres, duodecim annorum ſpatio ſuper hoc opus operam dedit. Ne vero vileſceret propter verbum vulgare, non ſine præcepto Epiſcopi Euſtorgii et conſilio Gauberti Normanni hoc opus aggreſſus eſt.* Bettinelli in ſeinen *Opere T. VI*, S. 12. (*Venet. 780 ff. 8 Voll. 8.*) gedenkt dieſes Gedichtes als eines noch exiſtirenden. In Deutſcher Sprache iſt mir kein von dieſen

der Deutschen Literat. u. Sprachgesch.

Gegenständen zunächst verfaßtes Gedicht bekannt, man müßte denn des Ottokar von Horneck *poem. de amissione terræ sanctæ*, s. Bd. 1, S. 49. als ein solches ansehen wollen.

F) **Gegenstände und Personen des sogenannten Heldenbuches.**

a) Ueber **Heinrichs von Ofterdingen** Heldenbuch s. Bd. I, S. 98 und 99. und über die Theilnahme **Wolframs von Eschenbach** an demselben und zwar an der Geschichte des **Wolf-Dietrich** eine classische Stelle in Gräters Braga l. 2, S. 98. G. E. Lessings Sammlungen und Hypothesen über dieses Werk nebst Geo. Gust. Fülleborns Auszug aus demselben, s. in G. E. Lessings Leben, herausgegeben von K. G. Lessing Th. III. S. 1—75. (Berl. 793—95. 3 Theile, 8.). Verglichen mit **Grabeners** 6 Programmen und mit desselben Vertheidigung seiner Meynung in Baumgartens Nachrichten von merkwürdigen Büchern, Bd. III, S 528—45. Spangenbergs ausführlichere und bestimmtere Erklärung über dieses Werk, s. in dessen **Sächsischer Chronik**, S. 22. 23. (Frankf a. M. 585. F.). Eschenburgs Auszug des Ganzen findet man in Gräters Braga I, 1, S. 106—23 und ebend. Heft 2. S. 74—130.

b) Des **Rosengarten lyt**; befindet sich handschriftlich auf der Churfürstl. Bibliothek zu München, *Cod. CXLIV.* s. Gräters Braga I. 2, S. 188.

c) Sieben Handschriften, welche Theils ganz neue Bearbeitungen jenes berühmten Ritter - Romanes enthalten, Theils von den gedruckten Ausgaben desselben beträchtlich abweichen, befinden sich in der Vatikanischen Bibliothek zu Rom, und sind beschrieben und durch mitgetheilte Proben näher bekannt gemacht worden in Fr. Adelungs Nachricht S. 169—252.

d) **Conrads von Würzburg Nibelungen, Chriemhildens Rache und die Klage**, s.

Bd. I, S. 102. Auf der Churfürstl. Bibliothek zu München befindet sich eine pergamentene Handschrift *Cod. CXXIII. Fol.* aus dem **vierzehnten** Jahrhunderte unter dem Titel: **daz ist daz Buch Chreimhilden**, f. Gräters Braga I. 2, S. 195. Hier wird gefragt: ob diefes die von Bodmer herausgegebene Chriemhildens Rache und die Klage, Zürch 757. 4. fey; nach den Proben zu urtheilen ist es ein Stück aus dem **Liet der Nibelungen**, fo wie diefes in der **Myllerfchen Sämmlüng** Bd. I, Liefer. 1. S. 1 — 117. fteht.

e) Ueber den **gehörnten Siegfried** f. Bd. I, S. 121 und 122.

f) Wahrfcheinlich gehört auch hieher der **Wittich von dem Jordan**, f. Bd. I, S. 105.

G) **Heiligen - Legenden und Mönchs - Sagen zu gröfsern romantifchen Gedichten ausgebildet.**

a) **Raperts Leben des h. Gallus**, f. Bd. I, S. 95, wo durch einen Druckfehler **Starpert** fteht, und *Mart. Gerbert de cantu et mufica T. I, p. 349.*

b) **Rheinbotts von Doren Ritterroman** vom h. **Georg**, f. Bd. I, S. 101.

c) Die beyden Bd. I, S. 101 und 102 angeführten Gedichte **Barlaam** und **Jofaphat** und **von dem guten Gerhardt** haben den fchon oft erwähnten **Rudolph von Montfort** zum Verfaffer. Diefes bezeugt er felbft am Schluffe feines **Wilhelm von Brabant** in folgender merkwürdigen Stelle, wo er von fich felbft fagt:

> Der ouch das buch getichtet hatt
> Wie durch unfers Schöpffers ratt
> Der gute Gerhartt lofte
> Von groffen vntrofte
> Ain edel kummerhafte dieth;
> Und der das mere gefchiedt,

Wie die fuſſe gottes krafft
Bekerte von der haydenſchafft
Den guten Joſephatten
Wie ym das kundt rautrn
Salomones weyſer mundt &c.

S. Friedr. Adelungs Nachricht S. 82 und 85 — 86 Eine Handſchrift des erſtgenannten Gedichtes befindet ſich auch in der Heidelberg-Vatikaniſchen Bibliothek No. 811 mit der Auffchrift: *de Barlahamo et Joſaphat poema lingua antica exaratum*, ſ. ebend. S. 36. Vergl. Adelungs Püterich S. 17. und (von Heineckens) neue Nachrichten von Künſtlern und Kunſtſachen, Th. I, S. 251.

d) Des Johannes von Frankenſtein Chreuziger, ſ. Bd. I, S. 103.

e) Der heyligen dreyer Kung buch mit gemalten Figuren wird unter den Heidelberg-Vatikaniſchen Handſchriften namhaft gemacht in Fr. Adelunks Nachricht S. 166. Ueber die Dresdner Handſchrift ſ. Bd. I, S. 105 und 106.

f) Markolph und König Salomo, ſ. Bd. I, S. 106. Eine abweichende Recenſion dieſes Gedichtes fand P. Auguſtin Wiedenbauer im Reichsſtifte zu Neresheim auf, und theilte die Verſchiedenheiten mit in Gräters Braga I. 1, S. 173 — 176. Der Titel derſelben iſt: Dis buch ſint von künig Salomon und ſeiner husfrouwen Salome wie ſy der künig forenam und wie ſy morolf künig Salomon bruder wider brocht. In Friedr. Adelungs Nachricht S. 183 wird ein Gedicht mit der Auffchrift: morolf gemalt angeführt, welches vielleicht das gegenwärtige iſt.

g) Gewiſſermaſſen können noch hieher gezogen werden: das Leben der h. Veronica; das Leben der Jungfrau Maria; das Leben der h. Eliſabeth; das Leben der h. Katharina, f. Bd. I, S. 122. 123. 125. 127. Die Legende von dem h. Gervafius, f. Adelungs Püterich von Reicherzhaufen, S. 23.

H) **Romantifche Gedichte, welche nicht zunächft unter eine von den angeführten Claffen gebracht werden können.**

a) Heinrichs von Veldeck Herzog Ernft aus Baiern, f. Bd. I, S. 96. Der oben Bd. I, S. 125 aus der Caffeler Handfchrift des Rudolph von Montfort angeführte von Wolden der wiffe wird in einer Heidelberg-Vatikanifchen Handfchrift deffelben Dichters ausdrücklich von Veldeggen genannt, f. Friedr. Adelungs Nachricht S. 61 und 68.

b) Hartmanns von Aue Ibain (nicht Twein, welche Lesart aus der Verwechslung des t mit i in den alten Lesarten iwein, iwain entftanden ift) f. Bd. I, S. 97. Der Held diefes romantifchen Gedichts heifst auch: Der Ritter mit dem Löwen, f. *Michaelis tabb. parall. p.* 277. Daher muſs folgende Stelle in Rudolph von Montforts Wilhelm von Brabant in Adelungs Nachricht S. 65 erklärt werden:

— der Owere,
Der vnns ereckes getstt
Vnd von den leowen getichtet hat.

c) Wolframs v. Efchenbach Herzog Friedrich zu Schwaben, f. Bd. I, S. 98. Rudolph von Montfort fagt in Friedr. Adelungs Nachricht S. 63 und 71 von einem, übrigens völlig unbekannten, Dichter, Namens von Abfalone, daſs er habe

Bericht die mere
Wie der edel Stauffere,
Der kayfer Friedrich verdarbe
Vnd lebende hohes lobe erwarbe.

Herr

der Deutschen Literat. u. Sprachgesch. 225

Herr Adelung vermuthet, daß dieser Dichter Verfasser der Historie Herzog Friedrichs von Schwaben sey, welche sich in einer Handschrift No. 345. in der Heidelberg-Vatikanischen Bibliothek befindet. Dem Wolfram v. Eschenbach wird auch noch der Gottfried von Brabant zugeschrieben, handschriftlich in Wien. S. *Lambecii Comment. de Bibl. Cæs. II. 8. p. 980.* und Adelungs Püterich von Reicherzhausen, S. 18. Der letztere legt ihm S. 12 auch den Lohengrein bey, welcher zum Parcival gehört und im Vatikan handschriftlich sich befindet, s. Friedr. Adelungs Nachricht S. 25. Und eines Gedichtes von ihm *de cæde R. Philippi* gedenkt *Matthæus Marescalcus Pappenheimius*, welcher im Jahr 1495 in Lateinischer Sprache *de genere Calatinorum, ex quo Pappenheimii descendunt* schrieb und dessen Werk Augsburg 1554 in Deutscher Uebersetzung erschien. S. *Crusii Annal. Suevic. lib. XII. Part. II. p. 557.*

d) Ulrichs von Thürheim Markgraf Wilhelm von Oranse und der starke Rennewart, s. Bd. I, S. 100. Nach folgender Stelle des Rudolph von Montfort in Fr. Adelungs Nachricht S. 65. scheint dieser Dichter auch eine Geschichte des Königs Artus bearbeitet zu haben:

 Der weise Turhemmer
 Der wol gute mere
 Zu maisterschaffte getichten kan
 Der hatt artuse einen man
 Von kriechen newlich,
 Gesant in seine reych
 Mit so guter spruche krafft
 Das ich mich der maisterschafft
 Von der hohen weiszhait
 Die er hat an das gelait
 Nicht geleichen wil noch sol

Ein Gedicht: **Sant Wilhelm in birmit**, mit gemalten Figuren geziert, wird unter den Handſchriften der Heidelberg-Vatikaniſchen Bibliothek angeführt in Friedr. Adelungs Nachricht S. 168. Wenn eben daſelbſt S. 61 **Sant Wilhelms leben von Wolfram v. Eſchenbach aus dem Rudolph von Montfort** angeführt wird, ſo iſt darunter Eſchenbachs **Markgraf von Narbonne** (ſ. Bd. I, S. 98.) zu verſtehen, von welchen ſich in der Heidelberg-Vatikaniſchen Bibliothek zwey Handſchriften, No. 395 und 404 befinden, ſ. Friedr. Adelungs Nachricht S. 32 und 33.

e) **Fleckens des guten Conrad Floren und Blantſcheflur**, ſ. Bd. I, S. 100 und 101. In der Heidelberg-Vatikaniſchen Handſchrift des Rudolph von Montfort wird dieſer Dichter **Flecke** genannt, und ausdrücklich von ihm geſagt: daſs er

 Floren getatt
 Un planſchiflür beticht

ſ. Friedr. Adelungs Nachricht S. 63. 64 und 72, woſelbſt gleichfalls die Muthmaſsung gewagt wird, daſs dieſer Dichter der in der Maneſſiſchen Sammlung I, S. 195. vorkommende **Her Conrad Schenk von Landeck** ſey, ſ. oben ſcherzhaftes Lied S. 63. und 64. In der Heidelberg-Vatikaniſchen Bibliothek befindet ſich eine Handſchrift dieſes Gedichts mit der Aufſchrift: *verti de Orbent hiſtoria Floris et Blanchefleur ex ... lico idiomate translata*, ſ. Friedr. Adelungs ...hricht S. 28 und 163, woſelbſt auch eine andere Handſchrift mit der Aufſchrift: **Floyr vn ... antſcheflor gemalt** angeführt worden iſt.

Gottfrieds von Straſsburg Triſtan und ...ot, zu welchen **Heinr. von Vridberg** einen zweyten Theil verfaſste, ſ. Bd. I, S. 101. Geweſſermaſſen kann man dieſes Gedicht zu den Romanen von König Artus und von der Tafelrunde zählen. Auf der Churfürſtl. Bibliothek zu München iſt ein pergamentener Codex No. CXXV auf 105 Blättern aus dem dreyzehnten Jahrhunderte mit der Aufſchrift: **Herr Triſtant.** Der Anfang:

> Gedenchet man ze govte niht
> So ware ez allez alſe niht
> Swas govtes in der Welt geſchiht.

Das Ende:

> Alle unſer miſſetat
> Daz unſ enpahe ſant Trinitat.

Gottfrieds von Strasburg und Heinrichs von Vridberg Gedichte beginnen und ſchlieſen mit ganz andern Verſen. Am Anfange der genannten Münchner Handſchrift ſteht von einer fremden Hand die Anmerkung: *Von diſer hiſtori hatt von erſt geſchrieben Tohumas von Brittannia und nachmals ainem ſein buch geliehen mit namen Dilhart von Oberet, der hat es darnach inn Reymen geſchrieben.* S. Gräters Braga I, 2, S. 196. In der Heidelberg-Vatikaniſchen Bibliothek befindet ſich No. 346 eine papierne Handſchrift auf 179 Folioblättern, in welcher der Dichter ſich am Ende von baubenberg ſegehart nennt. S. Friedr. Adelungs Nachricht S. 26, woſelbſt S. 27 und 167 noch zwey Handſchriften in derſelben Bibliothek nachgewieſen werden. Ueber Eylhards von Hohbergen Triſtan, ſ. Bd. I, S. 102. Dieſer Dichter iſt mit den oben genannten Dilhart von Oberet vielleicht eine Perſon.

g) **Rudolphs von Montfort Wilhelm von Brabant,** welcher auch Wilhelm von Orlenz (Orleans) heiſt, ſ. Bd. I, S. 102. 103. Eine Probe von 447 Zeilen gab Oberlin nach einer Casparſonſchen Abſchrift in Gräters Braga I. 1, S. 133—148. In der Heidelberg-Vatikaniſchen Bibliothek befinden ſich No. 4. und 223. zwey Handſchriften, von welchen jene im Jahre 1455 verfertigt worden, und dieſe etwas älter zu ſeyn ſcheint. Eine nähere Beſchreibung beyder Handſchriften nebſt Proben ſ. in Friedr. Adelungs Nachricht S. 41—86. Ebendaſelbſt S. 164 wird noch eine andere Handſchrift mit gemalten Figuren unter dem Titel: wilhelm von orlyentz vn die ſchon amely namhaft gemacht.

h) Geſchichte Kaiſers Otto des Bärtigen, zwey Mahl handſchriftlich in der Heidelberg-Vatikaniſchen Bibliothek No. 341. und 395, ſ. Fr. Adelungs Nachricht S. 25 und 34.

i) Die Geſchichte des Erzherzogs Belyant mit gemalten Figuren, in einer papiernen Handſchrift der Heidelberg-Vatikaniſchen Bibliothek auf 68 Quartblättern befindlich; ſ. Friedr. Adelungs Nachricht S. 37. In Adelungs Püterich von Reicherzhauſen S. 18 wird Meiſter Rüdiger als Verfaſſer des Herzog Beliand oder Wittich von dem Jordan angegeben.

k) Peters von Urach Thaten des Ritter Irwinn, ſ. Bd. I, S. 104.

l) Des Hans von Würzburg Wilhelm von Oeſterreich, ſ. ebendaſelbſt und Friedr. Adelungs Nachricht S. 164, wo ein Gedicht, der Hertzog von Oeſterreich angeführt wird, welches eben ſo gut das gegenwärtige als der Bd. I, S. 105. genannte Herzog Leopold von Oeſterreich und der Bd. I, S. 123 angeführte Herzog Friedrich von Oeſtreich ſeyn kann.

m) Von der Geſchichte der ſchönen Meliure und des Partenopier rettete Bodmer ein Fragment, welches er beſchrieb und mittheilte in der Sammlung critiſcher, poetiſcher und anderer geiſtvollen Schriften, St. 7. S. 36—48. Aus einer Jenaiſchen Membrane ſteht

es wieder abgedruckt im 3ten Bande der Myllerschen Sammlung, S. XII – XIV.

1) Bis jetzt unbekannte romantische Dichter und vielleicht
verloren gegangene Ritter-Romane jenes Zeitpuncts:

  a) Rudolph von Montfort erwähnt in seinem
Wilhelm von Brabant folgende: Den Bli-
ckere (Blichere) s. Friedr. Adelungs Nachricht S. 69. 70. Den von Ursprungen, s.
ebend. S. 71. Den von Lynowe (von Mo-
we) s. ebend. S. 73. Den Wallere, ebend.
Den von Kemenatt s. ebend. S. 74 Hesse
von Straussburg der Schreiber, s. ebend.
S. 75.

  b) In Adelungs Püterich von Reicherzhausen werden folgende Gedichte als damals noch vorhandene
angeführt: Floramundt; Flordamor; Rei-
chart; Hünpurg; Khaterein von Serina
Geisel; Wenden Wilhalmb; Pantes Galnes; Galbm; Tuckhtales; Margareth
von Limburg; die Königinn von England; Leoven Weller; Garell, von Plair
von Plundenthal; Heinrich von Taiser-
bruckh; Graf May u. a m.

3) Im funfzehnten Jahrhunderte waren vorzüglich folgende
Romane im Umlaufe:

  a) Apollonius von Tyrlandt vom Jahre 1400;
ein Fragment dieses Gedichts von 871 Versen theilte
Reichard in seinem Buche der Liebe, S. 363 – 396.
aus einer alten Handschrift mit. Das Original ist Französisch. Der Deutsche Bearbeiter nennt sich im Ein-
gange Meister Hainrich von der Neunstat,
ein artzt (*artista*) von den puchen, und versichert, dass er das Buch vom seligen Pfarrer Her
Niklas von Stadlau erhalten habe. Ueber
die History des Königs Apollonius, Augsb.
471. F. *rep.* ebend. 476. 4. *rep.* ebend. 480. 4. *rep.*
Ulm 499. 4. S. Panzers Annalen S. 61. 92. 115. 243.

  b) Hermanns von Sachsenheim Mörinn, s. Bd.
I, S. 106. Herr Prof. Veesenmeyer zu Ulm be-

sitzt auch eine Wormser Ausgabe vom Jahre 1539 F. S. Gräters Braga I. 2, S. 185.

c) Des Thüring von Ringoltingen Melusina, s. Bd. I, S. 106. Herr Prof. Veesenmeyer zu Ulm besitzt eine papierne Handschrift in Prosa aus dem funfzehnten Jahrhunderte auf 98 Folioblättern, und gibt von ihr eine nähere Nachricht in Gräters Braga I. 2, S. 176. Auf der Churfürstl. Bibliothek zu München befindet sich eine papierne Handschrift aus dem funfzehnten Jahrhunderte auf 127 Folioblättern, s. Gräters Braga I. 2, S 190. 191. Eine Deutsche gedruckte Ausgabe s. l. 478. F. wird im Kataloge von Breitkopfs Bibliothek namhaft gemacht. Eine Anzeige der Originale dieses Gedichts s. in der Bibl. des Romans Bd. II. S. 278 und in Clements Bibl. Bd. I, S. 135.

d) Eine hübsche History von der königlichen Stadt Troy, wie sie zerstört ward, s. Bd. I, S. 62. Auf der Churfürstl. Bibliothek zu München befindet sich eine papierne Handschrift aus dem vierzehnten Jahrhunderte auf 80 Folioblättern mit der Aufschrift: diz buch sagt wie troy die Statt erstört ward. Die Grundlage dieses Werkes ist *Hugonis Columnae Messanensis historia trojana* und der Deutsche Bearbeiter desselben hiess Johann Jair (Gir) von Nördlingen, welcher das Werk 1392 vollendete, s. Gräters Braga I. 2, S. 189. 190.

e) Die histori von dem grossen Alexander, wie die Eusebius beschrieben hat, Augsb. 472. F. *rep.* ebend. 473. F. *rep.* ebend. 478. F. *rep.* ebend. 480. F. *rep.* ebend. 483. F. Strassb. 488. F. *rep.* ebend. 493. F. *rep.* ebend. 503. F. *rep.* ebend 509. F. *rep.* ebend. 514. F. Der Deutsche Bearbeiter dieses fabelreichen Werkes ist Jo. Hartlieb, Doctor der Theologie zu München. S. Walchs dritte Einladungsschrift von einigen alten Deutschen Büchern; Schleusingen 773. 4. und Panzers Annalen S. 70. 74. 106. 115. 206. 263. 313. 369.

f) Das Buch von den sieben weisen Meistern; die einzige mir bekannte Handschrift dieses Werkes befindet sich in der ehemaligen Heilsbronner, jetzt mit der Erlangifchen Univerfitäts-Bibliothek vereinigten Bücher-Sammlung *Chart. Codd.* No. 139. Die Auffchrift lautet: Hie vohet an das puch das man nennt *Gefta Romanorum* das fprich in dem dewtfchen der Sitte oder die getatt der Romer vnd fpricht ouch *de feptem fapientibus*, das ift alfo vil gefeyt von den fieben weyfzen meyftern, die zu der Zeit die Stat Rome vnd aller mengelicheid aufgerichtent mit iren kunften vnd weyfzheyt. Das Gedicht felbft beginnt mit folgenden Zeilen:

    Liber herre keyfzer vnd got
    Wie heylig find dein gebott
    Wie grofz vnd ftark ift dein gewalt
    Dein gute die ift manigfalt.

Auf dem zweyten Blatte gibt der ungenannte Verfaffer feine Quelle an:

    Do mit wil ich diefer rede getagen
    Vnd wil von einer ander fagen
    In diefzem dutfchen buchelin
    Das ift genvme vfz latin.

Am Ende heifst es:

    Hye endet fich das gedichte
    Der fieben Meyfter gerichte.

Das puch gefchrieben ift am Samtag ver pal Sontag nach vnfers herrn gepurt taufent vierhundert LXXVI jar.

Jo. Ludw. Hocker in feiner *Biblioth. Heilsbron.* nennt diefes Werk nach der angezeigten Handfchrift eine *farrago apologorum cum moralitatibus fuis*; richtiger könnte es ein romantifch-epifches Gedicht von einer ganz eignen Einrichtung heifsen. Der trockne Inhalt ift kürzlich folgender: Der Römifche Kaifer Principianus, hat von feiner erften Frau einen Sohn Na-

mens Diocletianus, welchen er nach der Mutter
Tode sieben Meistern, welche von der Stadt entfernt
wohnten, zur Erziehung vertraut. Er heiratet hierauf
eine zweite Frau, welche wollüstig und verschlagen
war. Diese hört von der Schönheit und Tugend ihres
abwesenden Stieffohnes, und bewegt ihren Gemahl ihn
kommen zu lassen. Die sieben Meister consuliren zuvor die Sterne und erfahren, dass ihr Zögling in Rom
sterben werde. Sie begleiten ihn und halten sich in
der Nähe der Stadt auf, um im Falle einer Todesgefahr zu seiner Hülfe schneller herbeyeilen zu können.
Die Kaiserinn sucht ihren Stieffohn zu ihrem Willen zu
bewegen, und da er ihr standhaft widersteht, so verklagt sie ihn beym Kaiser als ihren Verführer. Nun
soll Diocletian gehangen werden. Da erscheint der
erste Meister und erzählt dem Vater ein Mährlein,
durch welches er ihn über die Unschuld seines Sohnes
belehren will und erhält dadurch wenigstens, dass der
Prinz, so lange die Erzählung währt, ungehangen
bleibt. Darauf erscheint die Kaiserinn und sucht durch
eine entgegengesetzte Erzählung ihren Gemahl aufs
Neue gegen seinen Sohn einzunehmen. Dieser wird
also zum zweyten Mahle unter den Galgen geführt.
Es kommt der zweyte Meister und verzögert die Hinrichtung des Diocletian nach dem Beyspiele des ersten und dasselbe thun auch die übrigen fünf Meister,
deren jedem die verschmitzte Kaiserinn durch Mährchen
vom entgegengesetzten Inhalte entgegen arbeitet. Zuletzt entdeckt der Prinz, welcher sich bisher sprachlos
stellte, seine Unschuld, und zeigt an, dass die schönste
unter den Cammerfrauen eine verkleidete Mannsperson sey, mit welcher die Kaiserinn Unzucht treibe.
Diese ward hierauf gehenkt und ihr Cicisbeo zerstückt
und verbrannt. Principianus stirbt und Diocletian folgt ihm in der Regierung und behält die sieben
weisen Meister als Rathgeber und Gehülfen bey sich. —
Die mir bekannt gewordenen gedruckten Ausgaben dieses Werkes sind: 1) Hie nach volget ein
gar schön Cronik vnd histori aus den geschichten der Römer, in welcher histori
vnd Cronik man findet gar viel schöner

vnd nützlicher Exempel, die gar luftlich vnd kurzweilig ze hören feint f. l. et a. Fol. 38 Blätter ftark und auf der Stadtbibliothek zu Regensburg befindlich. S. Karl Theod. Gemeiners Nachrichten von den in der Regensburgifchen Stadtbibliothek befindlichen merkwürdigen und feltenen Büchern aus dem funfzehnten Jahrhundert S. 185. (Regensb. 785. 8.). 2) Von den fieben weifen Meiftern, Augsb. 474. S. Meufels hiftor. Litteratur aufs Jahr 1784. B. I, S. 335. 3) Eine Augsburger Ausgabe vom Jahre 1478. F. mit dem Titel von No. 1. und mit dem Schluffe: alfo hat die hiftori von den fyben weifen meiftern ein end; befindet fich auf der Bibliothek zu St. Ulrich in Augsburg. S. Zapfs Augsburgifche Buchdruckergefchichte Th. I, S. 42. 3) Hiftorie von den fieben weifen Meyftern, Augsb. 480. 4. S. den Schwarzifchen Katologus P II, S. 181. 5) Eine Augsburger Ausgabe vom Jahre 1481. F. mit dem Titel von No. 3. und auf der Univerfitätsbibliothek zu Ingolftadt befindlich. S. Panzers Annalen S. 122. 6) Eine Augsburger Ausgabe vom Jahre 1486. F. mit demfelben Titel befindet fich in der Bibliothek des Stiftes Weingarten. S. Zapfs Augsb. Buchdruckergefchichte Th. I, S. 77. 7) Ingolftadt 544. 4. ift mir nicht näher bekannt. 8) Von Untreu der Weiber fchöne Gleichnuffen der fieben weifen Maifter, wie Pontianus der Kaifer zu Rom feinen Sohn Diocletianus den fieben weifen Maiftern befihlet vnd wie derfelbe hernach durch Untreu feiner Stiefmutter fiebenmal zum Galgen geführt aber durch fchöne Gleichnuffe der fieben Maifter vom Tode errettet wird, Strasb. 549. 4. S. *Gras cat. rar. libr. Novacell. p. 104. Catal. Bibl. Chrift. p. 302.* — Unterfcheiden mufs man diefes Werk von einem andern, welches ebenfalls den Titel *Gefta Romanorum* führt, und auch Mährchen enthält, aber mehr ein homiletifcher Schatzkaften, als romantifches Gedicht genannt zu werden verdient. S. *Schelhornii amoenitas. hift. ecclef. et litt. T. I, p. 796.* Diefes letztere Werk er-

schien in einer Deutschen Ueberſetzung Augsb. 489. F.
s. Panzers Annalen S. 178. Eine Handſchrift, wel‑
che aus dem vierzehnten Jahrhunderte ſeyn ſoll,
befindet ſich auf der Stiftsbibliothek zu Zürch, ſ. Vor‑
rede zu den Fabeln aus den Zeiten der Min‑
neſinger, Zürch 757. 8. und eine nähere Angabe
der gedruckten Ausgaben in G. E. Leſſings Leben,
3ter Th S 127 — 130. Ueber die Quellen beyder
Werke ſ. Blankenburgs Zuſätze zu Sulzers
Theorie der ſchönen Künſte Th. II, S. 134—135.

g) Hie hebt ſich an eine ſchön vnd kurcz‑
weilige hyſtori ze leſen von herczog
Leuppold vnd ſeinem ſun Wilhalm von
öſterreich wie die jr leben vollendet ha‑
ben vnd wie vil herczog Wilhalm erlit‑
ten hat, Augsb. 481. F. S. Panzers Annalen S.
121. 122.

h) Eine hübſche liebliche Hiſtorie eines ed‑
len Fürſten hertzog Ernſt von Baiern vnd
von öſterreich ſ. l. et a. Fol. wird im Schwarzi‑
ſchen Katalogus P. II. p. 126 angezeigt.

i) Von zwey liebhabenden Menſchen, Eu‑
rialo und Lucretia ſ. l. et a. F. *rep.* Augsb. 489.
8. Aus dem Lateiniſchen des Aeneas Sylvius, ge‑
arbeitet von Nicol. von Wyle, ſ. Bd. I, S. 62
und 63. und Panzers Annalen S. 53. 54 und 181.

k) Hye nach volget gar ein ſchön hyſtory
von einer edlen jungen frawen Sigismun‑
de genanntt. Die eines fürſten tochter
Tancredus von Salernia genanntt gewe‑
ſen iſt. Vnd von irem Liebhaber Gwys‑
gardo genanntt; gar kurczweilig ze le‑
ſen, Augsb. 482. F. Nach dem Boccaz gearbeitet.
S. Panzers Annalen S. 131.

l) Een ſchone en ghe nuechbike hiſtorie von
den groten konink karel en den ridder
Elegaſt, ſ. l. et a. 4. S. den Schwarziſchen Katalo‑
gus P. II, p. 47.

der Deutschen Literat. u. Sprachgeſch. 235

m) Eine im Jahr 1472 verfertigte Umarbeitung des Wigolais in Proſa iſt nach einem ſpätern Drucke, Frankf. a. M. 564 in Reichards Bibliothek der Romane, Th. II, S. 11 — 128 wieder abgedruckt worden. Der Titel: Herr Wigoleis vom Rade, des thewren Ritters von der Tafelrunde Hiſtory, wie es von jugent auff bis auff ſein endt jm ergangen, auch was für ſorgliche abenthewer er beſtanden, ſehr lieblich zu leſen. In der Vorrede ſagt der ungenannte Bearbeiter: daſs dieſe Hiſtory urſprünglich von dem Ehrwürdig von Grauenberg geſchrieben vnd in die Reimen gar hübſchlichen fürbracht, daſs er aber im Jahre 1472 durch etlich Edel vnd auch andere Perſonen Mann vnd Frawen gebetten jnen zu lieb die Hiſtory vngereimbt zu beſchreiben.

n) Hiſtorie von der Kreuzfahrt nach dem heiligen land von deſſelben Belagerung vnd Einnahme durch Gottfried von Bouillon, Augsb. 482. F. S. Zapfs Augsburgiſche Buchdruckergeſchichte Th. I, S. 63.

o) Hieher gehört der älteſte komiſche Volksroman in Deutſcher Sprache vom Tyll Eulenſpiegel. Zwar iſt folgender, mir als der älteſte bekannte, Druck deſſelben aus ſpäterer Zeit: Eyn wunderbarliche und ſeltzame Hiſtory von Dyll Ulnſpiegel, bürtig aus dem Lande Braunſchweig, wie er ſein Leben verbracht hatt, heulich aus Sächſiſcher Sprache auff gut Teutſch verdolmetſchet, ſer kurzweilig zu leſen mit ſchönen Figuren, Augsb. 540. 4. Allein dieſe Ausgabe, welche ſich in der Wolfenbüttler Bibliothek (25 Ethic. 40.) befindet, lehrt es entſchieden, daſs das Werk ſchon 1483 von einem Laien in Niederſächſiſcher Sprache geſchrieben worden ſey. S. Leſſings Leben 3ter Th. S. 136 — 138. verglichen mit dem 1ſten Bande meines Werkes, S. 132. Franzöſiſche Ueberſetzungen des Tyll Eulenſpiegels erſchienen ſchon Lyon 559. 16. Orleans 571. 12.

Eine neue modernisirte Ausgabe, Bresl. 779. 8. Auch ganz neulich erschien: Leben und sonderbare Thaten Till Eulenspiegels, Prag und Wien 795. 8.

p) Ein wunderliche vnd erschröckenliche hyſtori von einem groſſen wüttrich genannt Dracole wayda der ſo gar vnkriſtenliche martter hat angelegt die menſchen, als mit ſpieſſen, auch die leute zu tod geſchlyffen, Bamb. 491. 4. befindet ſich in der Schwarziſchen Sammlung zu Altorf.

q) Lucifers mit ſeiner Geſellſchaft val. Vnd wie d'ſelben geiſt einer ſich zu einem Ritter verdingt vnd ym wol dienete, Bamb. 493. 4. Gleichfalls in der Schwarziſchen Sammlung zu Altorf befindlich. Wahrſcheinlich die erſte Fauſtiade in Deutſcher Sprache.

r) Herr Dietrich von Bern oder von dem allerkünesten Weygand Herr Ditterich von Bern vnd von Hiltebrand ſeynen treuen Meyſter. Wie ſy wyder die Ryſſen geſtritten auch vil groſser Sachen erſtanden vnd erlytten haben. Sagt das büchlein das gar kurtzweilig tzu leſen, tzu hören vnd tzu ſingen iſt. Heidelb. 490. F. rep. Strasb. 577. 8. Beyde Ausgaben ſind in Verſen, die ſpätere Lpz. 613. 8. aber in Proſa abgefaſst. S. Walchs 3te Einladungsſchrift von einigen alten Deutſchen Büchern S. 37 und Panzers Annalen S. 187.

s) Hyſtory herrn Triſtrants vnd der ſchönen Yſalden, Augsb. 498. F. S. Zapfs Buchdruckergeſchichte von Augsburg, Th. I, S. 125 und den Chriſtiſchen Katalogus P. II, p. 299. Die mir bekannte neueſte Ausgabe, Nürnb. 664. 8.

t) Das buch vnd lobliche hiſtori von dem edelen kunigs ſun aus Galicia genannt Pontus. Auch von der ſchenen Sodonia künigin auſs pritania, welche hiſtori gar luſtig vnd gar kurtzweylig zu hören iſt.

Augsb. 498. F. rep. Strasb. 509. 4. Vor der letztgenannten Ausgabe befindet sich die Anzeige: daſs solche histori die durchleuchtige und hochgeborne Frau Heleonora geborne künigin vſs schottlande ertzherzoginn zu Oesterreich lobelich von frantzoſiger zungen teutsch gettransferirt vnd gemacht habe und zwar ihren Gemahel, herren Sigmund ertzhertzog zu Oesterreich zu lieb vnd wolgevallen. S. Panzers Annalen S. 237 und 313. Von dem Französischen Originale findet man Nachricht in der *Biblioth. des Romans* Bd. II, S. 180 und 250. Auf der Universitätsbibliothek zu Göttingen befindet sich in altfranzösischer Sprache: *le lèure de Ponthus f. l. et a. 4.* Spätere Deutsche Ausgaben: Strasb. 539. F. ſ. l. 548. F. ſ. *Catal. bibl. Rinckiana, p. 958.* Frankf. 568. 8. Einen Auszug enthält Reichards Bibliothek der Romane, Th. 19. S. 45— 56. Sehr wahrscheinlich mutsmaſst Herr Adelung im Püterich von Reicherzhausen, daſs das gegenwärtige Gedicht mit dem Pantes Galnes (ſ. oben 2. I. b.) ein Werk sey.

u) Ein gar schone newe histori der hochen lieb des kuniglichen fürsten Florio vund von seyner lieben Bianceffora. Euch groſ-se frewd dauon bekommen soll. Auch dabey vernemmen wert: wie groſs gefallen die lieb hat. Mit schonen Figuren. Metz 499. F. in der Feuerlinischen Bibliothek und auf der Universitäts-Bibliothek zu Göttingen befindlich. S. *Feuerlini suppellex litter.* No 152. *Rep.* ebend. 500. F. befindet sich auf der Universitäts-Bibliothek zu Ingolstadt und in der Schwarzischen Sammlung zu Altorf. Vergl. Summarische Nachricht von der Thomasischen Bibliothek Bd. II, S. 635. und Panzers Annalen S. 243 und 250—251. In Spanischer Sprache hat man ein Werk unter dem Titel: *Flores y Blancaflor Alcala* 512. 4. welches von *Jacques Vincens* in das Französische übersetzt wurde, Par. 554. 4.

v) Die Geschichte des Doctor Faust gehört als Stoff und mündliche Volkssage höchstzu-

verläſsig, und ihrer ſchriftlichen Verfaſ-
ſung nach höchſtwahrſcheinlich in das funf-
zehnte Jahrhundert. Der berühmte Abt Tritheim
ſchildert uns ſchon in ſeinen *Epiſtolis familiar. a Jac.
Spigelio edit. Hagenov. 536. 4.* ſehr umſtändlich einen
ihm gleichzeitigen Wundersmann, Namens *Georgius
Sabellicus*, welcher ſich auch *Fauſtus iunior* zu nennen pflegte. Es muſs alſo damals ſchon ein Fauſt der
ältere bekannt geweſen ſeyn. Die älteſte Grundlage
des bekannten Volksromans ſcheint Georg Rudolph
Widemanns Werk von Fauſts Leben und Thaten,
Hamb. 599. 2 Th. 4. geweſen zu ſeyn. Dieſer übrigens wenig bekannte Schriftſteller lebte im Anfange
des ſechzehnten Jahrhunderts, ſ. *Cruſii Annal. Suev.
Part. III, p. 369.* Neuere Bearbeitungen: Des Ertz-
zauberers D. Jo. Fauſts ärgerliches Leben
und Ende vor vielen Jahren der böſen
Welt zum Schrecken beſchrieben von
Geo. Rud. Widmann, nachgehend vermehrt
von Jo. Nik. Pfitzer, Nürnb. 726. 8. In dieſem
Werke, welches ſchon im ſiebenzehnten Jahrhunderte
geſchrieben wurde, (ſ. Neumanns und Kirch-
ners *diſq. hiſt. de Fauſto, fol. 3. a)*) beruft ſich der
Verfaſſer auf ein altes Autographon, welches er in einer gewiſſen Bibliothek vorgefunden habe. Des
durch die ganze Welt berufenen Erz-
Schwarz-Künſtlers und Zauberers D. Johann Fauſts mit dem Teufel aufgerichte-
tes Bündniſs, abentheuerlicher Lebens-
wandel und mit Schrecken genommenes
Ende aufs neue überſehen in einer beliebten Kürze zuſammengezogen und zum
Druck befördert von einem Chriſtlich Mey-
nenden, Frkf. Lpz. ſ. a. 8. *rep.* Braunſchw. Leipz.
730 8. Ein Auszug dieſes Auszuges befindet ſich in
Reichards Bibliothek der Romane, Th. I, S. 81—96.
Als Pendant gehört zu dieſem Volksmährchen: D.
Jo. Fauſtens Geiſterzwang, Paſſau ſ. a. 8. S.
Tentzels monatliche Unterr. 1704. S. 746. und des
durch ſeine Zauberkunſt bekannten Chriſtoph Wageners, weil. Freunde Johann

Fauftens Leben und Thaten, Berl. 712. 8. — Schon um das Jahr 1600 dramatifirte C. Marlowe Fauftens Gefchichte in Englifcher Sprache; und eine Französische Ueberfetzung des Deutfchen Romans erfchien Par. 674. 12. Cölln 712. 12. Die neueften Nachbildungen von G. E. Leffing, Mahler Müller, Göthe, Klinger, Schreiber find bekannt genug. Hülfsmittel über die Gefchichte diefes Romans: Jo. Geo. Neumanns und Carl Chriftian Kirchners *difquifitio hiftorica de Faufto præftigiatore* 683. 4. Hiftorifche Remarquen über D. Jo. Fauftens Leben nebft andern hierbey ereigneten Begebenheiten, auch was fonft von Fauftens Büchern ohne Grund ausgeftreuet worden, Zwickau f. a. 8. Chriftoph Aug. Heumanns Nachricht von D. Fauft, in Haubers *Biblioth. magica.* St. 27. S. 184. ff. — Bocks und Baumanns Nachrichten im Hannöv Magaz. 1758. S. 1463—1470. und 1759 S. 609—622. Hiftorifch-kritifche Unterfuchung über das Leben und die Thaten des Landfahrers D Jo. Fauft, Lpz. 791. 8. Ueber die verfchiedenen Behandlungen diefer Legende f. Journal von und für Deutfchland 1792. St. 8. S. 657—672.

4) Im fechszehnten Jahrhunderte wurden folgende Romane in Deutfcher Sprache gedruckt:

a) Ein liepliches lefen, vnd ein warhafftige hyftory wie einer, der da hieß Hug Schapler vnd wz metzgers gefchlecht ein gewaltiger kunig zu Frankreich ward durch feine groffe ritterlich manheit. Vnd als die gefchrifft fagt ift er der nächft gewefen nach Carolus magnus fun kunig Ludwigen, Strasb. 500 F. *rep.* ebend. 508. F. *rep.* ebend. 537. F. Vergl. Schriften der Anhalt. Deutfchen Gefellfchaft, St. 1, S. 68. Deutfches Mufeum, October 1784 und Panzers Annalen S. 251. und 300. Ueber die Quellen und den Bearbeiter diefes Werkes findet man in der Vorrede nach dem Regifter folgende merkwürdige Stelle: die

Bewerung diefer hyftori ift zu finden zu Paris in fant Dionyfiuskirchen in der waren kroniken, da ouch difs Buch vfsgegefchrieben ift in welfcher (vnd det es der wolgeborne Graffe zu Naffaw vnd zu Sarbrücken vfsfchriben) vnd zu farbrücken macht es fein muter genant Elyzabeth von Lottringen zu tutfch, vnd hab ich Conrat Heindörffer text zegriffen alfo kurz fo ich ymer kund.

b) Fortunatus. Am Ende fteht: zu trucken verordnet durch Johannfsen heybler Appoteyker, in der kayferlichen ftat Augfburg in dem gröffen fchieffen der mindern jartzal chrifti im neunden jar (1509) 108 Quartblätter ftark. S. Panzers Annalen S. 315—316. Spätere Ausgaben: Fortunatus, von feinem Seckel vnd Wünfchhütlein, jetzund von newen mit fchönen luftigen Figuren zugericht, Frankf. a. M. 551. 8. f. *Catal. Bibl. Schwabii* P. II. *p. 268.* Und dann in der Nürnbergifchen Officin gedruckt in diefem Jahr.

c) Ueber den Weifs-Kunig. f. Bd. I, S. 65. 66.

d) Melchior Pfinzings Theuerdank, f. Bd. I, S. 107. 108. und Seb. Franks Chronik der Deutfchen, Fol. 281 a)—288 b) (f. l. 539 F.)

e) Ein warhafftige hiftorij von dem Kayfer Fridrich der erft feines Namens, mit ainem langen rotten Bart, den die Walhen nenten Barbaroffa, derfelb gewan Jerufalem, vnd durch den Babft Alexander den dritten verkuntfchafft ward dem Soldanifchen Künig, der in gefencklich hielt etlich zeyt, vnd wie der Pundtfchuch auff ift khomen in Bairn, Augsb. 519. 4. Von demfelben Jahre und in demfelben Formate erfchien eine Ausgabe zu Landshut gedruckt durch Johann Weyfsenburger. Beyde Ausgaben befinden fich in der Schwarzifchen Sammlung zu Altorf. S.

Pan-

Panzers Annalen S. 426. 427. Unter dem Titel: Barbaroſſa, Strasb. 535. F.

f) Fierrabras. Eyn ſchöne kurtzweilige Hiſtori von eym mächtigen Rieſen auſs Hispanien, Fierrabras genannt, der ein heyd geweſt vnd bey zeiten des Durchleuchtigſten groſſen Keyſer Karls gelebet, ſich in kämpffen vnnd in ſtritten dapfferlich, groſsmüttig, mennlich vnnd eerlich gehalten hat, wie derſelbig von des gemelten Keyſers Grauen vnnd Diener eynem, genunt Olivier, löblich vnnd ritterlich beſtritten worden &c. Siemmern 533 F. 1 Alph. 3 Bogen ſtark. S. Baumgartens Nachrichten von merkwürdigen Büchern, Th. II, S. 236. 237. Das Franzöſiſche Original wird, als in der öffentlichen Bibliothek zu Brüſſel befindlich, nach einer zu Genf 478. 4 gedruckten Ausgabe, angeführt in Murrs Journal der Litteratur und Kunſtgeſchichte, Th. I, S. 75.

g) Der Erl-König, ein Deutſcher Roman aus den Zeiten des Theuerdanks, ſoll ſich auf der Leipziger Univerſitätsbibliothek befinden. Dieſe Nachricht verdanke ich einer bloſſen mündlichen Sage. Vielleicht gelingt es einem andern Literator durch die bekannte Gefälligkeit des zeitigen Ober-Bibliothekars, Herrn Beck, unter dem zahlreichen, aber chaotiſchen, Manuſcripten-Vorrathe der genannten Bibliothek dieſes Gedicht zu entdecken.

h) Eyn ſchön luſtig Geſchicht, wie Keyſer Karle der Groſs, vier Gebrüder Hertzog Aymont von Dordens Sün ſechzehn jar lang bekrieget &c. Siemmern 535. F. Nach einem Franzöſiſchen Originale gearbeitet, von welchem ein Auszug in Deutſcher Sprache unter dem Titel erſchien: Schöne und luſtige Hiſtori von den vier Heymons Kindern Adelhart, Ritſart, Weitſart und Reinold ſamt ihrem Roſs Bayart &c ehedeſſen auch zu Cölln gedruckt

f. l. et a. 8. S. Reichards Bibliothek der Romane Th. VI, S. 5—46.

i) Eine fchön vnd liebliche Hiftory von dem edlen vnd theuern Ritter Galmien, Strasb. 540 4. Ein fpäterer Druck vom Jahre 1588 wurde wiederholt in Reichards Buch der Liebe, Bd. I, S. 1—358 unter dem Titel: Eine fchöne kurzweilige vnnd liebliche Hiftori von dem Edlen vnd Thewren Ritter Galmyen vnd von feiner züchtigen Liebe, fo er zu einer Hertzogin getragen, welche er in einer Mönchsgeftalt von dem Fewer vnd fchändlichen Todt erlöfft hat vnd zuletzt zu einem gewaltigen Hertzogen in Britanien erwehlt.

k) Georg Thyms Thedel Unverferden von Wallmoden, f. Bd. I, S. 108.

l) Jo. Fifcharts affentheuerlich Naupengeheurliche Gefchichtklitterung, f. Bd. I, S. 161—163. So viel ich weifs, ift diefes Werk der ältefte komifche Roman in Deutfcher Sprache. Die Ausgabe von 1552 befitzt auch Herr *Dr.* Eberhard in Leipzig. S. Beckers Reichsanzeiger 1795 No. 113. Um fo mehr Unrecht hat ein Ungenannter in Gräters Braga l. 2, S. 199 und in der Gothaifchen gelehrten Zeitung 1795 No. 90. an dem Dafeyn diefer Ausgabe zu zweifeln.

m) Hiftorie vnd Gefchicht Camillo und Emilie von jrer beyder hertzlicher brünftiger Liebe, damit eines gegen das andere ift entzündet geweft, vnd was fich in folcher Lieb zwifchen jnen begeben vnd zugetragen, f. l. 587. F. S. Reichards Bibliothek der Romane Th. V, S. 91—110.

n) Unter dem Titel: Buch der Liebe inphaltendt herrliche fchöne Hiftorien, allerley alten und newen Exempel, züchtigen Frauwen und Jungfrauwen, auch jedermann in gemein, zu lefen lieblich und kurzweilig, Frankf. a. M. 587. F gab der Buchdrucker Feyerabend eine Sammlung von folgenden, Theils originalen, Theils nach Französischen Mustern gearbeiteten, Romanen:

aa) Von Keyser Octaviano.
bb) Von der schönen Magellone.
cc) Vom edlen Ritter Galmy.
dd) Von Herr Tristannt.
ee) Von der Lieb Camilli und Emilie.
ff) Von Florio und Bianceffora.
gg) Von Theagene und Chariclia.
hh) Von Gabriolto und Reinhart.
ii) Von der edlen Melusina.
kk) Der Ritter vom Thur.
ll) Ritter Pontus.
mm) Vom Hertzog Herpin.
nn) Wigoleis vom Rade.

Im Schwabischen Katalogus P. II, S. 362 wird eine Frankfurter Ausgabe vom Jahre 1687 in Folio unter dem Titel angezeigt: Das Buch der Liebe, inhaltend Historien und Exempel, was recht ehrliche und unerdenkliche Bullieb sey. Herr Reichard in Gotha machte einen Versuch die Romane dieser Sammlung nebst andern seltenen und handschriftlichen Stücken dieser Gattung wieder aufzulegen und so nach und nach eine *Bibliotheque bleue* der Deutschen heraus zu geben; allein er hörte schon mit dem ersten Bande auf, welcher unter dem Titel: Buch der Liebe, Leipz. 779. 8. erschien.

o) Die Hystorien vom Amadis vss Frankreich, 24 Bücher, Frankf. a. M. 594. 8. Im Schwabischen Katalogus P. II, S. 362 wird das erste bis dreyzehnte Buch nach einer ältern Ausgabe Frankf. a. M. 523. F. angeführt. Das Original ist

Französischen Ursprunges. Die vorgeblichen Spanischen Originale reichen nicht über das Jahr 1526 hinaus, obgleich Nic. Antonius in seiner *Bibl. Hisp. vet.* T. II. lib. 8. cap. 7. n. 291. ihnen den Vasco Lobeyra aus dem dreyzehnten Jahrhunderte zum Verfasser gibt. Nähere Nachricht vom Originale, dessen Ueberfetzungen und Nachahmungen f. in des *du Fresnoy Bibl. des Romans* Bd. II, S. 195 ff. und in des Quadrio *Stor. e Rog. d'ogni Poefia Vol. IV. p. 516. ff.*

p) Der Volksroman vom ewigen Juden, Ahasverus genannt, gehört wahrscheinlich schon in das sechszehnte Jahrhundert. Das älteste Zeugniss für dieses Mährchen ist wahrscheinlich dasjenige, welches der Benedictiner Matthäus Paris aus dem dreyzehnten Jahrhunderte in seiner *Historia maior. p. 339 & 827* aufstellt, woselbst dieser Wundermann Cartaphilus heisst. In den folgenden Zeiten wurde diese Sage wieder erneuert durch Paul von Eitzen, welcher 1598 als General-Superintendent zu Schlesswig starb. Dieser wollte ihn im Jahr 1547 zu Hamburg gesehen und gesprochen haben. Ueber diese Erscheinung liess *Chrysostomus Dudulæus* aus Westphalen eine besondere Relation zu Reval 614. rep. 634. rep. 661. 8. drucken. Die mir bekannte neueste Nachricht gab Jo. Geo. Hadeck im Jahre 1687 unter dem Titel heraus: *Nathanaelis Christiani Relation* eines Waldbruders mit Nahmen Ahasverus ein Jude, welcher bey der Creutzigung des Herrn Christi gewesen und von da annoch herum und leben soll. Von dem eigentlichen Volksromane, welcher unter dem Titel: Der immer in der Welt herumwandernde ewige Jude aus Jerusalem mit Namen Ahasverus, welcher bey der Creutzigung Christi gewesen und bisher durch die Allmacht Gottes beym Leben erhalten worden, f. l. et a. 8. erschien, findet man einen Auszug in Reichards Bibliothek der Romane Th VIII, S. 19—24. Th. IX, S. 39—103. Th. X, S. 111—167. Th. XI, S. 99—137. Th. XII, S. 83—141. Der ewige Jude, Riga 785. 8. ist eine Umarbeitung des alten Romans mit einer satirischen Wendung von Reichard. Vergl. eines Ungenannten historische Nachricht von dem ewigen Juden, worin daſs derſelbe niemahls in *rerum natura* geweſen gründlich gezeigt wird, Frkf. Lpz. 723. 4. und *Diſſ. in qua lepidam fabulam de Judæo immortali examinat Car. Antonius,* Helmſt. 769. 4.

q) Phönicia. Eine ſchöne, züchtige, liebliche vnd gedechtniſswürdige Hiſtory, was maſsen ein Arragoniſcher Graf de Coliſon ſich in eine edle vnd tugendreiche ſicilianiſche Jungfraw, Phönicia genannt, verliebt. Durch Maurit. Brand, Danz. 595. 4. S. Caſal. *Bibl. Schwabianæ,* P. II, p. 269.

5) Die Romane des ſiebenzehnten Jahrhunderts theilt man am richtigſten in Volksromane, Liebesgeſchichten, Vorläufer der Robinſonaden und in politiſche Romane ein.

A) Volksromane.

a) Die Hiſtori vnd Legend von dem trefflichen vnd weit erfahrenen Ritter Herren Polycarpen von Kirlariſſa, genannt der Finckenritter, wie er drittehalb hundert Jahr zuvor ehe er geboren ward viel Land durchgewandert vnd ſeltzam Ding geſehen vnd zuletzt von ſeiner Mutter für todt liegen gefunden, aufgehoben vnd erſt von newen gebohren worden, ſ. l. et a. 8. Muthmaſslich aus dem Zeitpuncte des dreyſsigjährigen Krieges. Aufs Neue abgedruckt in Reichards Bibliothek der Romane, Th. XVI, S. 64 – 82.

b) Das luſtige und lächerliche Lalenburg, d. i. der Schiltbürger ebentheuerliche Geſchichten: durch M. Aleph. Beth. Gimil der Veſtung Ipſilon Bürger-Amtman, ſ. l. et a. 8. S. Reichards Bibliothek der Romane, Th. III, S. 48 — 57. Ein wahres Original, wie Tyll Eulenspiegel, voll satirischer Laune und nicht ohne Interesse für unser Zeitalter. Vorzüglich gegen die Regimentsverfassung und Kleingeisterey der Städte und Flecken Deutschlandes gerichtet.

c) **Schöne anmuthige Historien von Marggraf Walther**, s. l. et a. 8. Im Auszuge in **Reichards** Bibliothek der Romane, Th. III, S. 58—68.

d) **Eine lesenswürdige Historie vom Herzog Ernst in Bayern und Oestreich, wie er durch wunderliche Unfälle sich auf gefährliche Reisen begeben, jedoch endlich vom Kaiser Otto, der ihm nach dem Leben gestanden, wiederum begnadet worden**, s. l. et a. 8. S. Bd. I, S 96. 97. Im Auszuge in **Reichards** Bibliothek der Romane Th. VI, S. 51—62.

e) **Eine wunderschöne Historie von dem gehörnten Siegfried was wunderliche Ebentheuer dieser theure Ritter ausgestanden sehr denkwürdig und mit Lust zu lesen**, s. l. et a. 8. S. Bd. I, S. 121. 122. Ein Auszug dieses alten und vielgelesenen Romans befindet sich in **Reichards** Bibliothek der Romane, Th. XIII, S. 31—44.

f) **Historie von der schönen Magelone und Petern mit dem silbernen Schlüssel**, s. l. et a. 8. Ein Auszug aus dem Französischen Originale s. l. 480. 4. befindet sich in Reichards Bibliothek der Romane, Th. XIV. S. 75—97. Veit Warbecks Deutsche Uebersetzung dieses Französischen Romans erschien Augsb. 545. 4.

g) Die Historie der schönen Melusine, s. oben No. 3. c).

h) Die Geschichte des Tyll Eulenspiegel, s. oben No. 3. n).

der Deutschen Literat. u. Sprachgesch. 247

i) Das Leben des Schwarzkünstler D. Jo. Faust, s. oben No. 3. u).

k) Die Geschichte vom ewigen Juden, s. oben No. 4. p).

l) Nützliche Unterweisung der sieben weisen Meister, sehr lustig und nützlich zu lesen, s. l. et a. 8. Im Auszuge in Reichards Bibliothek der Romane, Th. XV, S. S. 45—111. Die Quelle dieses Romans, welcher auch unter dem Namen Kaiser Pontianus vorkommt, s. No. 3. f).

m) Herr Tristrant, d. i. eine Wunder- und höchst belustbare Geschichte vom Herren Tristrant und der schönen Isalden, eines Königs aus Irland Tochter, Nürnberg 664. 8.

n) Ritterliche Thaten des hochberümten und tapfern Ritters Herrn Wigoleis vom Rade, Nürnb. 664. 8.

o) Der Goldfaden. Eine schöne, liebliche und kurzweilige Historie von eines armen Hirten Sohn, Löwfried genannt, durch Geo. Wickram, Nürnb. 665. 8.

p) Der list- und lustige Soldat von C. W. S. Frkf. Lpz. 689. 12.

q) Der verliebte, betrübte und bey seinen Studiis endlich verzweifelnde Academicus, oder der unglückseelige Student, Freyst. 691. 12. rep. ebend. 723. 12.

B) Liebesgeschichten.

a) Jüngsterbaute Schäferey; oder keusche Liebesbeschreibung von der verliebten Nimfen Amöna und den liebwürdigen Schäfer Amandus durch A. S. D. D. Leipz. 632. 8. Unter dem Titel: musicalische Schäferey oder keusche Liebesbeschreibung &c. erschien dieser Roman auch Königsb. s.

a. 8. *rep.* Amſt. 659. 12. Und zuletzt in vermehrter Geſtalt unter dem Titel: Schauplatz der Verliebten, d. i. jüngſt erbauete Schäferey, oder keuſche Liebesbeſchreibung der Nimpfen Amona und Amandus, Cratus und Phöben, Romeo und Juliette, wie auch des Freyers in allen Gaſſen, Hamb. 661. 12.

b) Filip von Zeſen, ſ. oben ſcherzhaftes Lied, S. 93.

   aa) Ibrahims oder des durchlauchtigen Baſſa und der beſtändigen Iſabellen Wundergeſchichte, Amſt. 645. 2 Theile, 12. *rep.* Zweibr. 665. 12.

   bb) Der Africaniſchen Sofonisbe drey Theile, Amſt. 646. 12.

   cc) Ritterholds von Blauen adriatiſche Roſamund, Amſt 664. 12.

   dd) Aſſenat, d. i derſelben und des Joſefs heilige Stahts- Lieb- und Lebensgeſchichte, Amſt. 670. gr. 8.

   ee) Simſon eine Helden- und Liebesgeſchichte, Nürnb. 679. 8.

c) Ein Pſeudonyme, wahrſcheinlich ein Zäſianer, ſchrieb unter dem Namen Salemyndonis: des Frygier Aeneas, wie er, nach ſchmertzentfündlichen Ableben ſeiner edlen Kreuſen, Entſchlagung der trübſäligen Dido, mit der huldreichen Lavinie beſeligt, izzo bey der Liebſäligſten Deutſchinne in beruhrter Annehmlichkeit befriediget worden, Stargard ſ. a. 12. S. *Neumeiſteri diſſ de poetis ſæc. XVII, p. 83.* Der Stoff dieſer Helden- und Liebesgeſchichte iſt ganz aus Virgils Aeneide genommen. Eine wiederholte Ausgabe erfolgte unter dem Titel: Neu eingekleideter Deutſcher Virgilius nach Art der Ariana und Arcadia, von D. S. Starg.

der Deutſchen Literat. u. Sprachgeſch.

658. 12. S. Schummels Ueberſetzer-Bibliothek, S. 124.

d) Die vier Tage einer newen und luſtigen Schäferey von der ſchönen Cölinden und derſelben ergebenen Schäfer Corimbo, Dresd. 647. 8.

e) Geo. Neumark, ſ. Bd. I, S. 295. *Neumeiſter de poet. Germ. ſac.* XVII, *p.* 74. Amarantes Nachricht vom Blumenorden, S. 384—387. Unter ſeinen dort angeführten Schriften vermiſſe ich folgenden Roman:

Betrübtverliebter doch endlich hocherfreuter Hirt Filamon wegen ſeiner edlen Schäfernymfen Belliflora, Königsb. 648. 8.

f) Andr. Heinr. Buchholz, ſ. oben geiſtliches Lied, S. 27. *Wiſtenii memor. Theol. dec.* XIII, *p. 1708* und Jo. Mart. Schamelii Anmerkungen über die Nachricht von A. H. B. Leben und Schriften in Rethmeyers Braunſchweigiſcher Kirchen-Hiſtorie, Lpz. 725. 8.

aa) Des chriſtlichen teutſchen Großfürſten Herkules und der böhmiſchen königlichen Fräulein Valiſka Wundergeſchichte in 6 Büchern, Braunſchw. 659. 4. *rep.* ebend. 676. 2 Theile, 4. Neueſte Ausgabe ebend. 744. 2 Bände, gr. 8. Auſſerdem, daſs die Schreibart in dieſer Ausgabe moderniſirt worden iſt, ſind auch die Gebete und geiſtlichen Lieder weggelaſſen und viele Abkürzungen gemacht worden. Der Verfaſſer hat, wie er in folgenden eignen Worten ſelbſt ſagt, ſeine Abſicht bey dieſem Romane vorzüglich gegen die Amadisſchützen gerichtet, welche nur eine freche Liebe und Zauberglauben lehren. Er will dagegen eine Gemüthserfriſchung liefern, bey der andächtige Seelen nicht geärgert werden, und weil die Liebe zum Vaterlande ſeinen Roman ausgebrütet, ſo will er dem Spanifchen Hochtrab, der Italiänifchen Ruhmredigkeit zum Poffen beweifen, daß die Teutfchen nicht lauter wilde Säue und Bären, fondern auch manchen treflichen Fürften und Ritter unter fich gehabt haben. Ein kurzer Auszug befindet fich in Reichards Bibliothek der Romane, Th. I, S. 43—62.

bb) Der chriftlichen königlichen Fürften Herkuliskus und Herkuladifka anmuthige Wundergefchichte in fechs Büchern abgefaffet, Braunfchw. 659. 4. *rep.* ebend 676 4 *rep.* unter dem Titel: Herculiscus und Herculadisla anmuthige Wundergefchichte, Frankf. 713. 4.

g) Kurandor's (d. i. Balthafar Kindermanns, f. oben Madrigal, S.146.) unglückfeelige Nifette, Berl. 660. 8.

h) Eines Ungenannten neu aufgerichtete Liebes - Kammer, Frkf. 662. 12.

i) Eines Ungenannten der treubeftändigen Liebhaberinn Celinte und des tapfern Polyanten Liebesgefchichte, Frankfurt 668. 12.

k) Der wahrhaftige Roman; vier Theile, Frkf. 668. 12. von einem Ungenannten.

l) Anton Ulrich, Herzog zu Braunfchweig; f. oben geiftliches Lied S. 30.

    aa) Der Durchlauchtigen Syrerin Aramena Liebesgefchichte, Nürnb. 669. 8. *rep.* ebend. 678. 5 Theile, 8. Neu umgearbeitet von Sophie Albrecht, Berl. 782. 2 Theile, 8.

    bb) Die römifche Octavia, Nürnb. 677. 6 Theile, 8. *rep.* ebend. 685. 8. Neuefte umgeänderte Ausgabe, Braunfchw. 712. 4 Th. 8.

der Deutschen Literat. u. Sprachgesch. 251

m) Heinr. Arnold Stockfleth, s. oben scherzhaftes Lied S. 104. Unter dem Namen Dorus gab er heraus: Die Kunst- und Tugendgezierte Macarie, Nürnb. 669. 12.

n) Glücksverwandlung der Verliebten; eine verlarvte zum Theil wahrhaftige Geschichte von dem Trauerenden (A. V. H.) Jena 673. 12.

o) Michael Kongehl; geboren 16** zu Creutzberg in Preußen; Churfürstlich - Brandenburgischer Secretär zu Königsberg in Preußen und seit 1673 Mitglied des Nürnbergischen Blumenordens unter dem Namen Prutenio.

Hieher gehört er wegen seines Romans Sierbosia, Nürnb. 676. 12. S. *Neumeister de poet. Germ. sæc XVII*, p 61. und Amarantes Nachricht vom Blumenorden, S. 438—44.

p) Dan Casp. von Lohenstein; s. Bd. I, S. 281. Nach seinem Tode erschien, von seinem Bruder Jo. Christ. von Lohenstein vollendet, sein großmüthiger Feldherr Arminius oder Herman nebst seiner Durchleuchtigen Thußnelda in einer sinnreichen Staats- Liebes- und Heldengeschichte, Leipz. 689. 2 Theile, 4. rep. ebend. 731. 4 Th. 4.

q) August Bohse; geb. 1661 zu Halle; lebte als Schriftsteller von Profeßion bald in Hamburg bald in Dresden; war eine Zeit lang Lehrer der Redekunst zu Leipzig, Erfurt und Jena, und starb 17** als Profeßor zu Liegnitz. Vergl. Dreyhaupts Beschreibung des Saalkreises II, 593. 594. Dunkels Nachrichten von verstorbenen Gelehrten, Bd. I, No. 531. Unter dem Namen Talander schrieb er:

  aa) Liebescabinett der Damen, Leipz. 685. 12.

  bb) Die Eifersucht der Verliebten nach ihren Fehlern und Vortheilen in einer anmuthigen Liebesgeschichte, Leipz. 689. 12.

cc) Die Durchlauchtigste Alcestis aus Persien, Lpz. 689. 8. *rep.* ebend 703 8.

dd) Der getreuen Bellamira wohl belohnte Liebesprobe oder die triumphirende Beständigkeit, Leipz. 692. 8. *rep.* egend 715. 8.

ee) Die Durchlauchtigste Olorena, Lpz. 694. 8. *rep.* ebend. 708. 8.

ff) Die getreue Sklavinn Doris, in einem annehmlichen Liebes- und Heldenroman, Lpz. 696. 8. *rep.* ebend. 710. 8.

gg) Die Amazoninnen aus dem Kloster, Cölln 698. 8. Früher kam heraus: ,,Die versteckte Liebe im Kloster durch den Beständigen T. Frankf. 696. 12.

hh) Liebesgeschichte der unglückseligen Prinzessin Arsinoe, Leipz. 700. 12. *rep.* Nürnb. 714. 8. *rep.* ebend. 717. 8.

ii) Wettstreit der Liebe, der Tugend und der Eifersucht oder *Don Pedro* und *Agnes* Liebes-Geschichte, Lpz. 702. 8.

kk) Ariadnens, königlicher Prinzessin von Toledo, Staats- und Liebes-Geschichte, Lpz. 705. 8.

ll) Talanders letztes Liebes- und Heldengedicht, Leipz. 706. 8. und Antonia de Palma in einer angenehmen Staats- und Liebesgeschichte, so des letzten Romans andern Band vollends abgiebt, ebend. 709. 8.

mm) Arianens Staats- und Liebesgeschichte, Frankf. 708. 8.

nn) Amor am Hofe oder das spielende Liebesglück hoher Standespersonen, Lpz. 710. 8.

oo) Aurorens, königlicher Prinzeffinn in Creta, Staats- und Liebesgeschichte, Leipz. 710. 8.

pp) Albanifche Sulima in einer Liebesgefchichte, Weiffenf. 713. 8. Eine frühere Ausgabe, Kölln 698. 8. führt der Schwabifche Katalog, p. 362. an, und eine gleichzeitige unter dem Titel: Die albanifche Sulima in einer wohlftändigen und reinen Liebesgefchichte durch den Beftändigen T. Leipz. 713. 8. S. ebend. S. 284.

qq) Der Liebes-Irrgarten, in welchem hoher Perfonen unterfchiedene Liebesgefchichten vorgetragen werden, Weißenb. am Nordg. 724. 8.

rr) Verliebte Verwirrung der Sicilianifchen Höfe, Lpz. 725. 8.

ss) Taufend und eine Nacht nebft der taufend und einen Viertelftunde, Lpz. 730. 8. rep. ebend. 759. 6 Theile, 8. Das Französifche Original des Ant. Galland wurde aufs neue überfetzt von Voß, Brem. 781. 8.

tt) Taufend und ein Tag, Lpz. 730. 8. rep. ebend. 762. 8.

uu) Die liebenswürdige Europäerinn Conftantine, Frankf. Lpz. 735. 8.

Gewiffermaffen kann man auch hieher zählen: Talanders Schauplatz der Unglückfeeligverliebten unter der Regierung Carl des VIII. von Frankreich, Leipz. 697. 8.

s) Joachim Meier; geb. 16** zu Perleberg, Profeffor am Gymnafium zu Göttingen; ftarb 17**. Von ihm haben wir:

Die Durchlauchtige Römerinn Lesbia, d. i. alle Gedichte, des berühmten lateinifchen Poeten Catullus, in einer anmuthigen Liebesgeschichte vorgestellet, Lpz. 690. 8. Neumeister *diss. de poet. Germ. sec. XVII, p. 97.* führt eine Ausgabe von 1691 an.

s) **Heinr. Anshelm von Ziegler**; s. oben Heroide S. 140. 141. Seine **Asiatische Paniese oder bluthges doch muthiges Pegu** erschien Leipz. 721. 2 Theile, 8. *rep.* ebend. 728. 8. *rep.* ebend. 738. 8. *rep.* ebend. 753. 8. Neueste Auflage Königsb. und Leipz. 764. 8. Der zweyte Theil rührt von Jo. Geo. Hamann her. In welcher Verbindung die sonderbare Lebensgeschichte der Deutschen Baniese, Leipz. 752. 8. mit dem Zieglerischen Werke stehen, weiß ich nicht. Die **engelandische Baniese oder Begebenheiten der Prinzessin von Sussex**, eine Liebes- und Heldengeschichte von C. E. F. Frkf. Lpz. 754. 8. ist wahrscheinlich eine Nachahmung der asiatischen Baniese. Des Herrn von Justi **ägyptische Baniese oder die Wirkungen und Folgen so wohl der wahren als der falschen Staatskunst in der Geschichte des Psammitichus**, Frkf. Lpz. 759. gehört zu den schlechten Halbromanen. S. Berlin, Litteraturbriefe Th. XI, S. 255—284.

t) **Paul von Winkler**; s. Bd. I, S. 180 und Biographische Nachrichten der vornehmsten Schlesischen Gelehrten, S. 150. Den letztern zufolge wurde er 1630 zu Glogau geboren und starb 1679 zu Breslau. Ausser der Churbrandenburgischen Rathsstelle bekleidete er auch das Amt eines Herzoglich-Oelsnischen Deputirten bey den Landtagen.

Sein **Edelmann**, Lpz. Frankf. 696. 8. kann gewissermassen hieher gezogen werden.

C) Vorläufer der Robinsonaden.

a) **Der Landstörtzer Gusmann vom Alfarche oder Picaro genannt, dessen wunderbarliches, abenteuerliches und posfierliches Leben durch *Aegidium Albertinam* theils aus dem Spanischen verteutſcht, theils gemehrt und gebeſſert, München 616. 8. rep. 618. 8. rep. 631. 8. nebſt dem dritten Theile durch Mart. Frewdenhold 632. 8.

b) Samuel Greifenſon von Hirſchfeld; geb. 16** zu ***; war eine Zeit lang Musquetier und Theilnehmer am dreyſsigjährigen Kriege; ſ. den Beſchluſs des erſten Theils und den Vorbericht zum zweyten Theile des Simpliciſſimi nach der Ausgabe von 1713. Er ſtarb vor 1669; ſ. den Schluſs der zweyten Ausgabe des Simpliciſſimi. Unter dem angenommenen Namen: Hermann (Germann) Schleifheim von Sulzfort ſchrieb er folgendes hieher gehöriges Werk:

Der Abentheuerliche Simpliciſſimus Teutſch das iſt die Beſchreibung des Lebens eines ſeltſamen Vaganten genannt Melchior Sternfels von Fuchshaim, wo und welcher geſtalt er nemlich in dieſe Welt gekommen, was er darinnen geſehen, gelernt und erfahren und ausgeſtanden, auch warum er ſolche wieder freywillig quittirt. Ueberaus nützlich und meniglich nützlich zu leſen, Mömpelgart 669. 1tes bis 5tes Buch, 618 Seiten in 12 ſtark. Von demſelben Jahre exiſtirt noch eine neue Auflage unter dem Titel: Neu eingerichteter und vielverbeſſerter abentheuerlicher Simpliciſſimus &c. Die erſten fünf Bücher füllen 608 Seiten, dann folgt der neue Titel: des neueingerichteten und viel verbeſſerten abentheuerlichen Simpliciſſimi Fortſetzung und Schluſs, Mömpelg. 669. 12. Die Seitenzahl geht fort und endet mit der Seite 772. Der Schluſs des Ganzen meldet dem Leſer den wahren Verfaſſer, und daſs man den Schluſs dem Leſer nicht hinterhalten möge, weil er die erſten fünf Theile bey seinen Lebzeiten in Druck gegeben. Unterzeichnet ist dieser Schluss: Dat. Rheinnec, den 22. Apr. 1669. H. J. C. V. G. p. zu Cernheim. Der Schwabische Katalog, P. II, p. 362. führt zwey Mahl eine Mömpelgarder Ausgabe ohne Ort, 12. unter folgendem Titel an: Der abentheuerliche Simpliciſſimus Teütſch ſamt 20 anmuthigen Kupfern und 3 Continuationen von German Schleifheim von Sulsfort. Spätere veränderte und vermehrte Ausgaben: des aus dem Grabe der Vergeſſenheit wieder erſtandenen Simpliciſſimi abentheuerlicher Lebenswandel, ſ. l. 670. 8. rep. 671. 8. rep. Nürnb. 685. drey Theile in 8. S. Carol. Bibl. Chriſtia P. II, p. 311. u. 7672. weit vermehrter, ausgezierter und mit einem sattsamen Zusatze, wolkommenden Anmerkungen, schön klingenden Versen, auch andern lustigen und erheblichen Staatsſachen begleitet, als vormals beschehen, ſ. l. 713. 8. Ein nach dieſer Ausgabe von Chriſt. Jac. Wagenſeil verfertigter Auszug ſteht in Reichards Bibliothek der Romane, Th. IV, S. 127—140. Auf eine ungemeine und jetzo ganz neue viel vermehrte anmuthige Schreib- und Lehr-Art vermittelſt scharfsinniger Lehren, nützlichen Anmerkungen und wohlklingenden poetischen Verſen auch nebſt recht lebhaften Kupferbildnuſſen in dreyen Theilen auf- und vorgestellet, Nürnb. 713. 8. Diese Ausgabe hat folgenden Inhalt: 1) Des Simpliciſſimi fünf Bücher 556 S. Diese scheinen allein von Sam. Greifenſon herzurühren, wenigſtens machen ſie ein für ſich beſtehendes Ganze aus. 2) Des Simpliciſſimi Fortsetzung und Schluss oder sechstes und letztes Buch im Jahr 1683. Geht in ununterbrochener Seitenzahl bis auf 678 S. 3) Des weltberufenen Simpliciſſimi Praſerey und Gepräng in ſeinem Teutſchen Michel

von

von Signeur Meſsmahl 1673. Geht bis 728 S. So weit geht der erſte Theil dieſer Ausgabe. 4) Des poſſierlichen weit und breit bekannten Simpliciſſimi ſinnreicher und nachdenklicher Schriften zweyten Theils erſtes Buch von dem ſeltſamen Springinsfeld &c. nach Simplicianiſcher Anordnung vormahls verabfaſſet, anjetzo aber wieder neu und zum viertenmal verbäſſert, vermehrt und aufgelegt von Philarcho Graſſo von Trommenheim, Nürnb. 713. 1 — 108 S. 5) Trutz Simplex oder Lebensbeſchreibung der Erzbetrügerinn und Landſtörtzerinn Courage &c. eben ſo luſtig, annehmlich und nutzlich zu betrachten als Simpliciſſimus ſelbſt, von der Courage eignen Perſon dem weit und breit bekandten Simpliciſſimo zum Verdruſs und Widerwillen dem Autori in die Feder dictirt, der ſich vor diſsmal nennt Philarchus Groſſus von Trommenheim auf Griffsberg &c. 1713. 110 — 226 S. 6) Das wunderbarliche Simplicianiſche Vogelneſt &c. ganz neu vermehrt und verbäſſert durch Michael Rechulin von Sehmsdorf, 1713. 229 — 342 S. 7) Des Vogelneſtes fernere Fortſetzung von A c eee ff g hh ii ll mm nn oo rr ſſſ t uu, 1713. 345 — 492 S. 8) Zweyten Theils drittes Buch handlende von des keuſchen Joſephs Lebensbeſchreibung ſamt dem Lebens-Lauff des Joſephs-Schaffners Muſai von Samuel Greiffn-Sohn von Hirſchfeld, 494 — 642 S. Nun folgt der dritte Theil mit folgendem beſondern Titel: Des Simpliciſſimi Staatskram ſtatt des auf ſeinen jüngſthin hervor gegebenen Lebens-Wandel nunmehr folgenden dritten und letzten Theils, Nürnb. 713. in dieſem ſind enthalten: 9) Satyriſcher Pilgram in zwey Theilen, S. 1-116. Ich beſitze einen beſondern Druck, welchen Greifenſon ſelbſt unter folgendem Titel beſorgte: Satyriſcher Pilgram, das iſt Kalt und Warm, Weiſs und Schwarz, Lob und Schand &c. durch Sam. Greifenſon vom Hirſchfeld, Leipz. 697. 12. Die

Vorrede, in welcher der Verfaſſer von ſich ſagt, daſs er ſeit ſeinem zehnten Jahre Musquetier geweſen und ohne alle wiſſenſchaftliche Erziehung aufgewachſen ſey, iſt datirt: Hybſpinthal 15. Febr. 1666. 10) Das Rathſtübel Plutonis &c. aus Simpliciſſimi Brunquell ſelbſten geſchöpft und aufrecht Simplicianiſch beſchrieben von Erich Steinfels von Grufenshelm, 1699. S. 117 — 181. 11) Des abentheuerlichen Simpliciſſimi verkehrte Welt von Simon Lengfriſch von Hartenfels 1699. S. 182 — 254. 12) Dietwalts und Amelinden Lieb- und Leids-Beſchreibung von H. J. Chriſtoffel von Grimmelshauſen Gelnhuſano 1699. S. 255 — 342. Wahrſcheinlich iſt dieſes die Almerinde, welche Frankf. 668. 12. von einem Ungenannten herausgegeben wurde. 13) Des Durchleuchtigſten Prinzen Proximi und ſeiner ohnvergleichlichen Limpidä Liebesgeſchichterzählung von H. J. Chriſtoffel von Grimmelshauſen Gelnhuſano 1699. S. 343 — 462. Dieſer Liebesroman erſchien unter demſelben Titel und Namen ſchon 1672. ſ. l. 12. 14) Simplicianiſcher zweyköpfiger *Ratio ſtatus* luſtig entworfen unter der Hiſtorie des weidlichen Königs Saul, des ſanftmüthigen Königs Davids, des getreuen Prinzen Jonathan und des tapfern Generaliſſimi Joabi von Hans Jacob Chriſtoph von Grimmelshauſen Gelnhuſano 1699. S. 515 — 560. 16) Satyriſche Geſicht und Traumgeſchichte von dir und mir, S. 561 — 599. 17) Kurtze und kurtzweilige Reiſebeſchreibung nach der obern neuen Mondswelt, S. 599 — 624. 18) Simpliciſſimi Galgen-Männlein &c. erſtlich durch Simpliciſſimum ſelbſten an Tag gegeben, nachgehends mit nützlichen Anmerk- und Erinnerungen erläutert durch Iſrael Fromſchmidt von Hugenfelſs, 1699 S 625 — 652. 19) Der ſtolze Melcher, 1699. S. 653 678. 20) Simplicii Urſachen warum er nicht Catholiſch werden werden könne, 1699. S. 669 — 684. 21) Der

der Deutſchen Literat. u. Sprachgeſch. 259

erſte Bernhäuter ſamt Simpliciſſimi Gauckeltaſche 1699. S 685 — 710. 22) Manifeſta wider diejenigen, welche aus ſonderbarer Mifsgunſt die roth- und güldene Bärte verſchimpffen und verfolgen, 1699. S. 711 — 720. Die Vorrede dieſer näher beſchriebenen Ausgabe, in welcher zugleich ſehr rührend über die häufigen und unbeſcheidenen Nachdrucke der erſtern Auflagen geklagt wird, gibt den Charakter des Simpliciſſimus und den Urſprung dieſer Benennung in folgender Stelle an:
„Cleopatra erſchien ihrem Antonio in einem Schiffe
„deſſen Hindertheil von Golde; die Segel von
„Purpur, die Ruder von Silber, ſo durch wohl-
„gemäſſigten fallenden Schlag dem Ton unter-
„ſchiedlicher wol mit einander übereinſtimmenden
„Saitenſpiele gar artig und vereinbart folgeten:
„Simpliciſſimus der in keinem Purpur
„gebohren, und die Spiele ſeiner Kind-
„heit auf keinem Throne zugebracht,
„ſtellet ſich in einer klugen Einfalt,
„und weiſs ſeine Perſon auf eine gar
„ſeltſame und darbey luſtige und
„unverdrieſsliche Art aufzuführen. Ob
„die Bücher- und Selbſtgelehrte, ſo ſich zu Ober-
„richtern über andere ſetzen, in wie viel die Kro-
„nen wiegen ſich zu wiſſen rühmen, auch ſonder
„Scheu ſich unterſtehen eingebildete Staatsord-
„nungen zu erfinden, ſogar wolformulirte Reguln
„wornach groſſe Herren ihr Leben und Regierung
„abmeſſen ſollen, zu ſchmieden, und alſo voll-
„kommene Könige in ihren Schriften fürſtellen,
„ſelbſten über andere zu gebieten tüchtig ſeyn
„mögen, ſtelle dahin: einmal iſt unleugbar, daſs,
„welcher die Zeit ſeines Lebens der Einſamkeit,
„Widerwillen und Ungemach zugewidmet, vom
„Ueberfluſſe, den er nicht hat, von der Herrlich-
„keit, die er nicht ſiehet, vom Hofe, da er nie-
„mals geweſen, von Königen, die er nur Namens
„wegen allein kennt, von Kriegen, die er kaum
„in Büchern geleſen, etwas gründliches und wahr-
„ſcheinliches nicht wol fürbringen könne: Nicht

„so Simpliciſſimus, deſſen herrlicher
„Geiſt die Welt weit anders als aus Bü-
„chern kennet, und aus eigner Erfah-
„rung teutſch, aufrichtig, ohne Falſch,
„Scheingleiſſende Auffſchneiderey und
„mit Beſtand der Wahrheit durchgehet,
„daher es denn kommen, daſs ihme den
„Beynahmen des *Teutſchen* (Simpliciſ-
„ſimi) beyzulegen beliebet worden."
Unter den vielen Nachahmungen, welche dieſes
Werk veranlaſſet, ghören folgende zu den vorzüglichſten: Der Simplicianiſche Welt-
kukker, *five* abentheuerlicher *Jean Rebhu*,
f. l. 678. 3 Theile, 12. Der politiſche poſ-
ſierliche und doch manierliche ſimpli-
cianiſche Haſenkopf von Erasmo Gril-
lando, ſ. l. 683. 12. Der überaus kurzweilige und abentheuerliche Malcolmo
von Libandu von Simplicio Simpliciſſimo, ſ. l. 686. 12. Simpliciſſimi alber-
ner Briefſteller, Leipz. 725. 8. *Simpliciſſimus redivivus*, *f. l. 743* 8. Die neueſte Bearbeitung dieſes merkwürdigen Romans iſt: der im
vorigen Jahrhundert ſo weltberufene
Simplicius von Einfaltspinſel, in einem neuen Kleide. Neue nach dem
1685 aufgelegten Original umgearbeitete Auflage, Frankf. Leipz. 790. 8.

c) Geographiſches Kleinod aus zweyen
ſehr ungemeinen Edelgeſteinen beſtehend; darunter der erſte eine Hiſtorie
der neugefundenen Völker Sevaram-
bes genannt &c. der andere aber vor-
ſtellet die ſeltzamen Begebenheiten
Herrn T. S. eines Engliſchen Kauf-Her-
rens, welcher von den Algieriſchen
See-Räubern zum Sklaven gemacht und
in das Inwendige Land von Afrika ge-
führet worden &c. Anfänglich durch
den Autorem ſelbſt geſchrieben, her-

nach in öffentlichen Druck in Englischer Sprache herausgegeben durch A. Roberts. Anjetzo in Hochteutscher Sprache mit vielen schönen Kupfern denen Liebhabern mitgetheilet, Sulzbach 689. 4. Dem *le Clerc Bibl. choisie XXV.* 402 zufolge ist das Original dieses Romans Französischen Ursprunges und hat den Provenzalen Veiras zum Verfasser. Es ist mehrere Mahle und unter andern auch Amst 702. 2 Voll. 12. im Drucke erschienen. Das *traduit de l'Anglois* auf dem Titel wäre folglich vom Verfasser absichtlich dazu hingesetzt, um den Leser zu täuschen, und Roberts wäre alsdann der Englische Uebersetzer. Ueber die Deutsche Bearbeitung s. *Paschii liber de variis modis moralia tradendi*, p. 219. sqq. und einen Auszug derselben in Talanders auserlesenen Frühlingsfrüchten 1703. S. 20. ff. Morhof, welcher in seinem *Polyhistor litterarius* I, 8. p. 75. auch eine Holländische Uebersetzung anführt, beurtheilt das Ganze etwas zu unglimpflich und wird sehr gründlich widerlegt in Christn. Thomasius freymüthigen Gedanken über allerhand neue Bücher, Nov. 1689. S. 949 — 1006. In den neuern Zeiten bearbeitete Jo. Gottwerth Müller die Geschichte der Sevaramben nach dem Französischen Werke Itzehoe 783. 2 Th. 8.

D) Politische Romane.

a) Christ. W. Hagdorns Aeyquan oder der grosse Mogul d. i. Chinesische und indische Staats- Kriegs- und Liebesgeschichte, Amst. 670. gr. 8.

b) Everhard Guerner Happel; geb. 1648 zu Marburg; lebte als professionirter Schriftsteller zu Hamburg; starb 1690. S. *Molleri Cimbria litterata*.

aa) Der Asiatische Onogambo, darinn der jetztregierende grosse sinesische Kaiser Xunchius als ein umschweifender Ritter vorgestellet, dessen und anderer asiatischen Liebesgeschichte, Königreiche und Länder beschrieben werden, Hamb 673. 8.

bb) Der insulanische Mandorell, ist eine geographischhistorische und politische Beschreibung aller Insulen in einer Liebes- und Heldengeschichte, Hamb. 682. 8.

cc) Der italienische Spinelli oder so genannter europäischer Geschichtroman auf das 1685 Jahr in einer Liebes- und Heldengeschichte, Ulm 685. 4 Theile, 8.

dd) Der Ungarische Kriegsroman oder ausführliche Beschreibung des jüngsten Türkenkrieges in einer anmuthigen Liebes- und Heldengeschichte, Ulm 685—697. 6 Theile, 8.

ee) Der Spanische Quintana oder so genannter europäischer Geschichtroman auf das 1686. Jahr, Ulm 686. 4 Theile, 8.

ff) Der Französische Cormantin oder so genannter europäischer Geschichtroman auf das 1687. Jahr, Ulm 687. 4 Theile, 8.

gg) Der Ottomanische Bajazet oder so genannter europäischer Geschichtroman auf das Jahr 1688. Ulm 688. 4 Theile, 8.

hh) Afrikanischer Tarnolast in einer Liebes- und Heldengeschichte, Ulm 689. 8.

ii) Der akademische Roman, worinnen das Studentenleben vorgebildet wird in einer schönen Liebesgeschichte, Ulm 690. 8.

kk) Deutscher Carl oder Europäischer Geschichtsroman auf das 1689. Jahr, Ulm 690. 4 Theile, 8.

ll) Engelländischer Eduard oder Europäischer Geschichtsroman auf das 1690. Jahr, Ulm 691. 4 Theile, 8.

mm) Bayerischer Max oder Europäischer Geschichtsroman auf das 1691. Jahr, Ulm 692. 4 Theile, 8.

nn) Sächsischer Wittkind oder Europäischer Geschichtsroman auf das 1692. Jahr, Ulm 693. 4 Theile, 8.

oo) Der Schwäbische Ariovist oder Europäischer Geschichtsroman, in welchem nach Art des italienischen Spinelli die denkwürdigsten Begebnisse des 1693. Jahres beschrieben werden, 2 Theile, Ulm 694. 8.

pp) Europäischer Toroan oder curieuse Beschreibung aller Königreiche und Staaten in ganz Europa, in einer galanten christlichtürkischen Helden- und Liebesgeschichte, Frankf. u. Leipz. 709. 8.

c) Eines Pseudonymen: Publius Cornelius Scipio, der Africaner, Helden- und Liebesgeschichte. Zwey Theile von dem vergnügten Amydor, Liegnitz 696. 2 Theile, 8.

d) Eines Ungenannten: Der Durchlauchtigsten Hebräerinnen Jiska, Rebecka, Rahel, Assemath und Seera Heldengeschichte zur Erklärung der alten Zeiten, Lüneb. 697. 3 Theile, 8.

e) Eines Pseudonymen: unvergleichliche Heldenthaten des Sächsischen Königs Hengisto und seiner ihn begleitenden Helden von Herolandern, Dresd. 699. 12.

264　II. Th. Scientififcher Grundriſs

6) In der letzten Periode der gegenwärtigen Literaturgeſchichte von 1700—1781 find folgende Romane und Roman-Dichter die merkenswertheſten:

  a) **Menantes**, d. i. Chriſt. Friedr. **Hunold**; ſ. Bd. I, S. 183.

    aa) Satyrifcher Roman, Hamb. 706. 8. *rep.* Stade 718. 2 Theile, 8. *rep.* Hamb. 719. 8.

    bb) Verliebte und galante Welt, Hamb. 715. 8. *rep.* ebend. 749. 8.

    cc) Die liebenswürdige Adalie, Hamb. 731. 8.

    dd) Der unvergleichlich fchönen Türkinn wunderſame Lebens-. und Liebesgeſchichte, Frankf. Lpz. 733. 8.

    ee) Der Europäiſchen Höfe Liebes- und Heldengefchichte, Hamb. 724. 8. *rep.* ebend. 734. 3 Theile, 8.

  b) **Johann Leonhard Roſt**; geb. 1688 zu Nürnberg; ſtarb 1727. S. Wills Nürnbergifches Gelehrten-Lexikon. Unter dem Namen **Meletaon** fchrieb er folgende Romane:

    aa) Die unglückſelige Atalanta oder der fchönen Armenianerinn Lebens- und Liebesbeſchreibung in einem aſiatiſchen Heldengedicht, Frkf. Lpz. 708. 8.

    bb) Die liebenswürdige und galante Noris in einem Heldengedichte, Leipzig 711. 8.

    cc) Die türkifche Helena, ſ. l. 711. 8.

    dd) Die Durchlauchtige Prinzeſſin Tameſtris aus Aegypten, Nürnb. 712. 8.

    ee) Der durchlauchtigſte Hermiontes, Kronprinz aus Syrien, Nürnb. 714. 8.

    ff) Venda, Königinn in Pohlen, Nürnberg 715. 8.

gg) Die unvergleichliche Heldinn, die fchöne Holländerinn, Nürnb. 715. 12.

hh) Verliebter Eremit, oder Liebesgefchichte des Grafen von Caftro, Nürnb. 721. 8. rep. ebend. 741. 8.

c) Von dem Pfeudonymen Celander rühren folgende Romane her:

aa) Der verliebte Student, Cölln 709. 2 Theile, 8. rep. ebend. 714. 8.

bb) Der fchwärmende und doch gefcheide Cupido, Cölln 715. 8.

cc) Verkehrte Welt, oder fatyrifcher Roman, Cölln 718. 2 Theile, 8. rep. Hamb. eod. 8.

dd) Fallendes und steigendes Glück in der Liebe des Grafen Florandors, Frankfurt, 725. 8.

d) Der Pfeudonym Pallidor fchrieb:

dd) Unglückfelige Michal und verfolgter David, Hannov. 707. 8.

bb) Des ifraelitifchen Prinzen Abfalons und feiner Prinzeffinn Schwefter Thamor Staats- Lebens- und Heldengefchichte, Nürnb. 710. 8.

cc) Der weife König Salomo in einer Staats- und Heldengefchichte, Hamb. 712. 8.

dd) Der fchönen und liebenswürdigen Efther merkwürdige und angenehme Lebensgefchichte, Leipz. 713. 8.

e) Friedrich Erdmann von Glaubitz; geb. 16** zu ***: ftarb 17**. Ihm gehört:

Die anmuthige Philofophie in einer wahrhaften, obwohl verdeckten Liebes- und Heldengefchichte, Frankf. Lpz. 713. 8.

f) Friedrich Julius Rottmann; geb. 16**; war *juris utriusque Profeffor* auf der Univerfität Rinteln; ftarb 17**.

Der luftige Philofophus, Rinteln 715. 8. Späterhin gab ein Ungenannter heraus: Das Luftfchloſs, oder Lebens- und Liebesgefchichte eines Magifters der Weltweisheit, Frkf. Lpz. 749. 8.

g) Die Durchlauchtigfte Margarethe von Oefterreich in einer Staats- und Heldengefchichte von Aramenen, Hamb. 716. 8. Aufs Neue edirt und mit einer Vorrede vermehrt von J. J. Rafch, eben 729. 8.

h) Meliffus, ein Pfeudonyme, fchrieb:

aa) Die in dem Grabe erlangte Vermählung der beyden Verliebten Rapymo und Sithbe, Leipz. 717. 8.

bb) Gafante und liebenswürdige *Salinde*, Frankf. 718. 8. rep. Frankf. Lpz. 744. 8.

cc) Den unglücklich - glückfeligen, epirotifchen Graf *Rifano* in einer Liebes- und Heldengefchichte, Nürnb. 720. 8. Vergl. Pelantes Sendfchreiben an Meliffum, darinnen die Hitze feiner rachgierigen Fleurie abgekühlet wird, Frankf. 777. 8.

i) Billiger Lohn getreuer Liebe, oder die aus Conftantinopel auf den armenianifchen Thron erhobene Kaiferliche Prinzeffin Normana, in einer galanten Helden- und Liebesgefchichte von G. Nürnb. 718. 8.

k) Die Liebesgefchichte der Durchlauchtigen Prinzeffinn Medea aus Cypern, befchrieben von Ormenio, Wittenb. 719. 8.

l) F. J. Linde; geb. 16** zu ***; ftarb 17**. Er fchrieb:

Sr. königl. Hoheit, des Kronprinzen von Lielienbau, Liebes- und Heldengefchichte, der galanten Welt vorgeftellet, Cölln 721. 8.

m) Nun müssen der Zeitfolge nach die eigentlichen Robinsonaden aufgeführt werden, von welchen man schon im siebzehnten Jahrhunderte einige Vorläufer antrifft. Den ersten Stoff zu dieser Dichtung nahmen die Deutschen Romanschreiber aus des *Dan. Defoe* Robinson Crusoe, einer wahren Geschichte, welche sich im Anfange dieses Jahrhunderts mit einem englischen Steuermanne, *Alexander Selkirk*, einem gebornen Schotten, auf der Insel Juan Fernandez zugetragen hat. Die erste Deutsche Uebersetzung dieses Robinsons erschien nach der Französischen Dollmetschung unter dem Titel: Robinson Crusoe Leben und gantz ungemeine Begebenheiten, welcher 28 Jahre auf einer unbewohnten Insul, an welche er nach erlittenen Schiffbruch geschlagen worden, gelebet hat, Lpz. 721. 4 Theile, 8. mit Kupf. und 4 Alph. und 4 Bogen stark. *rep.* 731. 8. *rep.* Frankf. 745. 8. *rep.* ebend 765. 766. 8. *rep.* 773. 8. Gleichzeitig mit der ersten Ausgabe erschien: Lustige und seltsame Lebensbeschreibung Peter von Mesange, als den 3ten und 4ten Theil Robinson Crusoe, Leyden 721. 8. und: Ernstliche und wichtige Betrachtungen des Robinson Crusoe benebst seinem Gesicht von der Welt der Engel, Amst. 721. 8. Das in der *Bibliotheca Jo. Alb. Fabricii*, *P. II*, *p. 481* angeführte Leben des Robinson, 2ter Theil, Hamb. 720 8. kenne ich nicht. Die Erscheinung dieses Romans ist für das zweite Viertheil des achtzehnten Jahrhunderts äusserst merkwürdig. Er gab der Deutschen Romandichtung einen ganz eigenen ebenteuerlichen Schwung, welcher sich bis über die Hälfte des gegenwärtigen Jahrhunderts hinaus erhielt und ein fast unübersehbares Heer von Nachahmungen herbeyführte. Diese wirkten vorzüglich dadurch auf die Phantasie, Empfindung und den Geschmack des gemeinen Mannes, daß sie des eigentlichen Robinsons Ebenteuer übertrieben, widersprechende Gefahren zusammendrängten, und Thiere und Inseln aufstellten, welche kein Naturforscher und Weltumsegler entdecken konnte. In der Folge wurde dieser Robinsonsgeist durch die Reisen nach Italien und durch die kriegerischen Händel mit den Türken noch mehr genährt. Die letztern eröffneten eine neue Quelle von Gefahren und Ebenteuern, nämlich die Sklaverey und Mißhandlungen, welche die Christen von den Muselmännern erfahren mußten. Die bekanntesten dieser Nachahmungen von 1722—1769 sind:

aa) Der *teutsche* Robinson, oder B. Creutz, d. i. eines übel gearteten Jünglings seltsame Lebensbeschreibung, Halle in Schwaben, 722. 8 *rep.* ebend 722. 8.

bb) Der *italiänische* Robinson, oder wunderbare Avantüren D. Ant. de Buffalis, eines italiänischen von Adel, Hamburg, 722. 8.

cc) Der *französische* Robinson, oder Fr. Laguet Beschreibung seiner Reisen und wunderlichen Begebenheiten, auf zwey unbewohnten ostindischen Insuln, Liegnitz 723. 8.

dd) Der *geistliche* Robinson, oder Beschreibung einer Reise, so ein Capuciner in viele Lande von Europa und Afrika gethan, Erf. 713. 4.

ee) Der *sächsische* Robinson, oder W. Retchirs Beschreibung seiner durch ganz Europa gethanen Reisen, Leipz. 723. 2 Theile, 8 *rep.* ebend. 744—50. 2 Theile, 8. *rep.* ebend. 759. 8.

ff) Der *schlesische* Robinson, oder Fr. Ant. Wentzels von C. denkwürdiges Leben, seltsame Unglücksfälle und ausgestandene Abentheuer, Bresl. 723. 2 Th. 8.

gg) Jungfer Robinson, oder die verschmitzte junge Magd, Halle 723. 8.

hh) Gefährliche und unerhörte Reisen des Vorgängers aller Ritter, welche bishero ihre Lebensbeschreibungen unter den Namen Robinson für eine sichere Wahrheit ausgeben wollen, s. l. 724 8.

ii) Der *niedersächsische* Robinson, oder J. Fr. von Klencken gethane Reisen, unglückliche Gefangenschaften und wunderbare Befreyungen, Frankf. 724. 8. *rep.* Leipz. 736. 8.

kk) Der unter der Masque eines teutschen Poeten raisonnirende Robinson, Liegn. 724. 8.

ll) Robunse mit ihrer Tochter Robinsgen, oder die politische Standes-Jungfer, Leipz. 724 8. *rep.* Adrianopel s. a. 8.

mm) Der *moralische* Robinson, Halberstadt 724. 8.

nn) Der *Schwedische* Robinson, oder G. Landcrons merkwürdiges Leben und gefährliche Reisen, Nürnb. 726. 8. *rep.* ebend. 743. 8. Auch unter dem Titel: Gustav Landcrons merkwürdiges Leben und gefährliche Reisen durch G. F. v. M. Bresl. Lpz. 753. 8.

oo) Der *Buchhändler* Robinson, oder ausführliche Lebensbeschreibung eines niemals betrübt gewesenen lustigen Sachsen, Lpz. 728. 8.

pp) Der *medizinische* Robinson, oder höchst merk- und denkwürdige Lebens- und Reisebeschreibung eines in diesem Jahrhundert verstorbenen Medici, Schweidnitz 732. 8.

qq) Der *Thüringische* Robinson, d. i. Robinson Baackers, eines gebohrenen Thüringers, curieuse Lebensbeschreibung, Frankf. 737. 8. *rep.* und vermehrt von Pellandern, Gotha 740. 8.

rr) Der *Schwäbifche* Robinſon, oder die wunderſamen Abentheuer des in der Welt herumirrenden neuen Don Quixotte, Lpz. 742. 4.

ss) Der *Brandenburgifche* Robinſon, oder Begebenheiten eines Edelmanns aus der Mark, ſ. l. 744. 8. Auch unter dem Titel: Begebenheiten des Herrn v. W., von U., ſ. l. 744. 8.

tt) Der *Churpfälzifche* Robinſon, oder zehnjährige Reiſen durch die mehreſten Theile der Welt, von J. M. Heberer, 1ſter Theil, Frankf. 747. 8.

uu) Zwey *gelehrte* Robinſon, oder wahrhaftige und ſehr curieuſe Geſchichte der Begebenheiten Joh. Balth. Schäfers und einer Relation von des Franc. Ant. Kirchmeyers Erlöſung aus ſeiner fünfmaligen Gefangenſchaft von Veriamando, Frankf. 478. 8.

vv) Zwey *weſtphälifche* Robinſons auf einmal unter den Perſonen B. d. D. und J. C. L. Frkf. Lpz. 748. 8.

ww) Der *Holländifche* Robinſon, Delitſch 748. 8. In der *Bibliotheca Jo Alb. Fabricii*, P. II, p. *480* wird der Holländifche Robinſon, oder Avanturen Heinrich Texels, Lpz. 721. 8. angeführt.

xx) Der *Nordifche* Robinſon, oder wunderbare Reiſe eines gebohrnen Normanns Waldemar Ferdinand durch Selimenen, Copenh. 749. 3 Theile, 8.

yy) Der *Fränkifche* Robinſon, oder der Mann nach der Vorſchrift der Tugend in den auſſerordentlichen Begebenheiten des Freyherrn von G. Onoltzb. 751. 8.

der Deutschen Literat.. uSprachgefch. 271

zz) Der neue *Französische* Robinson, oder das veränderliche Glück in den auserordentlichen Begebenheiten des Grafen von Kormalock abgebildet, Frankf. Nürnb. 751. 2 Theile, 8.

aaa) Der *Dänische* Robinson, oder Reisen Nils Bygannd, eines gebohrnen Jütländers. Zweite Auflage, Copenh. 752 — 753. 4 Theile, 8.

bbb) Lebensbeschreibung der *europäischen Robinsonetten*, in einem moralischen Roman von V***, Frankf. 752. 8.

ccc) Die *Böhmische* Robinsonih, oder curieuse und merkwürdige Geschichte eines Frauenzimmers, Namens Aemilia, welche geraume Zeit auf einer unbewohnten Insul gelebt, von ihr selbst beschrieben und ans Licht gegeben von Chr. Ernst Fidelino, Frankf. und Leipz. 753. 8.

ddd) Hilarius Goldsteins Leben und Reisen, oder der *unsichtbare* Robinson, mit Anmerkungen von Lucian Tannenbaum, Frankf. 753. 8.

eee) Des *maldivischen* Philosophen Robine und dessen Sohnes Robinson Leben, Thaten und Beherrschung der Philosophen-Insel, Erf. 753. 2 Theile, 8. rep. Frankf. 754. 8.

fff) Der zu Wasser und zu Lande reisende Robinson vom Berge Libanon, Frankf. 755. 8.

ggg) Der *jüdische* Robinson, beschrieben durch Jezer Ben Achrach Trankelar, s. a. 8.

hhh) Die unglücklich-glückliche *Ostfriesländische* Robinsonin, oder merkwürdige Reisen eines adeligen Frauenzimmers, Imela von F** genannt, Frankf. 755. 8.

iii) Der *Harz-Robinſon*, oder Geſchichte des Herrn Theophili von B., worinnen deſſen wunderbare Geburt, Reiſen &c. zu finden, ſ. l. 755. Fortſetzung und Beſchluß, Frankf. 757. 8. rep. ebend. 768. 8.

kkk) Der *Oſtfrieſländiſche* Robinſon, Lpz. 755. 8.

lll) Der *isländiſche* Robinſon, oder die wunderbaren Reiſen und Zufälle Giſſur Isleif, eines gebohrnen Isländers mit unterlaufenden artigen Liebesbegebenheiten anderer Perſonen, Copenh. 755. 8.

mmm) Der *Curländiſche* Robinſon und die *Venetianiſche* Robinſonin, ein moraliſcher Roman, Frankf. 756. 8.

nnn) Der *Färöiſche* Robinſon, oder beſchwerliche Reiſen, auch Glücks- und Unglücksfälle Axel Axelſön, eines gebohrnen Faroers, Copenh. 756. 8.

ooo) Des *Leipziger* Robinſons wahrhafte und ſonderbare Lebensſchickſale, Reiſen und Begebenheiten, Leipz. 757. 8.

ppp) Der *Biſcajiſche* Robinſon, oder wunderbare und abentheurliche Reiſen und Begebenheiten des kurzweiligen Spaniers Don Biſcajino, Bresl. 769. 8.

n) Zu den vorzüglichſten Robinſonartigen Dichtungen, welche im zweyten Viertheile des achtzehnten Jahrhunderts umliefen, und, ohne den Namen Robinſon zu führen, in der Manier deſſelben geſchrieben waren, gehören:

aa) Des ſeltſamen Avanturier ſonderbare Begebenheiten oder Corn. Paulſons wahrhafte Lebensgeſchichte, Lübb. 724. 8.

bb) Die

bb) Die Deutsche *Avanturiere*, oder Geschichte eines charmanten Bürgermädchens in Tilinien von Veramor, f. L. 725. 8.

cc)) Wunderliche Fata einiger Seefahrer, absonderlich Alberti Julii, eines gebornen Sachsens, welcher in seinem achtzehnten Jahre zu Schiffe gegangen, durch Schiffbruch selbvierte an eine grausame Klippe geworfen worden, nach deren Uebersteigung das schönste Land entdeckt, sich daselbst mit seiner Gefährtinn verheirathet, aus solcher Ehe eine Familie von mehr als 300 Seelen erzeugt, das Land vortrefflich angebaut, durch besondere Zufälle erstaunenswürdige Schätze gesammelt, seine in Deutschland ausgekundschafteten Freunde glücklich gemacht, am Ende des 1728sten Jahres, als in seinem hunderten Jahre, annoch frisch und gesund gelebet &c. entworfen von dessen Bruders-Sohnes-Sohnes-Sohne, *Monsieur Eberhard Julio*, curieusen Lesern aber zum vermuthlichen Gemüthsvergnügen ausgefertigt, auch *par commission* dem Druck übergeben von *Gisandern*, Nordhausen 731—743. 4 Theile, 8. Dieser Roman ist auch unter dem Namen: Die Insel Felsenburg, bekannt. Im Auszuge steht er in Reichards Bibliothek der Romane, Th. II, S. 163—173. Neueste und veränderte Ausgaben: Halberst. 772. 8. Gotha 788. 89. 3 Theile, 8. Von demselben Gisander ist mir folgender Roman nur dem Titel nach bekannt: Der aus dem Mond gefallene und nachher zur Sonne des Glücks gestiegene Prinz, oder sonderbare Geschichte Christian Alexander Lunari al. Mehmet Kirili und dessen Sohne Francilci Alexanders, Frkf. Leipz. 750. 8

Eine Nachahmung oder vielmehr Fortſetzung der Felſenburgiſchen Geſchichte erſchien unter dem Titel: die glückliche Inſel, oder Beytrag zu des *Cap. Cook* neueſten Entdeckungen in der Südſee, aus dem verlornen Tagebuche eines Reiſenden, Lpz. 781. 8. Der Zweck dieſes beſſern politiſchen Romans iſt, ein Ideal eines Volkes aufzuſtellen, welches durch weiſe Regierung und echte Religioſität beglückt wird. Der ungenannte Verfaſſer iſt Jo. Gottlob Benj. Pfeil, ſ. Bd. I, S. 194.

dd) Der luſtige Avanturier, Frankf. 738. 8.

ee) Begebenheiten Jo. Mauritius von Brachfelds, Frkf. Lpz. 739. 8.

ff) Pet. Roberts Leben und beſondere Begebenheiten, welcher auf einer unbewohnten Inſel viele Jahre zugebracht Dresd. 746 — 747. zwey Reiſen, 8. Neue Ausgabe ebend. 771. 2 Theile, 8.

gg) Der americaniſche Freybeuter, oder Leben Robert Pierots, eines gebohrnen Holländers von ihm ſelbſt in Franzöſiſcher Sprache geſchrieben, nunmehr aber ins Deutſche überſetzt von *M. N. O. P. Q.* Frankf. u. Copenh. 742 — 745, 4 Theile, 8. *rep.* Copenh. 752 — 761, 4 Theile, 8. *rep.* Frankf. Leipz. 752. 8. *rep.* Copenh. 772. 8. Dieſer Roman iſt Deutſches Original und ſteht im Auszuge in Reichards Bibliothek der Romane, Th. II, S. 180 — 191.

hh) Der reiſende Avanturier, oder ſehr merkwürdiges Leben und Begebenheiten eines Flamländiſchen Ritters, Frkf. 749. 750. 3 Theile, 8.

ii) Der Siebenbürgiſche Avanturier, oder Lebensgeſchichte Adelbert Melluſii, Frankf. 750. 8.

kk) Der Schweizeriſche Avanturier, Frkf. 750. 8.

ll) Der Bremiſche Avanturier, oder wunderbare Reiſen Florentin Chrufaden, Frkf. Leipz. 751. 8. Im Auszuge in Reichards Bibliothek der Romane, Th. VIII, S 264 — 70.

mm) Der curiöſe Avanturier, Frkf. 752. 8.

nn) Der Däniſche Avanturier, oder des Herrn von R. wunderbare Begebenheiten und Reiſen, Frkf. 751. 752. 2 Theile, 8. rep. Augsb. 769. 8.

oo) Der Dresdner Avanturier, Frkf. 755 — 757. 3 Theile, 8.

pp) Der Leipziger Avanturier, Frankf. 756. 2 Theile, 8.

o) Der im Irrgarten der Liebe herumtaumelnde Cavalier, oder Reiſe und Liebesgeſchichte eines vornehmen Deutſchen von Adel, Herrn von St***, welcher nach vielen ſowohl auf Reiſen, als auch bey andern Gelegenheiten verübten Liebesexceſſen endlich erfahren müſſen, wie der Himmel die Sünden der Jugend im Alter zu beſtrafen pflegt. Ehedem zuſammengetragen durch Herrn E. v. H. nunmehr aber allen Wollüſtigen zum Beyſpiel und wohlmeynender Warnung in behörige Ordnung gebracht und zum Druck befördert von einem Ungenannten, Warnungsſtadt, 740. 8. rep. ſ. l. 747. 8. rep. ſ. l. 793. 8. Im Auszuge in Reichards Bibliothek der Romane, Th. II, S. 194 — 220. Der Held dieſes Romans iſt Herr von Elberſtein, unter deſſen Namen er auch oft angeführt wird. Er machte unter den Liebesavanturen, welche in Italien ſpielen, eine Hauptepoche, und fand in Deutſchland lange Beyfall und Nachahmung.

p) Jo. Mich. von Loen, ſ. Bd. I, S. 192. 193.

Sein redlicher Mann am Hofe, oder die Begebenheiten des Grafen von Rivera, Frankf. a. M. 740. 8. rep. ebend. 751. 8. rep. ebend.

752. 8. *rep.* Ulm 760. 8. *rep.* ebend. 771. 8. ist eine glückliche Nachahmung des Engländer Richardson, welche wegen des überall sichtbaren Gefühls für die Rechte der Menscheit, und wegen der edeln Freiherzigkeit, mit welcher die Verirrungen in Politik, Religion und Literatur gerügt werden, noch jetzt gelesen und geschätzt zu werden verdient. Ein Auszug desselben steht in Reichards Bibliothek der Romane, Th. I, S. 103 — 123. Daselbst wird auch S. 101 eine Holländische Uebersetzung desselben erwähnt, welche mir nicht weiter bekannt ist. Henriette von Rivera, oder die redliche Frau am Hofe, Ulm 770. 8. kenne ich nur dem Titel nach.

q) Christian Fürchtegott Gellert; s. Bd. I, S. 234.

Leben der Schwedischen Gräfinn von G. Leipz. 746. 8. *rep.* ebend. 747. 748. 2 Theile, 8. *rep.* ebend. 750. 8. *rep.* ebend. 758. 8. *rep.* ebend. 770. 8. und in seinen sämtlichen Schriften, ebend. 784. 10 Theile, 8. In das Französische übersetzt von Formey, Berl. 754. 8. und von einem Ungenannten 779. 8. Englisch: *Life of the Countess G. translated by a Lady*, 776. 8. Italiänisch von einem Ungenannten, 17**. 8.

r) Sal. Gesners *Daphnis* erschien schon Zürch, 754. 8. mit Lateinischen Lettern. S. oben Idylle, S. 182. b).

s) Joh. Gebhard Pfeil, geb. 17** zu ***; Prediger zu St. Nikolai in der Neustadt Magdeburg; starb 17**.

Er, und nicht sein Bd. I, S. 194 angeführter Namensverwandter, soll zuverlässig der Verfasser der Geschichte des Grafen von P. seyn. S. Meusels gelehrtes Teutschland, Nachtr. I. zur 4ten Ausgabe, S. 489. Dieser Roman, welcher zu seiner Zeit mit Beyfall gelesen wurde, erschien zuerst Leipz. 755. 8. *rep.* ebend. 756. 8. wurde dann noch zwey Mahle ebend. 760. 8. und 762. 8. wiederholt und zuletzt Lpz. 765. 8. neu aufgelegt.

der Deutschen Literat. u. Sprachgesch.

t) **Christian Opitz**; geb. 1745 zu Petersdorf im Hirschbergischen; Anfangs evangelischer Kantor bey der Stadtkirche und Lehrer bey der Stadtschule zu Goldberg in Schlesien; dann Prorector der Schule zu Liegnitz; starb 1787.

Er hat Antheil an dem zu seiner Zeit beliebten Romane: Die Gleichheit des menschlichen Herzens bey der Ungleichheit ihrer äusserlichen Umstände, in der Geschichte Herrn Redlichs und seiner Bedienten, Wittenb. 756—771. 4 Theile, 8. rep. Frankf. Leipz. 769—771. 4 Theile, 8. Der vierte Theil ist von Jo. Gottlieb Schummel.

u) Die Geschichte des Herrn Wilhelm von Hohenberg und der Fräulein Sophie von Blumenthal, nach dem Geschmacke Herrn Fieldings, in vier Büchern, Langensalze 758. 8.

v) **Jo. Karl Aug. Musäus**; s. Bd I, S. 203. und Wielands teutschen Merkur 1790. St. 12.

aa) Grandison der zweite, oder Geschichte des Herrn von N***, in Briefen entworfen, Eisen. 760—762. 3 Theile, 8. Plan und Proben s. in den Berlin. Litteraturbriefen, Th. XXI, S. 145—172. rep. ebend. 768. 8. Neue umgearbeitete Ausgabe, Eisen. 780. 8.

bb) Volksmährchen der Deutschen, Gotha 782—786. 5 Theile, 8. rep. ebend. 787. 788. 5 Theile, 8.

w) **Christoph Martin Wieland**; s. Bd. I, S. 115.

aa) Araspes und Panthea, Zürch 760. 8. rep. ebend, 777. 8. Englisch in den *Dialogues from the German. of Mr. W.* Lond. 775. 8.

bb) Der Sieg der Natur über die Schwärmerey, oder Abentheuer des Don Sylvio von Rosalva, Ulm 764. 2 Theile, 8. rep. Leipz. 772. 8. 2 Theile, 8. Französisch Dresd. 769. 2 Voll. 8. Par. und Leipz. 771. 4 Voll. 8.

Englifch 773. 8. Schwedifch Stockholm 787. 8.

cc) Gefchichte des Agathon, Frankf. Leipz. 766. 767. 2 Teile, 8. rep. Leipz. 773. 4 Theile, 8. Englifch von Juftamond, Lond. 773. 4 Voll. 12. Französifch Leyden 774 8 Voll. 12. und Leyden & Par. 778. 8. Im Auszuge in der *Bibliotheque des Romans* 1778. Holländifch Amft. 780 — 782. 8. Ital. Leipz. 789. 8.

dd) Der goldne Spiegel, oder die Könige von Schefchian, Leipz. 772. 4 Theile, 8. Französifch Frankf am M. 773. 4 Voll 8.

ee) Gefchichte der Abderiten, Weimar 776. 8. Neu umgearbeitet und vermehrt, Leipz. 781. 2 Theile, 8. Holländifch in der Monatsfchrift der Rhapfodift 1775 Dänifch in mehrern Stücken der *almeen. Danske Bibl. 1780*. Befonders gedruckt Copenh 781. 8.

Vergl. Wielands fämtliche Werke, von welchen bis jetzt 30 Bände nebft einem Supplementbande zu Leipzig bey Göfchen in gr. 4. gr. 8. kl. 8. und auf verfchiedenen Papierforten heraus gekommen find.

x) Jo. Jak. Dufch; f. Bd. I, S. 119.

aa) Oreft und Hermione, in vierzehn Büchern, Leipz 762. 8. rep. unter dem Titel: Die Stärke der edlen und reinen Liebe, Berl. 766 8. Holländifch mit einer Vorrede von *Rhynvit Feith* 786. 8.

bb) Gefchichte Karl Ferdiners aus Originalbriefen, Bresl. 776 - 780. fechs Abtheilungen in 3 Bänden, 8. Holländifch, Amfterd. 787. 8.

y) Jo Timotheus Hermes; geb. 1738. zu Petznick in Pommern; Anfangs Feldprediger des von Krockowifchen Dragonerregiments zu Lüben in Schlefien; dann Fürftlich - Anhaltifcher Hofprediger, dann Paftor Primarius und Infpector der Schule zu Plefs in Ober-

Schlesien; hierauf Ecclesiastes der Hauptkirche zu St. Marie Magdelenen, Professor und Inspector des Real-Gymnasiums zu Breslau; seit 1775 Propst zum h. Geist, Pastor der Hauptkirche zu St. Bernhardin und Beysitzer des Consistoriums zu Breslau, und seit 1791 Pastor zu St. Marie Magdelenen daselbst.

- aa) Geschichte der Miß Fanny Wilkes, Leipz. 766. 8. rep. ebend. 770. 2 Theile, 8. rep. ebend. 781. 2 Th. 8. Holländisch 178*. 8.
- bb) Sophiens Reise von Memel nach Sachsen, Leipz. 769—773. 5 Theile, 8. rep. ebend. 775. 6 Theile, 8. rep. ebend. 778. 8. 6 Theile, 8. Nachgedruckt zu Carlsruhe und auch zu Schaffhausen, 778. 6 Theile, 8. Holländisch 777—787. 8. Dänisch von J. Wolf, Kopenh. 782. 8.

z) Jo. Gottlieb Schummel; s. Bd. I, S. 292.

- aa) Empfindsame Reisen durch Teutschland, Wittenb. und Zerbst 770—772, 3 Th. 8.
- bb) Der vierte Theil des Herrn Redlich, Wittenb. 771. 8. s. oben t).
- cc) Fritzens Reise nach Dessau, Lpz. 776. 8.
- dd) Spitzbart, eine komi-tragische Geschichte für unser pädagogisches Jahrhundert, Leipz. 779. 8. Nachgedruckt Tübingen 780. 8.
- ee) Wilhelm von Blumenthal, oder das Kind der Natur, Leipz. 780. 781. 2 Theile, 8.
- ff) Der kleine Voltäre, eine teutsche Lebensgeschichte für unser freygeisterisches Jahrhundert, Liegn. und Leipz. 782. 8. zweyte vermehrte Auflage ebend. 785. 8.

aa) Albrecht von Haller; s. Bd. I, S. 190.

- aaa) Usong, eine morgenländische Geschichte in vier Büchern, Bern 771. 8. rep. ebend. 774. 8. rep. ebend. 778. 8.

bbb) Alfred, König der Angelsachsen, Bern 773. 8.

ccc) Fabius und Cato, Bern 773. 8.

bb) Marie Sophie la Roche, geborne von Guttermann; geb. 1731 zu Kaufbeuern; vermählt dem ehemaligen Trierischen Geheimenrathe und Kanzler zu Speyer, Geo. Mich. la Roche, sonst Frank; seit dem December 1788 Witwe.

 aaa) Geschichte des Fräulein von Sternheim, herausgegeben von C. M. Wieland, Leipz. 771. 2 Theile, 8. rep Amst. und Bern 772. 8. unter dem Titel: Bibliothek für den guten Geschmack. Holländisch Amst. 177*. 8. Französisch, Paris 774. 2 Voll. 12. und von *Mar. Elis. de la Fite* Haag 773. 2 Voll 12. Englisch unter Wielands Namen von Jos. Collyer, Lond. 775. 12. und von Edw. Harwood, Lond. 776. 2 Theile, 8.

 bbb) Rosaliens Briefe an ihre Freundinn Mariane von St. Altenb. 779—781. 3 Th. 8.

cc) Jo. Joach. Christph. Bode; geb. 1731 zu Lichtenberg im Braunschweigischen; Herzogl. Sachsen-Meinungischer Hofrath; seit 1782 Herzogl. Sachsen Gothaischer Legationsrath zu Weimar, und seit 1791 Hessen-Darmstädtischer Geheimerrath; starb am 13. Dec. 1793.

 Hieher gehört er wegen des 3ten und 4ten Theiles von Yoricks empfindsamen Reisen, Hamb. und Brem. 768. 8. rep. 770. 8. rep. 771. 8. rep. 775. 8. welche sein Eigenthum sind.

dd) Ludwig Ferdinand von Hopffgarten; geb. 1745 zu Dresden; seit 1767 wirklicher Appellationsrath daselbst.

 aaa) Der Sieg der Einfalt über den Verstand, Leipz. 772—774, 4 Theile, 8.

 bbb) Der Cavalier und Menschenfreund, oder Geschichte des Barons von Grandom, Leipz. 773. 774. 2 Theile, 8.

der Deutschen Literat. u. Sprachgeſch. 281

ccc) Der Miniſter, eine Geſchichte, Leipz. 775. 8.

ddd) Trim, oder der Sieg der Liebe über die Philoſophie, Leipz. 776. 8.

eee) Heim, oder die Geſchichte des beſtraften Eigenſinns, in Briefen, Leipz. 778. 2 Theile, 8.

ee) Friedr. Nicolai, ſ. Bd. I, S. 202.

Das Leben und die Meynungen des Herrn M. Sebaldus Nothanker, 1ſter Theil, Berl. 773. 8. 2te Auflage deſſelben, ebend. 774. (oder vielmehr 773.) 8. 2ter Theil, ebendaſelbſt 775. und 3ter Theil ebendaſelbſt 776. 8 Nachgedruckt zu Frankfurt am M. und auch zu Hamm und Höchſt. Ueberſetzt: Franzöſiſch „par un ami du Heros" Lond. 774. 8. und zugleich mit Thümmels Wilhelmine, Bern 774. 8. Auch Lond. 777. 8. Däniſch, Kopenh. 774. 8. rep. ebend. 777. 8. Holländiſch von J. G. Faber, Amſt. 773. 774. 8. und zugleich mit Thümmels Wilhelmine von van Meerſch., Amſt. 776 8. Schwediſch von Er. Forſſen, Gothenburg 788. 3 Theile, 8. Dieſer vortreffliche Roman verdient in einem ausführlichern Werke, als mein gegenwärtiger Grundriß ſeyn kann, eine beſondere Geſchichte, in welcher die Veranlaſſung und Wirkungen deſſelben erzählt, und die zahlreichen Gegenſchriften und Nachahmungen aufgeführt werden müſſen, welche er in und auſſer Deutſchland veranlaſt hat. Auch verdienen hier die von glaubwürdigen Gewährsmännern herrührenden mündlichen Sagen, von welchen eine Herrn Prof. Jo. Aug. Eberhard zu Halle zum alleinigen Verfaſſer, und die andere denſelben nur zum vorzüglichſten Theilnehmer macht, einer nähern Unterſuchung unterworfen zu werden.

ff) Joh. Wolfg. von Göthe, ſ. Bd. I, S. 201.

Die Leiden des jungen Werthers, Lpz. 774. 8. rep. ebend. 775. 8. Berl. 776. 2 Theile, 8. und in seinen oben angegebenen Schriften Häufig nachgedruckt. Uebersetzt: Französisch von B. S. de S., Erlangen 776. 8. von d'Yverdun, mit Beurtheilung der *Wertheriana*, Par. 776. 8. Maſtricht 786. 8. und von Aubry mit Wold. F. Grafen von Schmetteu *Discours sur la litterature allem.* Mannh. und Par. 777. 8. Die letzten Briefe Werthers an Lotten, Franz. nachgeahmt in des Grafen von Hartig *Melanges de Vers et de Prose*, Par. und Lüttich 788. 8. Englisch, Lond. 779. 12. Auszug in Versen von Amal. Pickering, Lond. 788. 4. Italiänisch von Caj. Graffi mit einer Vertheidigung dieses Werkes, Poschiavo 782 8. und von Kr. Ludger. Lond. 788. 2 Voll. 12. Schwedisch Stockholm 783. 8. Russisch von Kyriak, S. Petersb. 17** 8. Unter den Deutschen Schriften, welche durch diesen classischen Roman veranlaſst wurden, sind die vorzüglichsten: Freuden des jungen Werthers, Leiden und Freuden Werthers des Mannes (von Friedrich Nicolai) Berl. 775. 8. Etwas über die Leiden und Freuden des jungen Werthers, Dresd. 775. 8. (Von Christian Aug. Bertram.) Gespräche über die Leiden des jungen Werthers, Berl. 775. 8. (von Riebe) Das Wertherfieber ein unvollendetes Familienstück, Leipz. 776. 8. In Meusels gelehrten Teutschlande, Nachtr. I. zur vierten Ausgabe S. 206. wird E. A. A. von Göchhausen als Verfasser dieser Satyre angegeben, und in der Hallischen gelehrten Zeitung 1776. S. 639. wird derselbe durch B. v. J. bezeichnet. Masuren, oder der junge Werther, Frankf. Lpz. 775. 8. (von Aug. Friedr. von Goue) Mordgeschichte vom jungen Werther, Romanze, s. l. 776. 8. Die Leiden des jungen Werther, Trauerspiel, Bern 776. 8. Die Leiden der jungen Wertherinn, Eisen. 776. 8. (von Aug. Konr. Stockmann.) Werther, ein bürgerliches Trauerspiel, Frankf. und Leipz. (Breslau) 777. 8.

(von Willer.) Unter den theoretischen Schriften über diesen Roman gehören Engels Briefe über denselben im Philosophen für die Welt unstreitig zu den vorzüglichsten.

gg) Jo. Karl Wetzel; s. Bd. I, S. 202.

aaa) Lebensgeschichte Tobias Knauts des Weisen, sonst der Stammler genannt, aus Familien-Nachrichten gesammelt, Leipz. 774. 775. 4 Theile, 8. Holländisch 780. 8.

bbb) Belphegor, die wahrscheinlichste Geschichte unter der Sonne, Leipz. 776. 2 Theile, 8.

ccc) Ehestandsgeschichte des Herrn Philipp Peter Marks, im teutschen Merkur 1776. Neu bearbeitet und mit einer neuen Geschichte: Die wilde Betty, vermehrt, Lpz. 779. 8. Schwedisch Stockh. 780. 8.

ddd) Robinson Crusoe, neu bearbeitet, Lpz. 779. 780. 2 Theile, 12. Russisch, Moskau 781. 8.

eee) Herrmann und Ulrike, ein komischer Roman, Leipz. 780. 4 Theile, 8. Nachgedruckt zu Tübingen 780. 8.

fff) Wilhelmine Arend, oder die Gefahren der Empfindsamkeit, Dessau und Leipz. 781. 2 Theile, 8. Nachgedruckt zu Karlsruhe.

hh) Jo. Paul Sattler; geb. 1747 zu Nürnberg; seit 1774 Conrector am Stadtgymnasium daselbst, und seit 1787 Professor der Deutschen Sprache an derselben Schulanstalt.

aaa) Friederike, oder die Husarenbeute, Nürnb. 774. 2 Theile, 8. rep. ebend. 775. 8.
bbb) Reinhold und Sophie, Berl. 783. 8.

ii) Adam Beuvius; geb. 17** zu ***; Schreibmeister beym Kadettenkorps zu Berlin; starb 178*.

aaa) Der Eigenſinn des Glücks in auſſerordentlichen Begebenheiten des Barons von T. und ſeiner Familie, Leipzig 775. 8.

bbb) Louiſe yon H., oder der Triumph der Unſchuld, Leipz 775. 8.

ccc) Die Macht der Verführung, Lpz. 776. 8.

ddd) Henriette, oder der Huſarenraub, Berl. 780. 3 Theile, 8. Däniſch Kopenh. 781. 8. Polniſch Warſchau 771. 8. und Frauſtdt 783. 8. Franzöſiſch unter dem Titel: *Henriette de Gerſtenfeld ou lettres ecrites pendant la derniere guerre de 1779 Lauſanne et Genf 781. 2 Voll. 8.* Engliſch *Henriette of Gerſtenfeld, a German Story Lond. 787. 788. 2 Voll. 8.*

kk) Jo. Wolfgang Andr. Schöpfel; geb. 1752 zu Neuſtadt an der Aiſch; ſeit 1777 Anſpach-Bayreuthiſcher Regierungs-Advocat und Secretär bey dem Ober-Forſtamt zu Neuſtadt an der Aiſch, und ſeit 1784 Jagd-Rath zu Bayreuth.

aaa) Martin Flachs, eine Geſchichte des achtzehnten Jahrhunderts, Leipz. 775. 776. 2 Theile, 8.

bbb) Thomas Imgarten, eine wahre Geſchichte, Leipz. 777. 8.

ll) Friedrich von Blankenburg; geb. 1744 bey Kolberg; ehemals Lieutnant bey dem Preuſs. Krokowſchen Dragonerregiment zu Lüben in Niederſchleſien; erhielt 1777 die geſuchte Entlaſſung mit dem Charakter als Hauptmann, und privatiſirte als ſolcher zu Leipzig, wo er 1796 ſtarb.

Beyträge zur Geſchichte des teutſchen Reichs und teutſcher Sitten, ein Roman, 1ſter Theil, Liegnitz 775. 8. Ein zweyter Theil iſt nie erſchienen.

mm) Joh. Moritz Schwager; geb. 1738 zu Kulkule in der Fürſtl. Schwarzenbergiſchen Herrſchaft

Gimborn in Weftphalen; evangel. Lutherifcher Prediger zu Jöllenbeck in der Graffchaft Ravensberg.

aaa) Leben und Schickfale des Martin Dickius, Brem. 775. 776. 3 Theile, 8. *rep.* ebend. 776. 3 Theile, 8.

bbb) Die Leiden des jungen Franken, eines Genies, Minden 777. 8.

ccc) Stillbachs Leben, ein Zauberroman, iftes Bändchen, Leipz. 781. 8. Ein zweytes Bändchen ift, fo viel ich weiß, noch nicht erfchienen.

nn) Jo. Martin Miller; f. oben fcherzhaftes Lied S. 115. und fein Leben von ihm felbft in Bocks und Molers Sammlung von Bildniffen Gelehrter und Künftler, 11tes Heft, Nürnb. 793. 8.

aaa) Briefwechfel dreyer akademifcher Freunde, Ulm 776. 777. 2 Sammlungen, 8. *rep.* ebend. 778. 779. 2 Theile, 8.

bbb) Siegwart, eine Kloftergefchichte, Lpz. 776. 2 Theile, 8. zweyte vermehrte Auflage, ebend. 777. 3 Theile, 8. mit Kupf. Ueberfetzt: Polnifch von St. Stawski, Bresl. 779. 8. Französifch Bafel 783 8. und von de la Veaux Par. 785. 8. -- (Friedrich Bernritter's) Siegwart, oder der auf dem Grab feiner Geliebten jämmerlich erfrorne Kapuziner, eine Kloftergefchichte, Mannh. 777. 8. ift wahrfcheinlich eine von den vielen Nachahmungen des Millerfchen Romans.

ccc) Beytrag zur Gefchichte der Zärtlichkeit, Leipz. 776. 8. Nachgedruckt zu Karlsruhe, 776. 8. Zweyte, mit einem Anhange verfehene Ausgabe ebend. 780. 8. Nachgedruckt zu Bamberg, 780. 8. Dänifch im *Nyefte Magaz. af Fortællinger*, II. Jahrg. 1 B. 1 H. auch befonders gedruckt 780. 8.

ddd) Geschichte Karl von Burgheims und
Emiliens von Rosenau, in Briefen, Lpz.
778. 779. 4 Theile, 8. Nachgedruckt zu Hamburg und Altona (Tübingen) 779—781.
und zu Karlsruhe, eod. 4 Theile, 8. Holländisch Utrecht 785. 8.

eee) Karl und Karoline, eine Geschichte,
Wien 783. 8. Ist ohne sein Wissen aus dem 1sten
Bande der Beobachtungen zur Aufklärung des Verstandes und zur Besserung des Herzens, Ulm 779—782. 3 Theile
8. abgedruckt worden.

oo) Friedrich Aug. Weber; geb. 1752 zu Heilbron in Schwaben; Doctor der Arzneygelahrtheit zu
Heilbronn.

Leben, Thaten und Meynungen des D.
Jo. Peter Menadie, Halle 777—781. 4 Th. 8.

pp) Jo. Heinr. Jung; geb. 1740 zu Grund, Amtes
Hilchenbach im Fürstenthume Nassau - Siegen; Anfangs
Arzt zu Elberfelde im Herzogthum Berg; dann Lehrer der Arzneygelahrtheit bey der hohen Kameral.
Schule zu Lautern; hierauf Professor der Forst- und
Landwirthschaft, Fabrik und Handlungswissenschaft
und Vieharzneykunde zu Heidelberg; und seit 1787
Professor der Oekonomie, Finanz- und Kameralwissenschaft zu Marburg.

aaa) Heinrich Stillings Jugend, eine wahrhafte Geschichte, Berl. 777. 8.

bbb) Heinrich Stillings Jugendjahre, Berl.
778. 8.

ccc) Heinrich Stillings Wanderschaft, Berl.
778. 8. Alle drey nachgedruckt Tübingen
780. 8. Seiner eigenen öffentlichen Erklärung
zufolge ist in diesen drey Werken und in dem
später erschienenen: Heinrich Stillings
häusliches Leben, Berl. Leipz. 789. 8. seine
eigene Lebensgeschichte enthalten.

ddd) Geschichte des Herrn von Morgenthau, Berl. 779. 2 Theile, 8. Nachgedruckt zu Tübingen, 779. 8. Holländisch, Arnheim 787. 8.

eee) Geschichte Florentins von Fahlendorn, Mannh. 781 — 783. 3 Theile, 8.

qq) Jo. Gottwerth Müller; geb. 17** zu ***; Buchhändler zu Itzehoe.

aaa) Der Ring, eine komische Geschichte nach dem Spanischen, Itzehoe 777. 8. zweyte rechtmäsige Ausgabe, Götting. 788. kl. 8. Französisch von K. L. von Bilderbeck unter dem Titel: *le nouveau Paris ou le malice de trois femmes*, und aus diesem wieder ins Deutsche übersetzt Frankf. a. M. 787. 8. und auch Zittau 787. 8. Vergl. Müllers Vorrede zur zweyten Ausgabe. Dänisch nach der zweyten Ausgabe von von Flueg, Kopenh. 788. 8.

bbb) Siegfried von Lindenberg, Itzehoe 177* 4 Theile, 8. zweyte rechtmäsige und durchaus geänderte Ausgabe, Lpz. 781. 4 Theile, 8. Dritte, vom Verfasser verbesserte Originalausgabe, Leipz. 783. 4 Theile, 8. Fünfte durchgehends vermehrte und verbesserte Ausgabe, Berl. und Stett. 790. 4 Theile, 8. Dänisch von von Flueg, Kopenh. 786. 4 Theile, 8.

rr) Theodor Gottlieb von Hippel; geb. 1741 zu Gerdauen in Ostpreußen; seit 1765 Advokat beym Stadtgerichte zu Königsberg in Preußen; dann Hofgerichts-Advocat; seit 1772 städtischer Gerichts-Verwandter und Assessor des Stipendien-Collegiums; bald darauf Criminalrath, dann Stadtrath, Beysitzer des Armen-Collegiums, Hofhalsrichter und Criminal-Director; seit 1780 dirigirender erster Bürgermeister und Policey-Director mit dem Charakter eines Kriegsrathes, welcher 1786 mit dem eines Geheimen Kriegsrathes verwechselt wurde; starb 1796 zu Königsberg in Preußen. S. Ludw. Ern. Borowsky über das Autorschicksal des Verfassers des Bu-

ches über die Ehe, der Lebensläufe nach
aufsteigender Linie u. a. m. Königsb. 797. 8.
Durch diese kleine, aber äuſserst lesenswürdige, Schrift
ist es nun endlich hinreichend entschieden, daſs kein
anderer als Hippel der Verfaſſer des folgenden merkwürdigen Romans sey, über deſſen Verfaſſer beynahe
zwanzig Jahre lang geſtritten worden iſt:

Lebensläufe nach aufſteigender Linie.
Nebſt Beylagen A. B. C., 1ſter Theil, Berl. 778.
2ter Theil 779. 3ten Theils erſter Band, 781. 3ten
Theils 2ter Band 781. 8. mit Kupfern von Chodo-
wiecki.

ss) David Chriſtoph Seybold; geb. 1747 zu Bra-
ckenheim im Würtembergiſchen; Anfangs und bis
1774 Profeſſor zu Jena; dann Profeſſor und Rector des
Gymnaſiums zu Speyer; ſeit 1776 Profeſſor und Rector des Gymnaſiums zu Grünſtadt in der Grafſchaft
Leiningen; ſeit 1779 Profeſſor an dem Gymnaſium zu
Buchsweiler im Elſaſs.

aaa) Reitzenſtein, oder die Geſchichte eines teutſchen Officiers, Leipz. 778. 779.
2 Theile, 8. Nachgedruckt zu Kempten 177*8.

bbb) Hartmann, eine Würtembergiſche
Kloſtergeſchichte, Leipz. 778. 8. Nachgedruckt zu Tübingen 177* 8.

tt) Friedrich Andreas Stroth; geb. 1750 zu
Triebſees; ſeit 1773 Rector. des Gymnaſiums zu Quedlinburg; ſeit 1779 Herzogl. Sachſen-Gothaiſcher Kirchenrath und Rector der Landes-Schule zu Gotha; ſtarb
am 26. Jun. 1785.

Karl Weiſſenfeld, ein Leſebuch für
Mütter, angehende Erzieher, und junge
Leute, Leipz 778. 779 2 Theile, 8. Wahrſcheinlich hatte er auch einigen Antheil an dem Romane,
welchen ſeine Gattinn Chriſtiane, geb. Boyſen
unter dem Titel: Julie von Rheinſtein, eine
Geſchichte aus dem Bayerſchen Succeſ-
ſionskriege, Lpz. 781. 8. heraus gab.

uu) Frieuu) Friedrich Maximil. Klinger; f. Bd. I, S. 292. Ift jetzt Major bey dem Ruſs. Kaiſerlichen Kadettenkorps.

aaa) Orpheus, eine tragifchkomifche Gefchichte, Genf (Baſel) 778—780. 7 Theile, 8. Völlig umgearbeitet und zuſammengezogen unter dem Titel: Bambino's ſentimentaliſchpolitifche, komifchtragifche Gefchichte, St. Petersb. und Leipz. 791. 4 Theile, 8.

bbb) Prinz Formoſos Fiedelbógen und der Prinzeſſin Sanaclara Geige, òder Gefchichte des groſſen Königs, Genf 780. 2 Theile, 8.

ccc) Plimplamplasko der hohe Geiſt (heut Genie) eine Handfchrift aus den Zeiten des Knipperdollings und D. Martin Luthers, von einem Dilettanten der Wahrheit, Genf 780. 8.

vv) Aug. Gottlieb Meiſsner; f. Bd. I, S. 305.

aaa) Skizzen, 3 Sammlungen, Leipz. 778—780. 8. Verbeſſert ebend. 783. 8. (Nachgedruckt zu Carlsruhe 781. 8.) 4te Sammlung Leipz. 782. 8. (Nachgedruckt zu Tübingen 783. 8.) 5te und 6te Sammlung Leipz. 784. 8. Die ſechste Sammlung enthält nichts weiter als die Verbeſſerungen und Vermehrungen der neuen Auflage von den drey erſten Theilen. 7te und 8te Sammlung Lpz. 785. 8. 9te und 10te Sammlung ebend 788. 8. Von der erſten bis achten Sammlung erſchien die dritte verbeſſerte Ausgabe Leipz. 792. 8. mit neuen Kupfern. Mehrere Skizzen ſtehen in das Franzöſiſche überſetzt in Bonneville's *Choix de petits Romans imites de l'Allemand* und in des Cap. de Boaton *eſſais en verſe et en proſe*, Berl. 783. 8. Däniſch in den *Almeen. Sàmlinger*, Bd. II, St. 2. Odenſee 781. und in *Munsre Bibl.* Kopenh. Jahrg. 1784.

bbb) Bianka Capello, vorher in den Skizzen, dann belonders bearbeitet und herausgegeben Lpz. 785. (784) 8. Dänifch in der *Muntre Biblioth.* Jahrg. 1784. Franzöfifch *par Mr. Rauquil Lieutaud,* Par. 789. 2 *Voll.* 12. und *par l'Auteur du Vicomte de Barjac et de l'effay fur la Secte des Illuminés (Luchet)* Par. 790. 3 *Voll.* 12.

ccc) Gefchichte der Familie Frink, 1ster Theil, Leipz. 779. 8.

ddd) Alcibiades, Leipz. Th. 1. 781. 8. Th. 2. ebend. 783. 8. Th. 3. ebend. 785. 8. Neue Auflage der 3 Theile, Leipz. 785. 8. Nachdruck des 1ften und 2ten, Carlsruhe 782. 783. 8. Der 4te und letzte Theil, Leipz. 787. 8. Franzöfifch vom Grafen von Brühl, Dresd. 789. 790. 4 Theile, 8. und umgearbeitet (angeblich) von Mercier unter dem Titel: *Alcibiade enfant &c* 789. 4 *Voll.* 8. Ein Stück deffelben in der *Eugenie par Mad. de la Fite* 787 8.

ww) Chriftian Friedrich Timme; geb. 1752 zu Arnftadt; privatifirte zu Erfurt; ftarb am 7ten Jun. 1788.

aaa) Faramonds Familiengefchichte, in Briefen, Erf. 779 — 781. 4 Theile, 8. 2te Aufl. ebend 782 8.

bbb) Der Empfindfame, Maurus Pankrazius Ziprianus Kurt, auch Selmar genannt, ein Moderoman, Erf. 781 — 783. 4 Theile, Neue Auflage ebend. 785 — 787. 8.

ccc) Wenzel von Erfurt, eine Robinfonade, Erf. 784 — 786. 4 Theile, 8.

xx) Jo. Friedr. Ernft Albrecht; geb. 1752 zu Stade; Anfangs *Dr. legens* zu Erfurt; feit 1776 Leibarzt des Grafen von Manteufel zu Reval; privatifirte hierauf abwechfelnd zu Erfurt, Prag und Leipzig, und ift jetzt Buchhändler zu Prag.

aaa) Waller und Natalie, eine Gefchichte

in Briefen, 779. 780. 4 Theile, 8. Zweite Auflage, Leipz. 782. 3 Theile, 8.

bbb) **Liebe ist ein wunderlich Ding, oder Geschichte der Familie Frank**, Hamb. 781. 782. 2 Theile, 8. Zweyte Auflage, ebend. 787. 8.

ccc) **Sophie Berg, ein Beytrag zur geheimen Geschichte des Klosterlebens** Leipz. 782. 2 Theile, 8.

ddd) **Felder und Nascha, mehr als Roman;** Leipz. 782. 2 Theile, 8.

yy) **Friedrich Theophilus Thilo;** geb. 1749 zu Roda in Sachsen; seit 1771 Kurfürstl. Sächsischer Advokat und Actuarius im Amte Wendelstein in Thüringen.

Emilie Sommer, eine Geschichte in Briefen, Lpz. 780. 2 Theile, 8. Zweyte verbesserte Originalausgabe ebend. 785. 4 Theile, 8. Holländisch, Utrecht 785.

zz) **Adolph Franz Friedrich Ludwig Baron von Knigge;** geb. 1752 zu Bredenbeck im Hannöverschen; Sachsen-Weimarischer Kammerherr; lebte abwechselnd zu Frankfurt am Mayn, zu Heidelberg, Hannover; war seit 1790 Oberhauptmann und Scholarch in der Reichsstadt Bremen, starb 1796.

aaa) **Der Roman meines Lebens**, Riga 780—783. 4 Theile, 8. Auch Frankf. a. M. 781. 782. 4 Theile, 8.

bbb) **Geschichte Peter Claufens**, Riga 783. 784. 3 Theile, 8. Zweyte Auflage ebend. 794. 8. Französisch unter dem Titel: *le Gilblas allemand ou Avantures de P. C.* Par. 789. 3 Voll. 8. Holländisch Haarlem 792. 8. Englisch London 793. 3 Voll. 8.

aaa) **Christian Friedrich Schwan;** geb. 1733 zu Prenzlau; seit 1778 Kurpfalzbayerischer Hofkammerrath und Buchhändler zu Mannheim.

Fritz von Elmenau, Mannh. 780. 8.

bbb) Jo. Friedr. Jünger; geb 175* zu Leipzig; ſtarb 1797 als k. k. Hoftheaterdichter zu Wien.

Huldreich Wurmſamen von Wurmfeld, ein komiſcher Roman, Leipz. 781. 782. 2 Theile, 8.

ccc) Heinrich Peſtalotz; geb. 1746 zu Zürch; wohnte zu Neuenhof bey Brugg in Kanton Bern; ſtarb 1793.

Lienhard und Gertrud, Berl. 781. 8. 2ter Th. 784. und 3ter 785. 8. Ganz umgearbeitet Zürch 790—792. 3 Theile, 8. Franzöſiſch von Pajon de Moncets, Berl. 783. 8. und von einem Ungenannten Lauſanne 783. 2 Theile, 12.

ddd) Chriſtian Friedrich Sintenis; geb. 17** zu Zerbſt; Conſiſtorialrath und Piediger daſelbſt.

Waldro, der letzte Vater in der Reihe der Edlen, Halle 781. 3 Theile, 8. Auch legt man ihm bey: Die Begebenheiten der Reinfeldiſchen Familie, Wittenb. 779. 8.

eee) Friedr. Aug. Klemens Werthes; geb. 1748 zu Buttenhauſen in Schwaben; lebte Anfangs abwechſelnd zu Mannheim, Düſſeldorf, Venedig, Lauſanne und Münſter; war dann Profeſſor der Italiäniſchen Literatur auf der Univerſität zu Stuttgard; hierauf Hofmeiſter zweyer jungen Edelleute zu Göttingen; ſeit 1784 Profeſſor der ſchönen Wiſſenſchaften zu Peſt in Ungarn.

Begebenheiten Eduard Bomſtons in Italien, ein Roman in Briefen, Altenb. 782. 8. Nachgedruckt Karlsr. 783. 8. Franzöſiſch Lauſanne 789. 8.

Anhang.

1) Für die Geschichte des Deutschen Romans haben wir bis jetzt noch kein Werk, in welchem der Ursprung, die stufenmäfsige Ausbildung der ganzen Gattung, und die Eigenthümlichkeiten des Deutschen Geschmacks in derselben mit kritischer Genauigkeit entwickelt und dargestellet worden wären. Daher muſs man sich hier mit folgenden, nicht ganz befriedigenden, Hülfsbüchern begnugen: Gotth. Heideggers *Mythoscopia romantica*, oder Discours von den so benannten Romans, d. i. erdichteten Liebes- Helden- und Hirten-Geschichten; von deren Ursprung, Einrisse, Verschiedenheit, Nütz- oder Schädlichkeit, samt Beantwortung, Einwürfen und andern Remarquen, Zürch 698. 8. *Jac. Volckmanni Dissert. de fabulis Romanensibus antiquis et recentioribus præs. Geo. Paschio, Kilon* 703. 4. Vergl. mit *Geo. Paschii liber de variis modis moralia tradendi, p. 178 - 221. (Kilon 707. 4.)* Jo. Sal. Semlers Gedanken von Uebereinkommung der Romane mit den Legenden, Halle 749. 4. In (Friedr. von Blankenburgs) Versuch über den Roman, Lpz. Liegn. 774. 8. find S. 3 — 7 einige gute hieher gehörige historische Grundzüge aufgestellet worden. H. A. O. Reichards Bibliothek der Romane, Riga 782 — 793. 20 Theile, 8. von welcher die ersten 9 Bände vorher auch zu Berlin 778 — 783. 8. heraus kamen, bleibt immer noch ein gutes Hülfswerk, wenn ihr gleich die literarische Genauigkeit mangelt. Das vollständigste Verzeichniſs von Deutsch geschriebenen und in das Deutsche übersetzten Romanen enthält der *Catalogus Bibliothecæ selectæ, quam adornavit Jo. Joach. Schwabe, Prof. Lips. P. II, p. 268 — 363. (Lipſ. 785. 2 Voll. 8.)* Hier werden 1687 Bände Deutscher Romane von den Jahren 1523 — 1783 aufgeführt, unter welchen aus dem siebenzehnten Jahrhunderte allein sich 144 Deutsche Romane befinden.

2) Die vorzüglichsten Sammlungen für diese Gattung sind:

a) Scherz mit der Wahrheit. Vom guttem Gespräche, In Schimpff vnd Ernst-Reden, vil höfflicher, weiser Sprüch, lieblicher Historien vnd Lehren, zu Vnderweisung vnd Ermanung in allem thun vnd Leben der Menschen, Auch ehrlichen Kurtzweilen, Scherz vnd Freudenzeiten zur erfrewung des gemüts zusammenbracht. Jetzund *New vnnd vormals dermassen nie ausgegangen. Cum privileg. Imperat.* Getruckt zu Fankf. a. M. bey Christian Egenolff. Im Mertz des Jars 1501. 80 Blätter, Fol. Diese Sammlung besteht aus 221 Volksmährchen von verschiedenen Verfassern, unter denen auch einige aus fremden Sprachen entlehnt worden sind. Proben s. in Reichards Bibliothek der Romane Th. VI, S. 65 bis 82. Ebendaselbst Th. XVII, S. 115—126. gibt ein Ungenannter neue Proben aus einer Ausgabe, welche unter dem Namen erschien: Schimpf und Ernst &c. Strasb. 525. F. 700 Erzählungen stark. Der 231sten Erzählung zufolge war der Verfasser dieser Ausgabe ein Barfüsser-Mönch, Jo. Pauli, zu Strasburg, welcher dieselbe im Jahre 1518 veranstaltete. Eine Augsburger Ausgabe vom Jahr 1536. F. besitzt die schätzbare Bibliothek der Abtey Langheim in Franken. Hier wird in der Vorrede, auf der Rückseite des Titelblattes vom Verfasser, Jo. Pauli, gesagt: daſs er Lesmaister zu Tann in dem Barfüsserclofter gewesen sey, und daselbst bey den viertzig Jaren gepredigt habe. Eine spätere Ausgabe, Augsb. 544. F. besitzt Hr. Prof. Veesenmeyer zu Ulm. S. Gräters Braga I, 2. S. 184.

b) Das Buch der Liebe &c. vom Jahre 1587. s. oben S. 242—243.

c) Schäffereyen von der schönen Juliane durch *Ollenicem du Montsacre*, Strasb. 617. 2 Theile, 8. Proben s. in Reichards Bibliothek der Romane, Th. IX, S. 135—154.

der Deutschen Literat. u. Sprachgesch. 295

d) Galantes Magazin, oder Sammlung der neuesten ergötzlichsten Begebenheiten ausnehmender Liebesgeschichten, Frankf. Leipz. 753. 2 Theile, 8.

e) Landbibliothek zu einem angenehmen und lehrreichen Zeitvertreibe, Leipz 762—778. 30 Theile, 8. Unterschieden von der Hamburgischen Landbibliothek, Hamb. 770. 8 Theile, 8. Moralische Erzählungen zur Ergäntzung der Landbibliothek, Frankf. 770. ff. 5 Bände, 8.

f) Abendstunden in lehrreichen und anmuthigen Erzählungen, Bresl. 760—774. 14 Theile, 8. Neue Abendstunden, oder fortgesetzte Sammlung &c. ebend. 768—778. 14 Theile in 8. Von denselben Verfassern sind auch: Neue Feen- und Geistermährchen, Lpz. 768. 8.

g) Abendzeitvertreib in verschiedenen Erzählungen, Leipz 760. ff. 11 Theile, 8.

h) Das Cabinet der Feen, oder gesammelte Feen- und Geistermährchen, Nürnb. 765. ff. 9 Theile, 8.

i) Romane und Feenmährchen, Glogau 770. 5 Theile, 8.

k) Das Vergnügen auf dem Canapee, Leipz. 771—779. 11 Theile, 8. —. Geschichten und Erzählungen, Danz. 771—778. 10 Bände, 8.

l) Sittliche und rührende Unterhaltungen für das Frauenzimmer, Leipz. 774—780. 11 Bände, 8.

m) Lese-Cabinett zum Nutzen und Vergnügen, Leipz. 779—784. 10 Theile, 8.

n) Auswahl kleiner Romane und Erzählungen, Bresl. 780—792. 2 Sammlungen, 8. (von J. Ebert.)

o) Kleine Romane, Erzählungen und Schwänke, Berl. 782—792. 9 Theile, 8. (von W. C. S. Mylius.)

p) Dschinniſtan, oder auserleſene Feen- und Geiſtermährchen, Winterthur 786—789 3 Bände, 8. (von C. M. Wieland.).

q) Romanen-Magazin von Friedr. Schulz, 1ſter Band, Berl. 791. 8.

r) Romantiſches Allerley, eine Sammlung kleiner Romane, Gera 793. 8.

3) Folgende Nachleſe abſichtlich ausgelaſſener Romane mag hier für die Liebhaber und Kenner derſelben ſtehen:

A) Aus der ältern Zeit:

a) Der weis Ritter, wie er ſo getreulich beiſtund ritter Leuwen des Hertzogen ſun von Burges, das er zuletzt ein kunigreich beſaſs. ſ. l. et a. Fol. Auf der Univerſitätsbibliothek zu Ingolſtadt befindlich. S. Panzers Annalen S. 47.

b) Der Ritter vom Turn von Exempeln, der gotſſforcht vnd erberkeit. Am Ende: der Spiegel der Tugent — jn tutſch transferiert vnnd gezogen, Baſ. 493. Fol. rep. Augsb. 498. F. rep. Baſ. 513. F. rep. Strasb. 519. 4. Das Original iſt Französiſch und der Verfaſſer deſſelben hieſs Gottfr. de Tour Landri, ſtammte aus einem vornehmen Geſchlechte zu Anjou, und blühte um das Jahr 1371. Der Deutſche Bearbeiter iſt Marquart vom Steyn, Ritter und Landvogt zu Montpellicart. S. Panzers Annalen, S. 206. 236. 359. 430.

c) Von dem vntrenlichen vngenäten Rock vnſers herren Jeſu chriſti, den jm ſein auserwelte muter — ſelbs mit jren keuſchen henden gewürkt hat, wie der einem alten Juden von Pylato vnd Herode gegeben ward. Vnd nach vil geſchichten wunderbarlich einem kunig (Arenndel genannt) worden iſt, der jn

gen Trier bracht. Augsb. 512. 4. Diefer
Roman, in welchem eigentlich die gefährlichen
Ebenteuer erzählt werden, welche König Arenn-
del, um den ungenähten Rock zu erhalten, be-
ftand, mufs wohl unterfchieden werden von des
Strafsburger Arztes Jo. Adelphus warhaff-
tige Sag oder red von dem Rock Jefu
Crifti neulich in der heyligen Stat
Trier erfunden &c. Nürnb. 512. 4. Ueber
beyde f. Panzers Annalen S. 340. 341.

d) Von des oben S. 222. angeführten *de la Grife* Liebeskampf gehört der 3te, 4te und 6te Theil
hieher.

e) Andr. Rihlmanns Streit der Ehre und
Liebe, Hamb. 663. 8. f. oben S. 102. 103.

f) Konr. Heinr. Viebing; der unvergleichlichen, wunderfchönen allertugend-
vollkommenften Weifemunden Lebens-
und Leidens-Gefchicht &c. befungen
von dem hurtigen Rofelieben, Helmft.
680. 8. S. *Neumeifter de poet. fac. XVII, p.* 107
— 108.

g) *Jo. Ludov. Prafchii Pfyche cretica Ratisponæ*, 685.
12. Deutfche Ueberfetzung unter dem Titel:
geiftlicher Roman von der menfchli-
chen Seele, Leipz. 705. 12.

h) Der verliebte und vergnügte Carneval
zu Venedig, darinnen eine der curieu-
feften Liebesbegebenheiten mit allerhand unvermutheten Trennungen,
wunderfamen Zufammenkünften, artigen Verirrungen, unverhofften Zufäl-
len und feltenen Glücksveränderun-
gen, auf eine ganz fonderbare und anmuthige Art vorgeftellt wird von S. G.
Jen. 694. 12. Im Auszuge in Reichards Bibliothek der Romane, Th. X, S. 167—73.

i) Jo. Kühnauens mufikalifcher Quackfalber, Dresd. 700. 12. S. *Bibliotheca Plameriana*, P III, p. 72.

k) Die Liebe ohne Beftand, oder der bey feiner Liebe zuletzt niemals glückliche Liebhaber Orontes, in einer wahrhaften Gefchichte vorgeftellt von Liedpolandern, Bresl. 724. 8. *rep.* Frankf. Leipz. 752. 8. unter dem Titel: bey beglückter Friedenszeit jauchzende Polislinde. Auszug in Reichards Bibliothek der Romane, Th. XVIII, S. 104 — 106.

l) Das fallende und fteigende Glück in der Liebe des Grafen Florander, in einem Liebesroman der galanten Welt zum Zeitvertreib befchrieben von *Celandor*, Frkf. Lpz. 725. 8. Im Auszuge in Reichards Bibliothek der Romane, Th. XVIII, S. 107 — 110.

m) Merkwürdiges Leben einer fehr fchönen und weit und breit gereifeten Tyrolerinn, Frkf. Lpz. 746 8. Vom M. Deer zu Leipzig verfafst; f. den Schwabifchen Catal. Th. II, S. 298.

n) Pygmalion und Elife, f. l. 749. 8. Von Jo. Geo. Sulzer.

o) Liebesgefchichte oder das drey Männer zugleich im Leben habende Weib von Jo. Casp. Dieteln, f l. Im Verlage des Autors 749 8. In Verfen abgefafst.

p) Die unerwarteten Verhängniffe über groffe Geifter in den Begebenheiten eines Leipziger Students, welcher bald geiftlich, bald weltlich, bald ein Secretar, bald ein Soldat, bald ein Schaufpieler, bald wieder ein Seefahrer gewefen, allezeit aber ein ehrlicher Mann geblieben, unterm Namen von Siegmund Jrenius von ihm felbft befchrieben und allen Freunden von beständigen Sitten und Ergötzungen gewidmet, Frkf. Lpz. 765. 3 Theile, 8. *rep.* ebend. 767. 3 Theile, 8. Im Auszuge in Reichards Bibliothek der Romane, Th. X, S. 174—188.

B) Aus der neuern Zeit:

a) H. E. v. Teubern; Dubois und Giaconda, eine corsische Geschichte, Züllichau 766. 8. — Louise, oder die Macht der weiblichen Tugend, Lpz 768 8. *rep.* ebend. 774. 8.

b) J. C. Bock; die Tagereise, Leipz. 770. 8. Neue Auflage unter dem Titel: Geschichte eines empfundenen Tages, 775. 8.

c) Fanchettens Fuss, eine moralische Geschichte, Lüneb. 770. 3 Theile, 8. (steht auch in der Hamburger Landbibliothek.)

d) Ferdinands von Fathom Begebenheiten, Kopenh. 770. 2 Theile, 8.

e) Roderich Randoms Begebenheiten, Hamb. 770. 2 Theile, 8.

f) Geschichte des Baron Grandoms, Leipz. 773. 2 Theile, 8.

g) Die Pilgrimme, ein komischer Roman, Leipz. 773. 8. — Der Pilgrim, oder ein Gemälde des Lebens, Leipz. 775. 8.

h) Geschichte der Frau von F***, Original, Chemnitz 774. 8.

i) Marie Anne Sagar, geborne Roskoschny; die verwechselten Töchter, Prag 774. 8. Karolinens Tagebuch, Prag 774. 8.

k) Heinr. Gottfr. von Bretschneider; Ferdinand von Thon, Nürnb. 775. 776. 2 Theile, 8.

l) Geschichte der Lucie Fenton, Eisen. 775. 3 Theile, 8.

m) Geschichte der Familie Selby, Danz. 775. 2 Theile, 8.

n) E. A. A. von Göchhausen; Antoinette, ein Mährlein aus der andern Welt, Leipz. 775. 8.

o) Die Lais von Smyrna, oder Nachrichten zum Leben der Pfycharion, Sm (Gotha) 776. 8.

p) Veit Rofenſtock, auch genannt Rofenbaum, Rofenſtrauch, Rofenthal, Rofier. Eine Geschichte worinn viel gekanngießert wird, Wittenb 776. 3 Theile, 8. Nachgedruckt Frankf. und Leipz. 775. 3 Theile, 8.

q) Geschichte des Freiherrn von Cronheim von E. P. v. C. Eisen. 776. 2 Theile, 8.

r) Scenen aus dem menschlichen Leben, oder die Geschichte einer Spröden, Lpz. 777. 8.

s) Chryfophil, oder der Weg zum Glücke, Altenb. 777. 8.

t) Carl Sievers, eine Geschichte, 1ſtes Bändchen, Hamb. 777. 8 2tes Bändchen, fortgesetzt von F. L. Epheu (d. i. G. Hanker) ebend. 782, 8.

u) Jo. Adam Gotthard Kirſten, Lottchens Reise ins Zuchthaus, Leipz. 777 — 778. 3 Theile, 8. rep. ebend. 784. 8.

v) Fanelys und Milforts Briefe, oder die Irrungen der Liebe, Berlin 777. 2 Theile, 8.

w) Geschichte des Gerundio von Campaces, eines Predigers, Leipzig 777. 2 Bände, 8.

x) Briefe eines Frauenzimmers aus dem funfzehnten Jahrhundert, Augsb. 777. 8. rep. ebend. 783. 12. Ein ganz guter Halbroman im Rittercoſtume und Altdeutſcher Sprache, und von dieser Seite ganz in der Manier von Veit Webers (Wächters) Sagen der Vorzeit gearbeitet. Der Verfasser ist Paul von Stetten der jüngere.

y) Jak. Friedr. Abels Beytrag zur Geschichte der Liebe, Leipz. 778. 2 Theile, 8.

z) Fragmente aus der Geschichte eines liebenden Jünglings, Halle 778. 8. In Siegwarts Manier.

aa) Heim, oder die Geschichte des beftraften Eigensinnes, Lpz. 778. 2 Theile, 8.

bb) Wilhelm und Luise, eine Geschichte in Originalbriefen, Altenb. (778.) 8.

cc) Adolfs gesammelte Briefe, Lpz. 778. 8.

dd) Wahlmann, oder durch die eine ward er böse und durch die andere wieder gut. Schriebs C. F. S. und widmets allen seinen jungen Menschenbrüdern, welche auch C. F. S., oder C. S. F., oder F. S. C., oder keins von allen diesen heißen, Wittenb. 778. 2 Theile, 8. Nachdruck: Frankf. Leipz. eod. 8. Muthmaßlich vom Verfasser des Veit Rosenstock.

ee) Fr. Herzbergs Leben und Meinungen des Till Eulenspiegels, ein Volksroman, Breslau 779. 2 Theile, 8.

ff) C. W. Kindleben; Leben und Abentheuer des Wilibald Schluterius, Halle 779. 8.

— Matthias Lukretius, Halle 780. 8.

— Emanuel Hartenstein, Halle 780. 8.

— Florido, oder Geschichte eines unglücklichen Philosophen, Halle 781. 8.

gg) Heinr. Aug. Ottok. Reichard's Blauauge, ein Mährchen aus Morgenland, Leipz. 780. (779.) 8.

hh) Christian Jak. Wagenseils Schildheim eine Deutsche Geschichte, Gotha 779. 2 Theile, 8.

ii) Gustav Aldermann, ein dramatischer Roman, Leipz. 779. 2 Theile, 8.

kk) Heerfort und Klärchen, Frankf. 779. 2 Theile, 8.

ll) Stephanie, ein Roman, Berl. 779. 2 Th. 8.

mm) Leben des berühmten Tonkünstlers Heinr. Wilh. Gulden, Berl. 779. 8. Ist nur der erste Theil und hat den hiesigen Kapellmeister Hrn. Jo. Friedr. Reichardt zum Verfasser.

nn) Geschichte der Francisca Hartenstein, in Briefen, Berl. 779. 8.

oo) J. Friedel; Eleonore, kein Roman, eine wahre Geschichte in Briefen, Berl 780. 781. 2 Theile, 8. — Karl und Klärchen, eine Scene aus dem letzten Kriege, Halle 781. 8.

pp) Wilh. Edelwald, die Geschichte eines verlornen Sohnes, Lpz. 780. 2 Theile, 8.

qq) Geschichte eines Landpredigers in Westphalen, wie sie im Gange des Lebens aufstößt, Berl. 780. 8.

rr) Julie von Hirtenthal, eine Geschichte in Briefen, Eisen. 780 – 783. 3 Th. 8.

ss) C. G. Contius; des jungen Blendheims Klagen im Schattenreiche. Eine Geschichte aus der Schweden Zeiten, Dresd. 780. 8.

tt) Max Wind und Consorten. Oder am Ende werden sie vielleicht noch alle klug. Ein Beytrag zur Geschichte der Narren, Wittenb. 780. 8. Nachdruck: Frankf. und Leipz. 780. 8. Ist nur der erste Theil und wahrscheinlich vom Verf. des Veit Rosenstocks.

uu) Karl Engelmann, eine Geschichte in Oberfachsen, Jen. 780. 2 Theile, 8.

vv) Geschichte eines Genies, Leipz. 780. 2 Theile, 8.

ww) Ludwig Müllers Freuden und Leiden, Stend. 789. 3 Theile, 8.

xx) Das Leben meines Vaters, Berl. 780. 2 Theile, 8. Unter demselben Titel kam auch zu Lübeck 780. 2 Theile, 8. ein Roman heraus.

yy) Peter Vollmuth, am Ende ein ganz anderer Mann, Berl. 780. 2 Theile, 8.

zz) Geschichte Carls von Hellberg, Leipz. 781. 2 Theile, 8.

aaa) Ferdinand von Löwenhain, Leipz. 781. 2 Theile, 8.

bbb) Ludwig Freudenthal, oder die glückliche Retirade des Weisen von edlerem Gelichter, Liegnitz und Leipz. 781. 2 Theile, 8.

ccc Philipp von Freudenthal, Berl. 781. 782. 2 Theile, 8.

ddd) Mahler Friedrich, ein Beytrag zur Menschenkunde, ein dramatischer Roman, Leipz. 781. 2 Theile, 8.

eee) Roderich, Vater und Sohn, Reval 781. 2 Theile, 8.

fff) Carl und Henriette von Thalheim, eine Familiengeschichte, Altenb. 781. 8.

ggg) Geschichte Thalheims und Julianens von B., Bresl. 781. 8. Eine Wertheriade.

hhh) Kilian Pips, eine Candidatengeschichte, Leipz. 781 8.

iii) Henriette Wallmann, ein Beytrag zur vornehmen bürgerlichen Erziehung. Bresl. 781. 8.

kkk) Carl Treumann und Wilhelmine Rosenfeld, Leipz. 781. 8.

lll) Wild, oder das Kind der Freude, Berl. 781. 2 Theile, 8.

mmm) Lorenz Weſtenrieders Leben des guten Jünglings Engelhof, München 781. 782. 2 Theile, 8. Der erſte gute Roman in Bayern, welcher vorher ſchon zum Theil in den Bayriſchen Beyträgen zur ſchönen und nützlichen Litteratur, München 779 bis 781. 3 Th. 8. ſtand.

XIV. Gemifchte Gedichte,

welche unter die angegebenen Claffen nicht gebracht werden können.

A) Gemifchte Gedichte von der ernfthaften Gattung.

1) **Otfried**; f. Bd. I, S. 26. war Benediktinermönch im Klofter Weiffenburg im Unterelfafs, und Schüler des berühmten Rhabanus Maurus und des Bifchof Salomon zu Koftnitz. Das Jahr und den Ort feiner Geburt weifs man eben fo wenig, als feinen Todestag. Er blühte in der zweyten Hälfte des neunten Jahrhunderts. Jo. Trittenheim führt in dem *Catal. viror. illuftr.* aufser mehrern theologifchen Schriften auch noch *Carmina diverf. generis* und ein Buch *epiftolarum ad diverfos* als damals unter feinem Namen exiftirende Werke an. Aufser diefen befinden fich von ihm: in der Kaiferlichen Bibliothek zu Wien handfchriftlich eine Paraphrafe der Pfalmen und des Vater Unfers, f. *Kollarii Analecta T. I, p. 715*. Sein hieher gehöriges Hauptwerk ift feine Bearbeitung der vier Evangeliften in oftfränkifchen Reimen, welche man Theils zur epifchen, Theils zur didaktifchen Gattung zählen kann. Sie ift nicht fowohl Paraphrafe, als vielmehr Vereinigung der Erzählungen aller vier Evangeliften mit vielen eigenen myftifchen Deutungen und Philofophemen durchwebt. Vorangefchickt find vier Zueignungsfchreiben an Kaifer Ludwig den

Deutſchen, an den Mainzer Erzbiſchof Liutbert, an Salomon, Biſchof zu Koſtnitz, und an die Mönche Hartmut und Werembert im Kloſter St. Gallen. Handſchriftlich befindet ſich dieſes merkwürdige Werk zu Wien in der Kaiſerlichen Bibliothek, im Vatikan zu Rom, und zu Freiſingen. Die Wiener Handſchrift, welche muthmaſslich in Otfrieds Zeitalter verfaſst worden iſt, beſteht aus 193 Pergamentblättern in groſser Quadratform. Die Freiſinger Handſchrift iſt im Anfange verſtümmelt, und hat viele Fehler in Anſehung der Stellung der Verſe. Die Vatikaniſche Handſchrift iſt am Ende mangelhaft. Nach dieſer ſoll Flacius Illyricus ſeinen oben angegebenen Abdruck beſorgt haben. In Friedrich Adelungs Nachricht von altdeutſchen Gedichten vermiſse ich den längſt gewünſchten Aufſchluſs über dieſe Handſchrift. Der Abdruck in Schilters *theſaurus antiqq. Teut.* entſtand aus einer Vergleichung, welche Scherz zwiſchen der Wieneriſchen und Vatikaniſchen Handſchrift anſtellte. Auch ſoll ſich noch eine Handſchrift zu Frankfurt am Mayn befinden. Zu den im erſten Bande angeführten Erläuterungsſchriften gehört noch Dav. Hofmanns *diſſ. de Otfrido Helmſt.* 717. 4.

2) Albrecht von Halberſtadt; ſ. Bd. I, S. 97. Um das Jahr 1210 verfertigte er eine poetiſche Bearbeitung der Ovidianiſchen Metamorphoſen in Deutſcher Sprache. Eine Handſchrift oder ein Druck des Originals iſt bis jetzt noch nicht aufgefunden worden. Wir haben aber noch eine neuere Umarbeitung dieſes Werkes von Geo. Wickram aus Colmar, welche Mainz 545. F. zuerſt erſchien und Frankf. a. M. 581. F. wiederholt wurde. Wickrams Arbeit wurde ſpäterhin von einem Ungenannten wieder geändert unter folgendem Titel heraus gegeben:

P. Ovidii Metamorphoſis, Oder: wunderbarliche vnd ſeltzame Beſchreibung von den Menſchen, Thiern vnd anderer Creaturen Veränderung, auch von dem Wandeln, Leben vnd Thaten der Götter Martis, Veneris, Mercurii &c. Allen Poeten, Malern, Goldschmieden, Bildhauern vnd Liebhabern der edlen Poesie vnd fürnembsten Künsten nützlich vnd lustig zu lesen. *Jetzt wiederumb auff ein neuwes* dem gemeinen Vatterlandt Teutscher Nation zu grossem nutz vnd Dienst auls sonderlichem fleiß mit schönen Figuren, auch des Hochgelehrten Herrn *Gerardi Lorichii* der Fabeln Außlegung verneuert, corrigiert vnd an Tag geben, Frankf. a. M. 609. gr. 4. *rep.* ebend. 631. 4. *rep* ebend. 641. 4. Proben und Bemerkungen f. in den Beyträgen zur Critischen Historie der Deutschen Sprache, Bd. I, S. 118 — 129. Dunkels Nachrichten von verstorbenen Gelehrten, Bd. II, S. 409 — 413.

3) *Eremitæ Philiberti Francigenæ Rixa animæ et corporis*, ein Gedicht aus dem dreyzehnten Jahrhunderte, befindet sich handschriftlich auf der Kaiserl. Bibliothek zu Wien. Ebendaselbst befindet sich ein Deutsches Gedicht desselben Inhalts und Zeitpuncts ebenfalls handschriftlich, welches wahrscheinlich eine Uebersetzung von dem zuerst angeführten ist.

4) Jo. Enenkls Fürstenbuch und dessen Universal-Chronik, f. Bd. I, S. 40. 41. und S. 310.

5) Ottokars von Horneck österreichische Chronik, f. Bd. I, S. 48. 49.

6) Von Nic. Jeroschins Bd. I, S. 53. näher angegebenen Werke befindet sich auch eine Handschrift im Vatikan auf Pergament in Folio mit der Auffschrift: Geschichte des deutschen Ordens bis 1326, von Nicolaus von Gewschin; f. Friedr. Adelungs Nachricht S. 29.

7) Otto von Paſſau; f. Bd. I, S. 56. befindet sich auf 359 papiernen Folioblättern handschriftlich im Vatikan unter der Aufschrift: *Poema sacrum sub figura regia de 24 senioribns utriusque testamenti.* Am Ende nennt sich der Verfasser Bruder Otte von Paſſouwe zu Basel ist Franciscus ordens lesemeister. Dann

folgt der Zusatz: 1457 geschrieben von hans sei-
ler. S. Friedr. Adelungs Nachricht S. 57 und 166.
Uebrigens ist dieses Gedicht so unbekannt nicht, als es
hier angegeben worden ist.

8) Michel Behem; geb. 14** zu Sulzbach in der Herrschaft Weinsperg; s. seine Reim-Chronik im Anfang der
Vorrede und S. 8. 9. und 470' des Werkes selbst. Daher wird er auch schlechthin *Poeta Weinspergensis* genannt. Er lebte anfangs am Hofe des Kurfürsten von der
Pfalz, Ludwig des dritten, hielt sich dann bald im
Hoflager des Kaiser Friedrichs, bald bey dem Böhmischen Könige Ladislaus auf, bis ihn der Kurfürst
von der Pfalz, Friedrich der erste, in seine Dien-
ste zog, um seine Geschichte in Versen zu beschreiben.
Er fing diese Arbeit am Fronleichnamstage 1469 an, und
theilte sein Werk in drey Bücher ab. Er gesteht es S.
675. selbst, dass er das ausführliche Geschichtwerk des
Kurfürstl. Pfälzischen Kaplans Matthias von Kem-
nat zum Grunde gelegt, und von dem Heidelbergischen
Protonotarius, Alexander Pollendorfer, dabey
unterstützt worden sey. So viel ich weiss, ist diese poetische Biographie und Chronik bis jetzt noch nicht im
Drucke erschienen. Christoph Jak. Kremer besaß eine Handschrift derselben und theilte viele Proben
aus derselben mit in seiner vortrefflichen Geschichte
des Kurfürsten Friedrichs des ersten von
der Pfalz, Mannh. 766. 2 Theile, 4. Im Vatikan befindet sich eine Handschrift von diesem Gedichte No. 335.
mit der Aufschrift: *Mich. Behamii vita et res gestæ Fride-
rici Elect. Palat. Rheni.* S. Friedr. Adelungs Nachricht S. 24. Auch befinden sich in derselben Bibliothek
noch folgende Gedichte unsers Behem handschriftlich:
Carmina spiritualia No. 312. *carmina varia* No. 334.
carmina ascetica No. 351. *carmina de amore Dei* No. 375.
carmina de septem peccatis capitalibus No. 382. *carmen de
inconstantia et infidelitate hominum* No. 386. S. Friedr.
Adelungs Nachricht S. 20. 24. 26. 30 31. Sein Gedicht von der Zwietracht Kaiser Friedrichs
und seines Bruders Herzogs Albrecht, befindet sich handschriftlich zu Gotha, s. Lessings Leben
3ter Theil, S. 118.

9) Meifter Heinrich von der Nuwenftat; wahrfcheinlich der oben S. 229 als Verfaffer des Apollonius von Tyrlant angeführte. In der Varikanifchen Bibliothek befindet fich von ihm in einer pergamentenen, 73 Quartblätter ftarken, Handfchrift ein Gedicht mit der Auffchrift: *Alanus*, oder von der Zukunft des Herrn, welches er aus dem Lateinifchen zufammen arbeitete. S. Friedr. Adelungs Nachricht S. 33.

10) Ein teutfch worhaftig poetifch yftori von wannen das heylig römifch reiche feinen vrfprung erftlich hab, vnd wie es darnach in deutfche lant kumen fey, Nürnb 480 4. Der Verfaffer diefes Gedichts ift Hans Vollz, Barbierer zu Nürnberg, und einer der vorzüglichften Meifterfänger des funfzehnten Jahrhunderts. S. Wills Nürnb. Gelehrten-Lexikon und Panzers Annalen S. 114.

11) Verfehung des Leibes.
>Dis büchlein ift alfo gemacht
>Wie dz jar nach den monat wirt geacht
>Nach natur vnd influfs der ftern
>Auch thut es weiter lern
>Uon fpeifs, trank vnd purgieren,
>Baden laffen vnd regieren,
>Schwanger frawen, die fruchtbar find,
>Wie man ziehen foll die kind,
>Vor der peftilencz fich machen frey,
>Darumb ift es ein buch der arczney.

Augsb. 491. 8. Der Verfaffer wird nicht genannt, wohl aber wird am Ende die Zeit der Verfertigung in folgenden Zeilen angegeben:

>Das ward gedichtet funderbar
>Do' man zalt taufent jar
>Uierhundert XXIX jare me
>Gott behüte uns alle vor we

Und welle uns geben ewigklich
Rüwe bey ime jn himmelrich.

S. Panzers Annalen S. 191. 192.

12) Ein wahrhafftig Büchlein, gar nutzlich zv hören; zv manchen fachen darinn zu lernen von der edel tugend vnd krafft wegen dy an den edlen fteinen feynt: das manchen menfchen zu hilff mag kumen der ir tugent lernt zu verften aufs diefen Büchlein, Erf. 498 4. Eine nähere Nachricht von diefem in Verfen abgefafsten Werke giebt Weller in dem Alten und Neuen B. I, S. 54.

13) Niclas Schradin von Lucern fchrieb im Jahre 1499 ein Gedicht von dem Kriege der Eidgenoffen mit Kayfer Maximilian, welches 1500 zu Surfee gedruckt wurde. S. Waldkirchs Gefchichte der Eydgenoffen I, S. 250.

14) Schiffart von diffem ellenden iamerthal, Frankf. a. M. 512. 4. S. Panzers Annalen S. 339.

15) Narrenfchiff vom Bundtfchuch, f. l. 514. 4. S. Panzers Annalen S. 371. wo mehrere ähnliche Schriften in Profa angegeben werden.

16) Von Sibilla Weyffagung vnd vom Künig Salomonis weifsheyt was wunders gefchehen ift vnd noch gefchehen foll vor dem jüngften tag, Nürnb. 517. 8. In der Schwarzifchen Sammlung zu Altorf.

17) Ein neu geordnet Regiment wider Peftilenz in Reimen, Oppenheim, 519. 14. In der Trewifchen Bibliothek zu Altorf.

18) Schachtzabel Spiel. Des Ritterlichen, kunftlichen Schachtzabel Spiels vnderweyfung, erclärung, vnd verftant, wo here das kommen, were das am erften erfunden, vnd aufs was vrfach es erdacht fey. Auch wie man das künftlich lernen und ziehen folle, Oppenheim 520. 4. f. Bd. I, S. 96. Der Verfaffer diefes

Reimgedichts ist der Vorrede des Herausgebers zufolge der Doctor Jacob Mennel, welcher dasselbe auf dem Reichstag zu Kostniz im Jahre 1507 verfertigte. S. Panzers Annalen S. 446.

19) Jos. Aberlin; geb 15** zu **,* in der Schweiz; starb 15**. Von ihm ist:
  Bibel oder heil. Geschrift, gesangsweyss in dry Lieder uffs kürtzest zusammen verfasset, Zürch 555. 8. S. *Theoph.* Sinceri Sammlung von lauter alten und raren Büchern 1733. S. 81. 82. *Clement Bibliotheque curieuse* T. I, *p. 14.* Melch. Ludw. Widekinds Verzeichniss von raren Büchern, St. I, S. 6. 7.

20) Lustgarten neuer deutscher Poeterei in fünf Büchern beschrieben und gedicht durch Matthiam Holzwart von Harburg. Zu Ehren dem Fürstlichen Haus Würtemberg. Auch allen Liebhabern der alten poetischen Fabeln sehr nützlich zu lesen, Strasb. 568. F. S. Deutsches Museum 1785. Bd. II, S. 323—325. Desselben Dichters Emblemata oder Gemälpoesy habe ich Bd. I, S. 209. schon angezeigt.

21) Die im 1sten Bande S. 78. 79. No. 20—23. angegebenen Reimgedichte aus dem sechszehnten Jahrhunderte.

22) Bartholom. Ringwald; s. oben ernsth. Lied S. 22. Geo. Gottfr. Küster *Marchia literata specimen XVI.* Friedr. Wilh. Sonnenkalbs Abhandl. im 2ten Theile der Sammlung einiger ausgesuchten Stücke der Gesellschaft der freyen Künste zu Leipzig, Leipzig 755. 8.

  a) Die lautere Wahrheit, Frankf. a. d. O. 585. 8. *rep* Erf. 585. 8. *rep.* ibid. 587. 8. *rep.* Frankf. 588. 8. (s. Olearii Liederschatz Th. IV, S. 102.) *rip.* Erf. 589. 8. *rep.* Frankf. 596. 8. *rep.* Erf. 600. 8. *rep.* Frkf. 621. 8. *rep.* Königsb. 644. 4. (Georgi Bücher-Lexikon.) Die mir bekannte neueste Ausgabe besorgte Jo. Wilh. Brodtkorb, Pastor in Freyenbessingen, unter dem Titel: Die Deutsche Wahrheit in poetischer Verkleidung, Langens. 700. 8.

b) **Chriſtliche Warnung des treuen Eckarts**, Frankf. an der O. 588 8. *rep* ebend. 589. 8 *rep*. Hamb. 591. 8. *rep*. Leipz. 591. 8. *rep*. Haub 598 8. *rep* Magdeb. 607 8 *rep*. Frankf. an der Oder 609. 8. *rep*. Königsb. 6.4 8 Neueſte Ausgabe Berl 738 8.

c) **Epithalamium vom Zuſtande eines betrübten Widtwers**, Frankf. an der Oder 595 8. Aufs Neue mit einer ſchätzbaren Einleitung heraus gegeben von Chriſtian Friedr. Eberhard, Lpz. 797. 8.

23) **Dan. Sudermann**; ſ. oben ernſth. Lied S. 23. Er war 1550 zu Lüttich geboren. S. die Vorrede zum zweyten Theil ſeiner Sinnbilder. Von ihm gehört hieher:

  Gleichnuſſen in welchen durch Vorſtellung leiblicher Figuren gar ſchöne geiſtreiche Lehren fürgebildet werden, ſ. l. (Straſsb.) 624—626. 2 Theile, 4. In Lateiniſchen und Deutſchen Verſen abgefaſst und mit vielen Kupfern geziert.

24) **Caspar Scheyt**; geb. 15** zu ***; ſtarb 15**. Von ihm iſt:

  Der Todtendanz durch alle Stende vnnd Geſchlecht der Menſchen, darinnen jr herkommen vnd ende, nichtigkeit vnd Sterbligkeit als in eim Spiegel zu beſchawen fürgebildet vnd mitt ſchönen Figuren gezieret, ſ. l. 573. 8. Ein ähnliches Werk wurde von Matthäus Merian dem ältern heraus gegeben unter dem Titel: **Todten-Tanz wie derſelbe in der Stadt Baſel gemahlet zu ſehen iſt**, Frankf. 649. 4. Ein ſpäteres Werk dieſer Art von Rud. Meyer; ſ. Bd. I, S. 231.

25) **Jakob Vogel**; geboren 15** zu ***; Kaiſerlicher gekrönter Poet und Barbierer zu Stöſen, einem Städtchen zwiſchen Weiſsenfels und Naumburg; ſtarb 16**. Von ihm gehören hieher:

a) Wandersregeln, Jen. 617. 618. 3 Theile, 8.
b) Ungrifche Schlacht, gedruckt zu Jehna bey Johann Weidners Witben, in Verlegung des Antonio und bey Vermeidung eines fcharfen Satyra nicht nachzudrukken, 626. 4. S. Neumeifter *de poet. fæc. XVII, p. 108.*

26) Anna Owena Hoyers; geb. 1584 zu Eyderftett im Hollfteinifchen, und feit 1599 mit dem dortigen Landvogt, Herman Hoyers, verehligt, welcher 1622 ftarb. Nach dem Tode ihres Mannes ward fie eine eifrige Anhängerinn des Weigelianifchen Paracelfifchen Schwärmers, Nicol. Tettingen, und mufste wegen ihrer heftigen Satiren gegen die Geiftlichkeit nach Wefterwig in Gothland flüchten. Sie ftarb 16··.

Ihre geift- und weltlichen Gedichte erfchienen Amfterd. bey den Elzevieren. 650 12. Vergl. *Jo. Henr. Feuſlkingii Gynæceum hæretico fanaticum, p. 356—361.* (Frankf Leipz. 704. 8. und Geo. Chriftian Lehms Teutfchlands galante Poetinnen, S. 85—87. (Frankf. 715. 8.)

27) Hans Rudolph Räbmann; f. Bd. I, S. 142. Sein dort angeführtes Werk kam zuerft Bern 1606. 8. heraus unter dem Titel: Ein New luftig Ernfthaft Poetifch Gaftmal vnd Gefpräch zweyer Bergen Nemlich des Niefens vnd Stockhorns welches Inhalt Ein *Phyſicam Chorographicam* vnd *Ethicam Defcriptionem* von der gantzen Welt in gemein vnd befonderlich von Bergen vnd Bergleuten Sonnetenweifs geftellt, 1 Alph. 10 Bogen ftark. Ueber die fpätere Ausgabe von 1620 f. L. Meifters Beyträge zur Gefchichte der Deutfchen Sprache und Nationalliteratur, Th. II, S. 71. ff.

28) Joh. Karl Unckel; Buchführer zu Frankfurt; er ift Verfaffer eines 14 Bogen ftarken Gedichtes, welches den Titel führt: Pfalz, Sachfen, Brandenburg, hiftorifche Befchreibung, Frankf. 619. 4.

29) Anna Maria von Schurmann (Scurmann); geb. 1607 zu Kölln. starb 1678 unverehligt zu Wiewerden, einem Ritterstize in Weltmersland unweit Leuwarden. Sie zeichnete sich als eine eifrige Anhängerinn des berüchtigten Johannes de la Badie aus Von ihren Lateinischen Gedichten gehören einige hieher. Sie stehen in ihren *Opusculis hebr. Græc. Lat. Gall. Prof. et Metr. cum præf. Frid. Spanhemii Lugd B.* 648. 8. *rep. ib.* 650. 8. *rep. ib.* 652. 8. Neueste Ausgabe von der Traugott Christ. Doroth. Löberinn besorgt, Lpz. 749. 8. Vergl. *Jo. Mulleri Cimbria litterata T. II*, p. 805—817. Geo. Christ. Lehms Teutschlands galante Poetinnen, S. 194—219 *J. B. Descamps la vie des peintres Flamands, Allemands et Hollandois, Par.* 754. 2 *Voll.* 8. Neue Erweiterungen der Erkenntniß und des Vergnügens, Bd. II, S. 47—64.

30) Jo. Klai (Clajus.); geb. 16** zu Meißen; starb 1656 als Prediger zu Kitzingen. Von seinen in Amarantes (Herdegens) Nachricht vom Blumenorden, S. 237. 238. angezeigten Gedichten gehören folgende hieher:

a) **Schwedisches Fried- und Freuden-Mahl,** Nürnb. 649. 4.

b) **Irene, das ist vollständige Ausbildung des zu Nürnberg geschlossenen Friedens,** ebend. 650. 4.

c) **Geburtstag des Friedens, oder rein-reimteutsche Vorbildung, wie der Kriegs- und Siegsfürst Mars aus Teutschland seinen Abzug genommen &c.** ebend. 650. 4.

31) Jo. Kayser; geb. 16** zu *** in Westphalen; war *Pastor. prim.* und Kirchen-Inspector zu Cleve, und kaiserl. gekrönter Poet; starb 17**.

In seinem **Clevischen Musen-Berge,** Cleve 698—704. 3 Theile, 8. stehen einige seiner hieher gehörigen Gedichte.

32) **Christoph Fürer der Siebente von und zu Haimendorf auf Wolkersdorf;** geb. 1663 zu Nürnberg; starb 1732 als Geh. Rath und Mitglied des

hohen Rathes zu Nürnberg. In dem Pegnitzer Blumenorden, deſſen Präſident er 23 Jahre lang war, führte er den Namen Lilidor: er iſt alſo derſelbe, deſſen wahren Namen ich oben S. 103 nicht angeben konnte. S. Amarantes Nachricht vom Blumenorden, S. 181—215.

a) Vermiſchter Gedichte Kranz, Nürnb. 682. 8.

b) Die bekriegte und triumphirende Donau, ebend. 702. 8.

c) Chriſtliche Veſta und irdiſche Flora, eb. 702. 8.

d) Pomona, oder aufgeſammelte Früchte der Einſamkeit, ebend. 726. 8.

33) Otto Friedrich von der Gröben; geb. 16** zu *** in Preußen; ſtarb 17**. Unter dem Titel:

des edlen *Bergone* und ſeiner tugendhaften *Areten* denkwürdige Lebens- und Liebesgeſchichte in deutſchen Verſen herausgegeben, Danz. 700. 4.

beſchrieb er ſeine eigene Schickſale auf einer Reiſe nach Italien und Paläſtina in allegoriſch-epiſcher Manier. Durch Verſetzung der Buchſtaben entſtand aus ſeinem eigenen Namen der angenommene Bergone. S. Gottſcheds Bücherſaal Th. IV, S. 448. 449.

34) Friedrich Wilhelm, Herzog von Liefland und Curland; ihm wird der Brandenburgiſche Heldenſaal, oder Lebensbeſchreibung der Regenten aus dem Hauſe Brandenburg, in teutſchen Verſen, Baireuth 707. Fol. beygelegt.

B). Gemifchte Gedichte von der komifchen Gattung.

1) **N**idhart Fuchs (Neidhardt der Bauernfeind) war gegen Ende des dreyzehnten Jahrhunderts luftiger Rath am Hofe Otto's des Fröhligen, Herzogs zu Steyermark. Die älteſte Nachricht von ihm gibt Cyriac Spangenberg in ſeinem Werke von der edeln und hochberühmten Kunſt der Muſica vom Jahre 1598, welches ſich handſchriftlich zu Strasburg befindet und im Auszuge von Hanemann hinter Opitzens Schrift von der Deutſchen Poeterey in der Frankfurter und Breslauer Ausgabe derſelben mitgetheilt worden iſt. Nach der letztgenannten Ausgabe S. 114 lautet dieſe merkwürdige Stelle: Niethard Fuchs, ein edler Frank und wohlgeübter Meiſterſinger iſt umb das 1290ſte Jahr an der Hertzogen zu Oeſterreich Hofe geweſen, hat viel wunderbahre Ebentheuer mit den Bauern getrieben, *und iſt noch ſein Gedicht vorhanden, et liegt zu Wien begraben.* Von dieſem, wahrſcheinlich komiſchen Gedichte, haben wir nichts übrig als einige Spur vom Geiſte deſſelben in Hans Sachſens Faſtnachtſpiel der Neydhart mit dem Feybel (Veilchen) vom Jahr 1562 im 4ten Bande ſeiner Werke. Daſs dieſer Dichter mit dem Nithart in der Maneſſiſchen Sammlung eine Perſon ſey, wie Flögel in der Geſchichte der Hofnarren S. 265 ſo zuverſichtlich annimmt, muſs ein jeder bezweifeln, welcher meine Angaben von dem zuletzt genannten Nithart oben im Abſchnitte vom ſcherzhaften Liede S. 53 und 68 gehörig beachtet hat.

der Deutſchen Literat. u. Sprachgeſch.   317

2) Wigand von Theben, der Pfaff von Kalenberg genannt, ein Zeitgenoſſe und Zunftverwandter des vorgenannten Hofnarren, welchen Luther in ſeiner Randgloſſe zu Sirach XIX. 5. unter der Benennung Vincentius der Pfaff von Kalenberg aufführt. Er lebte ebenfalls am Hofe des Oeſterreichiſchen Herzogs, Otto des Fröhligen. Schon im Jahre 1400 exiſtirte eine eigne Sammlung von ſeinen Schwänken und witzigen Einfällen. S. Ludwigs *Germania princeps* Bayer. Haus S. 286. Ob dieſe Sammlung von ihm ſelbſt oder von einem Andern veranſtaltet worden, und wo ſie handſchriftlich oder gedruckt ſich befinde, weiß ich bis jetzt nicht. Folgende Ausgaben, von welchen die beyden erſten in Proſa, und die drey letzten in Verſen abgefaſst ſind, gehören einem ſpäteren Zeitalter an:

a) Pfaff von Calenberge, ſ. l. 582. 8. ſ. *Lippenii Bibliotheca philoſophica.*

b) Die Geſchichte des Pfarrherrns von Kalenberg, Augsb. 602. 8. ſ. *Catal. Biblioth. Chriſtii*, P. II, p. 310.

c) Geſchichte des Pfarrherrn von Kalenberg, Fronkf. a. d. O. 596. 8. ſ. oben Bd. I, S. 129. In der Bibliothek des Herrn Kriegs-Sekretär Klamor Schmid zu Halberſtadt befindlich.

d) Geſchichte des Pfaffen von Kalenberg und Peter Lewen des andern Kalenbergers in Reimen durch Achilles Jaſon, ſ. l. 613. 8.

e) Die Geſchichte des Pfarrherrns vom Kalenberg. Jetzo auffs newe mit der Hiſtory Peter Lewen, des andern Kalenbergers, was er für ſeltzama Abenthewer begangen, in Reimweiſs verfaſst, ſ. a. 620. 8. befindet ſich auf der Herzoglichen Bibliothek zu Wolfenbüttel. Proben nach dieſer Ausgabe gibt Flögel in der Geſchichte der Hofnarren S. 253—264.

3) *Liber Vagatorum.*
Den Bettlerorden man mich nendt
Durch mich ein jeder lernt, merkt und erkent,

Was grofsen Betrugs ift ufferftanden
Von mancherlei Bettler in Deutfchen Landen,
Durch ihre Sprach, die man nempt Rot,
Betriegens die Menfchen frü und fpot.

f. l. et a. 4. Auf der Univerfitätsbibliothek zu Göttingen befindlich. Proben f. in Flögels Gefchichte der Burlesken S. 24. 25. (Lpz. 794. 8.). Eine vermehrte Ausgabe diefes Werkes erfchien unter dem Titel: *Liber Vagatorum*, das drit deil difs Büchlins ift der Vocabularius in Rotwelfch, f. l. et a. 4. S. *Catal. Biblioth. Saltheniana* p. 194. Ebenfalls in Deutfchen Verfen. Herr Panzer hat in feinen Annalen keine von beyden Ausgaben angezeiget. Folgende Ausgaben find in Profa abgefafst:

a) Von den falfchen Bettlern und ihrer Büberei, mit einer Vorrede Martini Lutheri. Und hinten an ein rothwelfch Vocabularius, daraus man die Wörter, fo in diefem Büchlein gebraucht, verftehen kann, Wittenb. 528. 4. Ift auch Nicol. Selneccers drey Predigten vom reichen Manne und armen Lazarus, Leipz. 580 4. beygefügt.

b) Die Rothwelfche Grammatic, das ift, vom Barlan der Wanderichaft, dardurch den Weifshulmen geropt, die Heutzin befefelt, und die Horcken vermonet, damit man Steringer und Spelting überkompt, im Schrefen Bofs Johann zu Schöchen, und mit Rüblingen zu rüren. Das ift eine Anleitung und Bericht der Landführer- und Bettlerfprach, die fie fie Rotwelfch heifsen, dadurch die einfältigen Leute belogen, die Bewrin befchifsen und Bauren betrogen werden: damit man Gulden und Heller überkompt, im Gemeinhaufs Wein zu trinken und mit Würfeln zu fpielen hab, f. l. 601. 8.

c) *Expertus in truphis*. Von den falfchen Bettlern und ihrer Büberey. Ein artiges, vor mehr als anderthalb hundert Jahren gemachtes Büchlein, nebſt einem Regiſter über etliche alte rotwelſche Wörter, ſo in demſelben fürkommen, wieder aufgelegt; und mit einer hiſtoriſchen Zugabe, mancherley Fürnehmen und Betrug der Bettler betreffend, ſ. l. 668. 12.

4) Heinrich Bebel; ſ. Bd. I, S. 107. Hieher gehört von ihm:

Margarita facetiarum Argent. 509. 4. rep. ib. 514. 4. Hinter den *Opuſc Bebel.* Par 516. 4. rep. Antw. 541. 8. Mit den *facet.* des Poggi und den *Prognoſt.* J. Heinrichsmanns, Tüb. 542. 8. rep ib. 544. 8. rep. ib. 588. 8. Hinter Nicod. Friſchlins *facetiis* Lipſ. 600. 8 *Arg. cod.* 8. rep. ib. 609. 12. rep. ib. 610. 8. rep. Amſt. 660. 12. Deutſch: Die Geſchwenk Henrici Bebelii, welcher von Keyſer Maximiliano iſt zu einem Poeten gekrönt worden. In drey Bücher getheilet, gebeſſert vnd gemehrt, Tüb. 558. 12. rep. Frankf. a. M. 589. 8. rep. ebend. 606. 8.

5) *De generibus Ebrioſorum et ebrietate vitanda, jocus quodlibeti Erphurdienſis*, Vorm. 515. 4. rep. Frcf. 581. 8. und unter dem Titel: *Bacchi et Veneris facet.* ſ. l. 617. 12.

6) Die Meſſe. von der Hochzeyt H. Andre Carolſtadt. und der Prieſtern ſo ſich ehelich verheyratten, ſ. l. (Wittenb.) et ſ. a. (1522.) 4. Aufs Neue wieder abgedruckt in Theoph. Sinceri (Schwindels) neuer Sammlung von alten und raren Bücher St. 5. S. 379. ff. Proben ſ. in Flögels Geſchichte des Burlesken, S. 202. 293. Veranlaſst durch Carlſtads Verheiratung mit der Fräulein Anna von Mochau am 18. Jan. 1522. S. Cochlaei *Commentaria de Actis et ſcriptis Lutheri* p. 104.

7) *Ottonis Luſcinii Joci ac ſales feſtivi* Aug. Vind. 524. 8. rep. Frib. 529. 8.

8) Vinc. Opſopoeus; lebte um 1530; von ihm iſt: *Victoria Bacchi ſ. de arte bibendi libb. IV.* Lugd. B. 648. 12. rep. ib. 690. 8.

9) Klauß Narr, auch Klauß von Ranstet genannt; war von 1486 - 1522 luftiger Rath bey vier Churfürsten von Sachsen und bey dem Erzbischof Ernst von Magdeburg. Seine Schwänke und witzigen Einfälle find wahrscheinlich schon zur Zeit seines Lebens gesammelt und herausgegeben worden. Bis jetzt kenne ich nur folgende Ausgaben:

Clauß Narrens Historien, s. l. 551. 8. S. *Lipenii Biblioth. philofophica*, rep. *s. l.* 572. 8. Diese Ausgabe ist näher beschrieben worden im Deutschen Muſeum 1779. II Bd. S. 129. ff. rep. Frankf. a. M. 573. 8. S. Weckherlins Chronologen Th. I, S. 121—124. *rep.* unter dem Titel: Historie von Claus Narren, Frankf. a. M. 579. 8. *rep.* ebend. 587. 8. *rep.* unter dem Titel: Von Claus Narren. Sechshundert sieben und zwanzig Historien. Feine schimpfliche Wort und Reden, die Erbare Ehrenleut Clausen abgemerkt und nachgesagt haben, zur bürgerlichen und christlichen Lehr, wie andre Apologen dienstlich und förderlich. Mit luftigen Reimen gedeutet und erklärt, Frankf. 602. 8. Proben nach dieser Ausgabe s in Flögels Geschichte der Hofnarren, S. 285 bis 287.

10) Tischreden Doctor Martini Lutheri. Anfenglich von M. Anthonio Lauterbach zusammengetragen, hernacher in gewisse *locos communes* verfaſſet vnd auß vil anderer Gelehrten Leute *Collectaneis* gemehret durch Johannem Aurifabern, Frankf. a. M. 566. F. *rep.* ebend. 573. F. *rep.* Jena 603. F.

11) Dionyſius Melander lebte um die Mitte des sechszehnten Jahrhunderts. Seine *Jocoſeria* erschienen: Frankf. a. M. 603—643. 3 Theile, 8. Lich *s, a.* 8. *ſ. l.* 604. 8. *Novor. Jocor. et ſerior Centuria nova Marp.* 609. 8. *rep. Smalc.* 611. 8.

Aus diesem Werke trug Otto Melander, welcher 1640 als Kaiſerl. Hofrath starb, seinen Schimpf und Ernst, Darmst. 617. 8. zusammen.

12) Ni-

12) Nicol. Schmidt; geb. 15** zu ***; ſtarb 15**.

Er ſchrieb in Deutſchen Reimen: Von den zehen Teuffeln oder Laſtern, damit die böſen vnartigen Weiber beſeſſen ſind. Auch von zehen Tugenden, damit die frommen vnd vernünftigen Weiber geziert vnd begabet ſind, Wittenb. 568. 8 Fünf Bogen ſtark. Hieher gehören eigentlich nur die zehn erſten Abſchnitte, in welchen er die beteufelten, vberteufelten vnd durchteufelten Weiber lächerlich zu machen ſucht.

13) Jo Fiſchart; ſ. Bd. I, S. 161—171. Hieher gehört eigentlich ſein dort S. 167. 168 näher angezeigtes burleskes Gedicht: Flohhatz und Weibertratz &c.

14) Benedict Edlbeck Siber; er nennt ſich ſelbſt des Erzherzogs Ferdinand zu Oeſterreich Pritſchmeiſter, d. h. in unſerer gegenwärtigen Sprache einen Reimſchmid, welcher bey öffentlichen Feyerlichkeiten durch luſtige Verſe aus dem Stegereife unterhalten muſste. Dieſem Berufe gemäſs hat er ein weitläufiges Reimwerk vom ritterlichen Schieſsen zu Zwickau im Jahre 1574 verfaſst, welches wegen der vielen lächerlichen Einfälle hieher gehört. S. Morhofs Unterricht von der Deutſchen Poeſie S. 317.

15) Michael Abel; geb. 15** zu Frankfurt an der Oder; ein Schüler des berühmteren Geo. Sabinus; nennt ſich in ſeinen Gedichten einen *equitem auratum et poetam imperialem*; ſtarb 15**. Von ſeinen Lateiniſchen Gedichten gehören hieher:

Muſæ undecimæ ſ. ineptæ verſificatoriæ delibatio Prag. 591. 8. S. G. E. Leſſings Kollectaneen zur Litteratur, heraus gegeben von J. J. Eſchenburg, Bd. I, S. 5. 6. (Berl. 790, 2 Theile, 8.)

16) Eines Ungenannten *Floïa Cortum verficale, de Flois ſwartibus, illis Deiriculis, quæ omnes fere Minſches Mannos, Weibras, Jungfras behüppere et ſpitzibus ſuafflis ſteckere et bitere ſolent, Autore Griphaldo Knickknackio ex*

Koch's Grundr. II. Bd.   X

Floilandia, f. l. 593. 12. ist das älteste Deutsche Gedicht in Macaronischen Versen. Es erschien auch f l 614. 2. und in den *Nugis venal ſ thes. ridendi et jocandi* f. L 644. 12. rep. f. l. 648. 12.

17) Nicod. Frischlin; f. Bd. I, S. 109.
Seine *facetiæ selectæ* erschienen: Lipf. 600. rep. Argent. 608. 8. rep. 609. 12. rep. Amst 660. 12.

18) Josua Neigshorn; geb. 15** zu *.** in Preußen; starb 16**. Von ihm ist:
Historia de Botulo, mille et quinque ulnas longa, qui Calend. Januar a Laniis nec non de Paribus octo (quos Strutzlas vocant,) longis quinque ulnas; qui 6 Jan. a pistoribus circumferebautur Regioni. Borussiæ Anno 1601. Proben und nähere Nachricht von diesem komischen Gedichte s. in Flögels Geschichte des Grotesk-komischen, S. 229. 230. (Liegn. und Leipz. 788. 8.)

19) Der Ganß-König. f. l. 607. 8. Dieses komische Gedicht habe ich Bd. I, S. 259. aus damaliger Unkunde in den Anhang zur Fabel gebracht. Es gehört aber ganz eigentlich zur gegenwärtigen Gattung, wie ich nun aus Adolphs Rosen von Creutzheim Vorrede zu seinem Esel-König gelernt habe. In der Vorrede thut der Tichter, wie Creutzheim sagt, noch anderer zweyer anmütiger Gedicht, (wie nämlich die Fisch anstatt des Delphins den Stockfisch; vnd das Gewürm an des Basilisken stell den Frosch zum König erwehlt) Anmeldung: Aber nachmals (vielleicht wegen anderer vorfallender Geschäfft) nicat ins Werk gerichtet.

20) Martins-Ganß von der wunderbarlichen Geburt, löblichen Leben, vielfeltigen Guten vnd Woltharen vnd von der vnschuldigen Marter vnd Pein der Gänse. Neben angehengter Frage, warumb die Gänse jährlichen auf S. Martini Fest geschlachtet, gebraten vnd mit frewden verzehret werden. Allen Martinsbrüdern zur Erlustigung wol-

meinandt geschrieben durch Johannem
Olorinum Variscum, Magdeburgk bey Levin Braunsa. 609. 8. Neun Bogen stark, in Prosa
mit eingemischten Versen. Des *Jo. Christiani Frommanni Aufer Martinianus, Lips.* 683. 4. kenne ich bloſs aus
Jahns Bücher Verzeichniſse Th. II, S. 338. Von unserm Jo. Olorinus ist mir auch eine *Ethographia
Mundi* lustige, jedoch wahrhaftige Beschreibung der heutigen neuen Welt, Magdeb. 609.
8. rep. 628. 8. bekannt.

21) Achilles Jason Weidmann; geb. 15** zu Halle
in Schwaben; starb 16**.

Er verfaſste in Reimen die History Peter Lewen,
des andern Kalenbergers, welche zuerst mit
der Geschichte des Pfaffen von Kalenberg, s. l. 613.
8. heraus kam, und dann besonders s. l. 620. 8. erschien. Was auf dem Titel dieser zweyten Ausgabe
das: Im Truck vor nie ausgangen sagen soll,
weiſs ich nicht. Peter Lewe war aus Halle gebürtig, erhielt diesen Beynamen wegen seiner Stärke,
war Priester zu Rieden und dann zu Kirchberg.
Proben gibt Flögel in der Geschichte der Hofnarren S. 487 — 490.

22) Esel-König. Eine wunderseltzame Erzehlung, wie nämlich die Monarchei vnd
Gubernement vber die vierfüſſige Thier geändert; das Königreich vmbgefallen, vnd
die Krone auff einem Esel gerathen. Welchergestalt auch derselb regieret: vnd wunderbahrer weyse, mit gefahr Leibs vnd Lebens bald wieder vmb das Königreich kommen. Alles sehr kurtzweilig vnd lustig:
vielleicht auch nicht ohne nützliche Lehr
zu lesen. Jetzt erst auſs vhralter Cimerischer dieser Zeit ohnbekannter Zungen in
vnserer gemeinen Mutter-Sprache verteutschet durch *Adolph Rosen von Creutzheim.*
Gedruckt zu Ballenstet, s. a. 8. 1 Alphabet und
3 Bogen stark. Bd. I, S. 174. habe ich dieses Gedicht
nach Küttners Charakteren teutscher Dichter und Pro-

faiſten, S. 123 in einer mir nicht weiter bekannten Ausgabe von 1626 angeführt, und es zu den Satiren gezählt. Allein gegen dieſe Claſſification ſtreitet der Verfaſſer ſelbſt, indem er in der Vorrede verſichert, daſs ſein Gedicht zu keines einigen Menſchen, Hohes oder Niderſtandes Perſonen Verkleinerung vnd nachtheil gemeinet: ſondern allein vmb einiger ergetzung vnnd Kurtzweil willen viel nützlicher zu leſen, als die ärgerlichen, ſchandbaren vnd ſchädlichen Bücher vom Eulenſpiegel, Marcolpho, Katzipori, Pfaffen von Kalenberg vnd dergleichen, wie auch Schand vnd Schmachkarten, welche mehr zu zerrittung dann zu ergetzlichkeit dienen. Ueber die Zeit der eigentlichen Abfaſſung dieſes Gedichtes und über das Alter der gegenwärtigen Ausgabe deſſelben erklärt der Verfaſſer ebenfalls in der Vorrede; das dieſe Beſchreibung des Eſel-Königreichs nicht ſo gar Span New, ſondern allbereit vor acht Jahren, nämlich Anno 1617 im Frühling ſchon geliefert vnd vollbracht geweſen. Zu Folge dieſer Erklärung gehört meine Ausgabe in das Jahr 1625. Dieſes für ſein Zeitalter in Abſicht auf geſunden Witz und originellen Wortausdruck ganz vorzügliche Gedicht iſt in Proſa abgefaſst, welche zuweilen von Verſen unterbrochen wird. Als ſein vorzüglichſtes Muſter, welchem er bey Abfaſſung dieſes Gedichts gefolgt ſey, gibt der Verfaſſer in der Vorrede den Reineke Fuchs an, welchen er dort ein ſehr altes, wol vor hundert Jahren in Sächſiſcher ſprach geſtelltes Büchlein nennt.

23) Des Eſels Adel vnd der Sawe Triumph, von Griphangnus Faber Mirandus, ſ. l. 617 8. ſteht auch in *Caſp. Dornavii amphitheatrum Sapientiæ ſocraticæ iocoſeriæ*, T. I, p 564—599. und wird von Adolph Roſe von Creutzheim in des Herrn Lang-Ohr Vorrede vor ſeinem Eſel-König, S. 1— 11. ſehr ſtreng beurtheilt. Die Reime, ſagt dieſer Kritiker, wären in jenem Gedicht ſo ungereimt; daß

dem Apollo während Vorlesung desselben die Ohren dermaßen anfaben zu klingen vnd saufen, daß er länger nicht bleiben können, sondern wegen solcher verse geschwind versengeld geben müssen. Ebener gestalt sey auch der Pallas geschehen, in deme dieselbe solche kauderwelsche Worte anhören müssen, als da seyen: Humors, Courage, Fangenschaft, Liberalität, Qualität, Perfection, Excellenz, Discretion, delicat, modest, Bravheit &c. Diese vnd dergleichen schabigte Wort, welche die Teutsche Sprach zieren, wie der Grindt einen kalen Kopf, seyen der guten Pallas gar Spanisch vorgekommen, also, daß ihr die Galle übergeschossen sey u. s. w.

24) Janus Cäcilius Frey; geb. 15** zu Kaiserstul am Rhein in der Markgrafschaft Baden; starb 1631 zu Paris als Doctor der Arzneykunst und Leibarzt der Katharina von Medicis. Von ihm haben wir ein Gedicht in macaronischen Versen unter dem Titel:

Recitus veritabilis super terribili Esmeura Paysanorum de Ruellio, s. l. et a. 8. in welchem er eine Schlacht zwischen den Winzern in dem Dorfe Ruel und den Häschern aus Paris beschreibt Vergl. *Naudé Mascurat. p. 277.* und *Baillet Jugemens T. I, p. 178. not. 2.*

25) Eines Ungenannten *Facetiæ faceriarum*, Frcf. 615. 12. *rep. Pathopoli* (*Amst*) 645 12. *rep. ibid.* 647. 12. *rep. ibid.* 657. 12. Ein *fasciculus novus faces. h. e. Jocoseriorum* erschien s. l. 627. 4. *S. Biblioth. Jo. Alb. Fabricii, T. II, p. 487.* In der Ausgabe von 1647 steht S. 397 und 444 ein plattdeutsches Gespräch zwischen Hans Plumbsack und einem Philomusus, in welchem die Missbräuche der Gelehrsamkeit lächerlich gemacht werden. Eine Probe desselben steht in G. E. Lessings Kollectaneen, Th. I, S. 188. 189.

26) Andr. Tharäus; geb. 15**; war um 1609 Prediger zu Friedensdorf in der Niederlausitz; starb 16**.

Seine erbärmliche Klage der lieben Frau

Geifte und ihres Bruders Herrn Flachs, ſtehe abgedruckt in Dornavii *Amphitheatr.* T. I, p. 222. ſqq.

27) In dem zuletzt genannten Werke des Dornavius T. I, p. 402. ſqq. ſtehen auch eines Ungenannten *Rhythmi encomiaſtici de anſere* in deutſcher Sprache.

28) Aeg. Albertini Hirnſchleiffer, Cölln 645. 12. kenne ich bloſs aus dem *Catal. Biblioth. Val. Ern. Loeſcheri,* P. III, p. 158.

29) Jac. Balde; ſ. Bd. I, S. 176.

a) *Vultuoſæ torvitatis encomium* Monach. 658. 12. In ſeinen *Poemat.* T. III, p. 50 — 84.

b) *De vanitate Mundi,* in Lateiniſchen und Deutſchen Verſen, ſteht ebenfalls in ſeinen *Poemat.* T. IV, p. 15 — 198.

c) *Agathyrſus;* Anfangs in Lateiniſchen Verſen abgefaſst, Ingolſt. 649. 12. Dann in Deutſche Reime überſetzt in ſeinen *Poemat.* T. IV, p. 207 — 365. unter dem Titel: Vom Leib vnd Wolſtandt der Dürr oder Mageren Geſellſchaft. Eine Probe gibt Flögel in der Geſchichte des Burlesken, S. 239. 240.

d) *Antagathyrſus ſ. Apologia pro Pinguibus contra Macros;* in Lateiniſchen Verſen ſteht in ſeinen *Poemat.* T. III, p. 202 — 252.

e) *Batrachomyomachia* Monach. 647. 12.

30) Sam. Gerlach; er gab ohne Nennung ſeines Namens heraus: *Eutrapelia,* oder anmuthige Geſchichten und Reden durch M. S. G. Lüb. 647. 12. Vielleicht iſt dieſes Werk Grundlage von folgendem, ebenfalls in Deutſcher Sprache abgefaſsten: *Eutrapeliarum libri tres,* d. i. 3000 ſchöne nützliche luſtige Hiſtorien, Leipz. 762. 8.

31) Jo. Prätorius; lebte um die Mitte des ſiebenzehnten Jahrhunderts als Magiſter zu Leipzig; ſ. Neumeiſters *diſſ. de poeſ. ſæc.* XVII, p. 82.

a) Eine Zigeuner-Charte, oder Chiromantenspiel, Nürnb. 659. 1. 2.
b) Eine Astronomische Karte, ebend. 663. 12.
c) *Saturnalia*, d. i. Weihnachtsfratzen, Leipz. 603 8.

32) Andr. Hartmann; geb. 16** zu Leipzig; war Geh. Secretär des Herzogs Moritz von Zeitz, schrieb unter dem angenommenen Namen Hylas viele Gedichte, und starb 16**. Von ihm gehört hieher:

Lustiger Schauplatz, Hamb. 650. 8. S. Neumeisters *diss. de poet. sæc. XVII*, p. 46.

33) Dan. Geo. Morhof; s. Bd. I, S. 217.

Carmen de Ente rationis joculare, Rost. 664. 4. und in seinen *Oper. poet.* p. 881.

34) Simon Dach; s. Bd. I, S. 269. Von ihm rühret her:

Kurzweiliger Zeitvertreiber, zum zweyten Mahl vermehrt herausgegeben durch C. A. M. v W. s. l. 668. 12. Unter der Vorrede unterschreibt sich der Herausgeber durch ein Anagramma *Chasmindo*, hinter welches sich S. Dach auch oft in seinen Liedern verbirgt.

35) Des Uhralten Leyer-Matz Lustiger Correspondentz-Geist mit Clem. Marot Jan Trompeter, dem lustigen Heerpaucker, Jan Tambour, Polnischem Sackpfeiffer Courtisan, Pucinello, Quäcker, Oxeman und Wenner, sampt der gantzen fürtreflichen lustigen Gesellschaft. Herausgedruckt zu Lirum Larum Lülckendey. Anno 1668. 12.

Unter der Vorrede stehr: Leyrenburg den 1. April 1669 Marcus Alexius Zorobabel Herr zu Warburg *Aureus eques, veritatis exul in Sodalitio Pasquin Civis Romanus*. Den wahren Namen des Sammlers und Herausgeber kenne ich bis jetzt nicht. Der angeführte Pseudonymus erklärt sich hierüber in der Vorrede: Sollte etwan ein lustiger

Kautz oder Eulenspiegelischer Bruder gerne wissen wollen, wer der Außgeber dieser Historie sey? So wird solchem geantwortet, daß wie wenig jemahls ein Jan Trompeter oder Courtisane ihre Sachen alle beschrieben, auch eben so wenig einen für sich allein dieses gemachet, denn ja mehr, als 15 drüber gewesen, so es durch Johann Ballhorn becommentirt, deren Nahmen in der *Turba Philosophorum* verlohren, und zu finden in dem Register *secretioris artis Paracelsicæ*.

Dieses Werk ist das älteste mir bekannte Deutsche Vademecum oder komische Anekdoten-Lexikon. Es besteht aus 354 Abschnitten, unter welchen sich auch mehrere komische Lieder befinden. Z. B. S. 46. 70. 117. 149. 166. 242. 263. 286. Die Erzählungen, Schwänke und Bemerkungen fallen sehr oft ins Unedle. Dessen ungeachtet ist das Ganze für die Geschichte des gesellschaftlichen Witzes in Deutschland merkenswerth. Auch finde ich hier die erste Spur von der Deutschen Sprache des Deutsch-Franzos S. 144 — 149. so wie ich S. 276 und 277 sechs Deutsche Leberreime finde, welche mir die ältesten in Deutschland zu seyn scheinen. S. Neumeisters *diss de poet. Germ. sec. XVII*, p. 89. woselbst Heinr. Schävius, Rector zu Thorn, für den Erfinder dieser poetischen Spielerey ausgegeben wird.

36) Ernst Wohlgemuth; fehlt in Jöchers Gelehrten Lexikon, wahrscheinlich ein Pseudonyme. Er schrieb:

Fünfhundert frische und vergüldete Hauptpillen, oder neugeflochtener Melancholiebesen, s. l. 669, 12.

37) Matth. Abele von und zu Lilienberg; *Dr. jur.* und Mitglied der Fruchtbringenden Gesellschaft in der letzten Hälfte des siebenzehnten Jahrhunderts. Sein Scherzgedicht: *Vivat* Unordnung! Sulzb. 669. 12. erschien auch unter dem Titel: Künstliche Unordnung, Nürnb. 670. 12. *rep.* ebend. 673. 12.

der Deutschen Literat. u. Sprachgesch.

38) Abraham a Sancta Clara; f. Bd. I, S. 180.

a) Merks Wien, f. l. 608. 8. Proben geben Neumeister *de poet. sac. XVII*, p. 23. und Flögel in der Geschichte des Burlesken S. 243—245.

b) Auff, auff ihr ihr Christen, Wien 683. 8.

c) Gack, Gack, d. i. Wallfahrt Maria Stern in Taxa, mit Kupf. München 688. 8.

d) Reim dich oder ich liess dich, Cölln 702. 4.

e) Heilsames Gemisch Gemasch, Würzb. 704. 4.

f) Todten Capelle, Würzb. 711. 8. mit Kupf.

g) Wintergrün, oder anmuthige und Kurtzweilvolle Geschichte und Gedichte, Nürnb. 733. 4. *rep.* Augsb. 766. 4. mit Kupf.

h) Judas, der Erzschelm, Proben gibt Flögel in der Geschichte des Burlesken, S. 241. 242.

i) Abrahamisches Gehab dich wohl, Nürnb. 729. 4.

In Jöchers Gelehrten-Lexikon werden noch folgende mir nicht näher bekannte Schriften von ihm angeführt: Lösch Wien; Lust und Liebe zum Dinge; Puy und pfuy; Der geistliche Kramladen; Merks wol Soldat; Oesterreichisches *Deo gracias*; Die grosse Todtenbrüderschaft. Von des Herrn Hoffiskal Stengel Bd. I, S. 322. angeführten Auszuge aus diesem komischen Schriftsteller ist nun endlich das zweyte Heft (Berlin) 797. 8. erschienen.

39) Barthol. Christelius; Pater vom Orden der Jesuiten, ein würdiger Zunftgenoss des Vorgenannten. Sein Lustiges Sterb-Jahr mit Sinn- und Geistreichen Grabschriften und Schlusreimen ausgezeichnet in der alten Stadt Prag, 690. 8. kenne ich bloss aus den Proben, welche Neumeister *diss. de poet. Germ. sac. XVII*, p. 22. 23. mittheilt.

40) Recueil von allerhand *Collectaneis* und Historien, auch moral-curieux-critic- und lu-

ſtigen ſatyriſchen Einfälleß, ſ. k. 719—724.
3 Bande, 8. beſteht aus 26 Centurien und einem Anhange von 900 Anekdoten.

41) Joſeph Antoni Stranitzkhy; geb. 16** zu Schweidnitz in Schleſien; ſtudirte unter dem Rector Kranz auf dem Gymnaſium zu Breslau und dann zu Leipzig, wo er Mitglied der wandernden Veltheimiſchen Truppe ward. Reiſete alsdann mit einem Schleſiſchen Grafen nach Italien, wo er ſein komiſches Schauſpieler-Talent vorzüglich auszubilden ſuchte. Nach ſeiner Rückkehr diente er unter verſchiedenen Schauſpieler-Truppen zu Salzburg und Wien. Zuletzt errichtete er 1708 zu Wien ein Deutſches Theater, und ward auf demſelben Schöpfer des Deutſchen Hans Wurſt. Er ſtarb 17**.

a) *Olla potrida* des durchgetriebenen Fuchsmundi. Worinnen luſtige Geſpräche, angenehme Begebenheiten, artliche Ränke und Schwänke, kurzweilige Stichreden, politiſche Naſenſtüber, ſubtile Vexierungen, ſpindiſirte Fragen, ſpitzfindige Antworten, curieuſe Gedanken und kurzweilige Hiſtorien, ſatyriſche Puff, zur lächerlichen doch honnetten Zeitvertreib ſich in der Menge befinden. Ans Licht gegeben von Schalk Terrä, als des obbeſagten älteſten hinterlaſſenen reſp. Stiefbruders Vetterus Sohn. In dem Jahr da Fuchsmundi feil war, ſ. l. 722. 8. S. Nicolai Beſchreib. einer Reiſe durch Deutſchland, Bd. IV, S. 566. ff. Eine zweyte Ausgabe dieſes Werkes erfolgte ſechs Jahre ſpäter unter folgendem Titel:

Der kurzweilige Satyricus, welcher die Sitten der heutigen Welt auf eine lächerliche Art durch allerhand luſtige Geſpräche und curieuſe Gedanken in einer angenehmen Olla Potrida des durchgetriebenen Fuchsmundi zur vergnügten Gemüthsergötzlichkeit vor Augen geſtellet. An das Licht gegeben von einem lebendi-

der Deutschen Literat. u. Sprachgesch.

gen Menschen, Cosmop. 728. 8. Ohne Vorber. und Reg. 524 Seiten stark. In der Vorrede wird ein zweyter Theil versprochen, welcher aber, so viel ich weiß, nicht erfolgt ist. Proben gibt Flögel in der Geschichte des Groteskekomischen S. 126—132.

b) Lustige Reysbeschreibung, aus Saltzburg in verschiedene Länder. Herausgegeben von Joseph Antoni Stranitzkhy oder dem sogenannten Wienerischen Hannß Wurst, s. l. et a. 4. Sehr selten, weil der Verfasser es selbst verlegt hat. Mit dem Titelblatte 27 Blätter stark und mit 13 schönen Kupfern in schwarzer Kunst geziert, welche Jacob Mellion gezeichnet und J. v. Brugg gestochen hat. Proben s. in Flögels Geschichte des Groteskekomischen, S. 134 bis 138. Eine neue Auflage dieser Reisebeschreibung ist unter folgendem verführerischen Titel in neuern Zeiten herausgekommen:

Der Wienerische Hannßwurst oder lustige Reysebeschreibung aus Salzburg in verschiedene Länder. Herausgegeben von Prehauser, Pintzerthal 787. 8.

42) David Faßmann; geb. 1683 zu Wiesenthal im Sächsischerzgebirgischen Kreise; Anfangs Schreiber auf der Kriegs- und Landpflegsstube zu Nürnberg; von 1705—1709 in Diensten bey verschiedenen Gesandschaften; in den Jahren 1709 und 1710 war er Quartiermeister in Polnischen Diensten; 1714 und 1715 reisete er als Secretär mit einem reichen Engländer durch Frankreich, England und Italien; zuletzt war er Lehrer der Englischen und Französischen Sprache zu Leipzig, und starb 1744 auf einer Reise nach dem Karlsbade zu Lichtenstadt an der Böhmischen Grenze. Außer mehrern seiner Gespräche im Reiche der Todten, welche er von 1717—1740 volle 22 Jahre fortsetzte, gehören von seinen Schriften hieher:

a) Der gelehrte Narr, oder gantz natürliche Abbildung solcher Gelehrten, die da vermeynen alle Gelehrsamkeit und Wissenschafften verschluckt zu haben, in der That aber Ertz-Fantasten und tumme Gympel sind, die von der wahren Gelehrsamkeit, womit die Weisheit verknüpffet seyn muss, weit entfernt, Freyb. 729. 4.

b) Die elisäischen Felder, in 5 Theilen; nähere Nachricht und Proben gibt Flögel in der Geschichte der Hofnarren, S. 236—240.

43) *Hilarii Sempiterni* kurzweiliger *Historicus*, in welchem 600 auserlesene lustige, possierliche, theils scherz- theils ernsthafte Historien erzählt werden, Cosmop. 731. 8.

44) Neue Fränkische Zeitungen von gelehrten Sachen auf das J. 1733—1736, darinnen alle die sinnreichen Einfälle der heutigen Gelehrten zur Belustigung enthalten sind, 1stes — 12tes Stück, s. l. 733. 8.

45) Jo. Christian Trömer; seine Lebensumstände sind mir völlig unbekannt. Unter dem Namen *Jean Chretien Toucement* gab er heraus:

Des Deutsch Franzos Schriften, Leipz. 736 8. mit Kupf. Die mehresten dieser im Deutschtranzösischen Kauderwelsch geschriebenen Reimgedichte sind schon vorher einzeln gedruckt und in den Jahren 1728 - 1736 verfasst worden. Die neueste Auflage des Deutsch-Franzos Schriften, kans complett mit der zweyten Theil vermehrt, Nürnb. 772. 2 Alph. 8. Ein in derselben Schreibart abgefasstes späteres Gedicht besitze ich unter dem Titel:

Nackrickt von ehne Krieg, die in die Sommerszeit sein Ankefang kenomm, solks man nenn Russisch Szeit &c. s. l. kedruckt 1760. 8. Sechs Bogen stark.

46) Salomon Jacob Morgenstern; geb. 1709 zu Pegau; war Anfangs *Magister legens* zu Leipzig und seit 1735 dasselbe zu Halle; im Jahre 1737 wurde er Hofrath oder vielmehr Hofnarr am Königl. Preußischen Hofe

zu Potsdam; er ſtarb 1785 zu Potsdam. Hieher gehört einiger Maſsen ſeine akademiſche Diſſertation:

Vernünftige Gedanken von der Narrheit und Narren. Aufgeſetzt und in hoher Verſammlung behauptet von Sal. Jak. Morgenſtern, ſ. l. (Frankf a. d. O) 737. 8. S. J. J. Moſers Lebensgeſchichte Th. l, S. 169. ff. und Flögels Geſchichte der Hofnarren, S. 245 bis 251.

47) Der Stundenrufer zu Ternate, aus dem Franzöſiſchen des Herrn Julien-Scopon, überſetzt und mit critiſchen, hiſtoriſchen, philoſophiſchen, philologiſchen, moraliſchen phyſikaliſchen Anmerkungen vermehrt und folglich gebeſſert, Bamb. 739. 8. Iſt eine Parodie auf Caſp Gottſchlings Vorrede zu ſeiner Ausgabe des Horaz, welche Halle 724. 8. erſchien.

48) Chriſtoph Gottlieb Richter; war um die Mitte des achtzehnten Jahrhunderts Advocat zu Nürnberg. Er war unter den Deutſchen der erſte, welcher den bibliſchen Stil nachbildete, um ihn lächerlich oder doch beluſtigend zu machen, ſo wie Edmund von Dinter der erſte war, welcher dieſe Schreibart, aber in einer ganz entgegengeſetzten ernſthaften Abſicht, nachahmte. S. Dunkels Nachrichten von verſtorbenenen Gelehrten, Bd. II, St. 2. S. 267 — 269. Folgende Schriften ſind Theils von Richter ſelbſt, Theils in ſeiner Manier gearbeitet:

a) Hiſtoria von der Herberge der Königin Maria Thereſia zu Nürnberg, ſ. L. (Nürnb.) et ſ. a (1740.) 8.

b) Chronika der Königin zu Ungarn und von der Schlacht bey Detlingen, geſchrieben in jüdiſcher Schreibart von Abraham Ben Saddi, Frkf. Lpz. 744. 8. Exiſtirt auch in Franzöſiſcher und Engliſcher Sprache.

c) Chronika des Herzogs Carls zu Lothringen des oberſten Feldhauptmanns der Kö-

nigin zu Ungarn, in jüdifcher Schreibart von Kamuel Saddi, Frankf. 744. 8. rep.
745. 8.

d) Chronika von den Kriegen, welche die
Franzofen mit Therefia, der Königin zu
Ungarn, geführt haben, in Oefterreich
und im Reiche Böhmen und in Baierland
und an einem Fluffe, der da genannt wird
der Rhein, befchrieben in jüdifcher Art
durch Jakof Ben Saddi, Prag 744. 8.

e) Chronika Johann Adolphs, oberften Feldhauptmanns des Königs Augufti III. in
Polen, befchrieben in jüdifcher Schreibart durch Gehafi Ben Saddi, Säckeljuden
in München, f. l. 745. 8.

f) Jedithuns Gefchichte der Kinder von
Preufsen und der Kinder von Sachfen, f. l.
746.

g) Das Buch Meyer, Hauptmann des Königs
von Preuffen, welches befchreibt den
Zug zu den Franken gen Nürnberg,
Windsheim 757. 8.

h) Obadja Afsur, die Bücher der Chronika
von den Kriegen, welche die Brandenbur-
ger, die man fonft nennt die Preuffen, geführt haben mit den Oefterreichern. Drei
Bücher, Leiden 757. 4.

i) Die Hiftorie des Krieges zwifchen den
Preufsen und ihren Bundesgenoffen, wie
folche befchrieben hat R. Simon Ben Jo-
archi, f. l. Im Jahre der Chriften 1758. 8.

k) Aaron Mofes, die Bücher der Maccabäer,
welche handeln von den Krigen, fo geführt hat Friedrich, König von Preuffen,
mit Therefia, Königin der Bohemaken, 8
Bücher, 760.—762. 8.

l) Lux Rebbi Afcher, die Bücher Laudon,
eines der oberften Feldhauptleute und

Ritters Marien Theresien, Kaiferin Königin, Brünn 762. 8.

m) Geschichte der neuen Thaten der Helden unter den Kindern der Franzosen, welche da wären Broglio, St. Germain und Dumoy, f. l. 762. 8.

n) Die Bücher Salomo aus Mitternacht, welche enthalten die Thaten Friedrichs des gröſsten von Ruben Borochia, Amſterd. 770. 4.

Vergl über die in diefem Gefchmacke gefchriebenen Werke die *Acta hiſtorico-ecclefiaſtica J 1747 St. 62.* und *Jo Henr. Manzelii commentatio de ſtili hiſtorici libror Vet. Teſt. virtutibus et vitiis occaſione chronicorum ad methodum hiſtoriæ facræ afficiorum*, Kiel 750. 4.

49) Ernſthaftes und vertrauliches Bauren-Gefpräch, gehalten im Schulzengericht zu R. und W. Zehn Stücke, f l 758. 759. 8. Sie find in der fogenannten plattdeutfchen Sprache gefchrieben, und wurden durch den fiebenjährigen Krieg veranlaſst.

50) Karl Ferd. Hommel; f Bd. I, S. 118. und feine *Memoria* von Rötfig, Lipſ. 783. F.

a) Einfälle und Begebenheiten, f. l. 760. 8.

b) Kleine Plappereien, Lpz. 773. 8.

51) Eines Ungenannten Scherz, zwey Theile, Helmſt. 762 36 Bogen, 8. ſ. ausführlich und ſtreng rezenſirt in den Berl. Litteraturbriefen, Bd. XIV, S. 185—198.

52 Des berühmten und frommen Herrn Jofeph Frölichs, weiland Hoftalchenfpielers zu Dresden, hinterlaſner politifcher Kehraus, mit Freud und Leid, füſs und fauer, wie mans halt nimmt, tröſtlich und kurzweilig gefchrieben, wegen feiner Merkwürdigkeit, da es als eine Prophezeiung auf gegenwärtige Zeit anzufehen, herausgegeben, f. l. 763. 4. Iſt eigentlich eine Satire auf den berüchtigten Grafen Brühl in des Sächfifchen Hofnarren

Frölichs Baierifcher Hannswurftfprache abgefaſst. Eine Probe gibt Flögel in der Geſchichte der Hofnarren, S. 295.

53) Geo. Ludw. von Bar; f. Bd. I, S. 190.

Babioles litteraires et critiques en profe et en verfe, Hamb. 764. 8. Deutſch Frankf. Lpz. 766. 8.

54) **Vier und zwanzigmal ein Kind in dieſem Monat gebohren, oder Wahrſagungen des Veridicus Horoſkopus, aus einer ziemlich arabiſchen Handſchrift zu einem leſerlich Deutſchen Druck befördert**, Frkf. Lpz. 765. 8. Enthält einige ſehr glücklich gerathene Scherze.

55) **Heinr. Gottfr. von Bretſchneider**; geb. 1739 zu Gera; Anfangs Fürſtl. Naſſauiſcher Major zu Idſtein; dann Königl. Kaiſerl. Rath und Univerſitätsbibliothekar zu Ofen in Ungarn; und ſeit 1784 Univerſitätsbibliothekar zu Lemberg in Gallizien. Von ihm gehören gewiſſer Maſsen hieher:

Papilloten, Frankf. 769. 8.

56) **Jo. Joſt Ant. Freih. v. Hagen**; geb. 17**; ehmals Lieutenant unter dem Königl. Preuſs. Infanterieregimente zu Halle; dann Cammer-Referendar zu Berlin, und jetzt? Von ihm ſind:

Gedichte in Chaulieu's Geſcmack, Halle 770. 8.

57) **Jo. Geo. Scheffner**; f. Bd. I, S. 239. Von ihm ſind, wie mir ein zuverläſsiger Gewährsmann aus einer autographiſchen Urkunde verſicherte, Die Gedichte im Geſchmacke des Grecourt, Frankf. Lppz 771. 8. rep. Danz. 780. 8. rep. unter dem Titel: Gedichte nach dem Leben, London (Berlin) 786. 8.

58) **Jo. Geo. Hamann**; f. Bd. I, S. 196.

Verſuch einer Sibylle über die Ehe, f. L 775. 8. Veranlaſst durch Hippels berühmtes Buch über die Ehe.

59) Der

59) Der Milchtropf, ein altes Gedicht, f. l. 775. 8. Ein komiſches Gedicht in der ziemlich glücklich nachgeahmten Schreibart und Orthographie des funfzehnten Jahrhunderts abgefaßt und gegen die freyen Reichsſtädte gerichtet, welche es mit ihren mächtigern Nachbarn aufnehmen wollen.

60) Galimathiſches Allerley oder Stadt- Land- und Waldgedicht in neun Geſängen, von einem Liebhaber der Deutſchen Dichtkunſt zu ſeinem Zeitvertreibe verfertigt. Strasb. 776. 8. Dieſe Ausgabe iſt ſchon die zweite eines, in Knittelverſen abgefaßten und an drollichten Einfällen ſehr reichen, Gedichtes.

61) Calendergrillen. Ein Geſpräch von Calendern und deren Verbeſſerung, f. l. 777. 8. Eine nähere Anzeige des Inhaltes dieſer komiſchen Schrift gibt die allgem. Deutſche Bibliothek, Bd. XXXIII. St. 1. S. 275. 276.

62) Abr. Gotth. Kſtner; ſ. Bd. I. S. 219. Er iſt Verfaſſer von:

Jo. Geo. Zimmermanns Verſuch in anmuthigen und lehrreichen Erzählungen, launichten Einfällen und philoſophiſchen Remarquen über allerhand Gegenſtände, Gött. 779. 8. S. Meuſels gelehrtes Teutſchland, 4te Ausg. 1ter Nachtrag, S. 719.

63) Predigten zum Lachen in den Stunden der Langenweile; auf alle Sonntage des ganzen Jahres vom Wieſenpater zu Iſmaning aus ſeinem Pult entwendet, getreu abgeſchrieben und zum Muſter für alle Prediger in Druck gegeben, f. l. 781. 8. Es ſind nur zwey Predigten, beyde für den erſten Sonntag nach heil. 3 Königen, in welchen des Wieſenpaters alberne Predigten parodirt werden. S. Annalen der Baieriſchen Litteratur J. 1781. Th. II. S. 280.

64) Eine Kinderlehre auf dem Lande, von einem Dorfpfarrer: ſammt einem Schreiben

an den Verleger. Zweite vermehrte Auflage, f. l. 782. 8. Eine Probe diefer Parodie gibt Flögel in der Gefchichte des Burlesken, S. 204. 205.

65 Jo. Aloys Blumauer; geb. 1754 (1755) zu Steyer im Lande ob der Ens; Anfangs K. K. Büchercenfor zu Wien, legte 1793 diefe Stelle nieder und uebernahm die Kreufifche und Gräfenfche Buchhandlung zu Wien; ftarb 1798 dafelbft.

Die Abentheuer des frommen Helden Aeneas oder das zweyte Buch von Virgils Aeneis traveftirt, Wien 782. 8. Diefe erfte Probe eines echt burlesken Meifterftücks ift auch in die Gedichte des Verfaffers eingerückt worden Späterhin kam es in drey Bänden heraus, Wien 784-788. 8. In das Ruffifche überferzt von Offipoff St. Petersb. 791 — 793. 8.

Zusätze und Berichtigungen zu dem ersten Bande.

S. 4. *Conr. Gesneri Bibliotheca*, erschien auch Tig. 583. F.

Ein zweiter Theil dieses Werks erschien unter dem Titel: *Pandectarum s. partitiönum universalium Conr. Gesneri libri XXI.* Tig. 548. F.

Ge. Matthiae Koenig, Bibliotheca vetus et nova, in qua omnium populorum scriptores quoad aetatem, patriam, libros &c. a mundi origine usque ad 1678 recensentur. Altdorfii 1678, fol.

Guil. Cave, Scriptorum ecclesiasticor. Hist. lit. a Christo nato usque ad Sec. XIV. Accedunt Scriptores gentiles. Christianae religionis oppugnatores, et cuiusvis Saeculi breviarium. Additur Conciliorum omnium hist. notitia, inseruntur veterum aliquot opuscula. Accedunt (Roberti Gerii et Henr. Whartoni) appendices usque ad a. 1517, Cavei diss. tres, et ad Tom. II. additamenta Thomae Tenisonis. Edit. noviss. ab auctore recognita. Bas. 1741, fol. 2 Tomi.

Auch die ähnlichen Werke *Casimiri Oudini* und *Jo. Alb. Fabricii Bibl. ecclesiast.* gehören hieher.

Henningi Witsenii, memoriae Theologor. nostri Sec. clariss. Decas I—V. Fref. 1674. *Memoriae Medicor.* Ib. 676. *Memoriae Philosophor. clariss. renovatae Decas I-IV.* Ib. 1677. 8.

Guil. Budaei, Thanatologia in Leukfeldi Scriptt. rer. Germ. p. 177.

Adolfi Clarmundi (d. i. Richters), Lebensbeschreibungen etlicher hauptgelehrter Männer, 2 Theile. Wittenb. 1708 bis 14. 8.

Eine neue Ausgabe von Baylens Dictionair wurde von Leipzig aus angekündigt im Intelligenzblatte der allgemeinen Literaturzeitung zu Jena vom J. 1797.

S. 6. Z. 6. v. o. lies *elogior.*
— Z. 8. — — *chalcographia.*
— Z. 17. — — eben.

— Das wichtigste Werk zur Geschichte der Wissenschaften aus der neuesten Zeit ist: die Geschichte der Künste und Wissenschaften seit der Wiederherstellung derselben bis an das Ende des 18ten Jahrhunderts. Von einer Gesellschaft gelehrter Männer ausgearbeitet. Erste Abtheilung oder allgemeine Geschichte der Cultur und Literatur des neuen Europa, von Jo. Gottfr. Eichhorn. Gött. 796. 8. Von diesem schätzbaren Werke sind bis jetzt folgende Abtheilungen erschienen:

Die dritte od. Kästners Geschichte der Mathematik; die vierte od. Geschichte des Studiums der Griech. und Röm. Literatur, vom Prof. Heeren; die siebente od. Gesch. der Kriegskunst, vom Lieutn. Hoyer; und die achte od. Gesch. der Naturwissenschaft, vom Prof. Gmelin, Gött. 797. 8.

S. 8. Matthis Quaden von Kinkelsbach, Teutscher Nation Herrlichkeit, eine ausführliche Beschreibung des gegenwärtigen, alten und uralten Standes *Germaniæ.* Item etlicher fürnehmer Personen herkommen, leben und abschiedt, samt andern nützlichen Materien, Cölln am Rhein 609. 4.

S. 9. Von Meusels gelehrtem Teutschlande ist nun eine fünfte Ausgabe zu Stande gekommen, von welcher bis jetzt vier Bände (A – M) erschienen sind.

Ebend. Das vorzüglichste Werk zu einer kritischen Kenntniſs unserer classischen Dichter ist: J. J. Hottingers Vergleichung der Deutschen Dichter mit den Griechen und Römern, eine gekrönte Preisschrift, welche den fünften Band der Schriften der Kurfürstl. Deutschen Gesellschaft zu Mannheim ausmacht, und Mannh. 789. 8. erschien.

S. 10. J. A. Naſſers Vorleſungen über die Geſchichte der Deutſchen Poeſie ſind angekündigt, und durch eine Probe näher bekannt gemacht worden im Intelligenz-Blatte der Jenaer allgem. Literatur-Zeitung 1798. No. 1. S. 1—4.

J. D. Hartmanns allgemeine Geſchichte der Poeſie, 1ter Bd. Leipz. 797. 8. umfaſſt die erſte und zweite Periode bis auf Alexander den Gr.

S. 20. Des Dichters Kazungali Glaubensbekenntniſs iſt aus dem einzigen Originale deſſelben in dem Baieriſchen Kloſter Weſſobrunn, vom Pater Anſelm Ellinger diplomatiſch abgezeichnet, in Kupfer geſtochen, und mit Erläuterungen von F. D. Gräter mitgetheilt worden in der Braga II, 1. S. 118—155.

S. 23. a) *Synodus Bavarica* ſteht auch in *Harzheimii Conciliis Germ.* T. I, p. 128.

c) Die von Boxhorn herausgegebenen beiden *Vocabularia* ſind nur in einer Handſchrift und in einem Bande mit einer Schrift *Alcuins*, die Karl dem Groſsen zugeeignet iſt, befindlich.

S. 24. e) Die Fränkiſche Beichtformel ſteht auch mit *Lambecii* Ueberſetzung in *Kollarii Analect. Vindobonenſ.* T. I, col. 445.

f) *Caſaub. Comm. de ling. Sax. vet.* iſt zu Lond. 1654 in kl. 8. herausgekommen.

g) Für *Mayri* muſs geleſen werden *Mauri*.

S. 25. p. Das *Breviarium rerum fiſcalium* ſteht auch in *Steph. Baluzii Capitulariis Regum Franciæ*, T. I. p. 331, und mit deſſelben kurzen Anmerkungen in *Bouquets Scriptt. rer. Francicar.* T. I, p. 652.

Auch verſchiedene andere *Capitularia Car. M.* enthalten Spuren der alten Deutſchen Sprache, Sitten und Gewohnheiten, beſonders das *Capitulare Saxonum datum Aquisgrani a. 797.* in *Baluzii Capitulariis*, T. I, p. 331. und in *Bouqueri Scriptt. Franc.* T. V. p. 651. ferner das *Capitulare anni 803. ſive Capitula addita ad Legem Salicam.* Ibid. I, 387. Bouquet V, 661. Die *Capitulatio Caroli M de partibus Saxoniæ* iſt auch von *Luc. Holſtenio* herausgegeben und wiederholt in *Sim. Paulli miſcelli antiquæ lect. Argent.* 1664, 8. Daſelbſt iſt auch *Chph. Bro veri diff. de veteris pop. Trevirorum lingua, cum lege Hludvici Aug. & Hlotharii Caef* befindlich. S. p. 28. n).

S. 26. Von der *Paraphrafe* der 4 Evang. liefert Eccard in *Quatern.* p. 4 bp 42. eine Probe, nebft der latein. Vorrede. Diefe bezeichnet einen bey den Sachfen hochgeschätzten Dichter, der auf Kaifer Ludewigs Befehl die Ueberfetzung gemacht hat. Eccard vermuthet, dafs Hathumar, der erfte Bifchof von Würzburg, der Verf. fey.

e) Die Bundeseide in der Staatsverfammlung zu Strafsburg i. J. 842 ftehen in *Nithardi Hift.* I, 30. Daraus hat fie *Freherus* zuerft im *Tom. I, Script. rer. Germ.* p. 72 entlehnt, hernach *Du Chesne Scripts. Gallic.* T. II, 440. ferner *Baluzius in Capitularibus Regum Francor.* II, 40. Freher hat auch die Eidesformel des Volks hinzugefügt, beide Formeln fehr gelehrt erläutert, und in der Vorrede mehrere Schriftfteller angeführt, die diefe merkwürdigen Formeln in ihre Schriften aufgenommen haben.

§ S. 27. f) Die alte Ueberfetzung des *Te Deum laudamus* fteht auch in *Hickefii Grammatica Franco-Theotifca* p. 64, in *Michaelers Tabulis*, III, p. 253. Eine etwas jüngere Ueberfetzung befindet fich in *Schilteri Thef.* T. I, p. 274. Vergl. Wetzels *Analecta hymnica*, I, 21.

i) Man lefe *Schilteri Thef.* II, 420.

k) Hieher gehören auch Ruodeperts teutfche Gloffen in feinen Briefen bey *Goldafti fcript. rer. Alem.* II, p. 65. 66, welche auf's Neue abgedruckt worden find in Gräters Braga, II. 1. S. 43—45.

S. 28. n) Jo. Gottlieb Horn hinterliefs beträchtliche Zufätze zum Georgifch; f. Weinarts Sächsl. hift. Handbibliothek, Th. 2. S. 176. Sind diefe je gedruckt worden?

S. 29. Otto I. ftiftet das Bisthum Havelberg zur Bekehrung der Wenden - - - - - 946
ferner das Bisthum Brandenburg - - - 942

Otto I. ftiftet das Erzbisthum Magdeburg nebft den Bisthum Meiſſen, Merſeburg und Naumburg oder Zeiz, welche er nebft Havelberg und Brandenburg dem erfteren unterwirft - - - - - 968

S. 30. 3) Einem Briefe des Herrn J. von N** in Gräters Braga, T. 1. S. 180, zufolge werden die Vorfteher der Bibliothek zu St. Gallen ihre fämtliche *Theotifca* als einen Anhang zu Schilters *thefaurus* herausgeben.

S. 32. Willeram hinterließ eine zweifache Paraphrafe des hohen Liedr. Die eine in Latein, Leoninifchen Verfen, welche Menrad Molther zu Hagenau 528. 8. und Marquard Freher zu Worms 1631. 8. herausgaben. Die andere ift in Fränkifcher Profa. Beide gab Paul Merula mit Houtens Niederländifcher Ueberfetzung heraus zu Leiden 1598, 8. hernach auch Schilter in feinem *Thef. I*, p. 1. Ueber die Fränkifche Paraphrafe gab *Franc. Junius* fehr fchätzbare *Obfervatt*. Amft. 1655, 8. heraus, worin er zugleich Willerams Vorrede vor feiner Lat. Paraphrafe, welche Merula (dem die erfte Hagenauifche Ausgabe fcheint ganz unbekannt gewefen zu feyn) nicht mit herausgegeben hatte, nachträgt. — —

S. 37. Ueber die Folianten des Prof. Rüdigers fchreibt mir mein Freund Hr. Pred. Kinderling zu Calbe: fie gehören vermuthlich nicht in diefes Zeitalter. Den einen habe ich ganz durchblättert, und nichts als Meiftergefänge des 16ten Jahrhunderts darin gefunden. Einige Stücke find von Hans Sachs, viele von Daumer, der den ganzen Band fcheint gefchrieben zu haben. Ob der andere Band vielleicht älter ift und Minnegefänge enthält, kann ich nicht fagen.

Ebend. Von Friedr. Adelungs Nachricht von altdeutfchen Gedichten, welche aus der Heidelberger Bibliothek in die Vetikanifche gekommen find, nebft einem Verzeichniffe und Auszuge derfelben, Königsb. in Pr. 796. 8, fteht eine ausführliche, aber wenig kritifche, Anzeige in Gräters Braga II, 2. S. 157—171.

S. 38. d) Diefe Niederfächfifche Ueberfetzung der Stiftungsformel des Clofters Gernrode, wird in Beemanns *Hift. Anhält.* P. III, p. 168 nur angeführt und übrigens die Unwahrfcheinlichkeit bemerkt, daß der Markgraf Gero fie felbft Deutfch ausgefertiget hätte, wie Popperod vorgibt. Auch Meibom verwirft diefs Vorgeben, weil man damals noch keine Deutfche Urkunden auszufertigen pflegte. Die D. Ueberfetzung felbft aber fteht in *Joh. Popperodii Annal. Gernrodenf.* in Beemanns

Acceſſ. ad Hiſt. Anhalt. p. 36. auch in *Caſp. Calvoerti Saxonia inſ. gentili & chriſt.* p. 51?.

Ebend Wenn *Klaas Kolyns eines Mönchs zu Egmond Rym-Kronyk van ouds genaamt het geschichte historiael-Rym,* der erſte Graaven van Holland, wirklich um das J. 1170 geſchrieben iſt, ſo iſt ſie wahrſcheinlich das älteſte Denkmahl der Niederdeutſchen oder Holländiſchen Mundart. Sie ſteht in Gerh. *Dumbarii Analectis*, T. I. p. 245.—285.

S. 39. e) Muls heiſſen: Der Eid, welcher dem Biſchof Albert von Halberſt. einem gebornen Herzoge von Braunſch. von den Bürgern zu Halberſt. in Niederſächſiſcher Mundart geleiſtet wurde. Der Zuſatz: iſt eben ſo alt, kann nicht Statt finden. Die kurze Eidesformel, welche in *Meibomii Scr. rer. Germ.* II; 338 ſteht, gehört ins Jahr 1338.

g) Everhards Niederſächſ. Reimchronik von Ganderſheim ſteht am richtigſten aus dem Originale, mit einigen Erläuterungen, in *Joh. Chph. Harenbergii Hiſt. Ganderſh.* p. 476.

Zuſatz von alten Stadtrechten.

A) Sind verſchiedene alte Lat. Stadtrechte aus dem 11. und 12 Jahrh. vorhanden, von denen man aber das Alter der Deutſchen Ueberſetzungen nicht gewiſs angeben kann. Dahin gehören:

a) das Stadtrecht von Weida von 1027, in Longolii Brand. Culmb. Nachr. 2 Th. 181 S.

b) Das Stadtrecht von Schleswig, im J 1156 von dem Könige Sweno von Dännemark ertheilet, und 1534, 1603 und 1732 zu Schleswig gedruckt.

c) Das Oeſterreichiſche Landrecht von 1190 von Herzog Leop. VII ertheilt, ſteht aus einer alten Wieneriſchen Handſchrift in Ludewigs *Reliq. Manuſcr.* IV, 1.

d) Der Stadt Stade Privilegium von Kaiſer Otto IV. ſteht in Riccii Entwurf von Stadtgeſetzen, 167—170. S. und in *Puffendorfii Obſerv.* T. II. App. p. 153 ſq.

e) Das Stadtrecht der Stadt Freiburg im Breisgau von 1220, vom Herzoge Berthold von Zäringen abgefaſſt, in Schöpflins *Hiſt. Zaringo-Badenſ.* T. V, p. 50. und in Selchows juriſt. Bibl. III, 60 S.

B) Die Stadt- und Landrechte, welche vermuthlich ursprünglich in Deutscher Sprache abgefaßt sind, und welchen der Sachsenspiegel großen Theils scheint zum Muster gedienet zu haben. Dahin gehören:

1) der Sachsenspiegel, der vermuthlich ins J. 1218 gesetzt werden kann. S. Joh. Carl. Heinr. Dreyers Abhandl. von den Ausgaben des Sachsenspiegels in seinen Beiträgen zur Literatur und Geschichte des Deutschen Rechts, besonders S. 116. wo zugleich Senkenbergs Meinung widerlegt wird, der ihn irrig ins J. 1158 setzte.

2) Das Schwerinische Stadtrecht, Lat. von 1222, und Niederdeutsch von 1224. Diese letztgenannte steht in *Westphalen Monum. Cimbr. T. I.* col. 2063. in *Ejusd. specim. docum.* Meklenb. p. 205. und in Dav. Franks Meklenburg. Gesch. 4 Th. 55 S.

3) Das Braunschweigische Stadtrecht von 1217 steht in *Scheidii Origin. Guelf. Tom. IV.* in *probatt.* p. 107 sq.

4) *Statuta* der Stadt Heimburg von *Frid. Bellicoso* stehen in *Senkenbergii Visionibus de collect. iur. Germ.* p. 268.

5) Das Braunschweigische Stadtrecht von 1232, welches h) angeführt wird. Das erste Hauptstück desselben steht auch in Rehtmeyers Braunschweig. Kirchenhist. 1r Th. 465.

6) Das Stadtrecht oder der Richtebrief der Bürger von Zürch, Oberdeutsch, steht in der Helvetischen Bibl. 2 St. 13 — 83 S.

7) Das Preußische Stadtrecht, oder Handfeste der Städte Culm und Thoren, vom J. 1233, erneuert 1251, steht aus einer perg. Handschrift abgedruckt, mit Spracherläuterungen in Gottscheds neuem Büchersaal, 8 Th 116 S. f.

8) Das Schwerinische Recht, der Stadt Malchow 1235 von Nicolaus Herrn von Rostock ertheilt, steht Lat. und Niedersächsisch in *Westphalen Monum. Cimbr. T. II.* col. 2021.

9) Eben dasselbe, der Stadt Röbeln ertheilt im J. 1236 und aus dem Lat. übersetzt. *Westphalen Monum. Cimbr. I.* col. 2025.

10) Der Stadt Wien vom K. Fried. II. erneuerte und bestätigte Rechte, vom J. 1237, stehen Deutsch in *Senken-*

bergii Select. Jur. & Histor. T. IV, p. 433. in *Moseri Bibl. Mester.* p. 16. auch in Abermanns Deutfcher Ueberf. der Wiener Chronik *Lacii*, 51 S. f. (Senkenb. hält das Deutfche nur für eine Ueberfetzung.)

11) Statuten von Lippftadt in *Puffendorfii Obfervass. T. III. App.* p. 409 fq.

12) Das Lübifche Stadtrecht, welches angeführt wird S. 40, i) und wegen feiner Ausführlichkeit fehr merkwürdig ift. Es befteht aus 252 Abfätzen. In *Weftphalen Monum. Cimbr.* fteht es aus einer Lübeckifchen Handfchrift, die mit dem gefchriebenen Kielifchen Stadtrechte von 1357 verglichen ift, (nicht Tom. II, 638, welches wegzuftreichen ift) fondern T. III, 639. (nicht 619).

13) Das Stadtrecht der Stadt Zug, und zwar erneuert, welches mit Veränderungen und Zufätzen 1706 gedruckt ift.

14) Der Stadt Altenburg von Heinrich Markgrafen zu Meiffen 1256 beftätigte Gewohnheiten und Freiheiten, fo fie vorher vom Reiche gehabt, aus dem Originale abgedruckt in Chrift. Siegm. Liebens zufälliger Nachlefe zu Heinrich des Erlauchten Lebensbefchreibung, 32 S.

15) Die alten Stadt-Artikel der Stadt Strafsburg in Schilters Anmerk. zu Königshofen's Chronik von Strafsb. 700 S.

16) Der Stadt Hamburg Stadtrecht oder Ordelbock von 1270, ift aus 2 Handfchriften von 1270 u. 1277 herausgegeben, und mit dem alten Lübeckifchen Stadtrechte von 1240 und dem Stadifchen von 1279 verglichen, in *Weftphalen Monum. Cimbr. T. IV*. col. 2083—3026. Siehe gg.

S. 40. n) Jo. Enenkl wurde 1227 zu Wien geboren und war um das J. 1250 Domherr zu St. Stephan zu Wien. S. *Reimanus praefatio ad epitomen catalogi bibl. Mfc. Vindob. Lambecio-Neffel.* p. 79—80. (Hannov. 712. 8.)

S. 48. e) Eine Gefchichte des Augsburgifchen Stadtrechts hat Joh. Jac. Brucker gefchrieben, und mit einer Befchreibung der alten Handfchrift, Bemerkungen über die alte Rechtfchreibung und Mundart verbunden. Diefe Abhandlung fteht in den Leipziger krit. Beiträgen im 16 St. 561 S. auch in *Wegelini thefauro Suev. T. IV*. p. 48.

Sonst gehören noch in diesen Zeitpunct folgende Stadtrechte:

1) Der Stadt Wienerisch Neustadt von dem K. Rudolf I. bestätigte und vermehrte Satzungen, von 1277, in *Bernh. Pezii Thesauro anecdotor. noviss.* T. VI, p. 132.

2) Der Stadt Hameln Stadtordnungen von 1277, in *Ludewig's Reliq. Mss.* T. X. p. 22.

3) Der Stadt Bamberg geschriebenes Stadtrecht vom 1278, wird angezeigt in *Cypriani Catalogo Mstor. Bibl. Goth.* nr. 214.

4) Die *Statuta Stadensia*, welche oben S. 43. zu früh bemerkt sind.

5) Der Stadt Eisenach Statuten von 1283, in *Paullini Annal. Isenacens.* p. 57.

6) Der Stadt Apenrade Stadtrecht von 1284, mit Anmerkungen herausgegeben von Dreyer, in der Sammlung vermischter Abhandl. 3 Th. 1373 S.

7) Der Stadt Flensburg Stadtrecht von 1284, in 172 Artikeln, aus dem Originale und 5 andern Handschriften, herausgegeben von *Westphalen in Monum. Cimbr.* IV, col. 1897 — 1942.

8) Das Hamburgische Stadtbuch von 1292, im *Thes. iur. prov.* T. I. p. 633 — 720.

9) Der Zürcher Urtheilbuch oder Sammlung von den Erkenntnissen des Raths &c. von 1292, in den Kritischen Beiträgen der Eidgenossenschaft, 3 Th. 9 — 142 S.

10) Des Reichshofs Brakel in der Grafschaft Mark in Westphalen Gerechtigkeiten, in Joh. Dietr. von Steinen, Westphäl. Gesch. 6 St. 1819 — 1832.

11) Das Stadtrecht der Stadt Cassel von 1300, in Kuchenbeckers *Analect. Hass. Coll.* IV, 262. (Vielleicht ist es noch älter, aber das Recht von Erbfällen, p. 291. ist vom J. 1300.

12) Landrechte der Grafschaft zu Bornheimerberge von 1303, in *Gudeni Cod. diplomat.* T. V, p. 1001.

13) Rechte und Freiheiten des Weichbildes zu Heiligenhaven, nach Lübeckischem Rechte von 1305, Niedersächsisch, in *Westphalen Monum. Cimbr.* IV, 3212.

14) Statuten von Nordhausen oder Schützenbuch von 1308, in *Senkenbergii Visen.* Lat. S. 318. Deutsch, S. 331.

15) Vollständige Landesordnung von Preußen von 1309, in der Preuß. Sammlung allerhand Urkunden, 2 Th. 98 S.

16) Die grosse Baierische Handfeste oder Gerichtskauf, von 1311, Oberdeutsch, in *Joh. Heumanni Opusc.* p. 255.

17) Der Stadt Halle in Sachsen allererste Willkühr 1316, in *v.* Dreyhaupts Beschreib. des Saal-Kreises, 2 Th. 304 S.

18) Statuten der St. Nordlingen von 1318 oder vielleicht noch früher, in *Senkenbergii Vision. de collect. leg. Germ.* p. 355.

19) Der Stadt Culenburg in Geldern Statute von 1318, in *Ant. Matthaei Analect ver. aevi*, T. 6. p. 301.

20) Speyerisches Stadtrecht von 1318, in Lehmanns Speier. Chronik, 226 S.

21) Dortmunds Stadtrecht von 1322, in Lünigs Reichs Archiv *Part. spec.* 4. *Contin. ult.* p. 444.

22) Der Insel Fehmern Landrecht von 1326, in Dreyers Sammlung vermischter Abhandl. 2 Th. 1017—1030 S.

23) Das Verdische alte Stadtbuch aus dem perg. Original von 1330, Niedersächsisch, mit Worterklärungen in *Joh. Vogsii Monum. ineditis rerum Germ. praecipue Bremens.* T. 1, p. 276.

25) Der Stadt Schwäbisch Halle alte Wahlordnung von 1340, in *Senkenbergii corp. jur. Germ.* T. I. *coll. dipl.* p. 5.

26) Wismarische Bürgersprache oder *Civiloquium* von 1344, in Dietr. Schröders kurzer Beschreib. der Stadt und Herrschaft Wismar 577—596 S.

27) Der Stadt Leipzig Willkühr von 1345, in Schneiders Chronik der St. Leipzig, 241 S.

28) Stadtordnungen zu Movhingen von 1345, Niedersächsisch, in *Senkenbergii Corp. Jur. Germ.* T. I *collect. dipl.* p. 6.

29) Bayerisches verbessertes Landrecht, besonders gedruckt 1484 und 1595, auch in *Joh. Heumanni Opusc.* p. 11—288.

S. 51. In diese Zeittafel gehört folgende wenig bekannte Angabe für die Deutsche Kunstgeschichte in der alten Limburgischen Chronik, bey Hontheims *prodr. hist. Trev.* p. 1001. Col. 1: Der Zeit (1380) ware der berumbt Maler in Cölln desgleichen nit ware in der Christenheit; er malet einen als wie er lebte, seine Name was Wilhelmus.

S. 53. Die Statuta der Stadt Orlamünde sind nach Selchows Angabe 1381 aufgesetzt.

Ebend. Johann Gansbein; geb. 1317. Stadtschreiber zu Limpurg an der Lahn, f. *Chelii.* Wetzlarische Chronik. Von ihm haben wir eine Limburgische Chronik, welche von 1336 — 1398 geht. Sie wurde 1617 von Joh. Friedrich Faust von Aschaffenburg zum ersten Mahle herausgegeben. Wo findet man Nachricht von dieser ersten Ausgabe? Mir ist das Werk nur aus der neuern Ausgabe, welche unter dem Titel: *Fasti Limpurgenses*, Wetzlar 720. 8. (4 gr.) erschien, bekannt geworden. Sie ist merkwürdig wegen der vielen in ihr enthaltenen alten Reime und Nachrichten von alten lyrischen Sängern. Vergl. Lessings Leben, 3r Th. S. 98 — 110. Die neue Ausgabe ist auf der Göttinger Bibliothek. In Hontheims *Prodromus hist. Trevir.* p. 1046 — 1166. (Augsb. 757. F.) steht Jo. Mechtels von Pfalz *Chronicon Limburgense*, welches von 909-1610 geht, und in welchem Gansbeins Arbeit um den Raum von 1336 — 1398 auszufüllen eingerückt worden ist. Von diesem Gansbein handelt Hontheim in *hist. Trevir. dipl.* T. III. p. 1025. Allein Mechtel (geb. 1562, f. ej. Chron. p. 1126) sagt vom Verf. beym Jahre 1398: *Quae hactenus idiomate nativo tibi proposui, non sunt mea, sed Tilmanni quondam huius urbis scribae &c. Ego ex manualibus nostris demonstrare paratus, et talem Tilmannum illo aevo fuisse hic, et ea, quae sub ipsius nomine lingua vernacula circumferuntur scripta nostris manualibus in multis uti et Alb. Cranzo nec non Jo. Nauclero respondere.* Hontheim setzt dem Namen Tilmann noch die Namen *Adam Emmel* bey; allein diese nennt Mechtel nicht *loco citato*, wohl aber in der Vorrede zum Ganzen, woselbst er ihn noch Scheffen und des Rathes titulirt. Als das Jahr seines Todes gibt Mechtel 1400 an. Vorzüglich wichtig ist diese Chronik für die Geschichte der Deutschen Cultur und des Deutschen Costume in Kleidertrachten. Dahin gehören z. B. folgende Stellen: p. 1063. 1064. 1065. 1079. 1087. 1090. 1094. 1101. 1106. 1111. 1113. 1118. 1120. 1124. 1128. 1131. 1139. 1144. 1153.

Ein Ungenannter hat aus der Schönbornischen Bibliothek einen Theil der Emmelischen Chronik herausgegeben unter dem Titel: Fragment von einer alten Chronik, worinnen verschiedentliche Geschichten von den Jahren 1347-1371 beschrieben seynt, zur Unterhaltung deren Liebhabern der altdeutschen Schreibart, aufs einem alten Manuscript zum Drucke geben von G. C. N. Auban. f. l. 747. Der Buchstabe N. ist der Anfangsbuchstabe des Namens und Auban, der abgekürzte Geburtsort des Herausgebers.

S. 54. Ueber Matth. v. Beheim, f. auch Dreyhaupts Beschreibung des Saalkreises, Th. I. S. 771-772.

S. 55. m) Rusts krit. Nachricht &c. steht auch in den Schriften der Anhaltischen Deutschen Gesellsch. 2 Th. 367 S. und die zweite Nachricht von einem andern Niederf. Ms. ebend. 387 S.

r) Von den Kalands-Brüderschaften handelt zwar Beemann in Hist. Anhalt. T. VI. c. 4. p. 18. aber er führt keine Statuta an. Eine deutsche Urkunde von 1380 steht S. 21.

Sonst gehört in diesen Zeitpunct: Gesetz und Ordinantie des Churs (Churgerichts) von Aachen von 1338, in Noppii Chronik v. Aachen, 3 B. 71 S. Ordnung und Sate des Koers und Wall eines erbaren Radt zu Osnabrück 1348, in Lodtmanni Monum. Osnabrugens. Zate-Brev der Herz von Braunsch. Bernh. und Heinr. (oder Vergleich) mit den Landständen des Herzogth. Lüneburg in Scheidts Bibl. hist. p. 141.

Auch gehört in diese Periode: Anon. Magdeburgisches Schöppen-Chronick, in Niedersächs. Spr. 1360 geendigt, welches in der Bibl. des Rathhauses zu Magd. im Orig. befindlich ist. Eine ausführl. Nachricht davon mit einigen Auszügen steht in Boysens allg. hist. Magazin, 2 St. 137 f.

S. 56. In das Ende des 14ten Jahrhunderts gehört wahrscheinlich die Uebersetzung des Psalter, von welcher Oberlin nach dem in der Universitäts-Bibliothek zu Strasburg befindlichen Exemplare einige Proben gibt in Gräters Braga I. 2. S. 150-152.

S. 59. Aus der ersten Hälfte des 15ten Jahrhunderts haben wir eine Zerbster Chronik in Niederdeutscher Sprache von Peter Becker, Bürgermeister zu Zerbst, vom Jahre 1259—1445. S. Dunkels Nachrichten von verſtorbenen Gelehrten, Bd. I. S. 589—590.

S. 62. 10) Eine Handſchrift davon iſt in der Bibl. zu Gotha Cod. 25, in *Cypriani Catal. Mſſtor.* p 50. Sie iſt das fünfte Stück des Bandes und hat die Ueberſchrift: Das puch ſagt von Troge von der groſſen ſtat wy lang man da do lag piſc man ſy gewann, 1475 geſchrieben. In demſelben Bande iſt N. 1. befindlich, eine evang. Geſch. Hie hebt ſich an dy neuw Ee und das Paſſional von Marie und Jeſus &c. von Mart. Scherffenberg 1472 geſchrieben, auch N. 3. die Reiſe des Montevilla von ebendemſ. auch 1472 geſchrieben.

Ebend. Durch die Güte des Hrn. Geheimenrathes Vogt zu Weimar beſitze ich eine gereimte Legende von der h. Margaretha, welche in Niederdeutſcher Sprache abgefaſst iſt und wahrſcheinlich in das 15te Jahrhundert gehört.

S. 64. Zwiſchen No. 19 u. 20. gehört eine altdeutſche Reiſebeſchreibung vom J. 1499, welche einen Ritter Arnold von Harffe zum Verf. hat. Hr. Director Mell zu Berlin, beſitzt dieſes Werk handſchriftlich von 1554. auf Papier in Folio. Für die Sprachen iſt dieſes Werk in ſo fern merkwürdig, als der Verf. 9 kleine Gloſſaria über verſch. fremde Sprachen liefert. Auch gehört hieher folgendes in Panzers Annalen der Deutſchen Literatur nicht angeführtes und durch den hieſigen gelehrten Hrn. Hoffiscal Stengel mir mitgetheiltes Werk:

Muſica getutſcht vnd aufsgezogen durch Sebaſtianum Virdung, Prieſters von Amberg, vnd alles geſang aufs den noten in die tabulaturen dieſer benanten Dryer Inſtrumenten der Orgeln, der Lauten vnd der Flöten transferieren zu lernen. S. l. & a. im länglichen Quart. Die Zueignungsſchrift iſt unterzeichnet: Baſel 1511.

S. 71. Religionskrieg in Deutſchland 1547. Paſſauer Vertrag, 1553—55. Der erſte gedruckte Meſskatalog in Deutſchland von Geo. Willer, 1564.

S. 72. Concordienformel theilt die Lutheraner, 1576.

S. 75. Seb. Münſters Cosmographey, Baſ. 544. F. Eine merkwürdige Stelle über die urſprüngliche Abfaſſung dieses schätzbaren Werks, s. in Mechtels Limb. Chronik, in Hontheims prodr. hist. Trev. p. 1126.

S. 77. 12) Joh. Agricola hat eigentlich Schnitter geheißen. S. Schelhorns Ergetzlichk. 1 Th. 845. Dieß ist richtiger, als wenn andere ihn Ackermann oder Schneider nennen. Sein Wappen bestätigt diese Meinung. Von seiner ersten Samml. 300 Sprichwörter ist vermuthlich die erste Hochdeutsche Ausgabe zu Eisleben 1528 erschienen, und die Niedersächsische zu Magd. 1528. Beide Ausg. sind ungemein selten. Im Jahre 1529 ist der Druck des ersten Theils wiederholt zu Zwickau und Nürnberg. In eben dem Jahre sind aber auch beide Theile zu Eisleben, Hagenau und zu Erfurt gedruckt. Von diesen und den folg. zahlreichen Ausgaben und den Veränderungen derselben, handelt Christian Carl Am-Ende in seiner Nachr. von den versch. Ausg. der Sprichwörter des Agricola in Schelhorns Ergetzlichk. 2 Th. 73 S. und in der Fortsetzung 297 S. f. Derselbe bemerkt dabei richtig S. 85 daß Agric. nicht der erste Sammler Deutscher Sprichwörter gewesen ist, sondern Heinr. Bebel, welcher *Proverbia Germ. in Latinitatem reducta* geschrieben hat, welche schon 1507 in seinen *opusculis* stehen.

S. 103. In der Strahofer Bibliothek zu Prag ist ein Fragment des Wilh. v. Brabant, welches Casp. Bäuscher, erster Bibliothekar des dortigen Prämonstratenser Stiftes, mit Spracherläuterungen beschrieben hat in Meissners Apollo J. 1794, Nov. S 265.

S. 105. Die hier angeführten Lieder Görgens von Erlabach, sind ein episches Gedicht auf Herzog Friedrich von Schwaben, dessen Verfasser Wolfr. v. Eschenbach und dessen Abschreiber Geo. von Erlabach war. S. Langers Nachricht in der Bragur, B. VI. Abth. 1. S. 181.

S. 106. Salomo der Weise und sein Narr Marcolph Jerusalem, 797. 8.

S. 107. Eine classische Stelle über den Inhalt und die Deutung der Theuerdanks, s. in Seb. Franks Chronik der Deutschen, fol. 281 a) — 283 b).

S. 108. zu Nr. 40. Zu den historischen Gedichten aus dem 15. und 16ten Jahrhunderte gehören:

2. Joh. Gerhards, Pfarrers zu Rüsselsheim am Main, Historie der Phede zwischen einem Grafen von Glei-

Gleichen und Dieterichen von Helbach, in des Herrn Grafen von Beuſt hiſtor. und ſtatiſt. Auffätzen über die Sächſiſchen Lande, 1 Bd. (Altenb. 1797, gr. 8.) 1 — 15 S. mit hiſtor. Anmerk. des Herrn Rath Hellbach.

3. Eines Ungenannten gereimte Erzählung von der Belagerung und Eroberung des Schloſſes Hohenkran 1512, in *Senkenbergii Analect. Juris & Hiſt. IV,* 559 ſqq. Dieſe kann zu den hiſtor. Liedern gerechnet werden.

4. Eines Ungenanten gereimte Erzählung von der groſsen Unainigkeit die ſich kürzlich verloffen hat zu Koeln in der heilgen Stat (1513) in *Senkenbergii ſelect. Juris & Hiſt. IV,* 573 ſqq.

1) Eine alte poet. Beſchreibung des innerlichen Kriegs im Hochſtift Würzburg unter dem Biſchof Gerhard, oder wie die Ueberſchrift eigentlich unbeſtimmter lautet: Von dem Streit und der Schlacht vor Berchtheim, zwiſchen Würzburg und Schweinfurt gelegen (1398), in Jo. Paul Reinhards Beiträgen zur Hiſt. des Frankenlandes, 2 Th. 259 — 3285.

5. Joh. Roſenplüts poet. Beſchreibung des Gefechtes bey Hempach im Jahr 1450, in Jo. Paul Reinhards Beitr. zur Hiſt. des Frankenlandes, 1 Th. 225—242 S.

6. Eines Ungenanten kleine Chronik von Dännemark, eine Handſchrift des 16. Jahrh. mit hiſtoriſch etymologiſchen Anmerkungen und einer Vorrede begleitet. Altona 1790, 8.

S. 110. H. R. Maurer, der warme Hirſebrey von Zürch auf dem Freyſchieſſen zu Strasburg, Zürch 797. 4. mit Kupfern.

S. 113. Probe einer Griechiſchen Ueberſetzung der Klopſtockiſchen Meſſiade von J. F. Levezow, Stettin 756. 4.

S. 117. Kotzebue hat Krankheits wegen ſeine Entlaſſung geſucht und dieſe am 15ten Nov. 1795 mit dem Titel eines Collegien-Aſſeſſors erhalten. Er beſitzt durch dieſen Titel den Rang eines Majors. Wie es heiſst, wird er auf dem Lande unter dem Gute Zewa wohnen, wo er ſich ein Haus gebauet hat. S. Revalſche wöchentliche Nachrichten, 1795. St. 2.

Ebend. Der wahre Verfaſſer des Ameiſen- und Mükkenkriegs iſt Hans Chriſtoph Fuchs, Senior in Wallenburg und Arnſchwang. S. Neumeiſter *de poet. Germ.*

sec. XVII. p. 95. Schon Baumann im Reineke Fuchs führet Stellen aus ihm an S. 65. nach der Gottschedischen Ausgabe.

S. 121. Das Fränkische Lied auf König Ludwig steht aus Brotuffs Chronik abgedruckt, nebst einem altdeutschen Anhange, auch in Canzlers und Meisners Quartalschrift, 1783. St. 2. S. 102—110.

S. 127. Gedicht auf den König Ladisla in Böhmen, stehet in *Senkenbergii Selectis juris & histor. T. V.* p. 42.

S. 128. Rosenblüts Gedicht von dem Mann in Garten, ist neu abgedruckt in Gräters Braga, II. 1. S. 78—96.

S. 129. Ueber den Pfaff von Kalenberg findet sich folgende merkenswerthe Stelle in Jo. Aventini Chronik, fol. 479 a): „Bey diesem Fürsten Hertzog Otten von Oesterreich ist am Hoff gewesen der Pfaff von Kalenberg vnd Neithard Fuchs ein Frank, von den man noch so viel singt vnd sagt." Vergl. den 2ten Band meines gegenwärtigen Werks, S. 316—317.

Ebend. Derselbe Aventin kannte ein erzählendes Gedicht von der Vergiftung des Kaisers Heinrich VII. durch einen Predigermönch. S. dessen Chronik, f. 480. b).

S. 131. Hans Sachs verfaßte binnen 53 Jahren 6840 Gedichte. S. Dunkels Nachrichten von verstorbenen Gelehrten, Bd. I. S. 297—311.

S. 134. In diese Periode gehört das Volkslied auf Hans Dollinger, abgedruckt in *Ratisbona politica* oder Statistisches Regensburg, T. II. c. 8. p. 467. und in Gräters Braga, I. 1. S. 171—173.

S. 135. Ueber Wenzel Scherffer, s. *Neumeister de poet. Germ. Saec. XVII.* p. 90—91.

S. 136. No. 57. lies: Friedr. Wilhelm für: Jo. Wilh. Ludw.

S. 145. Eine Handschrift des Renner aus dem 15ten Jahrhunderte, auf 247 Folioblättern befindet sich auf der Churfürstlichen und Jesuiter Bibliothek zu München *Chart. Cod. XV,* s. Gräters Braga, I. 2. S. 186.

S. 150. Die Schweizerschaft des Jo. von Morsheim bestreitet Hr. Prof. Veesenmeyer zu Ulm in Gräters Braga, I. 2. S. 177. weil a) ein Versehen des Er. Alberus mich zu jener Annahme verleitet habe und b), weil ich auf Agricolas Citationen nicht aufmerksam genug gewesen sey. Allein für mich sprechen aufser dem angeführten Grunde noch Baumanns Citationen zum Reineke Fuchs.

S. 154. Leben des Ulr. von Hutten steht auch in Meiners Lebensbeschreibung berühmter Männer, aus den Zeiten der Wiederherstellung der Wissenschaften.

S. 162. Der Ungenannte, welcher im J. 1775 eine neue Ausgabe von Fischarts Geschichtklitterung ankündigte, ist Heinr. Gottfr. von Bretschneider, von dem ich Bd. II. S. 336. ein Mehreres gesagt habe.

S. 176. Die neueste, mir bekannte, Ausgabe von Schuppens Schriften, Frkf. a. M. 719. 8.

S. 179. Canitzens Nebenstunden erschienen auch 1702. 1708. 1712. 1714. 1715.

S. 185. Liscovs Vornamen sind: Christian Ludwig; er war als *Candidatus juris* Anfangs Hofmeister zu Lübeck im Hause des Geh. Rath von Thiemen; um die Jahre 1738 — 1739 war er Secretär beym Propste des adlichen Klosters Pretz, dem Geh. Rathe von Blome. Er starb 1759 zu Eulenburg in Meissen. S. (Sanders) Papiere des Kleeblattes oder *Eckfteiniana &c.* p. 236 und Flögels Geschichte des Burlesken, S. 306 — 307.

Eine Umarbeitung der einzigen unpersönlichen Satire Liscovs erschien unter dem Titel: Liscovs Lob der schlechten Schriftsteller, von einem gebeugten schlechten Schriftsteller seinen Mitbrüdern, aus wahrem Wohlwollen und aufrichtiger Freundschaft zu Gemüthe geführt, Hannov. 794. 8. Vorher war diese Satire mit Erläuterungen auf's Neue abgedruckt worden in den Papieren des Kleeblattes, Meldorf 787. 8.

S. 187. Hieher gehören auch diejenigen von Casp. Abels Gedichten, welche er seiner Uebersetzung des Boileau (Gosl. 729—732. 2 Th. 8.) eingefügt und angehängt hat.

S. 198. N. 106) Dieser Schriftsteller hiess eigentlich Heinrich Ludwig von Hess. Von ihm ist auch: Die Glückseeligkeit der ungerechten Richter nach mathematischer Lehrart bewiesen, Wismar 746. 8. Zweite veränderte und vermehrte Auflage, Martinia zu finden in allen Buchläden, ſ. a 8. Eine heftige Satire wider den Stralsundischen Magistrat, welche der Verfasser öffentlich wiederrufen musste. S. Pommersche Nachrichten von gelehrten Sachen, 1746. No. 12. und Hamb. Berichte von gel. Sachen, 1746. No. 15.

S. 210. Ueber den Hier. Arconatus hat der gröfste König Friedrich II. von Preuſſen im Jahre 1747 dem Magiſtrate der Stadt Löwenberg in Schlefien, eine literarifch-biographifche Unterfuchung aufgetragen, von welcher folgendes das Refultat war:

Hier. Arconatus geb. 1553 zu Löwenberg in Schlefien, ſtudirte zu Wittenberg und Jena; reifete durch ganz Europa und einen groſsen Theil Afiens; diente in Neapel und in England als Soldat; ward endlich Kaifer Rudolphs II. Kriegsfecretär und ſtarb 1599 zu Wien.

Schon vorher ſtanden einige Nachrichten von diefes Dichters Leben in den Hamb. Berichten 1746. Vorr. und S. 54—56.

S. 222 d) iſt auch der 6te Theil der allgem. Blumenlefe der Deutfchen.

Ebend. In der letztern Zeile von unten lies: f. 1. für S. 2.

S. 223. Ueber die Ulmer Handfchrift des Wälifchen Gaſtes, f. Veefenmeyers Nachricht in Gräters Braga, I. 2. S. 1782. und über die Wolfenbüttler Handfchrift Efchenburgs Auffatz in derfelben Braga, II. 2. S. 134-156.

S. 226. Ueber Jo. Vintlers Gedicht, f. Götzens Merkwürdigkeiten der Dresdner Bibliothek, II. S. 236. und Panzers Annalen, S. 164.

S. 231. Z. 1. von oben, lies 1646. Die beffere von Bodmer und Breitinger angefangene Ausgabe, Zürch 745. 8. wurde durch die unkritifche Trillerfche, Frkf. a. M. 746. 4 Th. 8. verdrängt.

S. 245. Fabeln der Minnefinger, neu abgedruckt u. erläutert vom Diak. Conz in Vaihingen, f. in Gräters Braga, I. 1. S. 92—106 und Heft 2. S. 131—149. Hieher gehört auch der Fabuliſt Goldener in der Myllerfchen Sammlung, Bd. II.

S. 249. Von den fo wenig bekannten Lebensumſtänden des Burkard Waldis, habe ich noch folgendes entdeckt: er verfertigte eine Pfalmenparaphrafe in einem Gefängniſſe, 200 Meilen weit von feinem Vaterlande; hier wurde er torquirt und mit dem Tode bedroht; feine Brüder Hans und Bernhard, Bürger zu Allendorf an der Werra, befreieten ihn perfönlich aus demfelben; er hatte noch zwey an-

dere Brüder, Namens Urban und Christian. Alles
dieses sagt er selbst in der Zueignungsschrift vor seinem
Psalter, in newe Gesangsweise vnd künstliche
Reimen gebracht, (Frkf. a. M. 553. 8.) welche datirt
ist: Abterode den letzten Febr. 1552.

S. 251. Die beste Nachricht über Euch. Eyering, habe
ich gefunden in Jo. Wern. Kraußs Beiträgen zur Hild-
burghausener Kirchen- und Schulgeschichte, Th. II. S 416-
417 (Th. I. Greitz 750. Th. 2. Hildb. 752. Th. III. und
IV. ebend. 753—754 4.) Hier wird bewiesen, daß
Eyering 1578 zu Würzburg ordinirt worden, in diesem
Jahre 58 Jahre alt gewesen, und 1597 gestorben sey.

S. 257. Burmanns Fabeln, Dresd. 768. 8. Fabeln
und Erzählungen, Frankf. 771. 8. (s. die erste Ausgabe
meines Werkes, S. 210.)

S 296. N. 11) Dieser Celadon ist Christoph Adam
Negelein, ehmals Kaufmann zu Nürnberg und dann Kai-
serlicher Hofpoet zu Wien. S. Amarants Nachricht vom
Blumenorden, S. 484—486.

S. 315. Blunt oder der Gast von Moritz, steht in der
Literatur- und Theaterzeitung, Jahrg. III. Th. II. No. 25.
S. 385—299. und Th. III. No. 29. S. 449—456.

Zusätze zum zweyten Bande.

S. 27. Jo. Preuſſ war Prediger einer unitarifchen oder focinianifchen Gemeinde in der Mark Brandenburg, auf dem Dorfe Selcho an der Schlefifchen Gränze. Sam. Crell war fein Schwiegerfohn, welchen er zu Amfterdam, Leiden und London ftudiren liefs und unterhielt. S. Dunkels Nachrichten von verftorbenen Gelehrten, Bd. III. S. 107—109.

S. 39. Benj. Friedr. Köhler ſtarb als Regierungsrath zu Deſſau im May 1797.

S. 73. Der Krieg von der liebin vnd der fchonin von (Peter) dem Suchenwirrt, befindet fich in der Heidelberg-Vatikanifchen Bibliothek. S. Friedr. Adelungs Nachr. S. 20.

S. 80. Helius Eoban Heſſe und Geſchichte ſeiner Zeitgenoſſen, von K. F. Loſſius, Gotha 797. gr. 8.

S. 82. Taubmanns Leben, Anekdoten, witzige Einfälle und Sittenſprüche, Paris (Leipzig) 797. 8.

S. 106. Eine neue Ausgabe von Hagedorns Gedichten unter Eſchenburgs Beſorgung, wurde angekündigt vom Buchhändler Bohn zu Hamburg zur Oſtermeſſe 1798.

S. 116. Die neueſte Ausgabe von Matthiſſons Gedichten, Zürch 797. 8.

Ebend. In die Jahre 1776 — 1786 gehören: hinterlaſſene Gedichte von Ephraim Moſes Kuh, durchgesehen von K. W. Ramler, Zürch 792. 2 Bändchen, 16. Der Verfasser wurde 1731 zu Breslau geboren und starb als ein verunglückter jüdischer Kaufmann 1790 in seiner Vaterstadt. S. Schlichtegrolls Nekrolog 1790.

S. 116. Isaak Maufs; geb. 1749. ein Bauer im Dorfe Badenheim bey Creuznach in der Pfalz am Rhein. Seine Lieder standen ursprünglich in der Mannheimer Schreibtafel, im Deutschen Museum und in andern Sammlungen. Alsdann erschienen sie in seinen Gedichten und Briefen, Mainz 786. 8.

Ebend. Friedr. Andr. Gallisch; geb. 1754 zu Leipzig; starb 1783 als Doctor und Professor der Arzneywissenschaft daselbst. Seine seit 1775 verfertigten Gedichte wurden nach seinem Tode von J. F. Jünger zu Leipzig 1787. 8. herausgegeben.

S. 127. Bocers wahrer Name war Bödecker oder Bäcker; aus verschiedenen seiner Gedichte kann geschlossen werden, dass er 1523 am Weihnachtstage sey geboren worden; war seit 1558 Prof. der Dichtkunst zu Rostock; seit 1561 Licentiat in beyden Rechten und 1564 Dekan der philos. Facultät; starb daselbst 1565. S. Dunkels Nachrichten von verstorbenen Gelehrten, Bd. II. S. 604—606.

S. 151. Carl Fr. Ramler starb am 11. Apr. 1798 im 74sten Lebensjahre. Die Besorgung seines literarischen Nachlasses hat er selbst seinen Freunden, dem hiesigen Geh. Finanzrathe von Göckingk, dem Oberconsistorialrathe Gedike und dem Professor Spalding übertragen.

Ebend. Eine neue Ausgabe von Klopstocks Oden hat der Buchhändler Göschen zu Leipzig zur Ostermesse 1798 angekündigt.

S. 157. Friedr. Schiller ist jetzt *ordentlicher* Professor der Philosophie zu Jena.

S. 18 . Von Bronners Leben erschien der 3te und letzte Band, Zürch 797. 8.

S. 239. 4) a) Eine Umarbeitung dieses Romans nach der Ausgabe von 1604. 8. erschien unter dem Titel: Histori von dem streitbaren Helden Hugo Kapet, Nürnberg 794. 8.

S. 243. Dunkel in seinen Nachrichten von verstorbenen Gelehrten, Bd. III. S. 331. führt eine Ausgabe des Deutschen Amadis, Frankf. a. M. 583. 3 Th. F. an.

S. 245. Der gelehrte Herr von Baczko zu Königsberg in Preußen hat mir Hoffnung gemacht zu einer nähern Beschreibung eines mir nicht bekannten Romans aus dem 16ten Jahrhunderte, welcher zu Königsberg in Pr. unter dem Titel: Von Wilibald dem unsaubern Knaben erschien, und Begebenheiten aus den Zeiten des Deutschen Ordens enthält.

S. 249. Von Buchholzens Herkules führt Dunkel in seinen Nachr. von verst. Gel. Bd. III. S. 293. eine Braunschweiger Ausgabe vom J. 1693. 4. Eine neue veränderte Ausgabe erschien unter dem Titel: Die Deutschen Fürsten aus dem dritten Jahrhundert, Lpz. 781. 8.

S. 286- oo) Der Held dieses Romans D. Jo. Pet. Menadie, starb im December 1797 zu Altona, 63 Jahr alt, Er war vormals Schumachermeister und wurde, ohne die mindeste Kenntnisse zu besitzen, zum *Doct. Med.* promovirt.

S. 336. Gedichte nach dem Leben, fünfte Auflage, Par. 792. 8.

Allgemeine Ueberficht vom Inhalte der zwey erften Bände diefes Grundriffes.

	Seite.
Erfter Band	1—344
Einleitung	1-15
1. Begriff, Umfang, Zweck und Methode der Deutfchen Literatur- und Sprachgefchichte	1-3
2. Quellen und Hülfsmittel zu diefem Studium	3-12
a) Quellen	3-4
b) Allgemeine Hülfsmittel zur Gefchichte der Schriftfteller, der Wiffenfchaften, der Literarifchen Anftalten und der Bücher	4-8
c) Befondere Hülfsmittel für die Gefchichte Deutfcher Schriftfteller, Deutfcher Sprache und Wiffenfchaften, Deutfcher literarifcher Anftalten und Deutfcher Bücher	8-11
d) Materialienfammlungen, Compendien, Grudriffe	11-12
3. Antiquarifche Vorkenntniffe	12-14
a) Urfprung und erfte Bildung der Deutfchen Sprache	12
b) Haupt- u. Neben-Mundarten der Deutfchen Sprache	13

	Seite.
c) Literarifche Archäologie der Deutfchen	14
Erfter Theil, oder chronologifche Ueberficht der Deutfchen Literatur- und Sprachgefchichte nebft Anzeige der merkwürdigften Sprach-Denkmahle jedes Zeitabfchnittes	15-98
I. Von der erften Erfcheinung Deutfcher Völkerfchaften bis auf Karl den Grofsen; 100 Jahr vor Chr. Geb. bis 768 nach Chr. Geb.	15-16
Deutfche Sprachdenkmahle diefes Zeitraums	17-21
II. Von Karl dem Gr. bis auf die Schwäbifchen Kaifer; 768—1137	21
Erfter Abfchnitt 768—912	21-22
Deutfche Sprachdenkmahle diefes Abfchnittes	23-28
Zweyter Abfchn. 912-1024	28-29
Deutfche Sprachdenkmahle	29-31
Dritter Abfchn. 1024-1137	31-32
Deutfche Sprachdenkmahle	32-33
III. Von den Schwäbifchen Kaifern bis auf die Mitte des 14ten Jahrhunderts 1138—1347	33
Erfter Abfchnitt 1138-1272	34-36

Z 5

Allgemeine Uebersicht vom Inhalte

	Seite.
Deutsche Sprachdenkmahle	36-45
Zweyter Abschn. 1273-1347	46-47
Deutsche Sprachdenkmahle	47-51
IV. Von der Mitte des 14ten Jahrhunderts bis auf die Reformation 1347-1519	51
Erster Abschnitt 1347-1519	51-52
Deutsche Sprachdenkmahle	52-56
Zweyter Abschn. 1440-1519	57-59
Deutsche Sprachdenkmahle	59-69
V. Von der Reformation bis auf G. E. Lessings Tod 1519 bis 1781	69
Erster Abschnitt 1519-1619	69-73
Deutsche Sprachdenkmahle	73-79
Zweyter Abschn. 1619-1716	79-82
Deutsche Sprachdenkmahle	82-85
Dritter Abschnitt	85-89
Deutsche Sprachdenkmahle	89-92
Zweyter Theil, oder scientifischer Grundriss der Deutschen Literatur- und Sprachgeschichte	
I. Geschichte der schönen Wissenschaften	
A) Geschichte der Poesie.	
1. Ernsthafte Epopöe	93-117
Anonymus de prima expeditione Attila	93-94
Eginhard	—
Anonymi Annales de gestis Caroli M.	—
Walafried Strabo	—
Rapert	95
Hroswitha	—
Günther	—
Ein Ungenannter	96
Heinrich von Veldeck	—
Hartmann von Aue	97
Ulrich von Säbenhoven	—
Albrecht von Halberstadt	—
Wolfram von Eschenbach	—
Heinrich von Ofterdingen	98
Eines Ungenannten König Artus	99
Ulrich von Thürheim	100
Slecke der gute Conrad	—
Rheinbott von Doren	101
Gottfried von Strasburg	—
Gottfried von Hohenloch	—

	Seite
Eines Ungenannten Barlaam und Jolaphat	101
Eines Ungenannten guter Gerhardt	102
Eylhard von Hohbergen	—
Meister Conrad von Würzburg	—
Zwölf unbekannte Epopöen	105-106
Hermann von Sachsenheim	—
Thüring von Ringoltingen	—
Eines Ungenannten Söltische Fehde	—
Conrad Celtes	107
Heinrich Behel	—
Melchior Pfinzing	—
Eines Ungenannten Bauerkrieg in Franken	108
Georg Thym von Zwickau	—
Jo. Scheffer Aemilianus	—
Jo. Zorn	—
Nic. Reusner	—
Laur. Rhodomann	—
Nicod. Frischlin	109
Jo. Fischart	—
Mart. Pratorius	110
Heinr. Meibom	—
Phil. Fabricius	—
Casp. von Barth	111
Jo. Freinshein	—
Jo. Pet. Titz	—
Wolf Helmhard, Freiherr von Hohenberg	112
Christn. Heinr. Postel	—
Jo. Ulr. von König	—
Dan. Wilh. Triller	—
Franz Cph. von Scheyb	—
Ludw. Friedr. Hudemann	—
Cph. Otto von Schönaich	—
Friedr. Gottlieb Klopstock	113
Christn. Nic. Naumann	—
Jo. Jac. Bodmer	—
Jo. Christn. Cuno	114
Christn. Ewald von Kleist	—
Sal. Gessner	—
Cph. Martin Wieland	115
Just Friedr. Wilh. Zachariä	116
Cph. Friedr. von Derschau	—
G. F. S. Hennig	—
J. H. Albrecht	—

	Seite.		Seite.
Lud. Heinr. v. Nicolay	116	Verloren gegangene	—
Paul Weidmann	—	Bieterolf	122
Jo. Chriftn. Ludw. Frefenius	—	Ungenannter	—
		Bruder Werner	—
Jo. Aug. Weppen	—	Ungenannte	123
Gotthold Friedr. Stäudlin	—	Gottfr. v. Strafsburg	—
Aug. Hennings	—	Ungenannter	—
Gerh. Anr. v. Halem	—	Conr. v. Würzburg	124
Aug. Friedr. Ferd. v. Kotzebue	—	Ungenannte	—
		Meifsner der ältere	125
II. Komifche Epopöe 117-21		Meifsner der jüngere	—
Jo. Fifchart	117	Ungenannte	126
Hans Cph. Fuchs	—	Meifter Heinrich	—
Geo. Rollenhagens Froschmäufler	161	Ungenannte	127
		Hans v. Rofenblüt	—
Chrift. Wernicke	118	Ungenannte	128
Jo. Cph. Roft	—	Martin Meyer	129
Eines Ungenannten unglücklicher Raub	—	Jac. Frifchlin	—
		Ungenannte	130
Carl Ferd. Hommel	—	Thom. Murner	—
Dan. Wilh. Triller	118	Hans Sachs	131
Jo. Pet. Uz	—	Erasm. Alberus	—
Jo. Jac. Dufch	119	Ungenannte	132-133
Juft. Friedr. Wilh. Zachariä	—	Jo. Wilh. Lauremberg	134
Jo. Jac. Bodmer	—	Wenz. Scherffer	135
Jo. Friedr. Löwen	120	Ungenannte	—
Jo. Jofeph Eberlen	—	Joa. Rachel	—
Mor. Aug. v. Thümmel	—	Ungenannte	—
J. J. Riedel	—	Jac. Friedr. Lamprecht	136
Eines Ungenannten angehender Student	—	C. F. v. Kleift	—
		Jo. Cph. Roft	—
Jo. Cph. Krauseneck	—	C. M. Wieland	—
C. M. Wieland	—	Friedr. Wilh. Gleim	—
J. G. G. Lucius	138	J. F. Dulch	137
Mayer	—	Anna Luifa Karfchin	—
Jo. Heinr. Campe	—	Jo. Friedr. Löwen	—
Heinr. G. v. Bretfchneider	—	Rud. Erich Raspe	—
K. K. Reckert	121	Matth. Claudius	—
H. L. H. von Trautzfchen	—	Hans Wilh. v. Gerftenberg	—
Rathlef	—	Dan. Schuebeler	138
Schwabe	—	Ungenannter	—
W. Schilling	—	J. G. G. Lucius	—
Eines Ungen. Hannchen	—	Jo. Geo. Jacobi	—
J. A. Weppen	—	Sam. Gotth. Lange	—
Eines Ungenannten Seladoniade	—	Jo. Benj. Michaelis	—
		M. A. v. Thümmel	139
III. Epifche Gedichte gemifchten Inhalts 121-141		J. F. W. Zachariä	—
		Fr. Juft. Bertuch	—
Ungenannte	121	Wilh. Heinfe	139
Hartmann v. Aue	—	Jo. Gottfr. Chrift. Nonne	—

	Seite.		Seite.
Geißler	139	Nicod. Frischlin	160
A. T. Grahl	—	Friedr. Dedekind	—
Friedr. Müller	—	Cyriac. Spangenberg	—
Fr. Leop. Gr. v. Stollberg	—	Lucas Osiander	—
Gottfr. Aug. Bürger	140	Geo. Rollenhagen	161
Ludw. Christ. Heinr. Hölty	—	Jo. Fischart	161-171
Leop. Fr. Günther von Göckingk	—	Jac. Gretser	172
C. A. Kessinger	—	Gottlieb Dachtler	—
Ungenannter	—	Wencesl. Schilling	172
A. F. F. v. Kotzebue	—	Franc. Albanus	—
Ludw. Theob. Kosegarten	—	Casp. Scioppius	—
Friedr. Schmit	—	Jo Val. Andreä	173
Böck; Mulaus; Mayer; Wegner u. Ungenannter	141	Jo. Wilh. Laurenberg	174
		Jo. Geo. Dorsch	175
Anhang:		Jo. Mich. Moscherosch	—
Sammlungen v. kleinen erzahlenden Gedichten	141-145	Vinc. Fabricius	176
		Jo. Balth. Schuppius	—
IV. Satire	145-203	Jac. Balde	—
Bernardus Geystensis	145	Joa. Rachel	177
Walther von der Vogelweide	—	Jo. Pratorius u. Bd. II.	396
Meister Stolle	—	Phil. Andr. Oldenburger	177
Reimat von Zweter	—	Mich. Freud	—
Meister Freydank	—	Sam. Freih. v. Pufendorf	178
Hugo von Trymberg	—	Fr. Rud. Ludw. Freih. von Canitz	—
Bernardus Welterodus	146	Conr. Sam. Schurzfleisch	179
Felix Hämmerlein	—	Christian Weise	—
Der Reinicke Fuchs	—	Paul von Winkler	180
Seb. Brandt	148	Abr. a Sancta Clara	—
Ungenannter	149	Jo. Riemer	—
Jo. v. Morsheim	150	Jo. Gottfr. Zeidler	181
Jo. Geiler von Kaysersberg	151	Alb. Jos. Conlin	182
Paul Olearius	—	Franz Callenbach	—
Heinr. Bebel	—	Christ. Friedr. Hunold	183
Ulrich von Hutten	152	Jo. Christ. Günther	—
Ungenannter	154	Benj. Neukirch	184
Thom. Murner	—	Nic. Hier. Gundling	—
Jo. Butzbach	155	Jo. Burch. Menke	—
Heinr. Corn. Agrippa von Nettesheim	—	Ungenannter	185
		Chr. Ldw. Liscov 185 u. Bd. II.	355
Bilib. Pirckheimer	—	Jo. Ernst Philippi	185
Mart. Luther	155	Jo. Nicol. Weislinger	186
Hier. Emser	—	Jo. Heinr. Cohausen	—
Jo. Crotus	157	Casp. Abel	—
Jo. Cochläus	158	Jo. Sim. Buchka	187
Conr. Köllin	—	Jo. Friedr. Freih. v. Cronegk	—
Erasm. Alberus	—	Luise Adelg. Vict. Gottsched	—
Thom. Naogeorgus	159	Heinr. Gottlob v. Justi	188
Hieron. Rauscher	—	Sam. Gotth. Lange	—
Jo. Nasus	159	Jo. Jac. Bodmer	—

	Seite.		Seite.
Jo. Joa. Schwabe	189	V. Epigramm	206-222
Jo. Christoph Rost	—	Cour. Celtes	206
Jof. Ant. v. Bandel	—	Herm. Buschius	—
Geo. Ludw. v. Bar	190	Ulr. v. Hutten	—
Albr. v. Haller	—	Jo. Sapidus	—
Friedr. v. Hagedorn	191	Euric. Cordus	—
Gottl. Wilh. Rabener	192	H. C. Agrippa v. Nettesheim	207
Jac. Lasius	—	Sim. Lemnius	—
Jo. Mich. v. Loen	—	Casp. Ursinus Velius	208
Geo. Friedr. Meyer	193	Phil. Melanchthon	—
Gotth. Ephr. Lessing	—	Seb. Huber	—
C. O. Freih. v. Schönaich	194	Jo. Gigas	209
Fr. Melch. Grimm	—	Geo. Sabinus	—
Jo. Gottl. Benj. Pfeil	—	Matth. Holzwart	—
Jo. Gottl. Krüger	—	Hier. Arconatus 210 u. Bd. II.	356
Friedrich II. v. Preussen	195	Sam. Frencel a Friedenthal	210
C. M. Wieland	—	Matth. Gothus	—
Christ. Ad. Klotz	196	Paul Schede	—
Jo. Geo. Hamann	—	Joa. v. Beust	—
Jo. Benj. Michälis	197	Jo. Lauterbach	—
Justus Möser	—	Heinr. v. Ranzow	—
Thom. Abbt	198	Geo. Tilenus	211
Ludw. v. Hess	—	Nic. Reusner	—
F. W. Gleim	—	Casp. Prätorius	—
Friedr. Just Riedel	—	Willich Westhov	—
Cph. Gottl. v. Murr	199	Gabr. Rollenhagen	—
Jo. Jac. Ebert	—	Casp. Cunrad	—
Jo. Heinr. Campe	—	Barth. Biloyius	—
Christ. Fr. Dan. Schubart	—	Matth. Zuber	—
Jo. Friedr. Herel	200	Jo. Pincier	—
Beda Mayr	—	Heinr. Leuchter	212
J. G. G. Lucius	—	Jo. Geo. Dörsch	—
Jo. Heinr. Merk	—	Jo. Heermann	—
Geo. Eph. Lichtenberg	201	Casp. Barth	—
Fr. Carl Freih. v. d. Lühe	—	Jac. Bidermann	—
Jo. Wolfg. v. Göthe	—	Geo. Rud. Weckherlin	—
Fr. Nicolai	202	Mart. Opitz	—
Jo. Carl Wetzel	—	Jul. Wilh. Zincgräf	213
F. G. Klopstock	—	Martin Zeiler	—
Jo. Christ. Heinr. Meyer	—	Melch. Sylv. Eckard	—
Aug. Fr. Cranz	—	Jo. Trautschel	214
Weckherlin	203 u. 212	Friedr. Freih. v. Logau	—
Jo. Carl Aug. Musäus	203	Geo. Greflinger	—
Carl Fr. Bahrdt	—	Friedr. Zamel	—
Ungenannter	—	Fr. Theod. v. Zscheff	215
Fr. Leop. Gr. zu Stollberg	—	Ad. Olearius	—
Anhang:	204-206	Paul Flemming	—
Geschichte der Deutschen Satire	—	Andr. Tscherning	—
		Ernst Cph. Homburg	216
Sammlungen für diese Gattung	—	Andr. Gryphius	—
		Chr. Hofm. v. Hofmannswaldau	—

Allgemeine Uebersicht vom Inhalte

	Seite		Seite
Fr. Hofmann	215	Jo. Fr. zu Schwarzenberg	228
Geo. Martini	—	Hans Sachs	—
Chrift. Gryphius	—	Ulr. von Hutten	229
Dan. Geo. Morhof	217	Fr. Matthefius	—
Fr. Rappolt	—	Ungenannter	—
Cph. Gertner v. Gartenberg	—	Bernh. Klingler	—
Chrift. Wernicke	—	Mart. Opitz	—
Sam. Erich	218	Jac. Balde	231
Mart. Hanke	—	Andr. Scultetus	—
Phil. Barth. Sinold gen. v. Schütz	—	Rud. Meyer	—
		Nic. von Boftel	—
Heinr. Mühlpfort	—	Barth. Feind	232
Jo. Oechslin	—	Magn. Dan. Omeis	—
Jo. Chrift. Günther	—	Barth. Heinr. Brockes	—
Fr. v. Hagedorn	—	Dan. Wilh. Triller	233
Fr. Ewald	219	J. F. Bodmer	—
Abr. Gotth. Käftner	—	A. von Haller	—
G. E. Lessing	—	Fr. von Hagedorn	—
Carl Chrift. Schilling	—	Jac. Im. Pyra	—
C. F. Kretfchmann	—	Chrift. Fr. Zernitz	—
J. C. Niedermager	—	Chriftlob Mylius	234
Leop. Friedr. Günth. von Göckingk	220	Chrift. Fürchteg. Gellert	—
		Jo. Fl. Schlegel	235
Wilh. Heinfe	—	Cph. Jof. Sucro	—
Ludw. Aug. Unzer	—	Jo. Julius Sucro	—
Cph. Bernh. Jof. Schücking	—	J. F. von Cronegk	—
Chrift. Aug. Fehre	—	Magnus Gottfr. Lichtwehr	236
Pet. Wilh. Hensler	—	Jo. Andr. Cramer	—
C. G. Pfeffel	—	Ludw. Ferd. Lenz	—
J. Nic. Götz	221	A. G. Käftner	—
Anhang	221-222	C. M. Wieland	—
Namenverzeichniß der ausgelaffenen Sinndichter Sammlungen für diefe Gattung.		Jo. Phil. Lor. Withof	237
		G. E. Lessing	—
		J. F. Dufch	—
		Juft Fr. Erdm. Fabricius	238
VI. Lehrgedicht	222-241	Bern. Ticharner	—
Ungenannte	222	Friedrich II. von Preussen	—
Tomafin v. Clär	223	C. G. von Bar	—
Walth. von Mezze	—	J. P. Uz	—
Gottfr. von Strasburg	—	Fr. Cafim. von Creuts	239
Der Scynnenberger	—	Nic. Dietr. Gieleke	—
Rumlant von Schwaben	—	J. F. Löwen	—
Conr. von Würzburg	224	Jo. Geo. Scheffner	—
Freydank	—	Dan. Schiebler	240
Hugo v. Triemberg	226	Fr. Wilh. Müller	—
Ungenannte	—	Jac. Mich. Reinh. Lenz	—
Reinike Fuchs	—	Jac. Fr. Schuch	—
Jo. Vintler	—	F. W. Gleim	—
Ungenannter	227	G. M. von Weifenbahn	—
Jo. Rode	—	Ungenannter	—
Ungenannter	—	Joa. Chr. Blum	—

des erften Bandes. 367

	Seite.		Seite.
Carl Gottl. Rößig	240	Erasm. Alberus	250
VII. Poetifche Epiftel	241-246	Hier. Ofius	251
Mart. Opitz	241	Jo. Pofth	—
Paul Flemming	—	Luc. Loffius	—
Andr. Tfcherning	—	Euch. Eyering	—
Andr. Sculjetus	—	Pantaleon Candidus	252
Andr. Gryphius	—	Jo. Fifchart	—
Benj. Neukirch	—	Jo. Graffaus	—
Heinr. Mühlpfort	242	Casp. v. Barth	—
J. C. Günther	—	Lazarus Sandrup	—
Fr. Lud. Rud. von Canitz	—	Geo. Phil. Harsdörfer	253
Jo. von Beffer	—	Juftus Gottfr. Rabener	—
A. von Haller	—	Dan. Stoppe	—
J. E. Schlegel	—	Frd. von Hagedorn	—
C. M. Wieland	—	Ungenannter	—
G. L. von Bar	—	Dan. Wilh. Triller	—
Friedrich II. von Preuffen	—	C. F. Gellert	—
Jo. Chr. Cuno	—	Ungenannter	254
Dorothea Furckin	243	Jo. Ludw. Meyer v. Knonau	—
Jo. Pet. Uz	—	C. J. Sucro	—
Geo. Chr. Bernhardi	—	Jo. Fr. Chrift	—
Lud. Heinr. von Nicolai	—	M. G. Lichtwehr	—
J. J. Dufch	—	G. E. Leffing	—
Mich. Denis	—	Carl Max. Wilh. Petermann	255
J. G. Jacobi	—	Fr. W. Gleim	—
F. W. Gleim	244	Jo. Fr. Reupfch	—
F. W. Löwen	—	J. J. Bodmer	—
J. B. Michalis	—	A. von Haller	—
F. J. Riedel	—	C. F. von Kleift	—
Fr. Wilh. Gotter	—	J. E. Schlegel	—
Chr. Fr. Sangerhaufen	—	Jo. Ad. Schlegel	—
L. F. G. von Göckingk	—	Nic. Dietr. Giefeke	256
Jo. Arn. Ebert	—	Jo. Arn. Ebert	—
Joa. Chr. Blum	245	Jo. Chrift. Helck	—
Conr. Gottl. Pfeffel	—	Pfeil	—
Clam. Eberh. Schmidt	—	W. Ehrenfr. Neugebauer	—
J. A. Weppen	—	Ungenannter	—
Anhang	—	Gottfr. Schenkendorf	—
VIII. Fabel	246-261	Jo. Heinr. Weftphalen	—
Schwäbifche Dichter	246	Jo. Dav. Leyding	—
Hugo von Triemberg	—	B. C. Blankes	—
Boner	—	Ungenannter	—
Reinicke Fuchs	248	Jo. Gottl. Willamov	—
Heinr. Bebel	—	Geo. Cph. Weitzer	257
Dan. Holzmann	—	Jo. Benj. Michaelis	—
Mart. Luther	—	Chr. Ad. Reinhard	—
Hans Sachs	249	Schwarz	—
Valentin Voigt	—	Gottl. Wilh. Burmann	—
Joa. Camerarius	—	Jo. Casp. Mafch	—
Geo. Sabinus	—	Schenck	—
Burk. Waldis	—	Hedw. Luife van Pernet	—

Allgemeine Uebersicht vom Inhalte

	Seite.		Seite.
Jo. Lor. Benzler	257	Jo. Strizer	267
J. F. W. Zacharia	—	Thom. Birken	—
Ungenannter	—	Herr. Heinr. Jul. v. Braun-	
Otto Ludw. Fuhrmann	—	schweig	—
Jo. Fr. Aug. Katzner	258	Jo. Brummer	—
Zach. Haunold	—	Geo. Mauritius	268
Klam. Eberh. Carl Schmidt	—	Joa. Leschergius	—
Jo. Chr. Steiger	—	Mart. Rinkhart	—
Fr. Mart. Hahn	—	Ungenannter	269
L. H. von Nicolai	—	J. V. Andrea	—
Jo. Heinr. Fr. Meinecke	—	Sim. Dach	—
Ungenannter	—	Ungenannter	—
Fr. Schmit	—	Jo. Rist	—
Ungenannter	—	A. Gryphius	270
Conr. Gottl. Pfeffel	—	Jo. Geo. Schoch	—
Anhang	259-261	Siegm. von Birken	—
Geschichte der Deutschen		Jo. Christ. Hallmann	—
Fabel	—	Christ. Weise	—
Nachlese	—	Ungenannter	271
Sammlungen	—	C. F. Hunold	—
Repertorien	—	J. U. von König	—
IX. Drama	261-316	Chr. Fr. Henrici	—
1) Komödie	261-275	Jo. Cph. Gottsched	—
Hroswitha	261	Luise Adelg. Vict. Gottsched	—
Ungenannte	—	Ungenannter	—
Hans v. Rosenblüt	262	J. C. Schlegel	272
Theodor Schernberk	—	J. Christ. Krüger	—
Ungenannter	—	C. F Gellert	—
Hans Nydhart	—	Christlob Mylius	—
Jo. Reuchlin	—	G. E. Lessing	—
Conr. Celtes	263	Jac. Fr. von Bielefeld	273
Jo. von Kitscher	—	Christ. Fel. Weisse	—
Jac. Locher	—	J F. von Cronegk	—
Pamphil Gengenbach	264	Jo. Christ. Brandes	—
Hans Sachs	—	Carl Franz Romanus	—
Cph. Hegendorf	—	Corn. Herm. von Ayrenhoff	—
Ungenannter	—	Jo. Ludw. Schlosser 1)	—
Paul Rebhun	—	Jo. Ludw. Schlosser 2)	274
Jo. Ackermann	—	Gottl. Stephanie d. J.	—
Joa. Greff von Zwickau	265	Jo. Jac. Engel	—
Ungenannter	—	Carl Gotth. Lessing	—
Sim. Lemnius	—	J. C. Wetzel	—
Geo. Wickram von Colmar	—	Christ. Friedr Bretzner	—
Ungenannter	—	Gust. Fr. Wilh. Grossmann	275
Jac. Buef	—	Jo. Gottfr. Dyck	—
Matth. Forchheim	—	Wilh. Heinr. Brömel	—
Jo. Criginger	266	2) Tragödie	275—295
Matth. Holzwart	—	Ungenannter	—
Jac. Ayrer	—	Hans Sachs	—
Mart. Hayneccius	—	Joa. Gr. von Zwickau	276
Nicod. Frischlin	—	Ungenannter	—
			Thom.

	Seite.		Seite.
Thom. Naogeorgus	276	Luise Ad. Vict. Gottſched	284
Ungenannte	277	Friedr. Lebg. Pichel	—
Xyſtus Betulejus	—	Jo. Theod. Quiſtorp	—
Leonart Stöckel	—	Geo. Behrmann	—
Geo. Bö. michen	—	Nath. Baumgarten	—
A. F. Leodius	—	J. E. Schlegel	—
Seb. Wild	—	Fr. Melch. Grimm	285
Ungenannte	—	Benj. Ephr. Krüger	—
Heinr. Ratel zum Sagan	—	Jo. Heinr. Steffens	—
Jo. Sander	—	Cph. Fr. von Derſchau	—
Matth. Scharfchmidt	—	Jo. Cammerer	—
Zach. Zahn	278	J. Möſer	—
Nath. Chytraus	—	D. L. F. Hudemann	—
Melch. Neukirch	—	Ungenannter	—
Nic. Friſchlin	—	J. G. Bernhold	—
Fr. Balduin	—	Ungenannter	—
Ungenannter	—	Fr. v. d. Trenck	286
Geo. Gotth. v. Solothurn	—	J. J. Bodmer	—
Jac. Ayrer	—	Jac. Wilh. Blaufuſs	—
Zach. Poleus	—	C. F von Kleiſt	—
Heinr. Jul. Herz. zu Braun-		Cph. Otto von Schönaich	—
ſchweig	—	Jo. Geo. Heuhel	287
Tob. Kober	—	Jo. Sam. Patzke	—
Jo. Paul Cruſius	279	G. E. Leſſing	—
Caſp. Brulov	—	Ungenannter	—
Joa. Caſar	—	Chr. Leber. Martini	—
Ungenannter	—	Ungenannte	—
Mart. Opitz	—	Jo. Cph. Schwarz	—
Jo. Riſt	280	F. G. Klopſtock	288
Jo. Klaj	—	Geo. Wilh. Schmid	—
Salemindonis, ein Pſeudon-		Jo. Fr. v. Cronegk	—
yme 280 u. Bd. II.	248	Lieberkühn	—
Sib. Schwartzinn	280	C. M. Wieland	—
Andr. Gryphius	—	Joa. Wilh. von Brawe	—
Mich. Johanſen	281	Fr. Kepner	—
Hier. Thom. v. Augsburg	—	C. F. Weiſſe	—
Dan. Caſp. v. Lohenſtein	—	Margar. Klopſtockinn	289
Jo. Seb. Mitternacht	—	Carl Theod. Breithaupt	—
Dav. El. Heldenreich	—	Ungenannte	—
Joſ. Wetter	—	Sal. Hirzel	—
Jo. Joſ. Beck	282	J. F. Duſch	—
Jo. Chriſt. Hallmann	—	C. G. Pfeffel	—
Ungenannter	—	Otto Nath. Baumgarten	—
Cph. Kormart	—	Korn. von Ayrenhoff	—
Jo. Riemer	—	Wilh. Jo. Chriſt. Casperſon	—
Caſp. von Stieler	283	Jo. Rud. Becker	290
Chriſt. Weiſe	—	Hans Wilh. v. Gerſtenberg	—
Aug. Ad. v. Haugwitz	—	Jo. Heinr. Faber	—
Sib. Schuſterinn	—	Ernſt Fr. Hect. Falcke	—
J. C. Günther	—	Anton von Klein	—
Jo. Cph. Gottſched	—	Jo. Ernſt Baſil. Wiedeburg	—

Koch's Grundr. II. Bd. A a

Allgemeine Ueberſicht vom Inhalte

	Seite.
Joſ. Bern. Petzel	290
Aug. Fr. von Goue	—
Jo. Mich. Hofmann	291
Jo. Geo. Sulzer	—
Tob. Phil. von Gebler	—
Joſ. Val. von Spekner	—
Hans Carl Heinr. v. Trautzſchen	—
J. G. Dyck	—
Jo. Wolfg. von Göthe	—
Ludw. Zehnmark	292
Jo. Gottl. Schummel	—
F. W. Gotter	—
C. G Stephanie d. J.	—
Jo. Carl Wetzel	—
Otto Fr. von Diericke	—
Jo. Cph. Unzer	—
Fr. Max. Klinger	—
Fr. Theoph. Thilo	—
Heinr. Leop. Wagner	—
G. F. W. Grolsmann	293
Ant. Leſſewitz	—
Ludw. Phil. Hahn	—
Joſ. Ign. Zimmermann	—
Ant. Ad. von Crentzin	—
Bern. Cph. d'Arien	—
Jo. Fr. Ernſt Albrecht	—
Carl Heinr. Seibt	—
Heinr. Ferd. Müller	294
Ant. Matth. Sprickmann	—
Jo. Fr. Schink	—
Franz Regis Crauer	—
L. T. Koſegarten	—
Joſ. Aug. Gr. zu Törring	—
Franz Mar. Babo	—
Carl Ferd. Dan. Grohmann	295
Fr. Schiller	—
Aug. Wilh. Iſland	—
3) Oper.	295-299
Jac. Ayrer	295
Mart. Opitz	—
Geo. Neumark	—
Andr. Gryphius	—
Ungenannte	—
Siegm. von Bircken	296
Ungenannter	—
C. Chr. Dedekind	—
Gabr. Tzſchimmer	—
Celadon (Cph. Ad. Negelein)	296 u. Bd. II. 357
Ungenannter	296

	Seite.
Dav. Trommer	296
Sam. Groſſer	297
Ungenannter	—
Jo. Cph. Wentzel	—
Fiedler	—
Ungenannter	—
Barth. Feipd	298
Joa. Beccau	—
Jo. Ulr. von König	—
Sal. Seymann	1
Ungenannter	—
Jo. Heinr. Stölzel	—
Jo. Ad. Scheibe	—
Dan. Schiebeler	—
C. M. Wieland	299
Fr. Hildebr. v. Einſiedel	—
Fr. Müller	—
4) Schäferſpiel	299-301
Herm. Heinr. Scheren von Jever	299
E. C. Homburg	—
Jac. Schwiger	—
J. C. Hallmann	300
Ungenannte	—
J. C. Gottſched	—
Roſt	—
C. F. Gellert	—
F. W. Gleim	—
Ungenannte	—
Jo. Dav. Herrmann	301
A. G. Uhlich	—
Jelpke	—
J. E. Löwen	—
J. J Duſch	—
S. Geſsner	—
Ungenannte	—
Franz Thom. Schönfeld	—
Paul Geo. Hagenbruch	—
Jo. Wolfg. Andr. Schöpfel	—
Ungenannter	—
5) Operette	301-306
Ungenannter	301
A. Gryphius	302
Chriſt. Ludw. Boxberg	—
Jo. Melch. Conradi	—
Cph. Füer VII. v. Heimendorf	302 u. Bd. II. 314
Ungenannte	302
C. F. Gellert	—
C. Mylius	303
Ungenannte	—

des ersten Bandes.

	Seite.		Seite.
C. F. Weiſse	303.	C. F. Bretzner	—
Jo. Schiebeler	—	T P. von Gebler	—
Jo. Joa. Eſchenburg	304	C. F. Weiſse	—
J. B. Michälis	—	Otto Heinr. v. Gemmingen	—
Gottl. Ephr. Herrmann	—	C. F W Graſsmann	—
J. W. Winter	—	F. G. von Neſselrode	—
J. G. Jacobi	—	J W. von Göthe	—
Jo. Carl. Aug. Muſaus	—	G. Stephanie d. J.	—
F. W. Gotter	305	Ludw. Frohnhofer	312
Jo. Andre	—	J. C. Blume	—
J. W. von Göthe	—	H. F Möller	—
Aug. Gottl. Meiſsner	—	Jo. Cph. Bock	—
B. C. d'Arien	—	F. M. Klinger	—
G. Stephanie d. J.	—	Fr. Theoph Thilo	—
Wilh Gottl. Becker	—	F. W. Gotter	—
C. F Bretzner	306	Benj. Veitel Ephraim	313
Mich Cph. Siegm. Mylius	—	A. A von Crentzin	—
Chriſt. Friedr. Bonin	—	Jo. Caſp. Lavater	—
6) Ballet	306-309	J. C. Brandes	—
Ungenannter	306	Fräulein von Wunſch	—
Dav. Schirmer	—	F. M. Babo	—
Ungenannte	—	B C d'Arien	—
Henr. Mareſchall	307	Fr. Carl Ad. Trüzſchler	—
Gabr. Tzſchimmer	308	Franz Fr Siegm. Aug. Frh. Böcklin v. u. zu Böcklinſau	—
Ungenannte	—	Jac. Maier	314
Breiſsand	—	Wolfg Herib. von Dalberg	—
Wolfg. Matth. Chyträus	—	Anton Reichsgr. v. Törring	—
Ungenannte	—	G. E. Leſsing	—
Jo. von Beſser	—	Ungenannte	—
7) Ernſthaftes Schau- ſpiel (Drama)	309-315	A. F. von Goue	—
Alex. Romanus	309	A. G. Meiſsner	—
Ungenannter	—	Carl. Matt. Plümicke	—
H. C. L. Stockhauſen	—	Ungenannte	—
Jo. Hübner	—	Joſ. Franz Ratſchky	315
Ungenannter	—	Carl. Phil. Moritz	—
Heinr. Wilh. von Logau	—	Fr. Ludw. Schröder	—
Ungenannte	—	8) Monodrama u. Duo- drama	315-316
Jac. Heinr Gräfer	310	A. F. von Goue	315
von Sonnenfels	—	Jo. Geo. Herder	—
Franz Heufeld	—	J. C. Brandes	—
J. J. Bodmer	—	Bertuch	—
Chriſt. Aug Clodius	—	A G. Meiſsner	—
Joſ. Bern. Pelzel	—	Ungenannter	—
F. G. Klopſtock	—	Carl Wilh. Ramler	316
Chriſt Gottl Stephanie d. A.	—	O H Frh. von Gemmingen	—
Joa Cph. Krauteneck	311	Ungenannter	—
Friederike Sophie Seyler	—		

Allgemeine Ueberficht vom Inhalte des zweyten Bandes diefes Grundriffes.

	Seite.		Seite.
X. Lyrifche Poefie	1-170	Spervogil	7
1. Liederdichtung	1-125	Meifter Alexander	—
a) Ernfthaftes Lied	1-50	Herr Dietmar, der Setzer	—
Kirchenlieder in Oftfränkifcher Sprache	1	Der Gutere	8
Benno	—	Herman Damen	—
Walther von der Vogelweide	—	Meifter Rudinger	—
Bruder Werner	2	Der Lietfcouwere	—
Der Hardegger	—	Meifter Elias von der Leine	—
Meifter Sigeher	—	Reinold von der Lippe	—
Gotfried von Strasburg	3	Salomons hohes Lied, von einem Ungenannten frey bearbeitet	9
Reimmar von Zweter	—		
Herr Hawart	4	Conrad von Queinfurt	—
Bruder Eberhard von Sax	—	Gefänge der Geifselbrüder	10
Schynnenberger	—	Jo. von Habsburg	11
Meifter Kelyn	—	Eines Ungenannten fchöne geiftliche Liedlein	—
Hoppo	—		
Meifter Stolle	—	Meifter Puchshaum	—
Der Tanhufer	5	Peter von Dresden	12
Meifter Walter von Prifach	—	Hans Rofenplut	—
Meifter Conrad von Würzburg	—	Conrad Celtes	—
Meifsner, der ältere	—	Eines Ungenannten teutfch Ymni	—
Der Marner	—	Hieron. Schenk von Sumawe	—
Friedrich von Sonnenburg	6		
Der Unverzagte	—	Martin Mül in Wengen	—
Meifter Rumland	—	Martin Luther	13
Meifter Gervelyn	7	Lazarus Spengler	14
Der Kanzler	—	Paul Speratus	—
Sueskint, der Jude von Trimberg	—	Jo. Poliander	—
		Hans Sachs	15
Der Urenheimer	—	Chriftoph Flurheim von Kitaingen	—

Allgem. Ueberſ. v. Inhalte d. zweyten Bandes.

	Seite.
Valentin Voigt	15
Nicol. Decius	—
Jo. Heſſe	16
Wolfg. Muſculus	—
Adam Reusner	—
Michael Weiſs	—
Böhmiſche Brüderlieder	17
Jo. Matthesius	18
Nicol. Herrmann	—
Herrmann Bonnus	19
Plattdeutſche Geſangbücher	19-20
Paul Eberus	21
Hans Gamersfelder	—
Ambroſius Lobwaſſer	—
Veſpaſius zu Stade	—
Ludwig Helmbold	—
Bartholomäus Ringwaldt	22
Nicol. Selnecker	—
Kaspar Meliſſander	—
Philipp Nikolai	23
Martin Schalling	—
Jo. Pappus	—
Jo. Arndt	—
Dan. Sudermann	—
Corn. Becker	24
Jo. Heermann	—
Geo. Rud. Weckherlin	—
Martin Opitz	—
Juſt. Gelenius	—
Sim. Dach	25
Paul Flemming	—
Paul Gerhard	—
Ernſt Chriſtoph Homburg	26
Jo. Riſt	—
Heinr. Alberti	—
Ger. Philipp Harsdörfer	—
Andr. Heinr. Buchholz	27
Joh. Olearius	—
Andr. Gryphius	—
Chriſtian Hofmann von Hofmannswaldau	—
Jo. Preuſs	—
Caspar Ziegler	28
Jo. Chriſtoph Arnſchwanger	29
Siegm. von Birken	—
Geo. Neumark	—
Jo. Frank	—
Erasmus Francisci	—
Chriſtian Scriver	30
Louiſe Henriette, Churfürſtinn von Brandenburg	30
Anton Ulrich, Herzog von Braunſchweig	—
Phil. Jak. Spener	—
Joa. Neander	31
Jo. Angelus	—
Gräfinn Ludämilia Eliſabeth von Schwarzburg-Rudolſtadt	—
Jo. Jak. Schütz	—
Chriſtian Weiſe	32
Hans Aſſmann von Abſchatz	—
Jo. Wilh. Peterſen	—
Sam. Rodigaſt	33
Quirinus Kuhlmann	—
Fr. Rud. Ludw. von Canitz	—
Jo. Reinh. Hedinger	—
Benj. Neukirch	—
Jo. Casp. Schade	—
Erdm. Neumeiſter	—
Benj. Schmolk	—
Gerh. Ernſt von Frankenau	35
Barthold Heinr. Brockes	36
Jo. Chriſtian Günther	—
Jo. Jac. Rambach	—
Jo. Anaſtaſius Freylinghauſen	—
Carl Friedrich Drollinger	37
Chriſt. Fürchteg. Gellert	—
Friedr. Gottlieb Klopſtock	—
Chriſtian Sam. Ulber	38
Jo. Jac. von Moſer	—
Jo. Andr. Cramer	—
Jo. Friedr. v. Cronegk	—
Juſt. Friedr. Wilh. Zachariä	39
Benj. Friedr. Köhler	—
Jo. Chriſin. Krüger	—
Nicol. Dietr. Gieſeke	—
Jo. Pet. Uz	—
Jo. Sam. Dietrich	—
Geo. Joa. Zollikofer	40
Chriſtian Friedrich Neander	—
Chriſtian Felix Weiſſe	—
Chriſtoph Chriſtian Sturm	—
Ehrenfried Liebich	41
Jo. Friedr. Löwen	—
Ludw. Heinr. Freih. Bachof von Echt	—
Balthaſar Münter	—
Jo. Casp. Lavater	41

Allgemeine Uebersicht vom Inhalte

	Seite
Dan. Schiebeler	42
Jo. Christoph Krauseneck	—
Gottl. Bened. Funk	—
Jo. Joa. Eschenburg	—
Jac. Friedr. Feddersen	43
Jo. Aug. Hermes	—
Wilh. Abrah. Teller	—
Ludw. Aug. Unzer	—
Klamor Eberh. Carl Schmidt	—
Jak. Friedr. Schmidt	44
Christian Friedr. Dan. Schubart	—
Anhang	—
Hülfsmittel zur Geschichte des Deutschen Kirchenliedes	45
Nachlese von unbekannten Dichtern	46-49
Sammlungen	49-50
b. Scherzhaftes Lied	51
Heinr. v. Veldeck	—
Hartm. v. Aue	—
Wolfr. v. Eschenbach	—
Heinrich v. Rispach	—
Walth. v. d. Vogelweide	52
Reinmar der Alte	—
Nithart	53
Friedrich von Husen	—
Markgraf von Hohenburg	—
Der von Johannsdorf	—
Graf Conrad v. Kirchberg	—
König Conrad der Junge	—
Herr Otto von Turen	54
König Wenzel von Böhmen	—
von Buchheim	—
Kaiser Heinrich	—
Herr Gottfr. von Nifen	—
Herr Heffe von Rinach	55
Der Taler	—
Herzog von Anhalt	—
Herr Burkard von Hohenfels	—
Graf Otto v. Bottelaube	—
Herr Dietmar von Ast	—
Herr Hiltbolt von Schwanegoi	—
Herr Pfeffel	—
Herr Werner von Tüsen	56
Der von Wildonia	—
Endelhart von Adelburg	—
Herr Walther von Metze	—
Ulrich, Truchsefs von Singenberg	36
Herr Hugo von Werbenwag	—
Herz. Johans v. Brabant	—
Herr Walther v. Klingen	—
Herr Reinmann von Brennenberg	—
Herr Goesli v. Ehenheim	57
Herr Rubin	—
Herr Jac. von Wart	—
Der Diurner	—
Markgr. Heinr. v. Meilsen	—
Gottfr. von Stralsburg	58
Herr Ulrich von Gutenburg	—
Der von Kurenberg	—
Ulrich von Lichtenstein	—
Der Burggraf von Liunz	—
Herr Heinr. v. Morunge	—
Niedersächsische Liebes-Lieder	59
Albrecht Marschall v. Rapprechtsweil	—
Der von Sachsendorf	—
Herr Reinmar von Zweter	—
Herr Bernge von Horheim	—
Graf Kraft von Toggenburg	—
Herr Rudolph v. Rodenburg	—
Herr Heinrich von Sax	—
Herr Heinr. v. Strettlingen	—
Herr Hawart	60
Herr Heinr. von Rugge	—
Schenk Ulrich von Winterstetten	—
Herr Bruno von Hornberg	—
Herr Heinr. v. Frauenberg	—
Herr Wachsmuth v. Mühlhausen	—
Brunwart von Augheim	—
Von Rante	—
Herzog Heinr. v. Pressela	61
Der Diuring	—
Der Burggraf von Regensburg	—
Boppo	—
Herr Christian von Hameln	—
Von Stadegge	—
Herr Wilhelm von Heinzenburg	—
Wachsmuth von Kinzingen	—
Graf Rudolph von Neuenburg	62

des zweyten Bandes. 375

	Seite		Seite
Der Tanhuser	62	Herr Conrad von Altstetten	—
Herr Niuniu	—	Von Bubenburg	67
Von Scharfenberg	—	Meisner, der jüngere	—
Der Schenk von Limburg	—	Graf Werner von Honberg	—
Herr Milon von Sevelingen	—	Ruhin von Rüdeger	—
Herr Liutolt von Seven	—	Meister Johans Hadloub	—
Hartmann v. Starkenberg	—	Von Trosberg	—
Von Suonegge	—	Eines Ungenannten Liebes-	
Meister Heinrich Teichler	—	Lieder	—
Heinrich von Tettingen	—	Meister Trovgemunt	—
Herr Günther von dem Vorste	—	Ungenannte Liebesdichter	68
Von Obernburg	63	Gerlach, Herr zu Limburg	69
Herr Reinmar der Fiedler	—	Reinhard, Herr zu Wester-	
Eines Ungenannten Lob der		burg	—
Weiber	—	Ungenannte Volksdichter	70-73
Kol von Niussen	—	Peter, der Suchenwirth	—
Cunz von Rosenheim	—	Volkslieder bey Cyriacus	
Schulmeister von Elslingen	—	Spangenberg	73-75
Meister Walther von Brey-		Volkslied vom Kaufungens	
sach	—	Prinzenraub	—
Herr Conrad Schenk von		Veit Weber	76
Landeck	—	Ungenannter Dichter Kriegs-	
Steinmar	64	lieder	78
Der Puiller	—	Conr. Celtes	79
Winli	—	Paul Olearius	—
Conr. von Würzburg	—	Ungenannte	80
Der von Gliers	—	Helius Eobanus Hessus	—
Von Weissenlo	—	Geo. Fabricius	—
Von Wengen	—	Hans Sachs	—
Der Marner	—	Pet. Lotichius	81
Herr Friedrich der Knecht	—	Ungenannter	—
Christian von Lupin	—	Ludw. Helmbold	82
Friedrich von Sonnenburg	65	Nicod. Frischlin	—
Herr Alram von Greften	—	Friedr. Taubmann	—
Von Munegiur	—	Paul Melissus	—
Markgraf Otto von Bran-		Ungenannter aus Meissen	—
denburg	—	11 Liedersammlungen aus	
Herr Geltar	—	dem Ende des 16ten und	
Meister Rumlant	—	Anfange des 17ten Jahrh.	83-85
Rudolph der Schreiber	—	Fliegende Volkslieder	85-88
Graf Friedrich v. Leiningen	—	Geo. Rud. Weckherlin	—
Der Kanzler	66	Mart. Opitz	—
Heinr. Hetzbolt v. Weissen-		Jul. Wilh. Zinkgref	89
lee	—	Aug. Buchner	—
Graf Albrecht von Heiger-		Zachar. Lundt	—
loch	—	Paul Flemming	90
Rost, Kirchherr zu Sarne	—	Andr. Tscherning	—
Bron von Schonebeke	—	Simon Dach	—
Eines Ungenannten Liebes-		Heinrich Alberti	91
Gedicht	—	Robert Roberthin	—
Der wilde Alexander	—	Jo. Rist	—

Koch's Grundr. II. Bd. Bb

Allgemeine Ueberficht vom Inhalte

	Seite.
Jof. Bern. Petzel	290
Aug. Fr. von Goue	—
Jo. Mich. Hofmann	291
Jo. Geo. Sulzer	—
Tob. Phil. von Gebler	—
Jof. Val. von Spekner	—
Hans Carl Heinr. v. Trautzfchen	—
J. G. Dyck	—
Jo. Wollg. von Göthe	—
Ludw. Zehnmark	292
Jo. Gottl. Schummel	—
F. W. Gotter	—
C. G Stephanie d. J.	—
Jo. Carl Wetzel	—
Otto Fr. von Diericke	—
Jo. Cph. Unzer	—
Fr. Max. Klinger	—
Fr. Theoph. Thilo	—
Heinr. Leop. Wagner	—
G. F. W. Grofsmann	293
Ant. Leifewitz	—
Ludw. Phil. Hahn	—
Jof. Ign. Zimmermann	—
Ant. Ad. von Crentzin	—
Bern. Cph. d'Arien	—
Jo. Fr. Ernft Albrecht	—
Carl Heinr. Seibt	—
Heinr. Ferd. Müller	294
Ant. Matth. Sprickmann	—
Jo. Fr. Schink	—
Franz Regis Crauer	—
L. T. Kofegarten	—
Jof. Aug. Gr. zu Törring	—
Franz Mar. Babo	—
Carl Ferd. Dan. Grohmann	295
Fr. Schiller	—
Aug. Wilh. Ifland	—
3) Oper	295-299
Jac. Ayrer	295
Matt. Opitz	—
Geo. Neumark	—
Andr. Gryphius	—
Ungenannte	—
Siegm. von Bircken	296
Ungenannter	—
C. Chr. Dedekind	—
Gabr. Tzfchimmer	—
Celadon (Cph. Ad. Negelein)	296 u. Bd. II. 357
Ungenannter	296

	Seite.
Dav. Trommer	296
Sam. Grofser	297
Ungenannter	—
Jo. Cph. Wentzel	—
Fiedler	—
Ungenannter	—
Barth. Feipd	298
Jos. Beccau	—
Jo. Ulr. von König	—
Sal. Seemann	1
Ungenannter	—
Jo. Heinr. Stölzel	—
Jo. Ad. Scheibe	—
Dan. Schiebeler	—
C. M. Wieland	299
Fr. Hildebr. v. Einfiedel	—
Fr. Müller	—
4) Schäferfpiel	299-301
Herm. Heinr Scheren von Jever	299
E. C. Homburg	—
Jac. Schwiger	—
J. C. Hallmann	300
Ungenannte	—
J. C. Gottfched	—
Roft	—
C. F. Gellert	—
F. W. Gleim	—
Ungenannte	—
Jo. Dav. Herrmann	301
A. G. Uhlich	—
Jelpke	—
J. E. Löwen	—
J. J Dufch	—
S. Gesner	—
Ungenannte	—
Franz Thom. Schönfeld	—
Paul Geo. Hagenbruch	—
Jo. Wolfg. Andr. Schöpfel	—
Ungenannter	—
5) Operette	301-306
Ungenannter	301
A. Gryphius	302
Chrift. Ludw. Boxberg	—
Jo. Melch. Conradi	—
Cph Füer VII. v. Heimendorf	302 u. Bd. II. 314
Ungenannte	302
C. F. Gellert	—
C. Mylius	303
Ungenannte	—

	Seite.		Seite.
C. F. Weiße	303	C. F. Bretzner	—
Jo. Schiebeler	—	T. P. von Gebler	—
Jo. Joa. Eschenburg	304	C. F. Weiße	—
J. B. Michälis	—	Otto Heinr. v. Gemmingen	—
Gottl. Ephr. Herrmann	—	C. F. W. Graſsmaun	—
J. W. Winter	—	F. G. von Neſſelrode	—
J. G. Jacobi	—	J. W. von Göthe	—
Jo. Carl. Aug. Muſäus	—	G. Stephanie d. J.	—
F. W. Gotter	305	Ludw. Fronhofer	312
Jo. Andre	—	J. C. Blume	—
J. W. von Göthe	—	H. F. Möller	—
Aug. Gottl. Meiſsner	—	Jo. Cph. Bock	—
B. C d'Arien	—	F. M. Klinger	—
G. Stephanie d. J.	—	Fr. Theoph. Thilo	—
Wilh Gottl. Becker	—	F. W. Gotter	—
C. F Bretzner	306	Benj. Veitel Ephraim	313
Mich. Cph. Siegm. Mylius	—	A. A von Crentzin	—
Chriſt. Friedr. Bonin	—	Jo. Casp. Lavater	—
6) Ballet	306-309	J. C. Brandes	—
Ungenannter	306	Fräulein von Wunſch	—
Dav. Schirmer	—	F. M. Babo	—
Ungenannte	—	B. C d'Arien	—
Heinr. Marefchall	307	Fr. Carl Ad. Trüzſchler	—
Gabr. Tizſchimmer	308	Franz Fr. Siegm. Aug. Frh.	
Ungenannte	—	Böcklin v. u. zu Böcklinſau	—
Breiſand	—	Jac. Maier	314
Wolfg. Matth. Chyträus	—	Wolfg Herib. von Dalberg	—
Ungenannte	—	Anton Reichsgr. v. Törring	—
Jo. von Beſſer	—	G. E. Leſſing	—
7) Ernſthaftes Schau-		Ungenannte	—
ſpiel (Drama)	309-315	A. F. von Goue	—
Alex. Romanus	309	A. G Meiſsner	—
Ungenannter	—	Carl Matt. Plümicke	—
H. C. L. Stockhauſen	—	Ungenannter	—
Jo. Hübner	—	Joh. Franz Ratſchky	315
Ungenannter	—	Carl Phil. Moritz	—
Heinr. Wilh. von Logau	—	Fr. Ludw. Schröder	—
Ungenannte	—	8) Monodrama u. Duo-	
Jac. Heinr. Gräfer	310	drama	315-316
von Sonnenfels	—	A. F. von Goue	315
Franz Heufeld	—	Jo. Geo. Herder	—
J. J. Bodmer	—	J. C. Brandes	—
Chriſt. Aug Clodius	—	Bertuch	—
Joſ. Bern. Pelzel	—	A. G. Meiſsner	—
F. G. Klopſtock	—	Ungenannter	—
Chriſt Gottl. Stephanie d. A.	—	Carl Wilh. Ramler	316
Joa Cph. Krauſeneck	311	O. H. Frh. von Gemmügen	—
Friederike Sophie Seyler	—	Ungenannter	—

Allgemeine Uebersicht vom Inhalte des zweyten Bandes dieses Grundrisses.

	Seite.		Seite.
X. Lyrische Poesie	1-170	Spervogil	7
1. Liederdichtung	1-125	Meister Alexander	—
a) Ernsthaftes Lied	1-50	Herr Dietmar, der Setzer	—
Kirchenlieder in Ostfränkischer Sprache	1	Der Gutere	8
		Herman Damen	—
Benno	—	Meister Rudinger	—
Walther von der Vogelweide	—	Der Lietscouwere	—
Bruder Werner	2	Meister Elias von der Leine	—
Der Hardegger	—	Reinold von der Lippe	—
Meister Sigeher	—	Salomons hohes Lied, von einem Ungenannten frey bearbeitet	9
Gotfried von Strasburg	3		
Reimmar von Zweter	—		
Herr Hawart	4	Conrad von Queinfurt	9
Bruder Eberhard von Sax	—	Gesänge der Geiselbrüder	10
Schynneuberger	—	Jo. von Habsburg	11
Meister Kelyn	—	Eines Ungenannten schöne geistliche Liedlein	—
Hoppo	—		
Meister Stolle	—	Meister Puchsbaum	—
Der Tanhuser	5	Peter von Dresden	12
Meister Walter von Prisach	—	Hans Rosenplut	—
Meister Conrad von Würzburg	—	Conrad Celtes	—
		Eines Ungenannten teutsch Ymni	—
Meisner, der ältere	—		
Der Marner	—	Hieron. Schenk von Sumawe	—
Friedrich von Sonnenburg	6		
Der Unverzagte	—	Martin Mül in Wengen	—
Meister Rumland	—	Martin Luther	13
Meister Gervelyn	7	Lazarus Spengler	14
Der Kanzler	—	Paul Speratus	—
Sueskint, der Jude von Trimberg	—	Jo. Poliander	—
		Hans Sachs	15
Der Urenheimer	—	Christoph Flurheim, von Kitaingen	—

Allgem. Ueberf. v. Inhalte d. zweyten Bandes. 373

	Seite.
Valentin Voigt	15
Nicol. Decius	—
Jo. Heſſe	16
Wolfg. Musculus	—
Adam Reusner	—
Michael Weiſs	—
Böhmiſche Brüderlieder	17
Jo. Matthesius	18
Nicol. Herrmann	—
Herrmann Bönnus	19
Plattdeutſche Geſangbücher	19-20
Paul Eberus	21
Hans Gamersfelder	—
Ambroſius Lobwaſſer	—
Vespaſius zu Stade	—
Ludwig Helmbold	—
Bartholomäus Ringwaldt	22
Nicol. Selneccer	—
Kaspar Meliſſander	—
Philipp Nikolai	23
Martin Schalling	—
Jo. Pappus	—
Jo. Arndt	—
Dan. Sudermann	—
Corn. Becker	24
Jo. Heermann	—
Geo. Rud. Weckherlin	—
Martin Opitz	—
Juſt. Gesenius	—
Sim. Dach	25
Paul Flemming	—
Paul Gerhard	—
Ernſt Chriſtoph Homburg	26
Jo. Riſt	—
Heinr. Alberti	—
Ger. Philipp Harsdörfer	—
Andr. Heinr. Buchholz	27
Joh. Olearius	—
Andr. Gryphius	—
Chriſtian Hofmann von Hofmannswaldau	—
Jo. Preuſs	—
Caspar Ziegler	28
Jo. Chriſtoph Arnſchwanger	29
Siegm. von Bircken	—
Geo. Neumark	—
Jo. Frank	—
Erasmus Franciſci	—
Chriſtian Scriver	30
Louiſe Henriette, Churfürſtinn von Brandenburg	30
Anton Ulrich, Herzog von Braunſchweig	—
Phil. Jak. Spener	—
Joa. Neander	31
Jo. Angelus	—
Gräfinn Ludämilia Eliſabeth von Schwarzburg-Rudolſtadt	—
Jo. Jak. Schütz	—
Chriſtian Weiſe	32
Hans Aſſmann von Abſchatz	—
Jo. Wilh. Peterſen	—
Sam. Rodigaſt	33
Quirinus Kuhlmann	—
Fr. Rud. Ludw. von Canitz	—
Jo. Reinh. Hedinger	—
Benj. Neukirch	—
Jo. Casp. Schade	—
Erdm. Neumeiſter	—
Benj. Schmolk	—
Gerh. Ernſt von Frankenau	35
Barthold Heinr. Brockes	36
Jo. Chriſtian Günther	—
Jo. Jac. Rambach	—
Jo. Anaſtaſius Freylinghauſen	—
Carl Friedrich Drollinger	37
Chriſt. Fürchteg. Gellert	—
Friedr. Gottlieb Klopſtock	—
Chriſtian Sam. Ulber	38
Jo. Jac. von Moſer	—
Jo. Andr. Cramer	—
Jo. Friedr. v. Cronegk	—
Juſt. Friedr. Wilh. Zachariä	39
Benj. Friedr. Köhler	—
Jo. Chriſtn. Krüger	—
Nicol. Dietr. Gieſeke	—
Jo. Pet. Uz	—
Jo. Sam. Dietrich	—
Geo. Joa. Zollikofer	40
Chriſtian Friedrich Neander	—
Chriſtian Felix Weiſſe	—
Chriſtoph Chriſtiah Sturm	—
Ehrenfried Liebich	41
Jo. Friedr. Fewen	—
Ludw. Heinr. Freih. Bachtof von Echt	—
Balthaſar Münter	—
Jo. Casp. Lavater	41

Allgemeine Uebersicht vom Inhalte

	Seite.
Dan. Schiebeler	42
Jo. Christoph Krauseneck	—
Gottf. Bened. Funk	—
Jo. Joa. Eschenburg	—
Jac. Friedr. Feddersen	43
Jo. Aug. Hermes	—
Wilh. Abrah. Teller	—
Ludw. Aug. Unzer	—
Klamor Eberh. Carl Schmidt	—
Jak. Friedr. Schmidt	44
Christian Friedr. Dan. Schubart	—
Anhang	—
Hülfsmittel zur Geschichte des Deutschen Kirchenliedes	45
Nachlese von unbekannten Dichtern	46–49
Sammlungen	49–50
b. Scherzhaftes Lied	51
Heinr. v. Veldeck	—
Hartm. v. Aue	—
Wolfr. v. Eschenbach	—
Heinrich v. Rispach	—
Walth. v. d. Vogelweide	52
Reinmar der Alte	—
Nithart	53
Friedrich von Husen	—
Markgraf von Hohenburg	—
Der von Johannsdorf	—
Graf Conrad v. Kirchberg	—
König Conrad der Junge	—
Herr Otto von Turen	54
König Wenzel von Böhmen	—
von Buchheim	—
Kaiser Heinrich	—
Herr Gottfr. von Nifen	—
Herr Hesse von Rinach	55
Der Taler	—
Herzog von Anhalt	—
Herr Burkard von Hohenfels	—
Graf Otto v. Bottelaube	—
Herr Dietmar von Ast	—
Herr Hiltbolt von Schwanegoi	—
Herr Pfeffel	—
Herr Werner von Tüfen	56
Der von Wildonia	—
Endelhart von Adelburg	—
Herr Walther von Metze	—

	Seite.
Ulrich, Truchsess von Singenberg	36
Herr Hugo von Werbenwag	—
Herz. Johans v. Brabant	—
Herr Walther v. Klingen	—
Herr Reinmann von Brennenberg	—
Herr Goesli v. Ehenheim	57
Herr Rubin	—
Herr Jac. von Wart	—
Der Diurner	—
Markgr. Heinr. v. Meissen	—
Gottfr. von Strasburg	58
Herr Ulrich von Gutenburg	—
Der von Kurenberg	—
Ulrich von Lichtenstein	—
Der Burggraf von Liunz	—
Herr Heinr. v. Morunge	—
Niedersächsische Liebes-Lieder	59
Albrecht Marschall v. Rapprechtsweil	—
Der von Sachsendorf	—
Herr Reinmar von Zweter	—
Herr Bernge von Horheim	—
Graf Kraft von Toggenburg	—
Herr Rudolph v. Rodenburg	—
Herr Heinrich von Sax	—
Herr Heinr. v. Strettlingen	—
Herr Hawart	60
Herr Heinr. von Rugge	—
Schenk Ulrich von Winterstetten	—
Herr Bruno von Hornberg	—
Herr Heinr. v. Frauenberg	—
Herr Wachsmuth v. Mühlhausen	—
Brunwart von Augheim	—
Von Raute	—
Herzog Heinr. v. Pressela	61
Der Diuring	—
Der Burggraf von Regensburg	—
Boppo	—
Herr Christian von Hameln	—
Von Stadtegge	—
Herr Wilhelm von Heinzenburg	—
Wachsmuth von Kinzingen	—
Graf Rudolph von Neuenburg	62

	Seite.		Seite.
Der Tanhuser	62	Herr Conrad von Altstetten	—
Herr Niuniu	—	Von Bubenburg	67
Von Scharfenberg	—	Meisner, der jüngere	—
Der Schenk von Limburg	—	Graf Werner von Honberg	—
Herr Milon von Sevelingen	—	Rubin von Rüdeger	—
Herr Liutolt von Seven	—	Meister Johans Hadloub	—
Hartmann v. Starkenberg	—	Von Trosberg	—
Von Suoneggе	—	Eines Ungenannten Liebes-	
Meister Heinrich Teschler	—	Lieder	—
Heinrich von Tettingen	—	Meister Trovgemunt	—
Herr Günther von dem Vorste	—	Ungenannte Liebesdichter	68
Von Obernburg	63	Gerlach, Herr zu Limburg	69
Herr Reinmar der Fiedler	—	Reinhard, Herr zu Wester-	
Eines Ungenannten Lob der		burg	—
Weiber	—	Ungenannte Volksdichter	70-73
Kol von Niussen	—	Peter, der Suchenwirth	—
Cunz von Rosenheim	—	Volkslieder bey Cyriacus	
Schulmeister von Eslingen	—	Spangenberg	73-75
Meister Walther von Brey-		Volkslied vom Kaulungens	
sach	—	Prinzenraub	—
Herr Conrad Schenk von		Veit Weber	76
Landeck	—	Ungenannter Dichter Kriegs-	
Steinmar	64	lieder	78
Der Puiller	—	Conr. Celtes	79
Winli	—	Paul Olearius	—
Conr. von Würzburg	—	Ungenannte	80
Der von Gliers	—	Helius Eobanus Hessus	—
Von Weissenlo	—	Geo. Fabricius	—
Von Wengen	—	Hans Sachs	—
Der Marner	—	Pet. Lotichius	81
Herr Friedrich der Knecht	—	Ungenannter	—
Christian von Lupin	—	Ludw. Helmbold	82
Friedrich von Sonnenburg	65	Nicod. Frischlin	—
Herr Alram von Gresten	—	Friedr. Taubmann	—
Von Munegiur	—	Paul Melissus	—
Markgraf Otto von Bran-		Ungenannter aus Meissen	—
denburg	—	11 Liedersammlungen aus	
Herr Goltar	—	dem Ende des 16ten und	
Meister Rumlant	—	Anfange des 17ten Jahrh.	83-85
Rudolph der Schreiber	—	Fliegende Volkslieder	85-88
Graf Friedrich v. Leiningen	—	Geo. Rud. Weckherlin	—
Der Kanzler	66	Mart. Opitz	—
Heinr. Hetzbolt v. Weissen-		Jul. Wilh. Zinkgref	89
see	—	Aug. Buchner	—
Graf Albrecht von Heiger-		Zachar. Lundt	—
loch	—	Paul Flemming	90
Rost, Kirchherr zu Sarne	—	Andr. Tscherning	—
Bron von Schonebeke	—	Simon Dach	—
Eines Ungenannten Liebes-		Heinrich Alberti	91
Gedicht	—	Robert Robertin	—
Der wilde Alexander	—	Jo. Rist	—

Koch's Grundr. II. Bd. Bb

Allgemeine Uebersicht vom Inhalte

	Seite
Jac. Balde	93
Ernst Christoph Homburg	—
Filip von Zesen	—
Sibylla Schwarzin	94
Geo. Phil. Harsdörfer	95
Gottfr. Finckelthaus	98
Jo. Mich. Moscherosch	—
Lied von Hennecke dem Knecht	—
Fliegende Volkslieder aus Opitzens Zeitalter	99
G. A. Richter	100
Nicol. Barnsdorf	—
Geo. Greflinger	101
Dav. Schirmer	—
Jo. Geo. Schoch	—
Hyphantes (Weber)	—
Nicol. Peucker	102
Christian Hofm. von Hofmannswaldau	—
Dan. Casp. v. Lohenstein	—
Andr. Rihlmann	—
Leucolcon	103
Lilidor (Christoph Fuerer von Haimendorf)	—
Heinr. Mühlpfort	104
Christn. Gryphius	—
Heinr. Arnold Stockfleth	—
Heinr. Bredelo	—
Hans Assmann v. Abschatz	105
Fr. Rud. Ludw. v. Canitz	—
Menantes (Hunold)	—
Christoph Heinr. Amthor	—
Jo. Christian Günther	—
Philander von der Linde (Mencke)	—
Gottlieb Siegm. Corvinus (Amaranthes)	106
Joa. Beccau	—
Friedr. Christn. Henrici (Picander)	—
Friedr. von Hagedorn	—
Friedr. Wilh. Gleim	107
Sam. Gotth. Lange	108
Christn. Fürchteg. Gellert	—
Jo. El. Schlegel	—
Jo. Adolph Schlegel	—
Jo. Arn. Ebert	—
Just Friedr. Wilh. Zachariä	—
Ludw. Friedr. Lenz	—
Nicol. Dietrich Giseke	109

	Seite
Jo. Pet. Uz	109
Gotth. Ephr. Lessing	—
Jo. Nicol. Götz	—
Gottlieb Fuchs	—
Jo. Friedr. Löwen	110
Jo. Friedr. v. Cronegk	—
Jo. Joa. Ewald	—
Jo. Aug. v. Beyer	111
Karl Wilh. Müller	—
Christian Felix Weisse	—
Hans Wilh. v. Gerstenberg	—
Konr. Gottl. Pfeffel	—
Benj. Gottfr. Köhler	112
Anna Luisse Karschin	—
Karl Friedr. Kretschmann	—
Jo. Geo. Jacobi	—
Matthias Claudius	—
Jo. Benj. Michaelis	—
Jac. Friedr. Schmidt	113
Jo. Casp. Lavater	—
Joa. Christn. Blum	—
Klam. Eberh. Karl Schmid	—
Leop. Günther Friedrich v. Göckingk	—
Nantchen	—
Friedr. Wilh. Gotter	114
Gottfr. Aug. Bürger	—
Friedr. Just Bertuch	—
J. W. von Göthe	—
Heinr. Christian Boie	—
Jo. Heinr. Thomsen	—
Jo. Matt. Miller	115
Halschat Falkensohn Behr	—
Lud. Heinr. Christoph Hölty	—
Jo. Heinr. Voss	—
Gottl. Wilh. Burmann	—
Friedr. Schmidt	116
C. A. Overbeck	—
Friedr. Matthison	—
Anhang.	
Hülfsbücher zur Geschichte des scherzhaften Liedes	117
Nachlese übergangener Dichter	118-121
Repertorien und Sammlungen	122-124
2. Elegie	125-140
Reinmar der Alte	125
Walther v. d. Vogelweide	—
Herr Bligge von Stenach	—
Ulrich von Lichtenstein	—

des zweyten Bandes. 377

	Seite.		Seite.
Der Thanhäuser	126	Jo. Joa. Eschenburg	134
Meister Stolle	—	Jo. Mart. Miller	135
Meister Heinr. Täschler	—	Jo. Heinr. Voſs	—
Singof	—	Gottfr. Aug. Bürger	—
Der Helleviur	—	Leop. Friedr. Günther von	
Meister Conrad von Würzburg	127	Göckingk	—
Der Burggraf v. Rieteburg	—	Friedr. Leop. Gr. zu Stollberg	—
Johann von Rinkenberg	—	Jo. Heinr. Thomsen	—
Meister Johanns Hadlaub	—	Friedr. Schmit	—
Conr. Celtes	—	Ludw. Theob. Kosegarten	—
Hel. Eob. Hessus	—	Karl Friedr. Reinhard	136
Sim. Lemnius	—	Karl Jul. Friedrich	—
Jo. Borer	—	Friedrich Schiller	—
Jac. Moltzer	128	Anhang	—
Pet. Lotichius	—	Nachlese der übergangenen Elegiendichter	137
Geo. Sabinus	—	Sammlungen und Repertorien	138
Jo. Stigelius	—		
Bruno Seidelius	—		
Jo. Schosser	129	3. Heroide	140-142
Nicod. Frischlin	—	Hel. Eob. Hessus	140
Ungenannte	—	Christian Hofmann v. Hofmannswaldau	—
Rud. Weckherlin	130		
Martin Opitz	—	Dan. Casp. v. Lohenstein	—
Paul Flemming	—	Christoph Friedrich Kiese	—
G. A. Richter	—	Jo. Burkh. Mencke	—
Dav. Schirmer	—	Heinr. Ansh. von Ziegler	—
Andr. Gryphius	131	Erdmann Wircker	141
Christian von Hofmannswaldau	—	Ungenannter Schlesischer Edelmann	—
Dan. Casp. von Lohenstein	—	Geo. Christian Lehms	—
Jo. Christn, Günther	—	Ungenannter	142
Ferd. Lud. Rud. v. Canitz	—	Christoph Mart. Wieland	—
Albr. von Haller	—	Dan. Schiebeler	—
Jo. Jac. Bodmer	132	Jo. Joa. Eschenburg	—
Abr. Gotth. Kästner	—	Hanns Carl Heinrich von Trautzschen	—
Friedr. Gottl. Klopstock	—		
Eberh. Friedr. von Gemmingen	—	4. Sonnet	143-144
		Geo. Rud. Weckherlin	143
Ludw. Heinr. von Nicolay	—	Martin Opitz	—
Heinr. Jul. Tode	133	Paul Flemming	—
Friedr. Wilh. Gleim	—	Andr. Tscherning	—
Karl Wilh. Ramler	—	Andr. Gryphius	—
Jo. Andr. Cramer	—	Dan. Casp. v. Lohenstein	—
Christian Felix Weisse	—	Jo. Westermann	144
Jo. Nicol. Götz	—	Ungenannter	—
Mich. Denis	134	Fr. Schmit	—
Friedr. Wilh. Gotter	—	G. A. Bürger	—
Ludw. Heinr. Christoph Hölty	—	5. Madrigal	145-146
		Jo. Leo Hassler	145
Klamor Eberh. Karl Schmidt	—	Casp. Ziegler	—

Bb 2

	Seite		Seite
Jac. Schwiger	145	Friedr. Schmut	—
Martin Kempe	—	Jo. D. v. Alxinger	—
Geo. Ludw. Agricola	146	Friedr. Gedike	157
Ernst Stockmann	—	Friedr. Schiller	—
Balth. Kindermann	—	Anhang	
Heinr. Bredelo	—	Einige Angaben zur Geschichte der Deutschen	
Jo. Jacobi	—		
Jo. Christian Günther	—	Ode	158-161
6. Cantate	147-149	Nachlese übergangener Odendichter	162-165
Menantes	147		
Jo. Christian Günther	—	Sammlungen	166
Corvinus	—	Classification der Ode	166-169
Jo. Valent. Pietsch	—	XI. Idylle	170-195
Christiane Mar. von Ziegler	—	Herr Nithart	170
Jo. El. Schlegel	148	Herr Göli	—
Karl Wilhelm Ramler	—	Von Stamheim	171
Ungenannter	—	Hel. Eob. Hessus	172
Christian August Clodius	—	Joa. Camerarius	—
Hans Wilh. v. Gerstenberg	—	Jo. Bocer	—
Dan. Schiebeler	—	Pet. Lotichius	—
Balth. Münter	149	Geo. Sabinus	—
Jo. Geo. Jacobi	—	Bruno Seidelius	—
J. C. Lavater	—	Geo. Rud. Weckherlin	—
Aug. Herm. Niemeyer	—	Martin Opitz	173
Jo. Sam? Putzke	—	Jo. Herm. Schein	174
7. Ode	150-169	Christn. Brehme	—
Albr. von Haller	150	Jo. Rist	—
Sam. Gotth. Lange	—	Dav. Schirmer	—
Jo. Pet. Uz	—	Jo. Heinr. Calisius	—
Jo. Andr. Cramer	151	Jac. Schwiger	175
Karl Wilh. Ramler	—	Jo. Onkelus	—
Friedr. Gottl. Klopstock	—	Jo. Joseph Beckh	—
Christn. Ewald v. Kleist	152	Mathias Johnson	—
Gotth. Ephr. Lessing	—	Sigismund von Bircken	176
Jo. Adolph Schlegel	153	Christn. Hofmann v. Hofmannswaldau	—
Jo. Gottl. Willamov	—		
Joh. Christn. Blum	—	Christoph Friedrich Kiene	—
Christn. Adolph Klotz	154	Heinrich Mühlpfort	—
Hans Wilh. v. Gerstenberg	—	Benj. Neukirch	—
Mich. Denis	—	Christian Wernicke	—
Carl Friedr. Kretschmann	—	Christiane Mar. v. Ziegler	177
Jo. Casp. Lavater	—	Jo. Christoph Rost	—
Karl Maßalier	155	Christn. Friedr. Zernitz	178
Gottlieb David Hartmann	—	Conr. Arn. Schmid	179
Jo. Heinr. Voss	—	Jo. Nicol. Götz	—
Ludw. Christn. Heinr. Hölty	—	Salomo Gassner	—
		Christian Ewald von Kleist	183
Die Grafen Christian und Fr. Leop. zu Stollberg	156	Jak. Friedrich Schmidt	184
		Andreas Grader	185
Andr. Zaupser	—	Joach. Christian Blum	—
Ludw. Theob. Kosegarten	—	Jo. Christoph Krauseneck	—

des zweyten Bandes. 379

	Seite
Friedrich Müller	—
Ernſt Theod. Jo. Brückner	186
Jo. Heinr. Voſs	—
Franz Xaver Bronner	187
Anhang	188
Verdienſte der Deutſchen um die Theorie der Idylle	—
Vorzüge der Deutſchen in der Ausübung dieſer Theorie	189-191
Claſſification der Idylle	191-192
Nachleſe der übergangenen Idyllendichter	192-193
Repertorien und Sammlungen	193-194
XII. Dichteriſches Gemälde	195-216
Ein Ungenannter in Niederdeutſcher Sprache	195
Ulrich Zwingli	—
Hans Sachs	196
Mart. Opitz	197
Filip von Zeſen	—
Enoch Glaſer	—
Jo. Andr. Gerhard	—
Ernſt Stockmann	—
Karl Guſtav Heräus	—
Barth. Heinr. Brockes	198
Albr. von Haller	200
Chriſtian Ewald von Kleiſt	201
Salomo Geſsner	203
Jo. Jak. Duſch	204
Juſt Friedr. Wilh. Zachariä	—
Hans. Wilh. von Gerſtenberg	205
Jo. Tobler	206
Joa. Chriſtn. Blum	—
Fr. Leop. Gr. zu Stollberg	—
Ludw. Theob. Koſegarten	—
Anhang	207
Begriff dieſer Gattung	—
Metriſche Beſchreibungen der ältern Zeit	208-210
Nachleſe zu dieſer Gattung aus dem 18ten Jahrh.	210-213
Repertorien für dieſe Gattung	214
Allegoriſche Dichtergemälde	—
Komiſche Dichtergemälde	215
XIII. Roman	216-305
Niederdeutſches Fragment,	

	Seite
eine Rittergeſchichte	216
Hauptſtoffe der Deutſchen Romandichtung bis auf das 15te Jahrhundert	216-229
1. Der Trojaniſche Krieg	217
2. Die Thaten Karls des Gr. und ſeiner Ritter	—
3. Die Geſchichte des Königs Artur	218-220
4. Die Thaten Alexanders des Gr.	—
5. Die Kreuzzüge	—
6. Gegenſtände und Perſonen des Heldenbuches	221
7. Heiligen-Legenden im romantiſchen Gewande	222-223
8. Romantiſche Gedichte gemiſchter Art	224-228
9. Unbekannte romantiſche Dichter jenes Zeitpunctes	229
Romane und Romandichter des funfzehnten Jahrhunderts	229-239
Meiſter Heinrich von der Neuſtat	229
Herrmann von Sachſenheim	—
Thüring von Ringoltingen	230
Johann Jair von Nördlingen	—
Johann Hartlieb zu München	—
Das Buch von den ſieben weiſen Meiſtern	230-234
Hyſtori von Herczog Leuppold	234
Hertzog Ernſt von Baiern	—
Nicol. von Wyle	—
Von Frawen Sigismunde	—
Hiſtorie von den groten konink Karel	—
Wigoleis in Proſa	235
Hiſtorie von der Kreuzfahrt	—
Volksroman vom Tyll Eulenſpiegel	—
Von dem Wüterich Dracole	236
Lucifers mit ſeiner Geſellſchaft Fall	—
Herr Dietrich von Bern	—
Hiſtory Herrn Triſtrants	—
König Pontus	—
Florio und Biancefora	237

Allgemeine Uebersicht vom Inhalte

	Seite.		Seite.
Die Geschichte des Doctor Faust	237–239	Geo. Neumark	—
		Andr. Heinr. Buchholz	—
Romane im sechszehnten Jahrhunderte gedruckt	239–246	Balth. Kindermann (Kurandor)	250
		Ungenannter	—
Liepliches Lesen von Hug Schapler	239	Anton Ulrich, Herzog zu Braunschweig	—
Fortunatus	240	Heinr. Arn. Stockfleth	251
Pfinsings Theuerdank	—	Ungenannter	—
Historie von Kaiser Friedrich	—	Michal Kongehl	—
Fierrabras	241	Dan. Casp. von Lohenstein	—
Der Erlkönig	—	August Bose (Talander)	251–253
History von dem Ritter Galmien	242	Joachim Meyer	—
		Heinr. Ansh. von Ziegler	—
Geo. Thym von Zwickau	—	Paul von Winkler	—
Jo. Fischart	—	3) Vorläufer der Robinsonaden.	
Camillo und Emilie	—		
Das Buch der Liebe	—	Der Landstörtzer Gusman von Alfarche	—
Die Historie vom Amadis	243		
Volksroman vom ewigen Juden	244	Sam. Greifensons v. Hirschfeld Simplicissimus	255–260
Maurit. Brand	245	Historie der Sevarambes	—
Romane des siebenzehnten Jahrhunderts	245–247	4) Politische Romane.	
		Christ. W. Hagdorn	261
1) Volksromane.		Everh. Guerner Happel	261–263
Der Finkenritter	245	Der Pseudonyme Amydor	—
Das lustige Lalenburg	—	Ein Ungenannter	—
Markgraf Walther	246	Der Pseudonyme Herolander	—
Herzog Ernst aus Baiern	—	Romane und Romandichter des achtzehnten Jahrhunderts	264
Historie von dem gehörnten Siegfried	—		
Die schöne Magelone	—	Menantes (Christ. Friedr. Hunold)	264
Die schöne Melusine	—		
Tyll Eulenspiegel	—	Jo. Leonh. Rost (Meletaon)	265
Doctor Faust	247	Celander, Pseudonym	265
Der ewige Jude	—	Pallidor	—
Die sieben weisen Meister	—	Fr. Erdm. von Glaubitz	—
Herr Tristrant	—	Fr. Jul. Rottmann	—
Herr Vigoleis	—	Aramenes, Pseudonyme	266
Geo. Wickrams Goldfaden	—	Melissus	—
Der list- und lustige Soldat	—	Ungenannter	—
Der unglückseelige Student	—	Ormenius	—
2) Liebesgeschichten.		F. J. Linde	—
Amöna und Amandus	—	Eigentliche Robinsonaden, 41 an der Zahl	267–272
Filip von Zesens Romane	248		
Salemyndonis, ein Pseudonyme	—	Robinsonartige Dichtungen unter dem Namen der Avanturier	272–275
Schäferey von der schönen Cölinden und dem Schäfer Corimbo	249	Ungenannter	272
		Veramor, ein Pseudon.	273

des zweyten Bandes. 381

	Seite.
Die Insel Felsenburg von Gilander	273
Ungenannter	274
Der Roman von Herrn von Elberstein	275
Jo. Mich von Loen	—
Christ. Fürchtegott Gellert	276
Sal. Gesner	—
Jo. Gebh. Pfeil	—
Christian Opitz	277
Ungenannter	—
Jo. Karl Aug. Muläus	—
Cph. Mart. Wieland	—
Jo. Jak. Dusch	—
Jo. Timotheus Hermes	—
Jo. Gottlieb Schummel	279
Albr. von Haller	—
Marie Sophie la Roche	280
Jo. Joa. Cph. Bode	—
Ludw. Friedr. v. Hopfgarten	—
Friedrich Nicolai	281
Jo. Wolfgang von Göthe	—
Jo. Karl Wetzel	283
Jo. Paul Sattler	—
Adam Beuvius	—
Jo. Wolfg. Andr. Schöpfel	284
Friedr. von Blankenburg	—
Jo. Mor. Schwager	—
Joh. Mart. Miller	285
Friedrich August Weber	286
Jo. Heinr. Jung	—
Jo. Gottw. Müller	287
Theod. Gottlieb Hippel	—
Dav. Cph. Seybold	288
Friedr. Andr. Stroth	—
Friedr. Maximil. Klinger	289
Aug. Gottlieb Meisner	—
Christian Friedrich Timme	290
Jo. Friedr. Ernst Albrecht	—
Friedr. Theoph. Thilo	291
Adolph Franz Friedr. Ludw. Baron von Knigge	—
Christian Friedrich Schwan	—
Jo. Friedr. Jünger	292
Heinrich Pestalotz	—
Christian Friedr. Sintenis	—
Friedr. Aug. Klem. Werthes	—
Anhang	293
Hülfsmittel zur Geschichte des Deutschen Romans	293

	Seite.
Sammlungen für diese Gattung	294-296
Nachlese ausgelassener Romane	296-304
XIV. Gemischte Gedichte	305-338
A) Von der ernsthaften Gattung	305-316
Otfried	305
Albrecht von Halberstadt	306
Eremita Philibertus	307
Jo. Enenkl	—
Ottokar von Horneck	—
Nicol. Jeroschin	—
Otto von Passau	—
Michel Behem	308
Meister Heinrich	309
Hans Vollz	—
Ungenannter	—
Ungenannter	310
Niclas Schradin	—
Ungenannter	—
Jac. Memel	—
Joa. Aberlin	311
Matth. Holzwart	—
Ungenannter	—
Bartholom. Ringwald	—
Dan. Sudermann	312
Caspar Scheyt	—
Jac. Vogel	—
Anna Owena Hoyers	313
Hans Rudolph Rabmann	—
Jo. Karl Unckel	—
Anna Maria v. Schurmann	314
Jo. Klai	—
Jo. Kayser	—
Christoph Fürer	—
Otto Friedr. v. d. Gröben	315
Friedrich Wilh. Herz. von Curland	—
B. Gemischte Gedichte von der komischen Gattung	316-13
Nidhart Fuchs	316
Wigand von Theben	317
Ungenannter	—
Heinr. Bebel	319
Ungenannter	—
Otto Luscinius	—
Vinc. Opsopöus	—
Klauss Narr	320

	Seite.		Seite.
Mart. Luther	320	Matth: Abeln von und zu Lilienberg	328
Dionyf. Melander	—	Abraham a Sancta Clara	329
Nicol. Schmidt	321	Barthol. Chriftelius	—
Jo. Fifchart	—	Ungenannter	—
Bened. Edlbeck Siber	—	Jof. Antoni Stranitzky	330
Mich. Abel.	—	David Fafsmann	331
Ungenannter	—	Ungenannte	332
Nicod. Frifchlin	322	Jo. Chrift. Trömer	—
Jofua Neigthorn	—	Salomon Jac. Morgenftern	—
Der Ganls-König	—	Ungenannter	333
Die Martins-Ganls	—	Chriftoph Gottlieb Richter	—
Achilles Jafon Weidmann	323	Ungenannter	335
Adolph Rofe v. Creutzheim	—	Karl Berd. Hommel	—
Des Efela Adel	324	Ungenannte	—
Jan. Cäc. Frey	325	Geo. Ludw. v. Bar	336
Ungenanuter	—	Ungenannter	—
Andr. Tharäus	—	Heinr. Gottfr. v. Bretfchneider	—
Aeg. Albertinus	326	Jo. Joft Ant. Freih. von Hagen	—
Jac. Balde	—	Jo. Geo. Scheffner	—
Sam. Gerlach	—	Jo. Geo. Hamann	—
Jo. Prätorius	—	Ungenannter	337
Andr. Hartmann	327	Abr. Gotth. Käftner	—
Dan. Geo. Morhof	—	Ungenannte	—
Sim. Dach	—	Jo. Aloys Blumauer	338
Ungenannter	—		
Ernft Wohlgemuth	328		

www.ingramcontent.com/pod-product-compliance
Lightning Source LLC
Chambersburg PA
CBHW031412230426
43668CB00007B/287